검정 고등학교 한국사 오류 보고서

國史
이대로 가르칠 것인가!

| 김병헌 | 성균관대학교 대학원 한문학과 - 학사/석사/박사수료 |
| 金柄憲 | 동국대학교 대학원 사학과 박사수료 |

〈전〉성균관 대학교 강사/경원대학 강사
〈전〉독립기념관 전문위원 역임
〈현〉국사교과서연구소 소장

『국역 사재집(思齋集)』〈아담엔달리-공역〉
『국역 촌가구급방(村家救急方)』〈아담엔달리-공역〉
『역주 이아주소(爾雅注疏) 전6권』〈한국연구재단 동서양 명저 번역-공역〉
『화사 이관구의 언행록』〈독립기념관-공역〉
『중정 남한지』〈광주문화원-공역〉
『완벽대비 한자능력검정시험』 9권(2급~8급) 〈조선북스〉

「효종대왕 영릉의 택산(擇山) 논쟁」
「보각국존비 집자의 특성과 일연의 속성 고증」

國史, 이대로 가르칠 것인가!

초판 1쇄 발행 2018년 3월 12일

지은이 | 김병헌
펴낸이 | 윤관백
펴낸곳 | BN블루&노트

등   록 | 제313-2009-201호(2009.9.11)
주   소 | 서울시 마포구 마포대로 4다길 4 곳마루 B/D 1층
전   화 | 02)718-6258   팩스 | 02)718-6253
E - mail | bluenote09@chol.com

정가 26,000원
ISBN 979-11-85485-08-9 93910

· 잘못된 책은 바꿔 드립니다.

검정 고등학교 한국사 오류 보고서

國史
이대로 가르칠 것인가!

김병헌 지음

블루&노트

서언(緒言)

  이 책은 지난해 봄부터 조선 pub에 칼럼 형식으로 60여 회에 걸쳐 연재한 현행 검정 한국사 교과서의 오류를 엮은 것이다. 교과서를 중심으로 원전 사료와 비교하여 잘못 사용된 용어, 사료의 오역과 그로 인한 서술 오류가 주를 이루고 있다. 한문 원전과 관계가 적은 현대사는 다루지 않았다.

  돌이켜보면 처음부터 교과서의 오류를 지적하고자 시작한 것은 아니었다. 애초에는 모든 용어가 한자어임에도 불구하고 한글로만 표시되어 의미 파악이 어려운 국사 용어를 쉽게 이해할 수 있도록 해설서를 꾸며야겠다는 생각에서 출발하였다. 수록할 용어를 수집하기 위해 8종 교과서를 차근차근 읽으면서 차츰 본래의 의도에서 벗어나 전혀 다른 방향으로 가버렸다. 필요한 용어가 아니라 잘못된 용어, 사료 오역, 오역에서 출발한 서술 오류 등이 읽으면 읽을수록 쌓여만 갔다. 특정 교과서에만 나타나는 오류가 있는가 하면, 교과서뿐만 아니라 공신력 있는 백과사전과 학술서 등에 실려 있는 오류도 적지 않았다. 관행적으로 잘못 사용한 용어가 있는가 하면, 수십 년 동안 잘못 가르치고 있는 학설도 있다.

  조선 현종 때 등장하는 예송논쟁(禮訟論爭)은 관행적으로 잘못 사용한 용어에 속한다. 예송이 이미 의례쟁송(儀禮爭訟)을 줄인 것에 해당하므로 논쟁(論爭)이라는 단어는 불필요하다. 굳이 말하자면 논쟁은 후대 연구자의 몫이다. 이 용어에 대해 수차례에 걸쳐 출판사에 문제를 제기하여 지금은 대부분 예송으로 수정되었다.

관행적으로 잘못 사용된 용어이나 오류가 수정된 몇 안 되는 경우 중에 하나다.

그렇지 못한 경우도 있다. 모든 교과서에 1873년 흥선 대원군이 하야하고 고종이 친정을 시작했다고 서술하였다. 하지만, 흥선 대원군은 하야할 자리에 있지도 않았고 『승정원일기』나 『고종실록』 등 모든 사료에는 1866년 2월 13일 대왕대비 조씨가 철렴(撤簾)과 함께 고종의 친정을 선포했다고 기록되어 있다. 당연히 1873년 고종 친정 서술은 오류다. 이에 대해서는 교과서 출판사뿐만 국사편찬위원회에도 수차례에 걸쳐 문제를 제기하였으나 돌아오는 답은 학계의 통설이므로 문제가 없다는 것이다. 이 책에 수록된 내용은 대부분 이와 같이 오류를 인정하지 않거나 수정에 반영하지 않은 경우가 주를 이루고 있다.

현행 8종 검정 교과서는 오류가 있어도 수정이 거의 불가능하다. 동일한 내용을 여덟 개 출판사에 모두 질의하는 것도 어려운 일이지만, 출판사마다 답변이 제각각인 것은 더 큰 문제다. 동일한 질문에 어떤 출판사는 바로 인정하는가 하면 어떤 출판사는 학계의 통설이라는 이유로 인정하지 않는다. 답변하기 곤란한 경우에는 국사편찬위원회로 책임을 미루는 일도 다반사다. 국편은 또 국편대로 오류를 인정하기보다는 생각이 다르면 논문을 발표하여 주장을 관철하라고 한다.

교과서의 오류는 전 시대에 걸쳐서 발견된다. 그것을 모두 문제 제기하는 것도 쉽지 않지만 논문으로 발표하여 수정한다는 것은 더욱 어려운 일이다. 그래서 찾은 방법이 언론을 통한 공개적인 문제 제기였으며, 그렇게 축적된 자료를 정리하여 엮은 것이 이 책이다.

전 시대를 대상으로 분석하고 검토하였으나 고대사와 근대사에 주로 집중되었다. 앞으로도 계속 검토하여 오류가 발견되면 추가할 계획이다.

바른 역사 교육을 위해서는 바른 교과서가 우선이다. 이 작업이 바른 교과서 편찬에 조금이나마 도움이 되기를 소망해 본다.

2018년 3월 16일
저자 삼가 씀

차례

서언(緒言) • 5

제Ⅰ장 / 국사, 정확한 사료 번역이 먼저다 • 13
1. 고조선 ··· 13
2. 부여 ··· 19
3. 고구려 ··· 26
4. 옥저와 동예, 그리고 삼한 ··· 32
5. 그 외 인용 사료 ··· 36

제Ⅱ장 / 원전 사료, 한 글자에 서술이 달라진다 • 47
1. 우경의 시작인가, 장려인가 ··· 47
2. 국사(國史)와 서기(書記)는 역사서가 아니다 ································· 49
3. 원광법사는 세속오계를 짓지 않았다 ··· 54
4. 일연(一然)의 성은 김(金)씨가 아닌 전(全)씨 ································· 56

제Ⅲ장 / 다양성 추구가 능사인가 • 67
1. 한국사능력검정시험, 교과서 서술대로 쓰면 오답 ························· 67
2. 우리는 오랑캐의 후손일까? ·· 71
3. 4세기 백제의 대외 진출 ·· 75
4. 신라 선종(禪宗)의 도입과 유행 ·· 78

제Ⅳ장 / 한글순화, 능사 아니다 • 83

1. 독무덤 ·· 83
2. 바위그림 ·· 85
3. 고인돌 ·· 89
4. 치레걸이와 껴묻거리 ·· 91

제Ⅴ장 / 진경시대는 없다 • 95

1. 진경산수(眞景山水)가 아니면 위경산수(僞景山水)인가? ······· 95
2. 한문 오역에서 출발한 서예 용어, 동국진체 ······················ 105
3. 더 이상 겸재 정선을 욕보이지 말라! ·································· 115
4. 「금강전도」는 1734년 겨울 작품이 아니다 ···················· 120
5. 추사 김정희는 추사체(秋史體)를 창안하지 않았다 ··········· 124

제Ⅵ장 / 흥선 대원군은 합법적 통치자인가? • 131

1. 고종의 친정(親政) 시작은 1866년 2월 13일이다 ············· 131
2. 흥선 대원군은 인재를 등용할 지위에 있지 않았다 ·········· 139
3. 비변사 폐지와 삼군부 부활은 국왕의 고유 업무다 ·········· 142
4. 흥선 대원군은 『대전회통』을 편찬할 수는 없다 ············ 150
5. 흥선 대원군은 서원 철폐의 실무 책임자였다 ···················· 154
6. 흥선 대원군은 경복궁 중건의 조력자(助力者)였다 ··········· 162
7. 척화비, 국왕인 고종의 명으로 세워졌다 ··························· 168
8. 한 면이 모두 오류인 교과서 ·· 172
9. 옥호루(玉壺樓)는 옥곤루(玉壼樓)의 잘못 ··························· 177

제Ⅶ장 / 조·일 수호 조규에 대한 몇 가지 문제 • 183

1. 운요호 사건, 사료와 다른 교과서 서술 ································· 183
2. 제1관은 청의 간섭을 차단하려는 속셈인가 ···························· 190
3. 제7관은 해안 측량권을 허용한 것인가? ································ 196
4. 제10관은 치외 법권(영사재판권)을 허용한 조항인가? ·············· 201
5. 일본인 외교관의 자유 여행을 허용하였는가? ························· 208
6. 무역 규칙의 3무 허용은 심각한 서술 오류 ··························· 211
    1) 양곡의 무제한 유출 ·· 212
    2) 무관세 허용 ·· 213
    3) 무항세 허용 ·· 214
7. 부록의 간행이정은 한행이정(閒行里程)의 잘못 ······················· 219
8. 조·일 수호 조규는 불평등 조약인가 ····································· 225

제Ⅷ장 / 조·청 상민 수륙 무역 장정의 몇 가지 문제 • 233

1. 잘못된 용어 해석에서 출발한 서술 오류 ······························· 233
2. 원문 오역에서 출발한 서술 오류 ·· 241
3. 이상한 중간 생략과 어이없는 사료 번역 ································ 247
    1) 천재교육과 비상교육 교과서의 이상한 중간 생략 ············· 247
    2) 미래엔 교과서의 어이없는 사료 번역 ······························ 249
4. 국사편찬위원회의 이해할 수 없는 답변 ································· 252

제Ⅸ장 / 조·미 조약 서술에 대한 몇 가지 문제 • 259

1. 관세율, 금성출판사와 리베르스쿨 중 누가 맞나? ···················· 259
2. 제4관에 대한 너무나 다양한 서술 ·· 262
3. 조·미 조약 제1관의 엉터리 번역 ·· 266
4. 민영익은 보빙사(報聘使)가 아니다 ·· 269

제X장 / 갑오개혁과 동학 농민군에 대한 몇 가지 문제 • 277
1. 개국(開國)은 연호가 아니다 ·· 277
2. 교과서의 사발통문은 통문이 아닌 잡기(雜記)다 ································ 281
3. 동학 농민군은 폐정 개혁안을 실천할 수 없다 ··································· 290

제XI장 / 산미 증식 계획, 다시 써야 한다 • 299
1. 길 잃은 조선쌀 누가 먹어주나? ·· 299
2. 사안은 하나인데 용어는 각양각색 ·· 311
3. 잘못된 통계 자료, 잘못된 서술 ·· 317
   1) 쌀 생산량 통계 오류 ·· 317
   2) 1인당 연간 쌀 소비량 통계 오류 ·· 323
4. 2018학년도 수능 한국사 15번은 무효! ··· 326
   1) 수탈 정책 ·· 327
   2) 식량 사정 악화와 만주산 잡곡의 수입 ··· 335

바른 국사 교육을 위한 고언(苦言) • 341
1. 국사편찬위원회, 이름부터 바꿔야 ·· 343
2. 교과서 집필 기준은 전문가 영역이다 ·· 344
3. 교과서 한 줄 안 읽고 교과서를 비판하는 지식인들 ························· 350
4. 다양성을 빙자한 검정 교과서는 폐기만이 답이다 ···························· 355
   1) 빈약한 집필진 - 부실 교과서는 필연 ·· 355
   2) 역사 인식의 다양성 - 중구난방 서술의 다른 표현 ···················· 357
   3) 역사 왜곡 - 채택율에 숨겨진 비밀 ·· 358
   4) 오류 수정 - 애초에 불가능 ·· 359
   5) 평가 문제 - 다양성 강화는 평가 불가의 길 ······························· 360
5. 국사 교육 표준안을 만들어야 한다 ·· 362

출판사별 오류 일람 • 367

國史, 이대로 가르칠 것인가!

제 I 장   국사, 정확한 사료 번역이 먼저다

1. 고조선

　현행 고등학교 검정 한국사 교과서에는 고조선과 관련하여 『삼국유사』의 「고조선」조와 『한서(漢書)』「지리지(地理志)」의 8조법이 사료로 소개되어 있다. 물론 원문이 아닌 번역문이다. 그런데, 인용된 사료의 번역이 부정확하거나 오역이 적지 않다. 먼저 리베르스쿨 교과서에 '환웅의 신시 건설'이라는 제목 아래 소개된 『삼국유사』의 단군신화 부분이다.

> 하늘의 제왕인 환인에게는 환웅이라는 아들이 있었는데, 환웅은 천하에 뜻을 품고 인간 세상을 다스리고자 하였다. 이에 환인은 아들의 뜻을 알고 천부인 세 개를 주고 뜻을 펴기에 적당한 삼위태백에 내려가 인간 세상을 다스리게 하였다. 환웅은 3,000명의 무리를 거느리고 태백산 꼭대기 신단수 아래에 내려와 그곳을 신시(神市)라 불렀다. 그때부터 환웅 천왕은 풍백, 우사, 운사를 거느리고 곡식, 수명, 질병, 형벌, 선악 등 360여 가지의 일을 주관하며 인간 세상을 교화하였다. -삼국유사-
> 〈리베르스쿨, 2014, 23쪽〉

　이 사료는 『삼국유사』라는 출전을 명기한 이상 원전에 충실한 번역이 이루어져야 한다. 하지만, 교과서에 수록된 번역은 대부분 의미 전달에 치중한 나머지 지나친 의역이나 원전과 다른 경우가 적지 않다. 『삼국유사』 해당 부분의 번역문과 비교하여 살펴보고자 한다.

> 옛날에 환인(桓因: 어떤 본에는 桓國으로 되어 있음)의 서자인 환웅이 있었는데, 자주 하늘 아래에 뜻을 두고 인간세상을 탐냈다. 아버지가 자식의 뜻을 알고 삼위태백을 내려다보니 인간 세상을 널리 이롭게 할 만하였다. 이에 천부인 세 개를 주며 가서 인간 세상을 다스리게 하였다. 환웅은 무리 삼천을 거느리고 태백산 꼭대기의 신단수 아래에 내려와 신시(神市)라 하니, 이를 환웅천왕(桓雄天王)이라 한다. 풍백·우사·운사를 거느리고 곡식, 목숨, 질병, 형벌, 선악 등 무릇 인간의 360여 가지의 일을 주관하며 세상을 다스리고 인도하였다.(昔有桓因庶子桓雄, 數意天下, 貪求人世. 父知子意, 下視三危太伯, 可以弘益人間, 乃授天符印三箇, 遣往理之, 雄率徒三千, 降於太伯山頂, 神壇樹下謂之神市, 是謂桓雄天王也. 將風伯, 雨師, 雲師, 而主穀, 主命, 主病, 主刑, 主善惡, 凡主人間三百六十餘事, 在世理化.)

'하늘의 제왕인 환인에게는 환웅이라는 아들이 있었는데, 환웅은 천하에 뜻을 품고 인간 세상을 다스리고자 하였다.'에서 '하늘의 제왕'은 원문에 없는 글이며, '천하에 뜻을 품고'에서는 '자주[數]'라는 중요한 부분이 빠졌다. '인간 세상을 다스리고자 하였다.'는 번역에 해당하는 '貪求(탐구)'는 '탐내어 구하다'라는 뜻으로 '다스리고자 하였다.'는 번역과는 다소 차이가 있다.

'이에 환인은'이라는 문장은 원문대로 '아버지는'으로 하는 것이 부드러우며, 이어지는 문장인 '아들의 뜻을 알고 천부인 세 개를 주고 뜻을 펴기에 적당한 삼위태백에 내려가 인간 세상을 다스리게 하였다.'는 문장에서는 '홍익인간(弘益人間)'이 빠졌을 뿐만 아니라 문장 전체가 오역이다. '아버지가 자식의 뜻을 알고 삼위태백을 내려다보니 인간 세상을 널리 이롭게 할 만하였다. 이에 천부인 세 개를 주며 가서 인간 세상을 다스리게 하였다.'로 분명하게 나누어 옮겨야 정확한 의미가 전달된다. 또, '그때부터 환웅천왕은'이라는 부분은 앞의 문장과 연결하여 '신단수 아래에 내려와 신시(神市)라 하니, 이를 환웅천왕(桓雄天王)이라 하였다.'고 단락을 마무리하여야 한다. 원문에는 '그때부터'에 해당하는 글이 없기 때문이다. '인간 세상을 교화하였다.'는 부분은 '다스려 인도하였다.'고 번역하여 '다스리다'는 뜻에 해당하는 '이(理)'의 의미를 살려야 한다.

이어서 '환웅 부족과 곰 숭배 부족의 통합'이라는 제목의 인용 사료와 해당 부분의 『삼국유사』 번역을 함께 살펴보도록 한다.

> 곰 한 마리와 호랑이 한 마리가 같은 굴에서 살았는데, 환웅에게 사람이 될 수 있게 해 달라고 빌었다. 이에 환웅은 쑥 한 다발과 마늘 스무 개를 주면서 말하였다. "너희들이 이것을 먹고 100일 동안 햇빛을 보지 않는다면 곧 사람이 될 것이다." 곰과 호랑이는 동굴에서 쑥과 마늘만 먹으며 지냈다. 금기를 지키기 시작한 지 삼칠일(21일) 만에 곰은 여자가 되었지만, 호랑이는 금기를 지키지 못하여 사람이 되지 못하였다. 웅녀는 혼인할 상대가 없어 늘 신단수 아래에서 잉태하기를 축원하였다. 이에 환웅은 잠시 사람으로 변하여 웅녀와 사랑을 나누었고, 웅녀는 임신하여 아들을 낳았다. 그가 단군왕검이다. 단군왕검은 요임금이 즉위한 지 50년인 경인년에 평양성에 도읍을 정하고, 국호를 조선이라고 하였다.
> -삼국유사-
>
> 〈리베르스쿨, 23쪽〉

이때에 곰 한 마리와 호랑이 한 마리가 있어 같은 굴에 살면서 항상 신(神) 환웅(雄)에게 기도하되 화(化)하여 사람이 되기를 원했다. 이에 신 환웅은 신령스러운 쑥 한 타래와 마늘 스무 개를 주면서 말하기를 '너희들이 이것을 먹고 백일(百日) 동안 햇빛을 보지 않으면 곧 사람의 모습이 될 것이니라.'라고 하였다. 곰과 호랑이는 그것을 받아서 먹어, 기(忌)한지 삼칠일(三七日)만에 곰은 여자의 몸이 되었으나, 호랑이는 금기하지 못해서 사람의 몸이 되지 못하였다. 웅녀(熊女)는 혼인할 사람이 없었으므로 매양 단수(壇樹) 아래에서 잉태하기를 빌었다. 환웅이 이에 잠시 [사람으로] 변하여 혼인하였다. [웅녀가] 잉태하여 아들을 낳으니 단군왕검(壇君王儉)이라 하였다. 당(唐)의 고(高)임금이 즉위한 지 50년인 경인(庚寅)으로, 평양성(平壤城)에 도읍하고 처음으로 조선이라 하였다.(時有一熊一虎同穴而居, 常祈于神雄願化爲人. 時神遺靈艾一炷蒜二十枚曰, 爾輩食之不見日光百日, 便得人形. 熊虎得而食之, 忌三七日熊得女身, 虎不能忌而不得人身. 熊女者無與爲婚故每於壇樹下呪願有孕. 雄乃假化而婚之. 孕生子號曰壇君王儉. 以唐高即位五十年庚寅, 都平壤城 始稱朝鮮.)

'곰과 호랑이는 동굴에서 쑥과 마늘만 먹으며 지냈다. 금기를 지키기 시작한 지 삼칠일(21일) 만에 곰은 여자가 되었지만, 호랑이는 금기를 지키지 못하여 사람이 되지 못하였다'라고 한 문장은 '곰과 호랑이가 그것을 받아서 먹었다. 삼칠일을 금기(禁忌)한 곰은 여자의 몸이 되었으나 호랑이는 금기하지 못하여 사람의 몸이 되지 못하였다.'로 번역하여야 한다. '쑥과 마늘만 먹으며 지냈다'고 한 번역은 원전과 다른 번역이다. '이에 환웅은 잠시 사람으로 변하여 웅녀와 사랑을 나누었고'는 '환웅은 이에 잠시 변하여 혼인하니 잉태하였고'로 번역해야 한다. '국호를 조선이라고 하였다'고 한 부분에서 원문에는 '국호'라는 단어가 없다. '처음으로 조선이라 하였다'고 번역해야 한다.

> 옛날에 환인과 그의 아들 환웅이 있었는데, 아버지가 삼위태백을 내려다보니 가히 널리 인간을 이롭게 할 만하므로(홍익인간, 弘益人間) … 환웅은 무리 3천을 이끌고 태백산 꼭대기의 신령스러운 박달나무 아래에 내려가 풍백, 우사, 운사를 거느리고 곡식, 생명, 형벌 등 인간에게 필요한 360여 가지를 주관하며 사람들을 다스렸다. 그때 곰과 호랑이가 환웅신에게 사람이 되기를 빌었다. … 그 중에서 곰은 삼칠일 동안 금기를 지켜 여자의 몸을 얻었다. … 이에 환웅이 웅녀와 혼인하여 아이를 낳았으니 이를 단군왕검이라 하였다. -삼국유사-
> 〈비상교육, 23쪽〉

이 교과서의 인용 사료는 사료를 충실하게 번역하여 소개하기보다 『삼국유사』의 단군신화를 토대로 축약하여 정리한 것이라 할 수 있다. 때문에 중간 중간 중요한 내용들을 생략함으로써 본래의 의미가 제대로 전달되지 못하는 면이 있다. '환인과 그의 아들 환웅이 있었는데'는 '환인의 서자 환웅이 있었는데'라는 해석이 일반적이다. '신령스러운 박달나무'는 풀이할 것이 아니라 '神壇樹(신단수)'라고 그대로 써야 한다. 『삼국유사』에는 '단(檀: 박달나무)'이 아닌 '단(壇: 제터)'이기 때문이다. '여자의 몸을 얻었다'에 해당하는 원문은 '得女身(득여신)'으로 이 때의 '得'은 '能(능, 가능)'의 뜻이기 때문에 '여자의 몸이 될 수 있었다'로 해석해야 자연스럽다.

'이에 환웅이 웅녀와 혼인하여'는 '잠시 사람으로 변하여'라는 내용이 들어가야 본래의 뜻을 제대로 전달할 수 있다.

> 환인의 아들 환웅이 하늘 아래에 자주 뜻을 두고 인간 세상을 다스리고자 하였다. 환인이 아들의 뜻을 알고 인간 세상을 내려다보니 널리 이롭게 할 만하였다. … 환웅은 무리 삼천 명을 거느리고 태백산 신단수(신성한 나무) 아래에 내려왔다. 환웅은 풍백, 우사, 운사를 거느리고 곡식, 수명, 질병, 형벌, 선악 등을 주관하였다. 이 때 곰 한 마리와 호랑이 한 마리가 같은 굴에 살았는데, 늘 사람이 되기를 환웅에게 빌었다. 곰은 삼칠일(21일) 동안 몸을 삼가 여자의 몸이 되었으나, 호랑이는 그렇지 못하여 사람의 몸을 얻지 못하였다. 환웅이 임시로 변하여 웅녀와 결혼하였다. 그 아들을 낳으니 단군왕검(檀君王儉)이라 하였다. 단군은 요임금(중국 신화에 나오는 전설적인 임금)이 왕위에 오른 지 50년째가 되는 경인년에 평양성에 도읍을 정하고, 나라 이름을 조선이라 하였다. -삼국유사-
> 〈천재교육, 15쪽〉

'인간 세상을 다스리고자 하였다'는 '인간 세상을 탐냈다'로, '인간 세상을 내려다보니 널리 이롭게 할 만하였다'는 '삼위태백을 내려다보니 인간 세상을 널리 이롭게 할 만하였다'로 번역해야 한다. '신성한 나무'는 원문에 '神壇樹(신단수)'로 되어 있어 잘못된 번역이며, '사람의 몸을 얻지 못하였다.'는 '사람의 몸이 되지 못하였다.'로 번역하여야 한다. '檀君王儉'은 『삼국유사』에 있는 대로 '壇君王儉'으로 써야 하며, '나라 이름을 조선이라 하였다'는 '처음으로 조선이라 하였다'로 옮겨야 한다. 원문에 '나라 이름'에 해당하는 글이 없기 때문이다.

다음은 8조 법에 대한 사료 인용이다. 먼저 『한서』 「지리지」의 번역문을 살펴보고 각 교과서를 확인하기로 한다.

> 조선 백성의 범금 8조는, 살인하면 바로 살인으로 갚는다. 상처를 입히면 곡식으로 갚는
> 다. 도둑질 한 자는 남자는 몰수하여 가노(家奴)로 삼고, 여자는 비(婢)로 삼는데, 배상을
> 하고자 하는 자는 일인당 50만을 내야한다. 비록 죄를 면하고 백성이 되더라도 풍속[민
> 간]에서 수치로 여겨 혼인하려 해도 짝을 구할 수 없다. 이 때문에 그 나라 백성은 마침내
> 도둑질 하지 않아 문을 닫는 일이 없었으며, 부인들은 정신(貞信)하고 음벽하지 않았다.
> (朝鮮民犯禁八條, 相殺以當時償殺, 相傷以穀償, 相盜者男沒入爲其家奴, 女子爲婢, 欲自
> 贖者, 人五十萬. 雖免爲民, 俗猶羞之, 嫁取無所讎, 是以其民終不相盜, 無門戶之閉. 婦人
> 貞信不淫辟.)
>
> 〈『한서』「지리지」〉

　　금성출판사의 '남의 물건을 훔친 자는 재산을 몰수하고 그 집의 노비로 삼으며(31)'라고 한 문장은 '남자는 몰수하여 그 집의 노(奴)로 삼고, 여자는 비(婢)로 삼는다.'로 번역해야 한다. 몰수에 해당하는 '몰입(沒入)'이라는 글이 '남(男)'자의 뒤에 있기 때문이다. 리베르스쿨의 '당시 풍속에 따라 부끄러움을 씻지 못하여(23)'는 '풍속[민간]에서는 여전히 부끄럽게 여겨'로 풀이하여야 하며, 교학사의 '이러해서 백성들은 도둑질을 하지 않아 대문을 닫고 사는 일이 없었다(21)'는 번역문은 바로 앞 문장의 중복이다.

　　위 내용에는 없으나 천재교육의 '군을 설치하고 초기에는 관리를 요동에서 뽑아 왔는데, 이 관리가 백성이 문단속하지 않는 것을 보았다. 장사하러 온 자들이 밤에 도둑질하니 풍속이 점차 야박해졌다. 지금은 금지하는 법이 많아져 60여 조목이나 된다.(17)고 한 인용 사료에서, '군을 설치하고 초기에는'이라 한 문장에 해당하는 원문에는 '설치'를 뜻하는 단어가 없으므로 '군(郡)에서 처음에는'이라고 번역해야 한다. 또, '장사하러 온 자들이'는 '장사하러 간 자들이[賈人往者]'라고 번역하는 것이 의미가 더욱 분명해진다. 중국 입장에서 기록한 조선(朝鮮)에 관한 기록이기 때문이다.

한국사능력검정시험에 사료로 출제된 지문이 잘못 번역되어 국사편찬위원회에 문제를 제기하는 과정에서 민원 담당 연구원과 전화로 대화한 적이 있다. 필자의 지적에 연구원은 정답에 영향이 없다고 딱 잘라 말한다. 비록 정답에 영향이 없더라도 국편에서 주관하는 시험에서 지문으로 제시된 사료의 번역은 정확해야 하지 않느냐고 했더니 돌아온 답변이 가관이다. '우리 역사는 사료의 정확한 번역이 중요한 것이 아니라, 역사적 해석이 중요하기 때문에 사소한 번역의 오류는 문제될 것이 없다.'라는 것이다. 국편 연구원의 답변이라 하기에는 믿기지 않아 내 귀를 의심할 정도였다. 우리 역사는 현대사를 제외한 나머지는 90% 이상이 한문 원전에 바탕을 두고 있다. 사료에 나타난 한문을 한 글자라도 놓치거나 두루뭉수리로 해석하는 순간 우리 역사 서술은 엉뚱한 길로 빠져든다. 그것이 바로 서술 오류가 되고 역사 왜곡이 되는 것임을 명심해야 할 것이다.

2. 부여

현행 고등학교 검정 한국사 교과서에 소개된 초기 국가와 관련한 서술은 모두 중국 사서인 『삼국지』「위서, 동이전」을 토대로 서술하였으며 필요에 따라 번역 자료를 사료(史料)로 제시하였다. 그런데, 이들 인용 사료(史料)의 번역이 잘못되거나 미흡한 경우가 적지 않다. 이에 초기국가 서술과 관련하여 사료 제시나 이를 바탕으로 한 서술에서 어떠한 오류를 범하고 있는지 살펴보고자 한다.

먼저, 부여의 엄격한 형벌에 관한 원전 사료와 교과서 서술이다.

> 형벌을 가함이 엄격하여 살인자는 죽이고 가족은 몰수하여 노비로 삼는다. 물건을 훔치면 열 두 배로 갚게 한다. 남녀가 간음(姦淫)하거나 부인이 투기하면 모두 죽이는데, 투기를 더욱 증오하여 죽인 시체는 나라의 남쪽 산 위에 두었다가 썩어 문드러질 때가 되어 여자 집에서 가져가고자 할 경우 우마(牛馬)를 바쳐야 준다.(用刑嚴急, 殺人者死, 沒其家人爲奴婢. 竊盜一責十二. 男女淫, 婦人妬, 皆殺之, 尤憎妬, 已殺尸之國南山上, 至腐爛, 女家欲得, 輸牛馬乃與之.)
>
> 〈『삼국지』「위서」동이전〉

교학사	살인자는 사형에 처하고 그 가족은 노비로 삼았다. 또한, 남의 물건을 훔친 자는 물건 값의 12배를 배상하게 하고 **간음한 자와 투기가 심한 부인**은 사형에 처한다는 항목이 전해지고 있다. (22쪽)
금성출판사	살인자는 사형에 처하고, 그 가족은 노비로 삼았다. 도둑질한 자는 12배로 배상하게 하였으며, **간음한 자와 투기한 부인**은 사형에 처하였다. (33쪽)
리베르스쿨	부여에는 1책 12법이라는 엄격한 법이 있어 남의 물건을 훔쳤을 때는 훔친 것의 12배를 갚게 하였다. 살인자는 사형에 처하였고, 그 가족은 노비로 삼았다. 심지어 **간음한 자와 투기가 심한 부인**까지도 사형에 처하였다. (26쪽)
비상교육	살인한 사람을 사형에 처하고, 남의 물건을 훔치면 12배를 배상하게 하였으며, **간음한 자와 투기가 심한 부인**을 사형에 처하는 엄격한 법이 있었다. (24쪽)
미래엔	형벌은 엄하고 각박하여 사람을 죽인 자는 사형에 처하고, 집안사람은 노비로 삼는다. 도둑질을 하면 물건의 12배를 변상하게 하였다. **간음한 자와 투기가 심한 부인**은 모두 죽였다. 투기는 더욱 증오해서 죽인 후 시체를 나라의 남산 위에 버려서 썩게 한다. 친정집에서 시체를 가져가려면 소나 말을 바쳐야 한다. (18쪽, 사료)

원전(原典)의 '남녀가 간음(姦淫)하거나 부인이 투기하면 모두 죽인다.'는 부분을 교과서에서는 대부분 '간음한 자와 투기한 부인'이라 하여 병렬로 서술하였다. 남녀 간의 간음 행위와 여자의 투기를 모두 처벌 대상으로 삼고 있다는 원전과는 달리 교과서는 '간음한 자와 투기한 부인'이라 하여 마치 남자는 간음 행위, 여자는 투기 행위를 할 경우 처벌하는 것처럼 오해를 살 수 있도록 하였다.

더구나, 금성출판사를 제외한 나머지 4개 교과서는 '투기가 심한 부인'이라 하여 투기의 경중에 따라 처벌을 달리 하는 것으로 서술하였다. 투기가 심하지 않은 경우 처벌하지 않는다는 해석도 가능하기 때문에 원전의 의미를 왜곡한 것이다. 이는 원전에 없는 자의적 번역으로 대부분 원전을 확인하지 않고 옮겼을 때 나타나는 현상이다.

출전까지 밝힌 미래엔 교과서의 경우 '집안사람'이라 한 번역은 원전의 '其家人'에 맞게 '그 집 사람'이라 해야 살인자의 가족임이 분명해진다. 또, '투기는 더욱 증오해서'는 '투기를 더욱 증오해서'로, '친정집'은 원전의 '女家'를 그대로 옮겨 '여자의 집'이라 하는 것이 자연스럽다. 특히, '남녀가 간음하거나 부인이 투기하면 모두 죽이는데, 투기를 더욱 증오하여 죽인 시체는 나라의 남쪽 산 위에 두었다가 썩어 문드러질 때가 되어 여자 집에서 가져가고자 할 경우 소나 말을 바쳐야 준다.'고 하여 하나의 문장으로 옮겨야 의미가 분명해진다.

이어서 형이 죽으면 형수를 아내로 삼는다는 혼인 풍습에 관한 내용이다.

> 형이 죽으면 형수를 아내로 삼는데 흉노와 같은 풍속이다.(兄死妻嫂, 與匈奴同俗.)
> 〈『삼국지』「위서」 동이전〉

금성출판사	혼인 풍습으로 죽은 형의 부인을 아내로 맞는 형사취수혼이 행해지기도 하였다. (33쪽)
리베르스쿨	형사취수제는 형이 죽으면 아우가 형수를 아내로 맞아들이는 제도로 남자 집안의 재산이 여자 쪽으로 유출되는 것을 막으려는 방편이었다. (26쪽)
미래엔	한편, 부여와 고구려에는 형이 죽으면 동생이 형의 아내(형수)와 결혼하는 형사취수제가 있었다. (20쪽)
지학사	부여에는 취수혼, 고구려에서는 서옥제, 옥저에서는 민며느리제, 동예에서는 족외혼 등이 시행되었다. (27쪽) 부여에서는 형이 죽으면 형수를 아내로 삼는다. 이 풍속은 흉노와 같다. (27쪽)
천재교육	형이 죽으면 형수를 아내로 삼는 풍습도 있었다. (19쪽)

부여의 혼인 풍습을 거론할 때 으레 '형사취수혼', '취수혼', '형사취수제' 등으로 표현하는 것에서 알 수 있듯이 '형사취수'라는 용어가 일반화되어 있다. 하지만, 원전에 분명히 '형사처수(兄死妻嫂)'로 되어 있을 뿐만 아니라 여타 자료에서 '형사취수'의 용례를 찾을 수 없기 때문에 이는 잘못이다. 형사처수에서 '처(妻)'는 '아내로 삼다(爲之妻)'라는 의미로 자주 쓰이는 글자다. 교과서대로 '취수'라고 했을 경우 '형수를 취하다'라는 뜻이 되는 취수(取嫂)와 '형수에게 장가들다'는 뜻이 되는 취수(娶嫂)로 생각해볼 수 있겠으나 어느 쪽도 '처로 삼다.', '아내로 삼다'라는 의미와는 거리가 있다.

중국이나 우리나라의 역사서에 서술된 용어나 글자는 편찬 당시 춘추필법(春秋筆法)에 따라 한 글자 한 글자 엄선하여 집필하였기 때문에 합당한 이유나 근거 없이 함부로 변경해서는 안 된다. 본래의 의미를 정확하게 담아내지 못하거나 심지어 왜곡의 가능성도 배제할 수 없기 때문이다. 그런 의미에서 '형사취수'는 본래의 뜻을 훼손한 자의적 변경에 해당된다고 할 수 있다. 아울러, '형사취수제'라 하여 마치 일반화된 제도인 것처럼 쓰는 것도 문제다. 부여의 민간에서 나타나는 풍습이 될 수는 있을지언정 제도로 정착된 것은 아니기 때문이다. "형이 죽을 경우 형수를 아내로 삼는 '형사처수'의 풍습이 있었다."는 정도로 서술하면 된다.

다음은 부여의 왕권과 관련된 사료다.

> 옛 부여 풍속에 홍수나 가뭄이 고르지 못하여 오곡이 익지 않으면 바로 왕에게 허물을 돌려 혹은 '바꿔야 한다.', 혹은 '죽여야 한다.'고 하였다.(舊夫餘俗, 水旱不調, 五穀不熟, 輒歸咎於王, 或言當易, 或言當殺.)
> 〈『삼국지』「위서」 동이전〉

교학사	옛 부여 풍속에는 가뭄이나 장마가 계속되어 오곡이 영글지 않으면 그 허물을 왕에게 돌려 왕을 '바꾸어야 한다.'고 하거나 '죽여야 한다.'고 하였다. (22쪽, 사료)
동아출판	가뭄이나 장마가 계속되어 오곡이 영글지 않으면 그 허물을 왕에게 돌려 '왕을 마땅히 바꾸어야 한다.'라고 하거나 '죽여야 한다.'라고 하였다. (23쪽, 사료)
천재교육	옛 부여의 풍속에 장마와 가뭄이 연이어 오곡이 익지 않을 때, 그때마다 왕에게 허물을 돌려서 '왕을 마땅히 바꾸어야 한다.'라거나 혹은 '왕은 마땅히 죽여야 한다.'라고 하였다. (19쪽, 사료)

이와 관련한 교과서 본문 서술에는 대부분 문제가 없으나 사료 인용에서 번역이 잘못 되었다. '가뭄이나 장마가 계속되어'에 해당하는 원문은 '水旱不調(수한부조)'로 수(水)는 '비'를, 한(旱)은 '가뭄'을 나타낸다. 따라서, '水旱不調'는 '비와 가뭄이 고르지 못함'이란 뜻으로 폭우나 장마 또는 가뭄 등으로 날씨가 고르지 못하여 흉년이 드는 경우를 상정한 것이다. '부조(不調)'는 '고르지 못하다'는 뜻이지 '계속'이나 '연이어'의 뜻이 아니다. 이 부분의 번역은 국편의 한국사데이터베이스의 잘못된 번역 자료를 그대로 갖다 쓴 데서 온 오류다. 국편의 한국사데이터베이스에 탑재된 '중국정사조선전'에는 오역이 적지 않아 이용에 주의를 요한다.

이번에는 제천(祭天) 행사인 영고(迎鼓)에 관한 서술이다.

> 은(殷) 정월[12월]에 하늘에 제사 지내고 온 국민이 모여 연일 마시고 먹으며 춤을 추니 영고(迎鼓)라 한다. 이때 형옥을 중단하고 죄수들을 풀어준다.(以殷正月祭天, 國中大會, 連日飮食歌舞, 名曰迎鼓. 於是時, 斷刑獄, 解囚徒.)
>
> 〈『삼국지』「위서」 동이전〉

리베르스쿨	부여는 해마다 12월에 영고라는 제천 행사를 치렀다. 영고는 '**둥둥둥 북을 울리면서 신을 맞이한다.**'는 의미를 지니고 있다. '삼국지' 위서 동이전에는 '추수를 마친 12월에 온 나라 백성이 동네마다 한 곳에 모여 하늘에 제사를 지낸다. 며칠 동안 계속 술을 마시고 노래하고 춤을 추고 놀았으며, 죄가 가벼운 죄수는 풀어주었다.'라는 기록이 있다. (26쪽)
지학사	부여의 영고, 고구려의 동맹, 동예의 무천, 삼한의 5월제·10월제 같이 목축 및 농경과 관련하여 하늘에 제사 지내는 행사가 있었다. 이때에는 죄수를 풀어 주었고 **모든 사람이 잘 차려입고** 나와 밤낮으로 먹고 마시며 노래하고 춤추며 놀았다. (28쪽)
천재교육	**정월에 지내는 제천 행사는 국중 대회로** 날마다 마시고 먹고 노래하고 춤추는데 그 이름은 영고라 한다. (23쪽, 사료)
금성출판사	은력 정월에 하늘에 제사하고 나라 사람들이 도성에 크게 모여 연일 마시고 먹고 노래하고 춤추니, 이름 하여 영고라 한다. 이때에는 **형옥을 판결하고** 죄수들을 풀어준다. (36쪽, 사료)

  리베르스쿨 교과서에는 "영고는 '둥둥둥 북을 울리면서 신을 맞이한다.'는 의미를 지니고 있다."고 하여 영고의 의미를 특정하였으나 이는 집필자의 자의적 해석에 지나지 않는다. 영고(迎鼓)가 부여의 고유어일 것이라는 주장도 있는데다 위와 같은 뜻으로 해석할 수 있는 근거가 없기 때문이다. '온 나라 백성이 동네마다 한 곳에 모여'라는 서술에서도 '동네마다 한 곳에 모여'는 원전에 없는 내용이다. 마찬가지로, '죄가 가벼운 죄수는 풀어주었다.'라는 부분도 그냥 죄수를 풀어준다고 하였을 뿐 죄의 경중은 언급하지 않았기 때문에 잘못된 서술이다. 지학사 교과서의 '모든 사람이 잘 차려입고'라는 서술도 원전에 없는 내용이다.

  천재교육의 인용사료는 완전히 잘못된 번역이다. '정월에 지내는 제천 행사는 국중 대회로'라는 문장은 다른 달에도 제천 행사가 있는데 특별히 정월에 지내는 제천 행사는 '국중 대회'라는 의미로 해석되기 때문이다. 이 부분도 국편 한국사데이터베이스의 잘못된 번역을 그대로 옮겨온 경우다. '정월에 하늘에 제사 지내고 온 국민이 모여 연일 마시고 먹으며 춤을 추니 영고라 한다.'고 해야 자연스럽다.

  금성출판사의 '형옥을 판단하고'는 '형옥을 중단하고'의 오역이다. 형옥(刑獄)은 '형벌(刑罰)과 옥사(獄事)'를 일컫는 말이니 죄인에게 형벌을 내려 옥에 가두는 일이다. 따라서, 죄의 판단이 이미 끝나고 감옥에 가두어 처벌을 실행하는 것이다.

판단의 단계는 이미 지났다는 뜻이다.

이와 동일한 오역이 국편에서 주관한 한국사능력검정시험에도 출제된 바 있다.

3. (가), (나) 나라에 대한 설명으로 옳은 것은? [2점]

> (가) 은력(殷曆) 정월에 하늘에 제사를 지내며 국중대회(國中大會)에서 연일 먹고 마시고 노래하고 춤추니, 이를 영고(迎鼓)라고 한다. 이때 <u>형옥(刑獄)을 판단하여 죄수를 풀어주었다.</u>
> (나) 그 나라의 풍속은 산천을 중시하였으며, 산천마다 각각의 구분이 있어 함부로 서로 건너거나 들어갈 수 없었다. …… 읍락이 서로 침범하면 항상 생구(生口)·우마(牛馬)로 죄를 처벌하도록 하였는데, 이를 이름하여 책화(責禍)라고 한다.

① (가) - 여러 가(加)들이 별도로 사출도를 다스렸다.
② (가) - 특산물로 단궁, 과하마, 반어피 등이 있었다.
③ (나) - 제가 회의에서 나라의 중대사를 결정하였다.
④ (나) - 사회 질서의 유지를 위해 범금 8조를 만들었다.
⑤ (가), (나) - 제사장인 천군과 신성 지역인 소도가 있었다.

2017년 1월에 실시된 34회 고급 3번 지문에서는 '은력(殷曆) 정월에 하늘에 제사를 지내며 국중대회(國中大會)에서 연일 먹고 마시고 노래하고 춤추니, 이를 영고(迎鼓)라고 한다. 이때 형옥(刑獄)을 판단하여 죄수를 풀어주었다.'고 한 지문 중에서 '형옥(刑獄)을 판단하여 죄수를 풀어주었다.'고 한 부분이다. 이는 '형옥을 중단하고 죄수들을 풀어주었다.'로 하는 것이 올바른 번역이다. 앞부분의 '하늘에 제사를 지내며 국중대회(國中大會)에서'라는 번역도 어색한 문장으로 '하늘에 제사 지내고 도성 안 사람들이 크게 모여서'라고 하는 것이 자연스럽다. 이때 '國'은 '왕성의 안[王城之內]' 즉 '도성(都城)'이란 뜻이다.

국사편찬위원회, 한국고전번역원, 규장각, 장서각 등에는 한문으로 된 원전 자료를 번역하여 제공하고 있다. 연구자의 입장에서 정확하고 꼭 필요한 자료를 찾는데 투자해야 할 많은 시간과 노력을 덜어주니 여간 고마운 일이 아니다. 하지만, 원전 자료가 경사자집(經史子集)에 걸쳐 워낙 다양한 데다 그 분량 또한 엄청나기에 간혹 오역이나 미흡한 부분이 눈에 띄기도 한다. 현재 널리 사용되지 않은 문자와 문체로 기록된 한문 원전 자료를 제한된 인력과 제한된 시간으로 오류 하나 없이 완벽하게 번역해낸다는 것은 쉽지 않은 일일 것이다. 독자의 오류 제보로 더욱 완성도 높은 번역문이 될 것으로 기대한다.

문제는, 오역이나 미흡한 번역 자료를 연구 논문이나 교과서 집필에 이용하는 연구자가 제대로 검증하지 않고 그대로 사용하는 데 있다. 교과서에 인용된 사료가 그리 많지 않은데도 오역이나 의미 전달이 제대로 되지 않은 것은 대부분 이런 경우에 해당한다. 교과서 집필자는 사료 인용에 앞서 원문과 대조하여 오역이나 미진한 부분은 반드시 바로잡아 본래의 의미가 제대로 전달되도록 해야 한다. 전문가가 이해할 수 없는 번역이라면 학생들은 말할 것도 없다. 현행 검정 한국사 교과서에 인용된 번역 사료에는 그런 오역과 왜곡이 적지 않다. 전면적인 재검토가 필요하다.

3. 고구려

부여의 영고(迎鼓)와 같이 고구려에도 동맹(東盟)이라는 제천 행사가 있었다. 부여가 은(殷) 정월에 열었다면 고구려는 10월에 열었다는 차이가 있다. 동맹에 관한 기록은 아래와 같다.

> 10월에 하늘에 제사 지내고 도성(都城) 안 사람들이 크게 모이니 동맹이라 한다.(以十月祭天, 國中大會, 名曰東盟) -중략- 도성 동쪽에 큰 굴이 있어 수혈(隧穴)이라 하는데, 10월이면 도성 안 사람들이 크게 모여서 수신(隧神)을 맞이하여 도성 동쪽의 물가로 돌아와서 제사를 지내는데, 나무 수신을 신좌에 안치한다.(以十月祭天, 國中大會, 名曰東盟. -중략- 其國東有大穴, 名隧穴. 十月國中大會, 迎隧神, 還於國東上祭之, 置木隧于神坐.)
> 〈『삼국지』「위서」 동이전〉

국중(國中)은 앞서 말한 바와 같이 '왕성의 안[王城之內]', 또는 '왕성 안에 있는 사람들'로 풀이할 수 있으며, 『한원(翰苑)』에서 인용한 「위략(魏略)」에는 '國東上'이 '國東水上'으로 되어 있어 '도성 동쪽의 물 가'로 번역했다. '上'은 '위'라는 뜻으로 가장 많이 쓰이는 글자이나 '올라가다', '임금'이란 뜻과 함께 '가[邊: 가 변]', 또는 '근처'라는 뜻으로 쓰이기도 한다. 그래서 '水上'은 '물가'로 해석된다.

고구려의 동맹과 관련한 교과서의 서술은 대부분 비슷하여 별 무리가 없으나 리베르스쿨과 천재교육 교과서의 서술은 다소 문제가 있다.

리베르스쿨	10월에는 추수 감사제인 동맹이라는 제천 행사를 치렀는데, 왕과 신하들은 국동대혈에 모여 함께 제사를 지냈다. (26쪽)
천재교육	[사진] 국동대혈(중국 지린 성 지안) 국내성 동쪽에 있는 동굴로, 고구려 사람들이 이곳에서 신을 맞이하고 제사를 지냈다고 전해진다. (21쪽)

두 교과서 모두 국동대혈(國東大穴) 즉, 도성 동쪽의 큰 굴에 모여 제사 지내는 것처럼 서술하였으나, 큰 굴에서는 수신(隧神)을 맞이하는 행사만 하며 제사를 지내는 곳은 굴이 아닌 수상(水上) 즉 물가로 되어 있다. 원전을 제대로 확인하지 않았음이 드러나는 서술이다.

다음은 혼인 풍속이다. 고구려의 혼인 풍습에는 결혼이 결정되면 여자의 집에서 안채 뒤에 작은 집을 짓고 사위가 그곳으로 들어가 함께 사는 서옥(壻屋) 풍습이 전해지고 있다. 원전 번역문과 함께 교과서 서술을 살펴보기로 한다.

> 그 나라의 풍속에 혼인을 맺을 때 혼삿말이 정해지면 여가(女家)에서 대옥(大屋) 뒤에 소옥(小屋)을 짓는데 이를 서옥(壻屋)이라 한다. 사위가 저녁에 여가(女家) 문밖에 이르러 스스로 이름을 대고 꿇어앉아 절을 하고 여자에게 가서 잠자게 해달라고 애걸한다. 이렇게 두 세 번 하면 여자의 부모가 이에 소옥에 가서 자도록 허락하면 곁에 전백(錢帛)을 둔다. 아이를 낳아 장대해지면 아내를 데리고 집으로 간다.(其俗作婚姻, 言語已定, 女家作小屋於大屋後, 名壻屋. 壻暮至女家戶外, 自名跪拜, 乞得就女宿, 如是者再三, 女父母乃聽, 使就小屋中宿, 傍頓錢帛. 至生子已長大, 乃將婦歸家.)
>
> 〈『삼국지』「위서」 동이전〉

비상교육	[서옥제] 혼인을 한 뒤 **신랑이 신부 집 뒤에 조그만 집을 짓고 살다가** 자식이 장성하면 신랑 집으로 돌아가는 혼인 풍속이다. (25쪽) 그 풍속은 혼인할 때 **구두로 미리 정하고**, 여자의 집 몸채 뒤편에 작은 별채를 짓는데, 그 집을 서옥이라 부른다. … 아들을 낳아서 장성하면 남편은 아내를 데리고 자기 집으로 돌아간다. (24쪽, 사료)
지학사	고구려의 풍속은 혼인을 할 때 양쪽 집의 **의논이 이미 정해지면** 신부의 집에서 자기 집 뒤에 조그만 집 하나를 짓는데 이것을 서옥이라고 한다. 사위 될 사람이 저녁에 신부의 집에 와서 문밖에서 자기 이름을 대고 꿇어 앉아 신부와 함께 자겠다고 간청한다. 간청하기를 두세 번 하고 나면 신부의 부모가 비로소 승낙하고 집 뒤 조그만 집에 가서 자게 한다. 이때 신랑은 돈과 비단을 내놓는다. 이렇게 혼인을 해서 아이를 낳아 크게 자라면 데리고 신랑의 집으로 돌아간다. (27쪽, 사료)
천재교육	[서옥제] 혼인한 뒤 **남자가 신부 집 뒤에 서옥(사위집)을 짓고 살다가**, 자식이 장성한 후에 아내와 함께 자신의 집으로 돌아가는 풍습이다. (20쪽) 혼인할 때는 **말로 미리 정하고** 신부 집 뒤편에 작은 별채를 짓는데 이를 서옥(사위집)이라 한다. 신랑이 **신부 부모에게 무릎을 꿇고** 결혼을 청하면 이를 허락하고 돈과 폐백은 곁에 쌓아둔다. 아들을 낳아 장성하면 아내를 집으로 데리고 간다. (23쪽)
금성출판사	부여처럼 형사취수혼이 이루어졌으며, 혼인한 다음 신랑이 일정 기간 신부의 집에서 머무르는 **데릴사위제**가 행해졌다. (34쪽)
미래엔	풍속으로는 서옥제가 있었는데, 남자가 혼인을 한 뒤 일정 기간 처가에서 살다가 가족을 데리고 남자 집으로 돌아가는 혼인 형태였다. (19쪽)

> **리베르스쿨**
>
> 혼인 풍속으로는 **서옥제**와 **형사취수제**가 있었다. 서옥제는 남자가 자식을 낳고 자식이 장성할 때까지 처가에 살면서 일해 주는 제도인데, 이는 고대 사회에 노동력이 귀했다는 사실을 보여 준다. 형사취수제는 형이 죽으면 아우가 형수를 아내로 맞아들이는 제도로 남자 집안의 재산이 여자 쪽으로 유출되는 것을 막으려는 방편이었다. (26쪽)
> 그 풍속을 보면 혼인할 때 **구두로 미리 정하고**, 여자의 집 본채 뒤편에 작은 별채를 짓는데, 그 집을 서옥이라 부른다. … 아들을 낳아서 장성하면 남편은 아내를 데리고 자기 집으로 돌아간다. (28쪽, 사료)
> 고구려 지배층의 혼인 풍속으로는 형사취수제와 함께 일종의 데릴사위제도인 서옥제가 있었다. 평민들은 자유로운 교제를 통해 혼인하였다. (52쪽)

서옥(壻屋) 풍습에 대해 원전을 가장 충실하게 소개한 출판사는 지학사다. 그 외에 오역을 지적하자면, 리베르스쿨과 비상교육의 '구두로 미리 정하고'와 천재교육의 '말로 미리 정하고'는 '혼삿말이 정해지면[言語已定]'으로 해야 자연스럽다. 국편 한국사데이터베이스의 오역을 검증 없이 그대로 옮긴 경우다. 비상교육의 '신랑이 신부 집 뒤에 조그만 집을 짓고'와 천재교육의 '남자가 신부 집 뒤에 서옥(사위집)을 짓고 살다가'는 '여가(女家)에서 큰 집 뒤에 작은 집을 짓는다.'고 한 원문에 비춰볼 때 잘못된 서술이다. 비상교육은 필자의 이의 제기에 2016년도 판에는 아래와 같이 '신랑'만 삭제하고 그대로 실었다.

> '혼인을 한 뒤 신부 집 뒤에 조그만 집을 짓고 살다가 자식이 장성하면 신랑 집으로 돌아가는 혼인 풍속이다.'
>
> 〈비상교육, 25쪽〉

하지만 '혼인을 한 뒤'는 그대로 살아 있을 뿐만 아니라 서술 자체가 非文이다. '혼인을 한 뒤 신부 집 뒤에 조그만 집을 짓고 살다가'의 주체는 신랑인데, '자식이 장성하면 신랑 집으로 돌아가는'의 주체는 신부이기 때문이다. 또, 천재교육의 '신부 부모에게 무릎을 꿇고 결혼을 청하면'은 '여가(女家) 문 밖에 이르러 스스로 이름을 대고 꿇어앉아 절을 하고 여자에게 가서 잠자게 해달라고 애걸한다.'로 해야 원전의 뜻을 제대로 전달하게 된다. 금성출판사는 유일하게 '서옥제'가 아닌 '데릴사위제'라고 썼다. 과연 서옥제와 데릴사위제가 일대 일로 정확하게 대응하는지 또, 데릴사위제로 배운 학생들이 서옥제라는 용어를 만났을 때 쉽게 데릴사위제를 떠올릴 수 있을지 의문이다.

문제는 리베르스쿨 교과서다. 이 교과서는 부여 항목에서는 형사처수 풍습을 소개하지 않은 반면, 초기 고구려 항목(26쪽)에서 형사처수와 서옥 풍습을 모두 소개하였을 뿐만 아니라, 8종 중 유일하게 고대 국가로 성장한 고구려 항목(52쪽)에서는 고구려 지배층의 혼인 풍습으로 소개했다. 교과서 서술을 토대로 표를 작성하면 아래와 같다.

	부여	초기 고구려		고구려	
	형사처수	형사처수	서옥제	형사처수	서옥제
교학사			서옥제		
금성출판사	형사취수혼	형사취수혼	데릴사위제		
동아출판			서옥제		
리베르스쿨		형사취수제	서옥제	형사취수제	서옥제
미래엔	형사취수제	형사취수제	서옥제		
비상교육	내용 설명		서옥제		
지학사	취수혼		사료소개		
천재교육	형사취수제		서옥제		

형사처수의 경우 부여에서 초기 고구려, 고구려까지 이어지지만 교과서마다 제각각이다. 표현도 형사취수제, 형사취수혼, 취수혼으로 쓰는가 하면 비상교육과 같이 특별한 용어를 제시하지 않고 형사처수(兄死妻嫂) 풍습에 대한 설명만 한 경우도 있다.

이럴 경우 다음과 같은 한국사능력검정시험 문제를 만났을 때 서로 다른 교과서로 공부한 학생들은 혼란스러울 수밖에 없다. 이 문제에서 (가)는 부여, (나)는 고구려, (다)는 옥저, (라)는 동예이며 정답은 ④번이다. (나)고구려에 해당하는 지문이 바로 형사처수(兄死妻嫂)로 위 교과서 서술대로라면 확신을 가지고 답을 쓸 수험생은 금성출판사와 리베르스쿨, 그리고 미래엔 교과서로 공부한 수험생들이다. 그 외 부여의 풍습으로 소개한 나머지 교과서로 공부한 수험생들은 혼란스러울 수밖에 없다. 특히 부여와 고구려 어디에도 서술이 없는 교학사와 동아출판 교과서로 공부한 수험생은 가장 큰 불이익을 당할 것으로 생각된다.

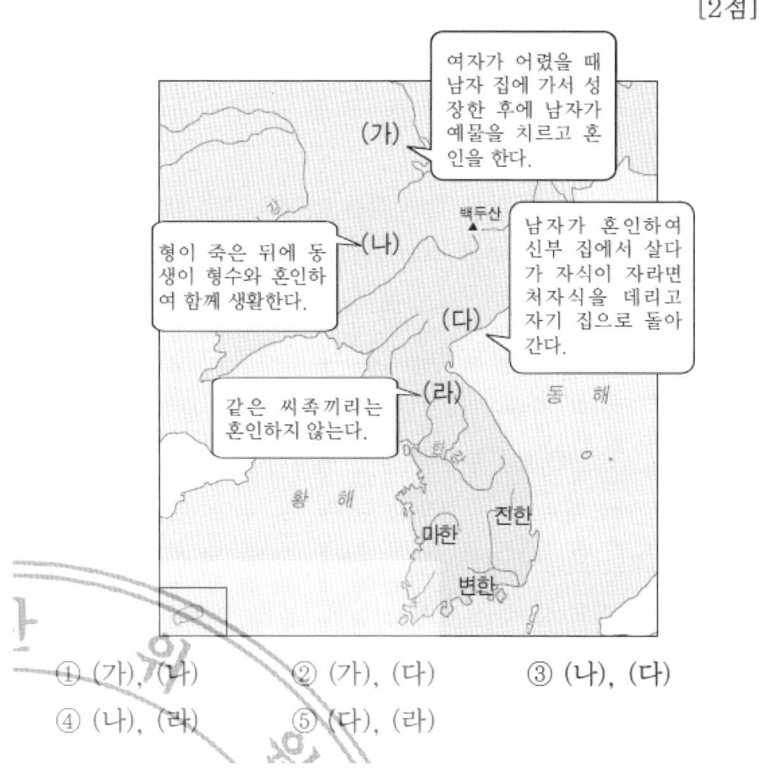

▲ 한국사능력검정시험(고급) 15회 7번

자신이 공부한 교과서가 문제 풀이에 도움이 되지 않는다면 교과서에 대한 신뢰도는 떨어질 것이며, 교과서에 대한 믿음이 사라지면 학원이나 과외와 같은 다른 길을 찾을 수밖에 없을 것이다. 현행 검정 교과서가 이렇게 중구난방이다.

4. 옥저와 동예, 그리고 삼한

이번에는 초기국가의 마지막인 동예(東濊)와 옥저(沃沮), 그리고 삼한의 풍습에 대한 사료 인용에 대해 살펴보고자 한다. 먼저 동예의 금기(禁忌) 사항이다.

> 꺼리는 것이 많아서 질병으로 사망하면, 바로 옛집을 버리고 다시 새집을 짓는다.(多忌諱, 疾病死亡, 輒捐棄舊宅, 更作新居.)
>
> 〈『삼국지』「위서」 동이전〉

병을 앓던 사람이 죽으면 곧바로 살던 집을 버리고 다시 새집을 지어서 이사 가는 것은 아마도 전염병을 예방하기 위한 것으로 판단된다. 이에 대해 금성출판사는 '질병으로 사람이 죽으면 살던 집을 폐기하는 등 꺼려서 피하는 것이 많았다.'고 서술하여 본의가 제대로 전달되었다. 그러나 리베르스쿨과 비상교육은 '꺼리는 것이 많아서 병을 앓거나 사람이 죽으면 옛집을 버리고 곧 다시 새집을 지어 산다.'고 하여 질병사망(疾病死亡) 부분을 잘못 번역하였다. 물론 한국사데이터베이스의 잘못된 번역을 그대로 옮긴 경우다.

여기서 '병을 앓거나 사람이 죽으면'으로 번역할 경우 가족 중 한 사람이라도 병에 걸리면 옛집을 버리고 새 집을 다시 지어야 한다는 의미가 된다. 병에도 경중(輕重)의 차이가 있는데, 조그만 병에 걸리기만 해도 집을 버리고 갈 것인가? 또, 새집으로 이사 갈 때 병에 걸린 사람은 어떻게 할 것인가? 데려 간다면 집을 버리고 가는 의미가 없어지고, 두고 간다면 산사람을 팽개치는 것과 같다. 죽는 것도 그 경우가 다양한데 병사(病死)가 아닌 경우에도 이사를 간다면 이래저래 이사 다니다 세월 다 보낼 것 같다.

기휘(忌諱)가 금기(禁忌)와 같은 의미의 단어라는 점에서 '병을 앓거나 사람이 죽으면'이라는 조건은 그 범위가 지나치게 넓다. 사람들은 평생 병에 안 걸리고 죽지 않는 사람이 없기 때문이다. 그러므로 '병을 앓다가 죽으면' 또는 '질병으로 죽으면'으로 번역해야 문맥이 자연스럽다.

다음으로 옥저의 혼인 풍습에 대한 서술이다.

> 그 나라의 시집가고 장가드는 법은 여자 나이 열 살에 혼인을 허락하면 사위집에서 데려다가 길러 며느리로 삼는다. 성인이 되어 다시 여자 집으로 돌려보내면 여자 집에서 돈을 요구하고 이를 다 갚으면 바로 다시 사위집으로 돌아간다.(其嫁娶之法, 女年十歲, 已相設許. 壻家迎之, 長養以爲婦. 至成人, 更還女家. 女家責錢, 錢畢, 乃復還壻.)
> 《삼국지》「위서」 동이전

여기서 오역이 잦은 부분은 '女年十歲, 已相設許(여년십세, 이상설허)'이다. '已(이)'는 '이미'라는 해석보다 과거 시제로 처리하고 相(상)은 상대가 있을 때 쓰이는 글자이므로 굳이 해석하지 않아도 된다. 따라서 '已相設許'는 '약속을 정하고 나면'으로 번역하면 자연스럽다. 이를 토대로 교과서별 서술과 인용사료를 살펴보기로 한다.

리베르스쿨	신부 집에서는 여자가 10살이 되기 전에 혼인할 것을 약속하고, 신랑 집에서는 여자를 맞이하여 성장할 때까지 데리고 있다가 아내로 삼는다. (28쪽)
동아출판	그들의 장가들고 시집가는 법은 여자가 10세만 되면 이미 혼인을 허락힌다. 남편 될 사람이 여자를 자기 집으로 데려다가 길러서 아내를 삼는다. (23쪽)
미래엔	그 나라(옥저)의 혼인 풍속은 여자 나이 10살이 되기 전에 혼인을 약속하는 것이다. 신랑 집에서는 여자를 맞이하여 성장하면 길러 아내로 삼는다. (20쪽)
천재교육	여자 나이 10살이 되기 전에 혼인을 약속한다. 신랑 집에서는 여자를 맞이하여 다 클 때까지 길러 아내로 삼는다. 여자가 어른이 되면 친정으로 보낸다. (23쪽)

세 출판사 모두 '女年十歲(여년십세)'를 무슨 근거인지 알 수 없으나 '여자 나이 10살이 되기 전에 혼인을 약속한다'고 했다. 10살이 되기 전이라는 말은 태어나고부터 10살 까지 모두 포함되니 올바른 번역이라 할 수 없다. 무엇보다 '女年十歲'에는 '열 살 이전'이라는 뜻이 없다. 또 대부분 사위를 신랑이라 하였으나 사위와 신랑은 분명 다르다. 원전에 서가(壻家)라고 되어 있으므로 원전 그대로 '사위집'이라 하는 것이 정확한 번역이다.

특히 리베르스쿨의 같은 쪽에는 '민며느리는 장래에 며느리로 삼으려고 민머리인 채로 데려와 키운 여자아이를 의미한다.'고 하여 민며느리의 뜻을 '민머리인 채'라고 하였으나 이것도 근거가 없다. '민'은 '없다'는 뜻이 있으므로, '아직 대가(代價) 없이 데려온 며느리'라는 풀이도 가능하기 때문이다.

마지막으로 삼한의 풍습이다.

> 늘 5월이면 씨뿌리기를 마치고 귀신에게 제사를 지내는데, 무리 지어 노래하고 춤추고 술 마시며 밤낮을 쉬지 않는다. 그 춤은 수십 명이 모두 일어나 뒤를 따라가며 땅을 밟고 몸을 낮추었다가 솟구쳤다가 하면서 손발이 척척 맞아 절주(節奏: 가락)가 탁무(鐸舞)와 비슷한 점이 있다. 10월에 농사일을 마치고 나서도 이렇게 한다.(常以五月下種訖 祭鬼神 群聚歌舞飮酒 晝夜無休. 其舞, 數十人, 俱起相隨. 踏地低昻, 手足相應, 節奏有似鐸舞. 十月農功畢 亦復如之.)
>
> 〈『삼국지』「위서」동이전〉

5월에는 씨뿌리기를, 10월에는 농사일을 마친 다음 귀신에게 제사를 지내는 행사로 수십 명이 일어나서 뒤를 따르면서 춤추는 모습이 그려진다. 10월에도 5월과 같다고 하였으니, 시기가 다를 뿐 행사의 내용이 같다는 뜻이다. 그런데 교과서의 서술은 참으로 다양하다.

금성출판사	씨를 뿌리고 난 5월과 농사를 마친 10월에 **계절제**를 지내고 흥겨운 축제를 열었다. (36쪽)
동아출판	여러 나라는 영고(부여), 동맹(고구려), 무천(동예), **계절제**(삼한) 등 제천 행사를 성대하게 열었다. (22쪽)
리베르스쿨	천군은 씨를 뿌리고 난 뒤인 5월과 곡식을 거두어들이는 10월에 **계절제**를 주관하였다. (28쪽)
미래엔	해마다 씨를 뿌리고 난 뒤인 5월 **수릿날**과 가을걷이를 마치는 10월에는 **계절제**를 열어 하늘에 제사를 지냈다. (21쪽)
비상교육	씨를 뿌린 5월에는 **수릿날**, 추수를 마친 10월에는 계절제를 열어 하늘에 제사 지냈다. (26쪽)
지학사	한편 부여의 영고, 고구려의 동맹, 동예의 무천, 삼한의 **5월제·10월제**와 같이 목축 및 농경과 관련하여 하늘에 제사 지내는 행사가 있었다. (28쪽)
천재교육	해마다 씨를 뿌리고 난 5월과 추수를 끝낸 10월에는 하늘에 제사를 지냈다. (22쪽)

　이를 보면 금성출판사, 동아출판, 리베르스쿨은 5월 제사와 10월 제사를 아울러 계절제라 하였으며, 반면 미래엔과 비상교육은 5월은 수릿날, 10월은 계절제로 분리하였다. 5월제를 음력 5월 5일의 '수릿날'(단오제)과 동일시한 것은 1970년대 이래 국정 교과서의 서술을 따른 것으로 과연 정확하게 일치하는지 근거가 없다. 지학사와 천재교육은 원전에 충실하여 특별히 수릿날이나 계절제와 같은 명칭을 부여하지 않았다. 또, 리베르스쿨에는 근거 없이 천군이 계절제를 주관한다고 하였다.

　반복되는 이야기지만, 하나의 사안을 두고 교과서마다 이토록 다르게 서술하는 데다 원전 오역까지 추가될 때는 정말 혼란스럽다. 그나마 학생들은 학교에 정해 주는 1권만을 공부하니 다행스럽긴 하다. 역사 인식의 다양성이라는 이름 아래 시행되고 있는 현행 8종 검정 교과서 체제가 얼마나 그 목적을 달성하고 있는지 돌이켜 볼 일이다.

5. 그 외 인용 사료

적고적(赤袴賊)

현행 고등학교 한국사 교과서에는 원전사료를 번역하여 소개한 경우가 적지 않다. 하지만, 교과서에 인용된 사료 중에는 번역이 부실하거나 아예 본래의 뜻을 알 수 없을 정도로 오역을 한 경우가 적지 않다. 고대사 부분에 인용된 몇 가지 사례를 살펴보기로 한다.

> 진성 여왕 10년 도적이 서남쪽에서 일어났다. 붉은 바지를 입고 특이하게 굴어 사람들이 붉은 바지 도적이라 불렀다. 그들은 주·현을 무찌르고 서울(경주) 서부 모량리까지 쳐들어와 민가를 약탈하였다.
> 〈교학사, 43쪽〉

이에 대한 『삼국사기』 해당 부분의 원문과 해석은 아래와 같다.

> 10년(896) 도적이 나라의 서남쪽에서 일어났다. 바지를 붉은 색으로 달리 하여 사람들이 적고적(赤袴賊)이라 하였다.(十年, 賊起國西南, 赤其袴以自異, 人謂之赤袴賊.)
> 〈『삼국사기』, 권11〉

'붉은 바지를 입고 특이하게 굴어'는 '바지를 붉은 색으로 달리 하여(赤其袴以自異)'라고 해야 한다. '적고적(赤袴賊)'으로 부른 이유는 바지 색깔을 붉게 하여 다른 사람들과 구별할 수 있도록 하였기 때문이다.

'自異'를 '특이하게 행동하니'라고 번역한 국편의 한국사데이터베이스도 문제지만, 오역인지 모르고 그대로 옮긴 집필자도 별반 다르지 않다. 집필자를 확인해보니 고등학교 교사 한 사람이 고대사 한 단원을 담당했다.

발해 남경

[자료 1] 무왕 14년(732), 왕은 장군 장문휴를 보내 당의 등주를 공격하게 하였다. 이에 당 현종은 태복 원외랑 김사란을 신라에 보내 군사를 출동시켜 발해의 남경을 공격하게 하였다. 신라는 군사를 내어 발해의 남쪽 국경선 부근을 진격하였다. 이에 발해가 군사를 등주에서 철수하였다. -신당서-

〈리베르스쿨, 64쪽〉

이 서술과 관련된 『구당서(舊唐書)』의 내용은 아래와 같다.

> [개원] 20년(732; 발해 무왕 14년)에 무예가 그의 장수 장문휴로 하여금 해적을 거느리고 등주자사 위준을 공격하도록 하였다. [당 현종은] 문예로 하여금 유주에 가서 군사를 징발하여 이를 토벌케 하고 이어서 태복원외경 김사란으로 하여금 신라에 가서 군사를 출동하여 발해의 남경(南境)을 치게 하였다. 마침 산이 험하고 날씨가 추운 데다 눈이 한 길이나 내려서 병사들이 태반이나 얼어 죽으니, 전공을 이루지 못하고 돌아왔다.([開元]二十年(732), 武藝遣其將張文休, 率海賊攻登州刺史韋俊. 詔遣門藝往幽州徵兵以討之, 仍令太僕員外卿金思蘭往新羅發兵以攻其南境. 屬山阻寒凍, 雪深丈餘, 兵士死者過半, 竟無功而還.)
>
> 〈『구당서』〉

'태복원외랑'과 '남경'으로 서술한 것을 보면 『신당서』가 아닌 『구당서』의 내용이다. 『신당서』에는 '太僕員外卿'이 '太僕卿'으로, '남경(南境)'은 '南'으로만 되어 있기 때문이다. 또, 태복원외랑은 태복원외경(太僕員外卿)의 잘못이다. '신라는 군사를 내어 발해의 남쪽 국경선 부근을 진격하였다.'는 바로 앞 문장을 중복 해석한 것이다.

발해에는 지방 행정구역으로 5경(京)이 있는데, 상경(上京), 중경(中京), 동경(東京), 서경(西京), 남경(南京)을 말한다. 교과서에서 '발해의 남경을 공격하게 하였다'고 하여 한자 없이 한글로만 남경이라고 써놓으면 5경 중의 하나인 남경(南京)으로 오해할 수 있다. 여기서는 남쪽 지역을 뜻하는 남경(南境)이다. 한자를 병기해주던지, 아니면 남쪽 지역이라고 풀어줄 필요가 있다.

문극 하사

> 원화7년(812)에 중흥(애장왕)이 돌아가니 재상 김언승을 세워 왕(헌덕왕)으로 삼았다. … 아울러 재상 김숭빈 등 세 사람에게 문극(두 갈래 창)을 내려 주었다.
> 〈지학사, 45쪽〉

'돌아가니'는 원문에 '卒(졸)'로 되어 있으므로 '죽으니'로 해야 한다. 자칫, 중국에 왔다가 신라로 다시 돌아갔다는 뜻으로 오해할 수 있다.

다음으로 '문극(두 갈래 창)'은 원전에 '門戟(문극)'이 아닌 '戟(극)'으로 되어 있다. 또, 『삼례도집주(三禮圖集注)』에는 戟(극)을 세 갈래 창으로, 戈(과)를 두 갈래 창으로 소개하고 있다. 어느 쪽으로 보더라도 서술 오류다. 이를 출판사인 지학사에 제기했더니, "대개 한문 문장에서 반복되는 단어는 줄여서 쓰기 때문에 '문극'이나 '극'은 같은 것입니다"라는 답변이 돌아왔다.

중국이나 우리나라의 역사 서술은 한자로 기록되며, 한 글자 한 글자를 매우 엄격히 선별해서 쓴다. 같은 죽음이지만 卒(졸)과 死(사)가 다르고, 같은 무덤이지만 陵(능)과 塚(총)이 다르듯이 戟(극)과 門戟(문극)은 엄연히 다르다. 더구나, 국편 한국사데이터베이스에도 위와 같이 번역되어 있기 때문에 틀린 번역이 아니라는 답변에서는 역사 전공자가 맞기는 한지 의구심이 든다. 국편은 필자의 지적에 바로 수정했다.

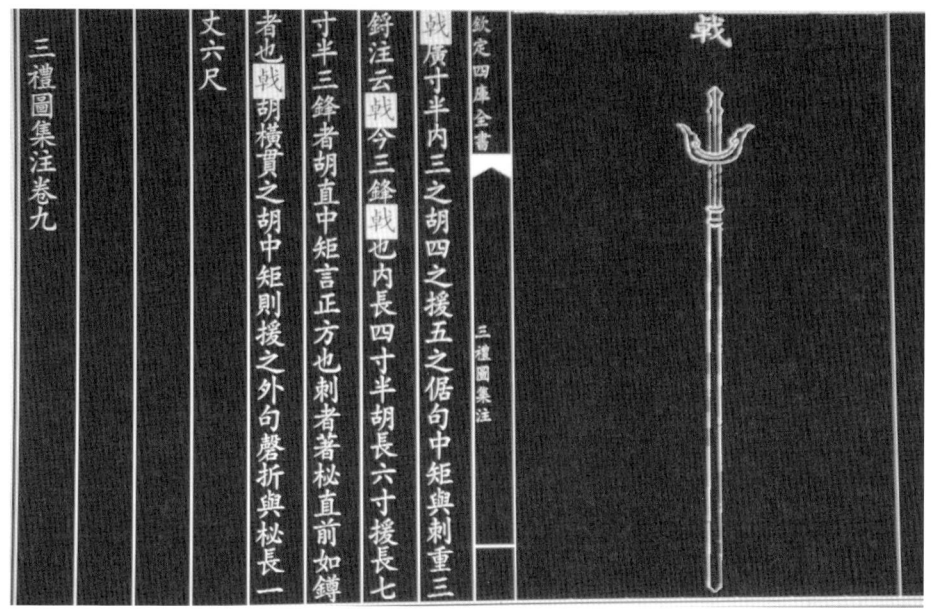

▲ 『삼례도집주(三禮圖集注)』 戟(극)

발해고

고려가 마침내 약소국이 된 것은 발해의 땅을 되찾지 못했기 때문이다. 이후 탄식할 수 있겠는가.

〈미래엔, 37쪽〉

유득공(柳得恭)이 쓴 『발해고(渤海考)』의 한 부분으로 고려가 발해의 땅을 되찾지 못한 것은 발해에 대한 역사를 남겨놓지 않았기 때문에 안타깝다는 생각이 담긴 글로 원문은 아래와 같다.

> 고려가 마침내 약한 나라가 된 것은 발해의 땅을 되찾지 못했기 때문이니, 탄식하지 않을 수 없다.(高麗遂爲弱國者, 未得渤海之地故也, 可勝歎哉.)
>
> 〈『발해고』〉

'可勝歎哉(가승탄재)'는 글자대로 해석하면 '탄식을 이길 수 있겠는가.'라는 뜻으로 이는 달리 '탄식하지 않을 수 있겠는가.' 또는 '탄식하지 않을 수 없다.'로 해석해야 한다. 그래야 '한탄스러운 일'이라는 뜻이 된다. '탄식할 수 있겠는가'라는 번역은 탄식할 일이 아니라는 뜻이 되니 반대로 해석한 것이다.

신라의 공복(公服)

> 법흥왕 7년(520년) 봄 정월에 율령을 반포하고, 처음으로 모든 관리의 공복과 붉은색, 자주색으로 위계를 정하였다.
>
> 〈비상교육, 35쪽〉

이 글은 신라의 공복(公服) 제정에 관한 것으로 '관리의 공복'과 '붉은색, 자주색으로 위계를 정했다'고 하여 병렬로 번역하였으나 이는 잘못이다. '처음으로 백관의 공복에 대한 주자(朱紫)의 차서(次序: 등급)을 제정했다.(七年, 春正月, 頒示律令, 始制百官公服, 朱紫之秩)'고 하는 것이 올바른 번역이다. 이는 골품제에서도 나타나는 바와 같이 공복의 위계는 공복의 색상으로 표시하였기 때문이다. 『한국민족문화대백과사전』에도 '법흥왕은 신라 중고기(中古期)의 첫 임금으로서 520년에 율령을 반포하고 백관공복(百官公服)의 주자(朱紫: 고귀한 복식)의 차서(次序)를 정하였다.'고 되어 있다.

법리(法利)를 깨닫다

대왕(법흥왕)이 분노하여 이차돈의 목을 베라고 명하였다. 집집마다 부처를 공경하면 대대로 영화를 얻고 사람마다 불도를 행하면 불법의 이익을 얻었다.
〈비상교육, 35쪽〉

이 부분에 해당하는 『삼국유사』의 원문과 번역은 아래와 같다.

> 이에 집집마다 예를 올리면 반드시 대대로 영화를 얻고, 사람마다 불도를 행하면 곧 법리를 깨달았다.(於是家家作禮, 必獲世榮. 人人行道, 當曉法利.)
> 〈『삼국유사』, 권3〉

'曉法利(효법리)'는 '불법(佛法)의 이로움을 깨우쳤다'는 뜻이지 '불법의 이익을 얻다'는 것이 아니다. 아울러 불법은 '불법(佛法)'이라고 한자를 병기해야지 아니면 불법(不法)과 구분이 되지 않는다. 한글로만 써놓아도 알 수 있는 사람이라면 한문 공부가 그만큼 되어 있는 경우라 할 수 있다.

가락국기(駕洛國記)

열 사흘째 날 아침에 다시 모여 상자를 열어 보니 여섯 알이 어린아이가 되어 있었다. 용모가 뛰어나고 바로 앉았다. 아이들은 나날이 자라 십수 일이 지나니 키가 9척이나 되었다. 얼굴은 한고조, 눈썹은 당의 요임금, 눈동자는 우의 순임금과 같았다. 그달 보름에 맏이를 왕위에 추대하고 수로라 하였다.
〈비상교육, 35쪽〉

이 부분에 대한 『삼국유사』 「가락국기(駕洛國記)」의 원문과 번역은 아래와 같다.

> 12시간이 지나 그 다음날 아침에 무리들이 다시 모여서 상자를 열어보니 여섯 알이 바뀌어 동자가 되었는데 용모가 매우 훤칠하였다. 이에 상(床)에 앉히고 여러 사람들이 절하고 하례(賀禮)하며 공경을 다하였다. 나날이 자라 10여 일이 지나자 신장(身長)은 아홉 자나 되니 은(殷)의 천을(天乙)과 같고, 얼굴은 용처럼 생겼으니 한(漢)의 고조(高祖)와 같고, 눈썹에는 팔채(八彩: 여덟 가지 색채)가 있으니 당(唐)의 요(堯)와 같고, 눈에는 눈동자가 둘이니 우(虞)의 순(舜)과 같았다. 그달 보름에 즉위(卽位)하였다. 처음 나타났기 때문에 이름을 수로(首露)라고 하였는데, 혹은 수릉(首陵)이라고도 한다.(過浹辰翌日平明, 衆庶復相聚集, 開合而六卵化爲童子, 容皃甚偉. 仍坐於床, 衆庶拜賀盡恭敬止. 日日而大, 踰十餘晨昏, 身長九尺則殷之天乙, 顔如龍焉則漢之高祖. 眉之八彩則有唐之高, 眼之重瞳則有虞之舜. 其於月望日卽位也.)
>
> 〈『삼국유사』, 권2〉

'용모가 뛰어나고 바로 앉았다.'는 문장의 끊어 읽기를 제대로 못해서 생긴 오역이며, '십수 일이 지나니 키가 9척이나 되었다. 얼굴은 한고조, 눈썹은 당의 요임금, 눈동자는 우의 순임금과 같았다.'고 한 문장도 요약을 하려면, '십수 일이 지나자 키는 은(殷)의 천을(天乙), 얼굴은 한(漢)의 고조(高祖), 눈썹은 당(唐)의 요(堯)임금, 눈은 우(虞)의 순(舜)임금과 같았다.'고 해야 한다. 비상교육의 고대사 분야 집필자를 확인해 보니 네 명 모두 현직 고등학교 교사다. 교사는 기본적으로 지식 전달자이지 전문가가 아니다. 비상교육 교과서는 결국 전문가 한 명 없이 고대사를 집필한 것이니, 번역 오류가 특별히 많은 이유가 바로 여기에 있었다.

욱면(郁面) 낭자

> 그녀는 진신으로 변하여 연화대에 큰 빛을 비추었고 풍악 소리가 그치지 않았다.
> 〈천재교육, 38쪽〉

이 글은 『삼국유사』에 '욱면비념불서승(郁面婢念佛西昇)'이라는 제목의 욱면비가 염불하면서 서방정토(西方淨土)로 올라간다는 설화의 일부분이다. 이 번역대로라면 욱면이 진신으로 변하여 연화대에 빛을 비추자 풍악소리가 그치지 않았다는 뜻이 된다. 하지만 원문을 살펴보면 그렇지 않다.

> [그녀는] 진신(眞身)으로 변하여서 나타나 연화대(蓮花臺)에 앉았다가 커다란 빛을 발하면서 천천히 사라지는데, 공중에서는 음악소리가 그치지 않았다.(變現眞身坐蓮臺, 放大光明緩緩而逝, 樂聲不徹空中.)
> 《『삼국유사』, 권7》

진신으로 변한 욱면이 연화대에 앉았다가 빛을 발하면서 사라지는 순간 공중에서는 음악소리가 그치지 않았다고 했으니, 얼마나 잘못된 번역인지 알 수 있다.

죽지랑(竹旨郎)

종공이 삭주도독에 임명되어 삭주로 가는 도중 죽지령(고개)에서 길을 정성껏 닦고 있는 거사를 만났다. 공은 거사를 크게 칭찬하였고 거사 또한 공을 존대하였다. 그 일이 있은 뒤 어느 날 공은 거사가 자신의 방으로 들어오는 꿈을 꾸었는데, 그날 거사는 죽고 공은 아이를 얻었다. 공은 거사가 자신의 아이로 환생하였다고 확신하고 이름을 죽지라 하였다. 죽지랑은 장성하여 벼슬길에 올라

(김)유신공과 함께 삼한(감국)을 통일하고 4대에 걸쳐 재상이 되었다.

〈천재교육, 38쪽〉

이 자료는 출전을 『삼국유사』로 명시했지만, 원전 사료를 그대로 인용한 것이 아니라 지나치게 축약을 하면서 의미 파악조차 어렵게 되었다. 『삼국유사』 원문에 따르면 '종공'은 '술종공'이며, '삭주도독'은 '삭주도독사'가 맞다. 연이어서 두 글자나 빠졌는데도 교정 과정에서 발견하지 못한 모양이다. 이어서, '길을 정성껏 닦고 있는'에 해당하는 원문은 '平理其嶺路(평리기령로)'로 '그 고개 길을 평탄하게 정리하고 있는'이 정확한 번역이다. 원문에 없는 '정성껏'이라는 말을 쓴 것을 보면 집필자는 원문을 보지 않았던 것으로 보인다. 다음으로 '그날 거사는 죽고 공은 아이를 얻었다.'는 정말 황당하기 짝이 없다. 거사가 죽고 아이를 얻었다는 것은 어떤 상황을 말하는 것일까? 이는 아래의 내용을 과도하게 축약했기 때문이다.

공이 주의 치소에 부임한 지 한 달이 되었을 때 꿈에 거사(居士)가 방에 들어오는 것을 보았는데, 부인도 같은 꿈을 꾸어서 놀라고 괴이함이 더욱 심했다. 이튿날 사람을 보내 그 거사의 안부를 물어보니 그 사람이 말하기를, '거사가 죽은 지 며칠 되었습니다.'라고 하였다. 사자가 돌아와 그가 죽었음을 아뢰었는데, 꿈을 꾼 날과 같은 날이었다. 공이 말하기를, '아마도 거사가 우리 집에 태어날 것이다.'라고 하였다. 다시 군사를 보내 고개 위 북쪽 봉우리에 장사지내고, 돌로 미륵불 한 구를 만들어 무덤 앞에 안치하였다. 부인은 꿈을 꾼 날로부터 임신하였는데 태어나자 이름을 죽지(竹旨)라고 하였다.(公赴州理, 隔一朔, 夢見居士入于房中, 室家同夢. 驚怪尤甚翌. 翌日使人問其居士安否. 人曰 '居士死有日矣.' 使來還告, 其死與夢同日矣. 公曰 '殆居士誕於吾家爾.' 更發卒修葬扵嶺上北峯, 造石彌勒一軀安於塚前. 妻氏自夢之日有娠. 旣誕因名竹旨.)

〈『삼국유사』, 권7〉

고등학교 역사 교과서는 고등학생 수준에 맞는 우리 역사를 정리한 교과서다. 당연히 고등학생의 지적 수준에서 이해가 가능해야 하며, 다소 어려운 내용이라 하더라도 교사의 지도에 의해 충분히 이해가 되어야한다. 하지만, 근본적으로 부실하거나 아예 엉뚱하게 번역한 사료라면 교사의 지도가 있어도 큰 도움이 되지 않는다. 그런 점에서 현행 고등학교 한국사 교과서의 인용 사료가 상당 부분 부실한 번역이라는 점은 문제가 아닐 수 없다. 이는 비단 고대사에 한정된 것이 아니라 근대사까지 이어진다. 반드시 바로잡아야 할 부분이다.

제II장 원전 사료, 한 글자에 서술이 달라진다

1. 우경의 시작인가, 장려인가

삼국시대 경제에서는 소를 이용해 밭을 갈기 시작했다는 '우경(牛耕)'이 등장한다. 이에 대해 대부분의 교과서에는 '우경 장려'로 서술한 반면 일부 '우경 보급'이라 한 곳도 있다.

교학사	우경 장려 (31쪽)
금성출판사	우경 장려 (50쪽)
리베르스쿨	우경 장려 (36쪽)
미래엔	우경 장려 (38쪽)
비상교육	우경 장려 (33쪽)
지학사	가축을 이용한 우경을 장려하였다. (37쪽)
동아출판	우경 보급 (31쪽)
천재교육	우경 보급 (31쪽) 우경 장려 (34쪽)

우경(牛耕)이 소를 이용한 밭갈이라는 뜻이기 때문에 '가축을 이용한 우경'이라 한 지학사의 서술은 올바른 표현이 아니다. 천재교육은 앞에서는 우경 보급, 뒤에서는 우경 장려라 하여 서술의 일관성을 유지하지 못하였다.

대부분 '장려(奬勵)'라 한 우경은 『삼국사기』 지증왕(智證王: 재위 500~514) 3년 (502년) 3월 조의 기록을 근거로 하고 있다.

> 3월, 주주(州主)와 군주(郡主)에게 각각 명하여 농사를 권장케 하였고, 처음으로 소를 이용하여 밭을 갈았다.(三月, 分命州郡主勸農, 始用牛耕.)
>
> 〈『삼국사기』 지증왕 조〉

이 글에서는 '처음으로 소를 이용하여 밭을 갈았다.'고 하였는데 왜 장려라 했을까? 장려란 표현에는 우경이 그 전에 이미 시작되었다는 것을 전제로 하고 있다. 근거는 『삼국유사(三國遺事)』기이편(紀異篇) 노례왕(弩禮王: 유리왕, 재위 24~57)조의 '제리사(製犁耜)'에서 출발한다. 이 기록의 이사(犁耜)는 쟁기나 보습과 같은 농기구로 파악된다. 문제는 이 기록의 이사(犁耜)를 우경구(牛耕具) 즉 우경의 도구로 인식하면서 이때 벌써 소를 이용한 밭갈이를 시작했다고 본다는 데 있다. 하지만 이 문장에서 소를 이용하여 이 도구를 사용하였는지는 분명하지 않다.

또, '시용우경(始用牛耕)' 기록이 등장하는 지증왕보다 무려 500년 정도 앞선 시기에 이미 소를 이용하여 밭을 갈았다면 지증왕 대에 와서는 많은 발전을 하였을 것으로 보인다. 그렇다면 우경에 대한 좀 더 발전된 모습을 알 수 있는 표현이 나와야 자연스럽다. 그런데, 『삼국사기』에는 '시(始)'를 사용하여 '시작되었다.'는 뜻을 분명히 하고 있다.

이와 관련하여 '우경 장려'라고 서술한 교학사 교과서에는 우경을 따로 설명하고 있다.

> 〈우경〉소를 이용하여 농사를 짓는 일이다. 우경이 언제 시작되었는지 정확히 알 수는 없으나, 중국 전국 시대의 문헌에 나타나 있다. 철제 농기구와 함께 우경이 도입되면서 농업 생산력이 크게 향상되었다. 한반도 지역에서는 신라를 중심으로 500년경에 도입된 것으로 알려져 있다.
>
> 〈교학사, 31쪽〉

마지막에 '한반도 지역에서는 신라를 중심으로 500년경에 도입된 것으로 알려져 있다.'고 하였으니 바로 지증왕(智證王) 대에 도입되었다는 것이다. 그렇다면 결국 『삼국사기』 기록대로 지증왕 3년(502)에 처음으로 우경이 도입되었다는 뜻이다. 도입과 시작이 같은 의미라는 점에서 동일한 기록을 두고 '장려'라 한 본문 서술과 서로 다르다.

또, '널리 펴서 많은 사람들에게 골고루 미치게 하여 누리게 함.'이라는 뜻의 보급(普及)도 적합하지 않기는 마찬가지다. 이제 겨우 시작 단계인 우경을 두고 '골고루 미치게 한다.'는 것은 자연스럽지 않다. 그냥 『삼국사기』 기록대로 신라 지증왕 대에 와서 '소를 이용한 밭갈이를 시작했다.' 또는 '우경 시작'이라고 서술하는 것이 합당해 보인다.

2. 국사(國史)와 서기(書記)는 역사서가 아니다

현행 한국사 교과서에는 고대 문화 부문(部門)에서 삼국(三國)의 역사서를 소개하고 있다. 내용에는 큰 차이가 없이 고구려는 영양왕 때 이문진이 이전의 『유기(留記)』를 요약하여 『신집(新集)』 5권을 편찬하였으며, 백제에서는 근초고왕 때 고흥이 『서기(書記)』를, 신라에서는 진흥왕 때 거칠부가 『국사(國史)』를 편찬하였다는 것이다. 이는 『한국민족문화대백과사전』과 국립국어원의 『표준국어대사전』에도 실려 있어 정설로 굳어진 상태다. 그런데, 백제의 서기와 신라의 국사를 과연 역사서라 할 수 있을지는 의문이다. 아래는 이와 관련한 현행 한국사 교과서 서술이다.

금성출판사	백제는 근초고왕 때에 고흥이 "서기"를, 신라는 진흥왕 때에 거칠부가 "국사"를 편찬하였다. 현재 이들 역사서는 현재 전하지 않지만, '삼국사기' 등에 그 내용이 남아 있다. (71쪽)
동아출판	이와 함께 왕실과 국가 위신을 과시하기 위해 고구려는 '유기', '신집', 백제는 '서기', 신라는 '국사' 등 역사를 비롯한 많은 서적을 편찬하였다. (39쪽)
리베르스쿨	근초고왕은 서기라는 역사서를 편찬하여 왕실의 위엄을 과시하였다. (34쪽) 백제에서는 근초고왕 때 고흥이 "서기"를, 신라에서는 진흥왕 때 거칠부가 "국사"를 편찬하였다. 이들 역사서는 모두 전하지 않는다. (59쪽)
미래엔	백제는 근초고왕 때 고흥이 "서기"를, 신라는 진흥왕 때 거칠부가 "국사"를 각각 편찬하였다. 이러한 역사서의 편찬에는 국력을 과시하고 왕의 권위를 높이려는 의도가 담겨 있었다. (52쪽)
비상교육	백제에서는 근초고왕 때 고흥이 "서기"를, 신라에서는 진흥왕 때 거칠부가 "국사"를 편찬하였다. 이들 역사서는 현재 모두 전하지 않고 있다. (54쪽)
지학사	백제에서는 근초고왕 때 박사 고흥이 역사서인 "서기"를 편찬하였다. (68쪽)
천재교육	백제에서는 근초고왕 때 고흥이 "서기"를, 신라에서는 진흥왕 때 거칠부가 "국사"를 편찬하였다. 그러나 이들 역사서는 현재 모두 전하지 않는다. (37쪽)

먼저 백제의 서기(書記)로 『삼국사기(三國史記)』 근초고왕(近肖古王) 30년 11월에는 '왕이 죽었다(王薨)'는 기사에 이어 "古記云, "百濟開國已來, 未有以文字記事, 至是得博士高興, 始有書記."라는 글이 수록되어 있다. 이 글을 천재교육 교과서는 아래와 같이 소개하였다.

　　근초고왕 30년(360), 옛 기록에는 "이때에 와서 박사 고흥이 처음으로 '서기'를 썼다."라고 하였다. -삼국사기-

　　　　　　　　　　　　　　　　　　　　　　　　　　〈천재교육, 37쪽〉

이 번역문에서 근초고왕 30년은 375년으로 360년은 잘못이며, "이때에 와서 박사 고흥이 처음으로 '서기'를 썼다."는 문장은 명백한 오역(誤譯)이다. 고기(古記)의 내용으로 소개된 원문을 이해하기 쉽도록 재배치해봤다.

> 百濟開國已來, 未有以文字記事
> 至是得博士高興, 始有以文字書記

이 문장의 핵심은 '未有(미유: 없었음)'와 '始有(시유: 있기 시작함)'에 있다. 백제가 개국한 이래 **없었다가** 근초고왕 때에 이르러 박사 고흥을 만나 **있기 시작한** 것은 바로 **문자로 기록한 것**이다. 그러므로 '記事'나 '書記'는 동의어 반복으로 다른 글자를 썼을 뿐 기록(記錄)'이라는 같은 의미의 단어이며, '書記' 앞에는 '以文字'가 생략된 것으로 보아야 한다. 또, 득(得)은 '얻다'는 뜻으로 많이 쓰이나 여기서는 '만나다'는 뜻으로 해석하는 것이 자연스럽다. 이를 토대로 이 문장을 다시 옮기면 다음과 같다.

> 백제는 개국(開國) 이래 문자(文字)로 기록하는 일이 없었으나, 이때에 이르러 박사(博士) 고흥(高興)을 만나 기록하는 일이 있기 시작하였다.

근초고왕 이전에는 문자로 기록하는 일이 없었던 것으로 보이며, 박사 고흥이 나타나서 비로소 글로 써서 기록한 것으로 해석된다. 근초고왕 이전에 문자가 없었던 백제에 기록을 남겨놓는 데 결정적 역할을 한 인물이 바로 박사 고흥이라는 것이다. 하지만 여타 기록에 없으니 어떤 인물인지 자세한 것은 알 수 없다.

그런데, 현행 국사 교과서에는 모두 박사 고흥이 백제의 역사서인 '서기'를 편찬하였다고 서술하였다. 또, '백제 근초고왕 때 박사 고흥(高興)이 편찬한 역사책'이라고 정의한 『한국민족문화대백과사전』에는 '백제가 국가의 제도를 정비하고 대외적인 발전을 시작할 무렵에 편찬한 이 책은 중앙집권적 귀족국가 건설의 문화적 기념탑이라고 할 수 있다.'고 하였다. 해당 항목 집필자는 원전(原典)부터 제대로 살펴보기 바란다.

다음은 신라의 국사(國史)다. 마찬가지 출전은 『삼국사기』로 진흥왕(眞興王) 6년(545) 7월 기록에 '伊湌異斯夫奏曰, "國史者, 記君臣之善惡, 示褒貶於萬代. 不有修撰, 後代何觀." 王深然之, 命大阿湌居柒夫等, 廣集文士, 俾之修撰.'으로 실려 있다.

먼저 사료로 소개한 천재교육 교과서의 역문(譯文)을 보도록 한다.

> 진흥왕6년(545), 7월에 이찬 이사부가 아뢰기를 "나라의 역사는 임금과 신하의 선악을 기록하여 포폄(옳고 그름에 대한 판단)을 만대에 보이는 것이니 (이것을) 편찬하지 않으면 후대에 무엇을 보이겠습니까?"라고 하였다. 왕이 진실로 그렇다고 여겨 대아찬 거칠부 등에게 명하여 널리...... '국사'를 편찬하였다.
> -삼국사기-
> 〈천재교육, 37쪽〉

여기서 '포폄'을 '옳고 그름에 대한 판단'이라고 하였으나 이는 정확한 의미가 아니다. 포폄은 군신(君臣)의 행위에서 선(善: 잘한 것)은 포창(褒彰: 찬양하여 내세움)하고 악(惡: 잘못한 것)은 폄하(貶下: 깎아 내림)한다는 것으로 선악을 엄격히 평가하여 기록으로 남긴다는 것을 말한다. 이렇게 기록으로 남겨놓아야 후대의 위정자(爲政者)들이 이를 보고 처신에 신중할 것으로 기대한 것이다.

이어서 '(이것을) 편찬하지 않으면'은 '편찬한 것이 없으면'으로, '후대에 무엇을 보이겠습니까?'는 '후대에 무엇을 보겠습니까?'로 번역해야 한다. 군신의 선악에 대한 엄격한 평가를 수집하여 편찬한 것이 있어야 후대에 그것을 보고 경계(警戒)로 삼을 수 있겠지만, 그렇지 않다면 무엇을 보고 경계로 삼겠는가라는 뜻이다. 마지막의 "국사를 편찬하였다."는 것은 자의적 해석으로 당연히 오역이다. 이를 다시 번역하면 아래와 같다.

> 이찬 이사부가 아뢰기를, "나라의 역사라는 것은 군신(君臣)의 선악을 기록하여 만대에 포폄(褒貶)을 보이는 것이니 수찬(修撰: 편찬)한 것이 없으면 후대에 무엇을 보겠습니까?"라고 하자 왕이 정말 그렇구나 하고 대아찬 거칠부 등에게 명하여 널리 문사(文士)를 모집하여 편찬하도록 하였다.

문제는 국사(國史)다. 문장 그대로 '진흥왕이 국사를 편찬하도록 하였다.'는 번역이 잘못은 아니다. 그러나 이때 '국사'는 그냥 '나라의 역사'일 뿐 책명이라 할 수 없다. 진흥왕 때 나라의 역사를 편찬한 것은 역사적 사실이나 그 역사서의 명칭이 무엇인지는 알 수 없다는 것이다. 다른 기록이 있다면 모를까 현재로서는 이 글이 유일한 전거(典據)이니 그때 편찬된 역사서의 명칭이 무엇인지 알 수 없다. 원전의 내용이 이러함에도 교과서뿐만 아니라 『표준국어대사전』에도 『한국민족문화대백과사전』에도 백제의 '서기'와 신라의 '국사'를 『책명』이라고 명시하여 실었다.

『장자(莊子)』「양생주(養生主)」에는 포정(庖丁)이 소를 해체하는 이야기가 나온다. 물론 이 글의 본질은 양생(養生)의 도(道)에 초점이 맞추어져 있으나, 포정이 해우(解牛)의 신기(神技)를 발휘하는 데는 수천 마리의 소를 잡았어도 방금 숫돌에 간 것처럼 날이 서있는 칼이 있었다는 점을 눈여겨 볼 필요가 있다. 칼이 없는 포정을 상상할 수 없으며, 무딘 날을 가진 칼을 든 포정을 상상할 수 없기 때문이다.

마찬가지로 국학 연구자에게 포정의 칼은 곧 한문 실력이라 할 수 있다. 한문을 모르는 역사 연구자를 상상할 수 없고, 무딘 한문 실력에서 명석(明晳)한 연구 성과가 나오기를 기대하기는 어려울 것이다. 다수의 논문에 거론된 사료 오역이 그렇고, 교과서에 인용된 사료의 오역이 그렇다. 한문의 의미를 제대로 알고 원전을 제대로 이해한다면 도저히 있을 수 없는 일들이 우리 눈앞에서 벌어지고 있는 것이다. 이 모든 것이 한자·한문을 홀대한 대가가 아닌가 한다.

3. 원광법사는 세속오계를 짓지 않았다

천재교육 한국사 교과서는 '불교의 수용과 도교의 영향'이라는 제목 아래 '승려 원광은 세속 5계를 지어 호국 사상과 새로운 사회 윤리를 젊은이들에게 가르쳤다.(38)'고 서술하였다. 국립국어원의 『표준국어대사전』에는 세속오계에 대해 '신라 화랑(花郎)의 다섯 가지 계율'이라 정의하고 '진평왕 때에 원광(圓光)이 정한 것으로, 사군이충·사친이효·교우이신·임전무퇴·살생유택을 이른다.'고 하였다. 그런데, 교과서에는 원광이 '지었다'고 한 반면 『표준국어대사전』에는 '정했다'고 되어있다. '정했다'는 구체적으로 어떤 행위를 이르는 것인지 쉽게 다가오지 않는다.

아무튼, 출전인 『삼국유사』를 보면 이 두 서술은 모두 사실에 부합하지 않는다. 『삼국유사』에는 아래와 같은 내용의 화랑 귀산(貴山)과 원광법사(圓光法師)의 이야기가 실려 있다. 『삼국사기』 열전(列傳)을 소개하는 형식으로 정리된 글이니 『삼국사기』에도 비슷한 내용이 실려 있음을 알 수 있다.

현사(賢士) 귀산(貴山)이라는 자는 사량부(沙梁部) 사람이다. 같은 마을 추항(箒項)과 벗이 되었는데 두 사람이 말하기를, "우리가 사군자(士君子)와 더불어 교유하고자 기약하였으니, 먼저 마음을 바로 하고 몸을 지키지 않으면 곧 모욕을 면치 못할 것이다. 현자(賢者)의 곁에서 도(道)를 물어야 하지 않겠는가?"라 하였다.
이때 원광법사가 수(隋)나라에 갔다 돌아와 가슬갑(嘉瑟岬)에 머문다는 것을 듣고 두 사람은 문하(門下)에 나아가 고하기를,
"속사(俗士)는 몽매하여 아는 바가 없습니다. 원컨대 한 말씀 내리주시어 평생 동안의 교훈으로 삼게 해주십시오."
라고 하였다. 원광이 말하기를,
"불교에는 보살계(菩薩戒)가 있으니 그것은 10가지로 나누어진다. 너희들은 세속의 신하이기 때문에 감당하지 못할 것 같다. 지금 세속의 오계(五戒)가 있어, 첫째는 사군이충(事君以忠)이요, 둘째는 사친이효(事親以孝)요, 세째는 교우이신(交友以信)이요, 네째는 임전무퇴(臨戰無退)요, 다섯째는 살생유택(殺生有擇)이니 그대들은 이를 실행함에 소홀치 말라!"
고 하였다. 귀산 등이
"다른 것은 곧 명을 받아들였으나, 이른바 살생유택(殺生有擇)하라는 것은 특히 알아듣지 못하겠습니다."
라고 하였다. 원광은
"육재일(六齋日)과 봄과 여름에는 살생을 하지 말아야 하니 이는 때를 가리는 것이며, 죽이지 말고 길러야 하는 것은 말·소·닭·개를 이르며, 죽이지 말아야 할 하찮은 동물은 고기가 한 점도 안 되어서이니 이것이 사물을 가리는 것이다. 이 또한 오직 그 쓸 만큼만 먹고 많이 죽이기를 구하지 않는 것이니 이는 세속의 좋은 계율이다."
고 하였다. 귀산 등은
"지금 이후로 법사의 뜻을 받들어 실천하여 감히 어기지 않겠습니다."
라 하였다. 후에 두 사람이 군사(軍事)를 따랐는데 모두 국가에 큰 공이 있었다.

〈『삼국사기』〉

이 글 중 "지금 세속의 다섯 가지 계율이 있으니(今有世俗五戒)"라는 글과 "이는 세속의 좋은 계율이다(此是世俗之善戒也)"라는 글에서 원광법사는 세속에 이미 있었던 다섯 가지계율을 제시했을 뿐 직접 지은 것이 아님을 알 수 있다. 따라서, '원광법사가 제시한 세속오계'라고 하는 것이 올바른 표현이다.

천재교육 집필자는 아마도 원전을 한 번도 안 읽어본 것으로 보인다. 읽어봤다면 이렇게 서술하지는 않았을 것이기 때문이다. 지학사 교과서에는 '원광은 국가 윤리에 충실한 세속 5계를 가르쳤다.'라고만 하였으며, 금성출판사는 본문 서술 없이 『삼국사기』의 세속오계를 자료로 소개하면서 5계를 모두 제시하였다. 그 외 교과서는 아예 언급이 없다.

역사 인식의 다양성이라는 명분으로 편찬된 현행 검정 한국사는 이렇듯 서술이 제각각이다. 8종이나 되어 마치 다양하고 풍성한 것처럼 보이나 아이들은 학교에서 정해주는 하나의 교과서로만 공부하기 때문에 별 의미가 없다. 세속오계만 보더라도 어떤 아이들은 잘못된 내용을 배우고, 어떤 아이들은 5계를 자세하게 배우는가 하면, 대부분의 아이들은 세속 5계가 무엇인지조차 모르고 지나간다. 세속오계를 반드시 가르치고 배워야 한다는 주장이 아니다. 같은 또래의 아이들은 공평하게 교육받을 권리가 있다는 뜻이다.■

4. 일연(一然)의 성은 김(金)씨가 아닌 전(全)씨

〈이 글은 2017년 8월 18일 (사)한국교수불자연합회 학술대회에서 발표한 논문인 「普覺國尊碑 集字의 特性과 一然의 俗姓 考證」 중 일연(一然)의 성씨(姓氏)와 관련된 부분을 발췌하고 일부 내용을 추가하여 재정리한 글이다.〉

경주(慶州) 김씨. 첫 법명은 견명(見明). 자는 회연(晦然)·일연(一然), 호는 목암(睦庵). 법명은 일연(一然). 경상도 경주의 속현이었던 장산군(章山郡) 출신.

아버지는 언정(彦鼎)이다. 왕에게 법을 설하였으며, 간화선(看話禪)에 주력하면서 『삼국유사(三國遺事)』 등을 찬술하였다.

이는 『한국민족문화대백과사전』에 소개된 일연(一然: 1206~1289)의 인적 사항이다. '경주 김씨'라 했으나 일연의 본관(本貫)을 알 수 있는 자료는 없다. '경주 장산군(慶州章山郡) 사람이다.'라는 문장에서 경주를 본관이라 한 것으로 여겨지나 여기서 경주는 장산군의 주군(州郡)일 뿐 본관이 아니다. 견명(見明)은 초명(初名)이며 이를 바꿔서 나중에 일연(一然)이라 하였다. 견명이든 일연이든 법명이 아니다. 아버지의 이름을 언정(彦鼎)이라 하였으나 이는 언필(彦弼)의 잘못이다. 문제는 '경주 김씨'라 한 데서 알 수 있듯이 성을 '金'씨라 한 것에 있다. 본 백과사전뿐만 아니라 여타의 모든 사전이나 학술논문, 대중역사서, 일연 관련 자료 등에서 성을 소개할 때는 모두 김씨라 하였다. 하지만, 일연의 일대를 자세히 기록한 「보각국존비명(普覺國尊碑銘)」에 따르면 이는 잘못 읽은 것이다.

경북 군위군 고로면 화북리에는 일연이 생애의 마지막 5년을 보낸 인각사(麟角寺)가 있다. 비록 규모는 작으나 『삼국유사』의 저자 일연과 인연이 있는 사찰로 널리 알려져 있다. 사찰 경내에는 일연의 승탑인 '보각국사 정조탑(普覺國師靜照塔)과 탑비에 해당하는 '보각국존비(普覺國尊碑)'가 있다. 이 비는 일연이 입적한 후 충렬왕(忠烈王)의 명에 따라 비명(碑銘)을 짓고, 동진(東晉)의 명필 왕희지(王羲之)의 글씨를 집자하여 사후 6년 만인 1295년에 완성했다. 이후 비석은 여러 전화(戰禍)를 비롯한 900여 년의 풍파를 겪으며 산산조각이 나 대부분 사라지고 현재 겨우 두 조각만 남아 비각 안에서 보호를 받고 있다. 남아있는 비석에는 전면 2,288자 중 227자, 후면 1,670자 중 142자가 남아 겨우 읽을 수 있는 정도다.

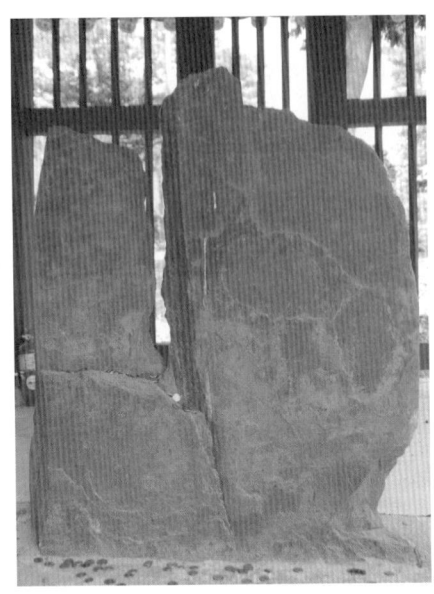
▲ 보각국존비 잔석

　보각국존비의 비문은 일찍이 전문(全文) 사본(寫本)이 전래되어 이능화의 『조선불교통사』 하권에 수록되고 이어 『조선금석총람(朝鮮金石總覽)』 상권, 최남선의 「삼국유사해제(三國遺事解題)」 등에 실려 그 내용이 널리 알려졌다. 또, 20여 종의 탁본이 전해지고 있으나 대부분 파손 후의 것인데다 일부만을 알 수 있는 부분 탁본이다. 그러다가 1981년 한국학중앙연구원(당시 정신문화연구원, 이하 한중연이라 함)이 매입하여 공개한 탁본은 전면(前面)이긴 하지만 온전한 상태를 유지하고 있는 최고의 선본(善本)이라 할 수 있다. 한중연은 이를 공개하면서 『普覺國尊碑銘(보각국존비명)』이라는 이름으로 간행하고 아울러 비문의 석문(釋文)을 제시하면서 기존 필사본에 있었던 오독(誤讀) 부분을 바로잡기도 하였다. 또, 2001년에는 한국서예협회에서 한중연본 『보각국존비명』을 확대 편집하고 김남형 교수의 역주를 첨부한 서첩을 발행하기도 하여 연구자들에게 많은 도움이 되었다. 아래는 전면 탁본 중 일부로 일연의 성씨를 알 수 있는 부분이다.

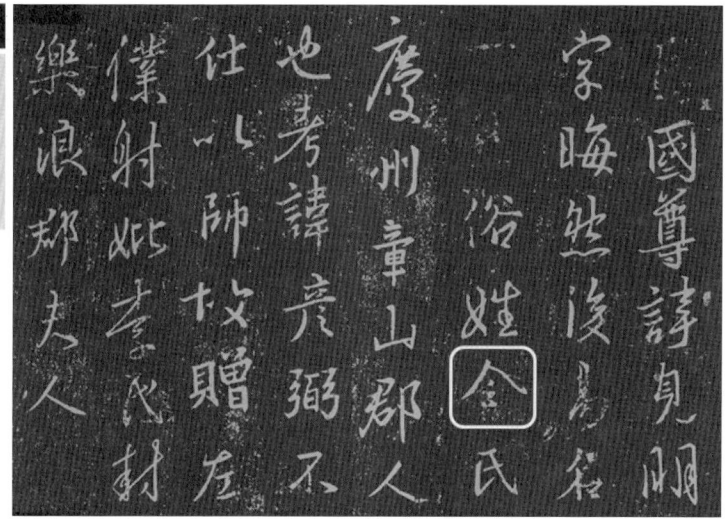

▲ 「보각국존비명」 탁본(부분)

이 글에 대해 지금까지는

"國尊諱見明, 字晦然, 後易名一然. 俗姓金氏, 慶州章山郡人也. 考諱彥弼, 不仕以師故贈左僕射, 妣李氏封樂浪郡夫人.(국존의 휘는 견명이요 자는 회연이며 후에 일연으로 이름을 바꾸었다. 속성은 김씨로 경주 장산 사람이다. 아버지의 휘는 언필인데 벼슬을 하지 않았으나 선사로 인해 좌복야에 추증되었고, 어머니 이씨는 낙랑군부인에 봉해졌다.)"

라고 읽고 일연의 속성을 '金'씨로 소개하였으나 이는 잘못 읽은 것이다. 우선 「보각국존비명」에 있는 나머지 '金'자와 집자의 대본으로 삼은 왕희지의 「대당삼장성교서(大唐三藏聖敎序)」의 '金'자와 비교해보더라도 일치하지 않는다.(〈그림 1〉)

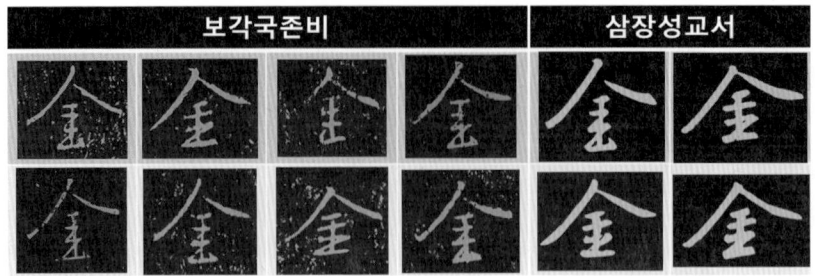

〈그림 1〉

또, 「보각국존비명」에는 아래 그림과 같이 ①번 글자와 유사한 형태의 글자가 한 번 더 등장하는데 지금까지는 이 글자를 모두 '令(령)'으로 읽어 '判觀候署事令倜(판관후서사영척: 관후서 판사 영척)'이라 하였다 (〈그림 2〉). 여기서 영척은 문맥상 인명(人名)이어야 하기 때문에 '령(令)'이라는 성씨는 자연 의구심을 갖게 한다. 하지만 이 글자도 「보각국존비명」과 「삼장성교서」에 나오는 '令'자와 비교해보면 마지막 획이 달라서 '令'자가 아님을 알 수 있다(〈그림 3〉).

〈그림 2〉

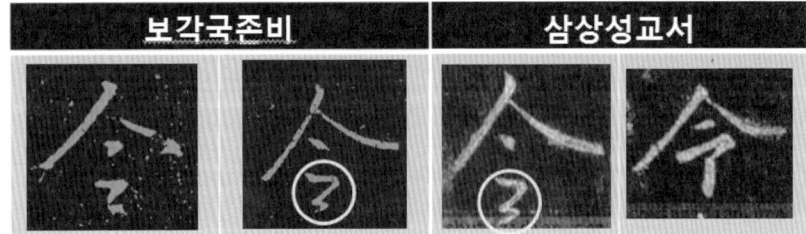

〈그림 3〉

그런데, ①번 글자와 ②번 글자를 겹쳐보면 외형이 정확하게 일치한다(〈그림 4〉). 이에 따라 ①번과 ②번은 동일한 글자로 이는 바로 행서 '솔'자의 자형(字形) 중 하나다.

〈그림 4〉

이 글자를 '솔'자로 확정할 수 있는 근거는 아래와 같은 자형의 변화에서 찾을 수 있다. 물론 집자의 대본으로 삼은 〈삼장성교서〉에도 동일한 형태의 글자가 등장한다(〈그림 5〉).

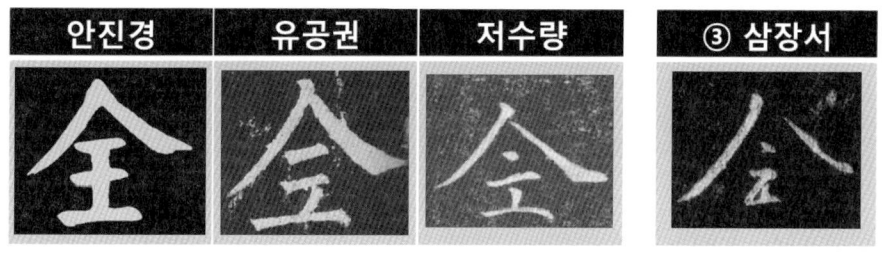

〈그림 5〉

이제 ①번 글자와 ②번 글자, 그리고 「대당삼장성교서」의 글자인 ③번을 겹쳐보기로 한다.

〈그림 6〉

'金'자로 알려진 ①번 글자와 ③번「삼장성교서」의 '仐'자를 겹쳐보면 미세한 차이가 있기는 하나 전체적 형태는 거의 일치한다(〈그림 6〉).

〈그림 7〉

또, '슈'자로 알려진 ②번 글자를 ③번 글자와 겹쳤을 때도 일치한다. 이러한 비교에 의해 ①번, ②번, ③번 글자는 모두 동일한 글자임을 알 수 있다. 그것은 바로 '仐'자이다.

이에 따라 그동안 '金'씨로 알고 있던 일연(一然)의 속성(俗姓)은 '仐'씨로, '判觀候署事슈俱'의 '슈'도 '仐'임이 확인되었다. 동일한 자형을 전혀 엉뚱하게 읽은 것이 이제 바로잡혀진 것이다.

현재 인각사에는 2006년에 많은 공력을 들여 재현(再現)한 비가 세워져 있다. 이 비의 재현 과정에는 그동안 알려진 모든 탁본 자료와 수많은 연구자들의 연구 성과가 반영된 것으로 알려져 있다. 하지만, 재현된 비석의 글씨를 살펴본 결과 탁본과 전혀 다른 자(字), 아예 글자가 되지 않은 자, 운필(運筆)의 법칙을 무시한 자 등 오류가 명백한 글자만 세어보더라도 대략 서른 자가 넘는다. 그 대표적 예를 들어보면 아래와 같다.

탁본	재현비	탁본	재현비	탁본	재현비
是	是	諱	諱	侍	侍
將	將	君	群	觀	觀
廈	廈	當	當	朝	朝
捂	捂	驛	驛	故	故

특히 문제가 되는 부분은 일연의 속성을 '金'이 아닌 '金'으로 새긴 것이다. 탁본에는 약간의 마멸이 진행되기는 하였으나 행서 '金'자를 충분히 읽을 수 있는 글자이다. 재현 과정에서 가능하면 원본대로 살려서 새겼어야 하는데 이를 무시하고 선명하게 보이는 '金'자를 가져다가 새겼다. 이는 이 비석의 존재 의미가 사라지는 중대한 실수다.

 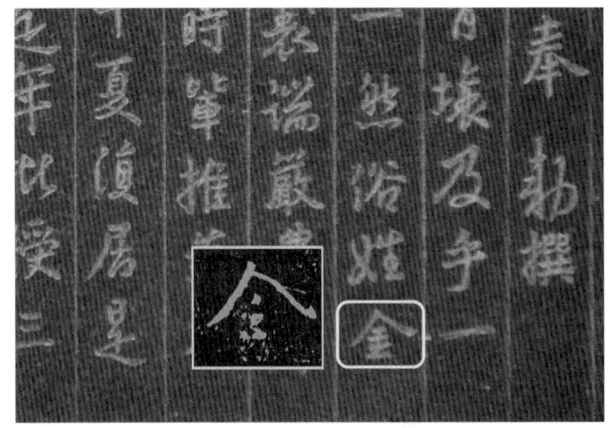

　필자는 평소 금석문(金石文)에 깊은 관심을 갖고 있던 중「보각국존비명」탁본 자료의 이미지 복원을 마친 바 있다. 복원 과정에서 왕희지 글씨 집자비로 알려진 「보각국존비명」의 세밀한 부분까지 살피면서 많은 오류를 발견하였으며, 그 가운데 '숲'자의 오독(誤讀)도 발견하게 되었다. 이러한 오류가 발생하는 이유는 한문과 서예에 대한 이해 부족 때문이라 할 수 있다. 한문을 알아야 문맥을 알 수 있고, 서예를 알아야 운필의 흐름을 알 수 있다. 한문을 모르면 문맥을 파악할 수 없고, 서예를 모르면 단순한 이미지로만 보이기 때문이다. 그래서 없는 점획(點劃)을 그려 넣기도 하고 있어야 할 점획을 없애기도 한다. 역사 연구를 위해서는 한문뿐만 아니라 서예도 반드시 공부해야 하는 이유이다.

　우리는 지금 한글 전용 시대를 살고 있다. 한자와 한문을 몰라도 생활하는데 아무런 지장이 없다고 주장하는 사람이 많다. 하지만, 우리는 일상 속에서도 한문을 몰라 엉뚱하게 사용하는가 하면, 정확한 뜻을 모르고 사용하는 용어가 적지 않다. 혹자는 책을 읽으면서 한자가 없어도 앞뒤 문맥을 보면 충분히 알 수 있다 한다. 하지만, 한자가 있으면 앞뒤를 살필 필요도 없이 보는 순간 바로 알게 된다. 짧은 문장이야 앞뒤 문맥을 보면서 이해한다고 하지만, 그 분량이 방대할 경우에는 그 의미를 정확하게 파악하기도 어렵거니와 전후 문맥 통해서 파악하는데 소요되는 시간도 만만치 않다.

전문 연구자들이 읽는 학술서의 경우는 더욱 심각하다. 특히 우리 역사를 비롯한 한국학 분야는 한문을 모르면 연구 자체가 불가능하다. 한문을 제대로 배우지 못하고 책에는 한글로만 표기하니 곳곳에서 오류가 발생하고, 발생한 오류는 또 반복된다. 한국사 교과서를 읽고, 연구 논문을 읽고, 학술서를 읽다보면 한자와 한문의 이해 부족에 따른 오류가 곳곳에서 발견된다. 이러한 현상이 우리 역사 분야에만 한정되는 것이 아닐 뿐만 아니라 앞으로 점점 더 심해진다는데 그 심각성이 있다. 현재 우리는 한자와 한문을 홀대한 대가를 톡톡히 치르고 있는 것이다.

제Ⅲ장 다양성 추구가 능사인가

1. 한국사능력검정시험, 교과서 서술대로 쓰면 오답

2013년도에 실시된 제21회 한국사능력검정시험(고급)에는 아래와 같은 문제가 출제되었다.

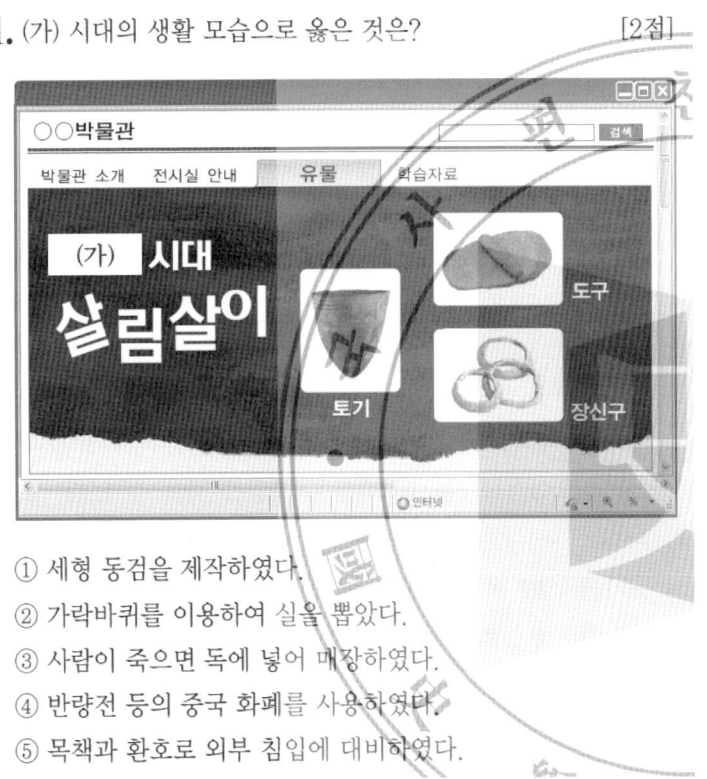

이 문제는 예시된 빗살무늬토기, 갈돌과 갈판, 조개로 만든 장신구 등으로 보아 신석기시대 살림살이와 관련된 답을 고르라는 것임을 알 수 있다. 국사편찬위원회에서 제시한 정답은 ②번이다. 하지만, 현행 교과서 서술을 살펴보면 문제가 간단치 않다.

금성출판사	최근 **신석기 시대** 유적에서 움무덤, **독무덤**, 수십 명의 뼈를 함께 묻은 공동 무덤 등의 발견 사례가 늘어나고 있다. (22쪽)
지학사	**신석기 시대**의 사회와 문화 – 시신은 독무덤이나 움무덤에 묻었으며, 화장도 행해졌다. (17쪽)
미래엔	독무덤(경남 창녕 출토) 독무덤은 **신석기 시대**부터 만들어졌으며, 널무덤과 함께 철기 시대의 대표적인 무덤 양식이다. (14쪽)
리베르스쿨	[정리해볼까요] **철기시대**의 무덤 양식으로 표시 (20쪽)
비상교육	〈**철기**의 보급과 사회 변화〉 무덤 양식으로는 구덩이를 파고 시체를 나무 널에 넣어 매장한 널무덤과 두 개의 항아리를 이어서 만든 독무덤 등이 만들어졌다. (19쪽)
천재교육	〈**철기**의 보급과 사회 변화〉 무덤으로는 널무덤과 독무덤이 있었으며, 토기는 민무늬 토기, 덧띠 토기, 검은 간토기 등이 널리 사용되었다. (18쪽)
교학사	서술 없음
동아출판	서술 없음

리베르스쿨, 비상교육, 천재교육 교과서의 서술은 국편이 원하는 답을 찾는데 문제가 없다. 반면 금성출판사, 미래엔, 지학사 교과서대로라면 ③번이 정답이며, 교학사와 동아출판 교과서로 공부한 학생은 정답을 찾을 수 없다. 교과서에 언급이 없기 때문이다.

이에 필자는 시험 주관 기관인 국사편찬위원회에 현행 교과서의 서술을 제시하고 상기 세 교과서의 서술대로 ③번을 선택했을 경우에 대한 정오(正誤) 여부를 질의했다. 이에 대한 국편의 답변이다.

현행 교과서에 대한 서술은 각 출판사 저자의 책임 하에 서술됩니다. 현행 교과서의 내용은 특별한 오류는 없습니다. **중국의 경우 신석기시대부터 독무덤이 나타나는 것은 사실이고, 미래엔 교과서는 그러한 사실을 서술한 것으로 이해되기 때문입니다.** 다만, 우리나라의 경우 청동기시대의 유적에서부터 발견되고 있습니다. 따라서, 질의자께서 말씀하신 ③번은 우리나라의 실정과는 다른 오답이라고 하겠습니다.

〈국편 답변, 2015. 10. 16〉

  국편 답변대로라면 '신석기시대 독무덤의 출현'이라 한 교과서의 서술은 중국의 사실에 해당하는 것이며, 이에 따라 ③번을 골랐을 경우 오답이라는 것이다. 하지만 위의 세 교과서는 모두 우리나라의 신석기 시대 생활상을 서술한 것이기에 국편의 답변은 잘못이다. 우리나라의 경우 청동기시대부터 발견되기 때문에 오답이라는 국편의 답변을 해당 출판사에 제시하고 입장을 요구했다.
  '교과서민원바로처리센터'에 게시된 미래엔 출판사의 답변에 따르면, '신석기시대부터 독무덤이 사용되었음을 서술하도록 교육부 심의과정에 명기되어 있으며, 해당 사진에서 독무덤의 설명을 교육부의 수정권고 사항에 따라 수정하였고 교육부의 승인을 받은 내용'이라 하였다. 국편과는 완전히 다른 답변이다. 독무덤과 관련하여 지학사 출판사에도 같은 질의를 보내 아래와 같은 답변을 받았다.

독무덤은 우리나라 신석기시대부터 조선시대까지 널리 쓰이던 매장 방식이었습니다. 신석기시대의 매장 사례는 풍부하지 않지만 땅에 구덩이를 파서 묻은 움무덤(토광묘) 방식이 일반적인 가운데, 부산 동삼동 유적과 진주 상촌리 유적에서 융기문토기 또는 침선문토기의 독으로 구성된 독무덤(옹관묘)이 발견되었습니다. 다만 이 사례는 1998년 이후에 파편 형태로 발견된 것이라서 관련 지식이 널리 퍼져있지는 않으나, 신석기시대부터 독무덤의 매장 방식이 있었다는 사례로서 중요합니다.

〈지학사 답변, 2015. 5. 15〉

독무덤이 발굴된 것으로 알려진 부산 동삼동 패총 전시관의 전시 도록에는 '독무덤이 1999년 부산 박물관의 동삼동 패총 정화지역 발굴 조사에서 처음으로 발견되었다.'라는 소개 글이 제시되어 있습니다. 또한 2009 개정 교육과정의 미래엔 한국사 교과서 14쪽 보조단에 '독무덤은 신석기 시대부터 만들어졌으며, 널무덤과 함께 철기 시대의 대표적인 무덤 양식이다.'라는 내용이, 그리고 금성출판사 한국사 교과서 22쪽 본문에 '최근 신석기 시대 유적에서 움무덤, 독무덤, 수십 명의 뼈를 함께 묻은 공동 무덤 등의 발견 사례가 늘어나고 있다.'라는 내용이 포함되어 있습니다. 따라서 신석기 시대에 독무덤의 매장 방식이 있었다는 것은 오류이기보다 최신의 연구 성과가 반영된 서술이라 보여 집니다.

〈지학사 답변, 2015. 5. 30〉

지학사의 답변도 물론 국편의 답변과 다르다. 특히 마지막의 '신석기 시대에 독무덤의 매장 방식이 있었다는 것은 오류이기보다 최신의 연구 성과가 반영된 서술이라 보여 진다.'고 하였다. 당연하다. 금성출판사에서도 동일한 답변을 하였는데, 필자도 어느 교과서의 서술은 옳고 어느 교과서의 서술은 잘못이라는 것을 지적한 것이 아니다. 어느 교과서에는 신석기시대, 어느 교과서에는 철기시대로 서술하는가 하면 교학사와 동아출판처럼 아예 서술을 하지 않음으로써 한 가지 사안을 두고 출판사마다 다른 점을 지적한 것이다. 이는 같은 또래의 아이들이 서로 다른 내용을 공부하게 된다는 점에서 문제가 적지 않다. 이를 과연 역사 인식의 다양성이라 할 수 있을까?

한국사능력검정시험 홈페이지에는 일정 급수 이상의 합격자에 한해 주어지는 각종 특전이 제시되어 있다. 그 중에 눈에 띄는 것은 '2급 이상 합격자에 한해 인사혁신처에서 시행하는 5급 국가공무원 공개경쟁 채용시험 및 외교관후보자 선발시험에 응시자격 부여'한다거나 각 군 사관학교 입시에서 가산점을 부여한다는 등의 특전은 이 시험의 중요성을 짐작하고도 남는다. 이러한 특전의 요건을 맞추기 위해서는 국편에서 요구하는 일정 수준의 점수를 얻어 해당 급수의 자격증을 취득해야 한다. 한 문제 때문에 불합격하여 본인이 원하는 시험에 응시할 수 없거나 탈락하는 경우도 생길 수 있다. 한국사능력검정시험은 그만큼 중요한 시험이다. 이처럼 중요한 시험에 어떤 학생은 배우지 않아서 틀리고, 어떤 학생은 서술이 달라서 틀린다면 이는 공평한 처사가 아니다.

역사 인식의 다양성은 학자들의 몫이지 지적으로 미성숙 상태에 있는 아이들에게 제공할 사안이 아니다. 다양한 역사 인식이란 곧 서로 다른 역사 해석이라는 뜻이며, 이를 서로 다른 교과서에 수록한다는 것은 곧 서로 다른 학설을 가르치겠다는 것이다. 이는 올바른 교육이 아니다. 같은 또래의 아이들은 차별 없이 공평하게 교육 받을 권리가 있다.

2. 우리는 오랑캐의 후손일까?

2014년도 제1차 경찰직 공무원 한국사 시험에는 아래와 같은 문제가 출제되었다.

> 02. 다음 고조선에 대한 설명으로 가장 적절하지 않은 것은?
> ① 위만은 고조선으로 들어올 때 상투를 틀고 오랑캐의 옷을 입었다.
> ② 〈동국통감〉의 기록에 의하면 단군왕검이 고조선을 건국하였다.
> ③ 기원전 194년 위만은 우거왕을 몰아내고 스스로 왕이 되었다.
> ④ 위만조선은 한의 침략에 맞서 1차 접전(패수)에서 대승을 거두기도 했다.

고조선에 대한 설명 중 잘못된 지문을 고르라는 문제로 정답은 ③번이다. 위만이 몰아낸 왕은 우거왕이 아닌 준왕(準王)이기 때문이다. 정답과 상관없이 수험생들을 혼란스럽게 한 지문은 ①번이다. 위만이 고조선의 계통임을 알 수 있는 근거로 '상투를 틀고 오랑캐의 옷을 입었다.'는 서술 때문이다. 특히 '오랑캐의 복장'이라는 표현이 문제다. 이와 관련한 교과서의 서술은 아래와 같다.

교학사	위만은 입국 당시 상투를 틀고 **조선인의 옷**을 입고 있었던 점, 왕이 된 뒤에도 국호를 유지한 점, 토착민 출신이 높은 관직에 앉은 점 등으로 미루어 볼 때 연 지역에 살았던 고조선 계통의 주민이었다고 볼 수 있다. (21쪽)
천재교육	고조선으로 들어올 때 상투를 하고 **고조선인의 옷**을 입고 있었다고 기록되어 있어, 고조선과 같은 계통으로 짐작된다. (16쪽)
동아출판	중국 문헌에는 위만이 중국 '연 사람'이라고 기록하고 있다. 그러나 그가 망명할 때 '상투를 틀고 **오랑캐 복장**을 한 점'을 들어 연 지역에 살던 고조선 계통의 인물로 보기도 한다. (19쪽)

위 문제와 관련한 서술이 8종 교과서 중 세 교과서에 언급되어 있으나 '오랑캐 복장'이라 한 서술은 동아출판이 유일하다. 아마도 이 교과서로 공부한 수험생은 상당히 유리했을 것으로 보인다. 반면 '조선인의 옷', '고조선인의 옷'이라 서술한 두 교과서로 공부한 학생들은 혼란스러웠을 것으로 보인다. 고조선인의 옷과 조선인의 옷이 오랑캐의 옷과 같은 것인지 아니면 다른 것인지 판단하기 쉽지 않기 때문이다. 물론 여기서 조선은 고조선과 동의어이다. 나머지 5종 교과서에는 아예 언급이 없으니 옳고 그름을 판단할 정보조차 없다. 우리 한국사 교과서는 이렇게 불공평하다.

아무튼 우리 교과서에서는 고조선의 준왕(準王)을 축출하고 새로운 나라를 세운 위만(衛滿)과 그 무리에 대해 '상투를 틀고 오랑캐의 옷을 입었다.'는 서술을 근거로 고조선을 계승한 인물로 보고 있다. 그 기록은 『삼국지(三國志)』를 비롯한 몇몇 중국 역사서에 나타난다.

연인 위만이 상투를 틀고 이복(夷服)을 입고 와서 왕이 되었다.(燕人衛滿魋結夷服復來王之)

〈『삼국지』「위서」 동이전〉

교과서의 '**오랑캐 복장**'은 바로 이 사료의 '이복(夷服)'을 풀이한 것으로 이것이 고조선인의 옷으로 바뀌었다. 이는 아마도 이(夷)를 동이(東夷)와 동일시하고 동이는 곧 한민족이며 고조선이라는 인식에서 출발한 것으로 보인다. 그렇다면 이 글에서 말한 夷(이)가 곧 고조선이며 한민족인지 살펴보지 않을 수 없다. 이복(夷服)과 같은 맥락의 글은 아래 사료에서도 보인다.

> 무리를 지은 천여 사람이 상투를 틀고 '만이(蠻夷) 옷'을 입고 동으로 도망갔다.
> (聚黨千餘人 魋結蠻夷服而東走)
> 〈『사기』 조선열전〉

국사편찬위원회에서 운영하는 '한국사데이터베이스'에는 이복(夷服)이나 만이복(蠻夷服)을 모두 '오랑캐 복장'으로 풀이하고 이를 위만과 그 무리가 '조선인' 계통이라는 근거로 삼고 있다. 이 사료에 근거하여 백과사전에서도 아래와 같이 서술하였다.

> 한편 위만이 연에서 들어올 때 '상투를 틀고 조선 옷을 입었다(魋結蠻夷服)'고 묘사되어 있고, 또 국호를 그대로 조선이라 한 것으로 보아 위만은 조선인 계통의 자손으로 보인다.
> 〈위만조선, 『한국민족문화대백과사전』〉

앞서 『삼국지』에는 이(夷)만 기록되어 있으나 이 자료에는 만이(蠻夷)라 하여 만(蠻)과 이(夷)를 동시에 들고 있다. 이(夷)를 고조선이라 한 것도 무리한 연결인데 만이(蠻夷)를 '고조선'이라 한 것은 더욱 어불성설(語不成說)이다. 이(夷)나 만이(蠻夷)는 중국이 변방의 이민족을 비하하여 일컫는 명칭이기 때문이다. 흔히 남만(南蠻), 북적(北狄), 동이(東夷), 서융(西戎)과 같이 일컫는 데서 알 수 있듯이 이(夷)는 동쪽의 이민족을, 만이(蠻夷)는 남쪽과 동쪽의 이민족을 동시에 일컫는 말이다.

실제로 중국의 유교 경전 중의 하나인 『이아(爾雅)』에는 "구이(九夷)·팔적(八狄)·칠융(七戎)·육만(六蠻)을 사해(四海)라 한다."고 하였으며, 이에 대해 손염

(孫炎)은 "海(해)란 晦(회: 어둡다)라는 것을 말하는 것으로, 예의에 어두운 것이다 (海之言晦, 晦闇於禮義也)"고 풀이하였다. 동쪽에는 아홉 개의 이(夷), 북쪽에는 여덟 개의 적(狄), 서쪽에는 일곱 개의 융(戎), 남쪽에는 여섯 개의 만(蠻)이 바로 『이아』에서 말하는 사해(四海)다. 삼면이 육지와 접해 있으면서 바다라고는 동해 밖에 없는 중국에서 흔히 사용되는 사해(四海)라는 용어는 실상 사회(四晦: 네 개의 어두운 족속), 곧 동이(東夷)·서융(西戎)·남만(南蠻)·북적(北狄)을 일컫는 말이다. 사해(四海)는 본래 사회(四晦)였으나 회(晦)자가 음과 자형(字形)이 익숙한 해(海)로 바뀐 것이다. 그리고 이들 사해(四海)는 곧 '동서남북 사방에 있는 예의를 모르는 미개한 족속'을 나타내는 용어로 쓰였다.

또, 우리는 흔히 이(夷)나 만(蠻)과 같은 글자를 '오랑캐 이', '오랑캐 만'이라 풀이하며 오랑캐라는 말을 쓰고 있으나, 이 '오랑캐[兀良哈]'라는 용어는 실상 조선 초기 '두만강 일대의 만주 지방에 살던 여진족을 멸시하여 이르던 말'에 어원을 둔 것으로 이후 이민족을 낮잡아 부를 때 주로 사용된다. 이러한 부정적 의미의 이(夷)와 만이(蠻夷)는 다음 사료에서는 다시 호(胡: 오랑캐 호)로 바뀌어 등장한다.

> 연나라 사람 위만도 망명하여 **오랑캐의 복장**을 하고 동쪽으로 패수를 건너 준(準)에게 항복하였다.(燕人衛滿亡命, 爲胡服, 東度浿水, 詣準降.)
> 〈『삼국지』「위서」오환선비동이전〉

위만의 망명과 관련한 동일한 내용의 기사로 한국사데이터베이스에는 이때의 호복(胡服)도 역시 '오랑캐의 복장'이라고 번역하였다. 앞서 이복(夷服)과 만이복(蠻夷服)을 고조선인의 옷이라 하였으니 이 글의 호복(胡服)도 마찬가지 고조선인의 옷이 되는 셈이다. 이처럼 중국의 역사서는 위만에 대해 이복(夷服)과 만이복(蠻夷服), 그리고 호복(胡服)을 입은 미개한 인물로 묘사하였던 것이다. 그런데 우리는 이처럼 미개한 인물 묘사에 동원된 만(蠻)·이(夷)·호(胡)를 아무런 비판

없이 수용하여 고조선과 동일시함으로써 은연중 미개한 족속임을 자처한 셈이 되었다.

그리고 이러한 내용을 예전의 국정 국사 교과서에도 수록하여 가르쳤고, 지금도 몇몇 교과서에 수록하여 가르치고 있다. 아이들은 뜻도 내용도 모르고 교과서에 있으니 당연히 옳은 역사라 여기고 시험에 대비해 밑줄 그으며 외우기에 바쁘다. 그러한 가운데 시나브로 우리는 미개한 족속의 후손임을 뇌리(腦裏) 깊이 새기고 있는 것이다.

3. 4세기 백제의 대외 진출

현행 한국사 교과서에는 4세기 백제 근초고왕(近肖古王: 재위 346~375)의 업적으로 대외 진출을 서술하고 있다. 그런데, 교과서를 보면 이 부분의 서술도 참으로 다양하다. 먼저 지도 부분이다.

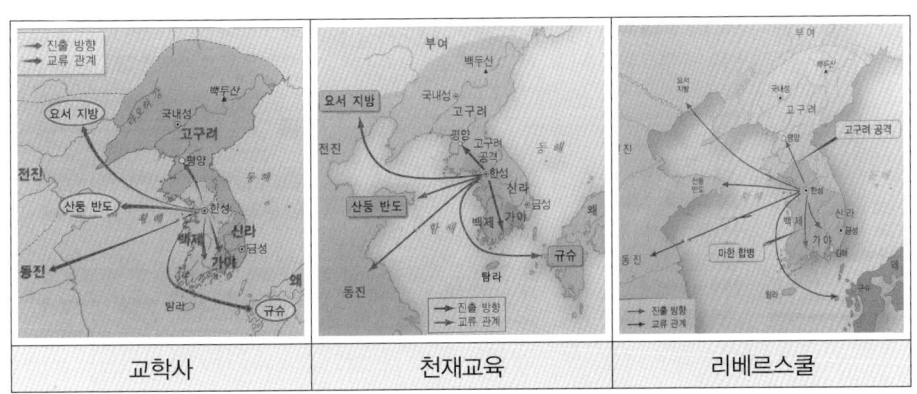

이 세 교과서는 요서 지방으로는 진출, 산둥, 동진, 왜의 규슈와는 교류로 표시하였다. 하지만, 지도의 표시와는 달리 교학사와 천재교육은 산둥과의 교류에 대

한 본문 서술이 없으며, 리베르스쿨은 요서 진출에 대한 서술이 없다. 요서 진출에 대해서는 '삼국사기'와 '삼국유사'에 기록이 없고 이를 기록한 중국 사서(史書)에 대한 논란이 있다. 그러면서도 동아출판을 제외한 모든 교과서 지도에는 요서 진출을 표시하고 일부는 본문에도 서술했다.

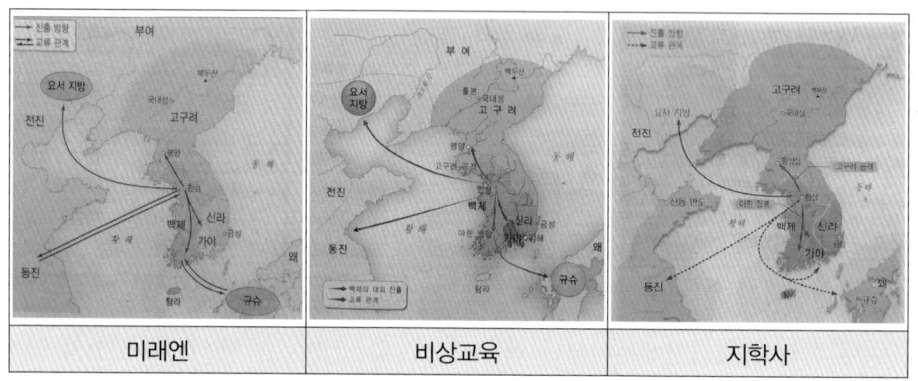

이 세 교과서는 산둥과의 교류를 지도에도 표시하지 않고 본문에도 서술하지 않았다. 또, 요서진출에 대해서 미래엔과 비상교육은 본문에 '요서 진출'로 서술하였으나, 지학사는 이설(異說)이 있다는 서술로 대신했다.

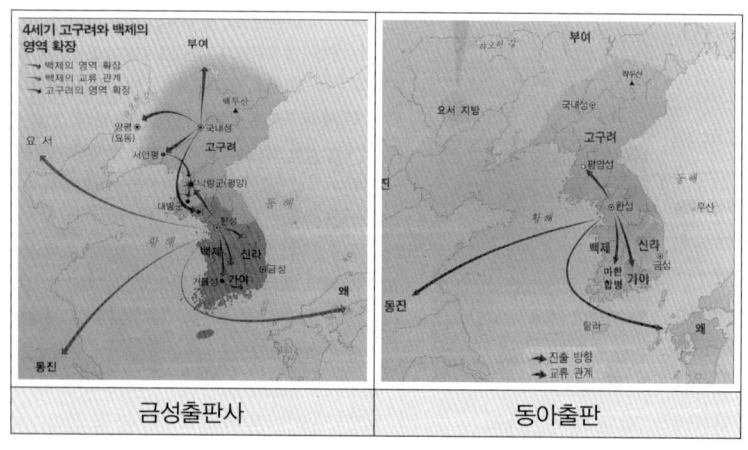

앞의 지도에는 모두 요서 진출로 표시하였으나 금성출판사는 교류 관계로 표시하였으며, 동아출판사는 유일하게 요서 진출을 지도에 표시하지 않았다. 대신 '요서경략설'에 대해 "백제가 요서 지방에 진출하여 진평군, 백제군 등을 설치했다는 주장이다. 『송서』, 『양서』 등 중국 남조 역사서에 바탕을 둔 이 주장을 놓고 많은 논란이 벌어지고 있다."는 설명을 붙였다.

다음은 본문 서술 부분이다.

리베르스쿨	백제는 중국의 요서 지역으로 진출하고, 중국의 **산둥 반도**, 일본의 규슈 지역과 교류하여 중국과 왜를 잇는 동아시아 국제 교역의 중심지 역할을 하였다. (35쪽)
교학사	또한, 중국의 요서 지방까지 진출하였으며 **남조의 동진**, 왜와 교류하였다. (27쪽)
천재교육	중국의 정세가 혼란한 틈을 타 황해를 건너 요서 지방까지 진출하였으며, **남조의 동진**과 통교하고, 일본의 **규슈 지역**과도 교류하였다. (28쪽)
미래엔	또한, 백제는 **동진과 국교를 맺었으며** 요서에 진출하고 **규슈와 교류**하는 등 활발한 대외 활동을 벌였다. (23쪽)
비상교육	한편, 중국의 **동진**, 왜의 규슈 지방과 **우호적인 관계**를 맺었으며, 중국의 요서 지방에 진출하는 등 활발한 대외 활동을 벌였다. (31쪽)
지학사	또한 중국의 **남조**, 가야, 왜 등과 **교류**하였다. 요서 진출에 대해서는 이설이 있다. (32쪽)
금성출판사	이를 토대로 중국 **동진과 외교 관계를 맺고**, 남중국에서 한반도를 거쳐 일본까지 이어지는 백제 중심의 해상 교역권을 확립하였다. (41쪽)
동아출판	밖으로는 중국의 동진, 왜와 **우호적인 관계**를 맺었다. (26쪽)

본문 서술은 얼핏 별 차이가 없는 듯하나 자세히 들여다보면 그렇지도 않다. 지도에 표시된 부분은 앞에서 언급하였으니 여기서는 서술의 차이를 보도록 한다.

리베르스쿨, 천재교육은 일본의 규슈, 비상교육은 왜의 규슈, 미래엔은 규슈라 하여 규슈와의 교류에 초점이 맞춰져 있다. 반면 교학사, 지학사, 동아출판은 왜라고 하여 그 범위가 넓어졌으며, 금성출판사는 교류 여부를 명시하지 않고 일본까지 이어지는 해상 교역권 확립에 초점이 맞춰져 있다. 또, 대부분의 교과서가 교류라고 한 반면, 비상교육과 동아출판은 '우호적인 관계를 맺었다.'고 하였다. 교류와 우호적인 관계가 반드시 일치하는 것은 아닐 것이다.

다음은 모든 지도에 표시된 동진과의 교류 부분이다. 동진(東晉: 317~419)은 진(晉)의 후반에 해당하는 왕조로 백제 근초고왕(재위 346~375) 시대와 겹친다. 이 시기 동진(東晉)에서는 천하의 명필 왕희지(王羲之)가 등장하여 지금까지도 한중일 삼국 서예에 크나큰 영향을 끼치고 있다. 반면, 남조(南朝: 420~589)는 동진(東晉)이 망한 후 화남(華南)에 한족(漢族)이 세운 송(宋), 제(齊), 양(梁), 진(陳) 네 나라를 일컫는 것으로 근초고왕과는 시기가 어긋난다. 따라서, '남조의 동진'이라 쓴 교학사와 천재교육, '남조'라고 쓴 지학사의 서술은 오류임을 알 수 있다.

고등학교 한국사는 고등학생들을 대상으로 하는 국사 교과서다. 당연히 고등학생 수준에 맞는 내용을 수록하여 어느 교과서를 보든지 이해하는 데 별 무리가 없어야 한다. 하지만, 4세기 백제의 대외 진출 지도를 보고 있노라면 혼란스럽기 그지없다. 하물며, 고대사에 대한 선지식이 없는 학생들은 얼마나 혼란스러울까 싶다. 어차피 학생들은 어느 것이든 한 가지만 보기 때문에 걱정할 필요 없다고 한다면 할 말이 없다.▩

4. 신라 선종(禪宗)의 도입과 유행

우리나라 불교에서 선종(禪宗)은 경전에 의존하던 교종(敎宗)과 달리 참선(參禪)이라는 새로운 수행법을 제시한 것으로 이심전심(以心傳心: 마음에서 마음으로 전함), 교외별전(敎外別傳: 교법 외에 따로 전하는 것), 직지인심(直指人心: 사람의 마음을 곧바로 가리킴), 견성성불(見性成佛: 깨달음이 열리고 깨달으면 부처가 된다는 것)을 4대 종지(宗旨)라 한다. 이러한 선종의 도입과 유행에 대한 교과서의 서술이 다양하다.

동아출판	9세기 전반에는 경전보다는 참선으로 깨달음을 얻어야 한다는 선종이 들어왔다. (44쪽)
지학사	신라 말에는 중국에서 선종이 들어와 교종과 다른 유파를 형성하였다. …중략…헌덕왕 때 도의가 당에서 돌아오면서 통일 신라에 선종이 성행하기 시작하였다. (67쪽)
교학사	신라 중대에 우리나라에 들어와서 9세기 초에 이르러 크게 유행하였다. (47쪽)
미래엔	선종은 교리와 계율을 중시하는 교종과 달리 참선 수행을 통해 깨달음을 얻으려는 불교이다. 통일 무렵에 전래되었으나 화엄종 등 교종의 위세에 눌려 두각을 나타내지 못하다가 신라 말부터 크게 유행하였다. (50쪽)
금성출판사	신라 말에는 선종이 크게 유행하였다. (75쪽)
비상교육	신라 말기에는 선종이 크게 유행하여 교종인 화엄종과 균형을 이루며 발전하였다. (58쪽)
천재교육	통일 신라 말기가 되면 선종이 널리 확산되었으며, 화엄종도 선종과 함께 발전하였다. (55쪽)
리베르스쿨	신라 하대에는 경전의 이해를 통해 깨달음을 추구하는 교종과 달리 실천 수행을 통해 깨달음을 구하는 선종이 널리 퍼졌다. (66쪽)

이를 다시 『삼국사기』에서 무열왕(재위 654~661)부터 혜공왕(재위 765~780)까지를 중대, 선덕왕(재위 780~785)부터 경순왕(재위 927~935)까지를 하대라고 한 시대 구분에 따라 간략하게 정리하면 아래와 같다. 신라의 삼국통일은 676년이니 중대로, 신라 말은 하대로 통일하였다.

	동아	지학사	교학사	미래엔	금성	비상	천재	리베르
도입	하대	하대	중대	중대				
유행		하대	하대	하대	하대	하대	하대	하대

한편, 선종 도입과 관련하여 『신편한국사』에는 신라에 '선종이 도입된 것은 도의(道義)에 의해서였다.'고 하였으며, 『한국민족문화대백과사전』에는 아래와 같이 도의의 재제자(再弟子)인 염거(廉居)에 의해 크게 유행하였다고 서술되어 있다.

> 37년 동안 당나라에 머무르다 821년(헌덕왕 13) 귀국하여 선법(禪法)을 펴고자 하였으나, 당시 사람들이 교학(敎學)만을 숭상하고 무위법(無爲法)을 믿지 않아 뜻을 이루지 못하였다. 아직 시기가 오지 않았음을 깨닫고 설악산 진전사(陳田寺)로 들어가 40년 동안 수도하다가 제자 염거(廉居)에게 남종선을 전하고 죽었다. 염거의 제자 체징(體澄)은 전라남도 장흥의 가지산에 가지산파(迦智山派)를 세워 크게 선풍을 떨쳤다. 그런데 이 때 도의를 제1세, 염거를 제2세, 자신을 제3세라고 하여 도의를 가지산파의 개산조로 삼았다.
> 〈도의(道義), 『한국민족문화대백과사전』〉

이 둘을 종합하면 신라 하대 당에 머무르던 도의가 9세기 초인 821년에 귀국하면서 선종을 도입하였으며, 그의 재제자인 염거가 전라남도 장흥의 가지산에 가지산파를 세우면서 선풍(禪風)을 크게 떨쳤다는 것이다. 신라 하대에 도입되고 또 하대에 유행했다는 의미다. 그런 면에서 지학사의 서술이 가장 근사(近似)한 것처럼 보이나 다소 애매한 부분이 없지 않다. 교과서 서술대로라면 본래 선종이 있었는데 도의의 귀국을 계기로 성행하기 시작했다고 이해되기 때문이다.

그렇다고 신라 중대에 도입되었다고 한 교학사와 미래엔의 서술이 오류라고 단정할 수도 없다. 해당 분야를 서술할 때는 그만한 근거가 있었을 것이기 때문이다. 문제는 이처럼 다양한 서술의 교과서를 가지고 공부하는 같은 또래의 아이들이 서로 다른 내용을 배운다는 점에 있다. 이것을 가지고 과연 역사 인식의 다양성이라 할 수 있을까? 획일적 역사교육을 지양하는 이상적인 교육이라 할 수 있을까?

가령, 여덟 종류의 신발을 갖다놓고 한 아이더러 모두 신어보게 한다면 각각의 신발에 대한 서로 경험을 하고 또, 그 느낌을 말할 수 있을 것이다. 하지만, 여덟 종류의 신발을 여덟 명의 아이들에게 각각 한 켤레씩 나누어 준 다음 각 신발에 대한 다양한 느낌을 말해보라 하면 말할 수 있을까? 오늘날 우리 사회의 지도층이나 역사학자들이 주창(主唱)하고 있는 역사 인식의 다양성이란 구호가 바로 이와 같은 것이다. 아무리 교과서가 다양해도 학교에서 정해준 하나의 교과서로 공부하는 학생들에게서 역사 인식의 다양성을 기대하기는 애초에 불가능하다. 전문가조차 이러한 사실을 외면하고 '다양한 역사 인식'이라는 허황된 주장을 하고 있으니 우리의 역사 교육이 제대로 이루어질 수 없는 것은 어쩌면 당연한 일이다.

제Ⅳ장 한글순화, 능사 아니다

1. 독무덤

리베르스쿨 한국사에는 널무덤과 독무덤 사진을 싣고 그 아래에 설명을 곁들였다. 하지만, 이 설명은 개념이 불분명하거나 잘못된 설명이다. 우선 널무덤은 나무인지 돌인지 소재가 드러나 있지 않다. 널무덤을 그대로 한자로 옮기면 관묘(棺墓)가 된다. 시신을 보호하는 관이 돌이면 석관묘(石棺墓), 나무면 목관묘(木棺墓)가 되어야 하나 그냥 널무덤이라 했으니 알 도리가 없다. '구덩이를 파고 여기에 시신을 넣은 나무널을 묻는 가장 간단한 무덤 방식'을 널무덤이라고 정의했으니 그리 알면 되지 않느냐고 하겠지만 그건 정의한 이의 생각일 뿐 정확한 설명이라 할 수 없다. 목관묘(木棺墓)라고 쓸 경우 굳이 설명 없이도 누구나 쉽게 이해할 수 있다.

○ 널무덤(위, 경남 창원)과 독무덤(광주 광산 신창동) | 고조선 후기에 들어 돌로 만든 무덤은 줄어들고, 나무 널이나 항아리(독)로 만든 무덤이 유행하였다.

그런데 『한국민족문화대백과사전』에는 널무덤을 '지하에 구덩이[土壙]를 파고 직접 유해를 장치하는 장법(葬法)'이라고 했다. 널무덤이라 했지만 정작 널이 없는 토광묘(土壙墓)를 말하고 있는 것이다.

그런가 하면 같은 사전에서 움무덤을 검색하면 '움무덤[土壙墓]'이라 한 경우가 수없이 등장한다. 고고학사전에도 움무덤[土壙墓]이라 한 것으로 보아 움무덤의 한자 표기는 '土壙墓'임을 알 수 있다. 어떤 곳에서는 널무덤을, 어떤 곳에서는 움무덤을 토광묘라 하고 있다. 여기서 끝나지 않는다. 『신편한국사』에는 움무덤을 토장묘(土葬墓)라 하고 토광묘(土壙墓)는 구덩무덤이라 한 경우도 있다. 참으로 혼란스럽다.

다음으로 독무덤이라는 이름으로 교과서에 실린 사진은 독무덤이 아니다. 사진에서처럼 옹기를 둘로 맞붙여 놓은 것은 시신을 안치하는 옹기로 만든 관(棺)이지 무덤이 아니기 때문이다. 이 옹관에 시신을 넣어서 매장해야 비로소 무덤이 되는 것으로 이를 옹관묘(甕棺墓)라 한다. 반면 독무덤을 한자로 쓰면 옹묘(甕墓)가 되어 단순히 독을 묻은 묘가 된다. 말무덤은 말을 묻은 무덤, 개무덤은 개를 묻은 무덤이라 하는 것처럼 독무덤은 독을 묻은 무덤이 된다. 독을 묻어서 무덤을 만들 이유가 있을까? 그래서인지 고고학사전에는 옹관묘를 독널무덤이라 했다.

널은 일반적으로 판판하고 넓게 켠 나뭇조각을 이르는 것으로 널뛰기라는 단어에서 그 의미를 쉽게 이해할 수 있다. 이런 널로 시신을 넣는 관(棺)을 만들었기에 널이 관이라는 의미로 통용되었다. 하지만, 옹관은 엄격히 말하면 널이라 하기에는 적합하지 않다. 그냥 옹관이라 해야 하며 여기에 시신을 넣어 매장하면 옹관묘가 된다. 당연히 옹관 사진을 두고 독무덤이라 한 것도 잘못이고 옹기로 만든 관에 시신을 넣어 묻은 무덤을 독무덤이라 한 것도 잘못이다. 시신을 넣는 옹기는 옹관(甕棺), 이를 묻은 무덤은 옹관묘(甕棺墓)라고 해야 한다.

왜 이런 혼란이 발생하는 것일까? 그것은 한자 사용을 피하기 위해 무리하게 한글로 변환했기 때문이다. 한글로 바꾸면 모든 것이 쉽게 이해될 것으로 생각하는지 모르나 그건 오산이다. 한글로 바꾸었을 때 가장 큰 문제는 개념이 분명하지 않다는 점과 일관성과 통일성이 없어질 뿐만 아니라 확장성조차 없다. 묘(墓)라고 했을 때는 토광묘(土壙墓), 석관묘(石棺墓), 목관묘(木棺墓), 토장묘(土葬墓) 등 얼마든지 확장이 가능하나 무덤이라고 했을 때는 토광, 석관, 목관, 토장 등의 단어를 모두 한글로 풀어써야 한다. 그러니 다 풀어 쓸 수도 없고 일부 개념을 생략하니 엉뚱한 용어가 탄생하게 되는 것이다.

또, 무덤에는 묘만 있는 것이 아니다. 과거 우리 역사 서술에서는 묘(墓), 분(墳), 총(塚), 릉(陵), 원(園) 등을 엄격하게 구분했다. 하지만 차츰 무덤으로 용어가 한글화하면서 개념이 흐릿해지고 용어가 확장될 때마다 일관성을 유지하지 못한 체 중구난방이 되었다. 학술 용어는 개념이 분명해야 한다. 그러기 위해서는 글자마다 의미가 명확한 한자를 쓰는 것이 최선의 방법이다. 한글 순화를 고집하는 한 토광묘(土壙墓)를 '움무덤', '널무덤', '구덩무덤'으로 부르듯이 모든 학술 용어에서의 혼란은 불가피할 것이다.

2. 바위그림

현행 한국사 교과서에는 청동기 시대 유적으로 바위그림을 소개하고 있다. 선(先) 지식이 없이 바위그림이라는 네 글자만 본다면 바위에 그린 그림인지, 아니면 바위를 그린 그림인지 고개가 갸우뚱해진다.

▲ 울주 반구대 암각화(巖刻畵) 원경(遠景)

제IV장 한글순화, 능사 아니다 · 85

하지만, 교과서에 실린 바위그림은 바위에 그린 그림도, 바위를 그린 그림도 아닌 '바위에 새긴 그림' 즉 암각화(巖刻畵)를 한글로 바꾼 것이다. 미리 알지 않은 상태에서 바위그림이라는 단어만 보고 '바위에 새긴 그림'이라는 개념을 유추하기는 쉽지 않다. 암각화를 한글로 옮기면서 주요한 요소인 각(刻: 새기다)의 의미를 생략했기 때문이다. 바위그림을 소개한 교과서 서술도 각양각색이다.

리베르스쿨	울주 반구대의 **바위그림**에는 고래, 사슴, 호랑이, 새 등이 **새겨져 있어** 사냥과 고기잡이의 성공을 기원한 것으로 보인다. 고령 장기리의 바위그림에는 태양을 상징하는 동심원, 십자형, 삼각형 등의 기하학적인 무늬가 **새겨져 있어** 이곳이 풍성한 생산을 기원하는 제사터였던 것으로 추정된다. (19쪽)
미래엔	이 시기 사람들은 자신들의 소망과 기원을 담아 **바위그림**을 남겼다. 울주 대곡리 반구대 **바위그림**에는 야생 동물, 가축, 고래 등이 **새겨져 있는데**, 이는 사냥과 물고기잡이의 성공과 풍요를 기원하며 살아가던 사람들의 생활 모습을 전해준다. 고령 장기리 **바위그림**에는 각종 기하학적 무늬가 **새겨져 있다.** (14쪽)
천재교육	**바위그림**에는 어떤 그림이 **새겨져 있을까?** 세계 전역에서 발견되고 있는 **바위그림**에는 풍요와 다산 등 선사 시대 사람들의 소망과 생활 모습이 **새겨져 있다.** (13쪽)
비상교육	당시 사람들은 사냥 및 고기잡이의 성공과 농사의 풍요를 기원하면서 **바위그림**을 **그렸다.** (19쪽) **바위그림**에는 무엇을 **새겨 넣었을까?** (20~21쪽)
금성출판사	**암각화**에 나타난 동아시아의 선사 문화 울주 대곡리 반구대 **암각화** : 고래잡이 모습, 그물로 사냥하는 모습, 울타리에 가둔 가축 등을 **새겼다.** [열린생각 1] 선사 시대 사람들이 **그린 암각화**를 통해 당시 사람들의 생활 모습에 대해 말해 보자. (26쪽)
동아출판	**암각화**로 신석기 시대 생활 모습을 보다. (13쪽) 타실리 나제르의 **암각화**(알제리)
교학사	서술 없음
지학사	서술 없음

리베르스쿨과 미래엔, 그리고 천재교육 교과서는 바위그림이라 해놓고 표현 방법은 모두 새긴 것으로 서술하였다. 금성출판사는 암각화라는 용어를 사용하면서 정작 '새기다'와 '그리다'를 번갈아 쓰고 있다. 동아출판은 신석기시대의 생활모습으로 알제리의 암각화를 소개하고 있으나 정작 수록된 사진은 암각화가 아닌 벽화다. 비상교육과 같이 두 면이나 할애하여 암각화에 대해 자세하게 소개한 교과서가 있는가 하면 교학사와 지학사는 언급 자체가 없다. 비상교육 교과서로 공부한 학생은 암각화에 대해 자세하게 알 수 있으나 교학사와 지학사 교과서로 공부한 학생은 암각화든 바위그림이든 아예 알 수가 없다. 교육 수요자인 학생들의 입장에서는 참으로 불공평하다.

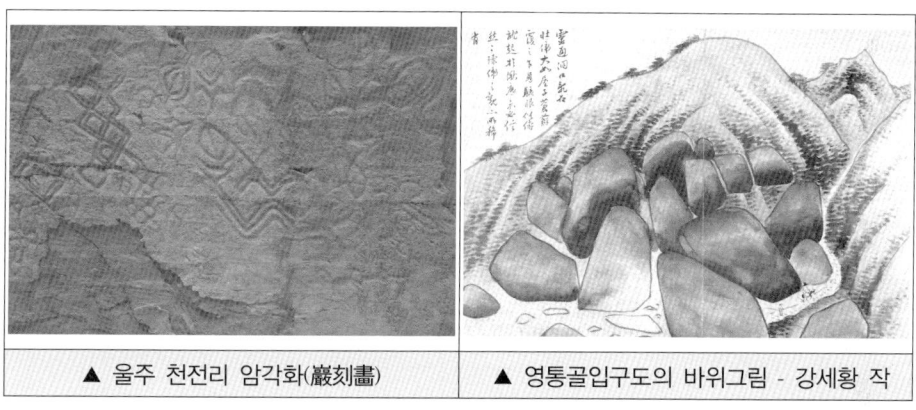

▲ 울주 천전리 암각화(巖刻畵)　　▲ 영통골입구도의 바위그림 - 강세황 작

　비상교육 교과서 20쪽과 21쪽에는 '바위그림에는 무엇을 새겨 넣었을까?', '높이가 3m 가까이 되는데 이걸 모두 어떻게 새겼을까?', '반구대 바위그림은 어떤 방식으로 새겼을까?', '반구대 바위그림은 언제 새겨졌을까?'라고 하여 모두 새겼다고 서술하였다.

　하지만, 본문 서술에서는 '당시 사람들은 사냥 및 고기잡이의 성공과 농사의 풍요를 기원하면서 바위그림을 **그렸다**'고 하였다. 만약 이 문장의 바위그림이 강세황의 영통골입구도에 나오는 바위그림과 같은 것이라면 모르나 암각화라면 문장

자체가 성립하지 않는다. 바위에 물고기나 동물 등의 형상을 새긴 그림을 암각화라고 하는데 이를 그렸다는 것은 바위에 새겨진 그림을 보고 그렸다는 뜻이 되기 때문이다.

표준국어대사전에는 '그리다'를 '연필, 붓 따위로 어떤 사물의 모양을 그와 닮게 선이나 색으로 나타내다.'고 하였으며, '새기다'는 '글씨나 형상을 파다.'라고 하여 그린 것과 새긴 것을 엄연히 구분하여 설명하고 있다. 때문에 이를 명확하게 구분하지 않으면 혼란스러울 수밖에 없다. 그러니, 표준국어대사전에도 바위그림을 '바위, 단애(斷崖), 동굴의 벽면 따위에 칠하기, 새기기, 쪼기 등의 수법으로 그린 그림.'이라고 설명해놓았다. 칠하는 것도 바위그림이고 새기는 것도 바위그림이다. 이것이 대한민국 국립국어원에서 표준이라고 제시한 암각화에 대한 설명이다. 한자를 무시하니 이런 일이 벌어지고 있는 것이다.

刻자가 어려워서 한글로 바꿔야한다면 우리글에 있는 '刻'자를 모두 한글로 바꿀 수 있어야 한다. 그렇다면 음각(陰刻)이나 양각(陽刻) 같은 경우는 어떻게 바꿀 것인가? 刻을 생략하고 '그늘', '볕'이라 할 것인가? 아니면 그늘새김, 볕새김이라 할 것인가? 각심(刻心: 마음에 새기다)이나 각자(刻字: 글자를 새김)는 또 어떻게 할 것인가? 우리말과 글에는 이런 경우가 한둘이 아니다. 동일한 한자를 모두 한글로 바꿀 수 있다면 모를까 그렇지 않다면 해당 한자를 가르치는 것이 현명한 방법이다.

'巖刻畵'의 한자가 어렵다고 刻자를 생략한 채 '바위그림'이라 하면 본래의 의미를 알 수 없을 뿐만 아니라 여러 가지 해석이 가능한 단어가 된다. 이처럼 개념이 불분명한 학술용어를 사용해서는 안 된다. 반면 암(巖: 바위 암), 각(刻: 새길 각), 화(畵: 그림 화)와 같은 한자를 익혀서 쓴다면 의미가 분명해질 뿐만 아니라 응용도 무궁무진하다. 한자를 사용하지 않고 우리말을 완벽하게 구사(驅使)할 수 있다면 모를까 그렇지 않다면 한자를 가르치고 익혀야 한다. 한자를 기피하고 외면할 때 어휘력의 빈곤과 학문의 퇴행은 피할 수 없다. 이것이 한자를 반드시 가르치고 익혀야 하는 이유다.

3. 고인돌

현행 한국사 교과서에는 과거 한자로 표기하던 명칭을 한글로 순화하면서 목관묘(木棺墓)는 널무덤, 석관묘(石棺墓)는 돌널무덤, 토광묘(土壙墓)는 움무덤, 적석총(積石塚)은 돌무지무덤, 적석목곽분(積石木槨墳)은 돌무지덧널무덤과 같이 적고 있

▲ 강화 부근리 지석묘(支石墓)

다. 용어 끝의 묘(墓), 총(塚), 분(墳)이 모두 무덤으로 바뀐 것이다. 그런데 이 원칙에서 벗어난 무덤이 하나 있으니 바로 고인돌이다. 고인돌의 한자 표기는 지석묘(支石墓)이나 한글로 옮기면서 묘에 대응되는 무덤이 빠진 채 통용되고 있는 것이다.

『한국민족문화대백과사전』에는 '고인돌'을 '자연석을 사용하여 지상 또는 지하에 매장시설을 만들고, 지상에 큰 돌을 윗돌[上石]로 놓아 덮개돌[蓋石]로 사용하고, 그것으로 동시에 유력자의 무덤임을 표지로 삼은 한반도 특유의 묘제(墓制)'라고 정의하였다. 묘제(墓制)라고 하였으니 무덤임이 분명하다. 국립국어원의『표준국어대사전』에도 고인돌을 '큰 돌을 몇 개 둘러 세우고 그 위에 넓적한 돌을 덮어 놓은 선사 시대의 무덤. 북방식과 남방식이 있다.'고 하였다. 마찬가지 무덤이라는 뜻이다. 현행 교과서도 아래와 같이 '청동기 시대 대표적인 무덤'으로 고인돌을 소개하고 있다.

교학사	청동기 시대 대표적인 무덤으로는 고인돌이 있으며, 돌널무덤과 돌무지무덤도 발견되고 있다. (19쪽)
금성출판사	우리나라 청동기 시대를 대표하는 무덤인 고인돌은 이러한 지배자의 모습을 잘 보여준다. (25쪽)
동아출판	이제 지배 세력은 스스로 하늘의 아들이라고 자처하면서, 고인돌이나 돌무지무덤, 돌널무덤을 만들고 선돌을 세웠다. (16쪽)
리베르스쿨	청동기시대 무덤인 고인돌은 중국 랴오닝 성과 지린 성, 한반도의 전 지역에 널리 분포되어 있다. (18쪽)
미래엔	탁자식 고인돌(중국 랴오닝 성) 고인돌은 청동기 시대의 대표적인 무덤 양식이다. (13쪽)
비상교육	당시 지배층의 무덤이었던 고인돌을 통해 군장이 소유한 부와 권력을 짐작할 수 있다. (19쪽)
지학사	청동기 시대를 대표하는 유적은 지배층의 무덤인 돌널무덤과 고인돌이다. (15쪽)
천재교육	군장이 죽으면 그 권위를 상징하는 거대한 고인돌이나 돌널무덤을 만들었다. (13쪽)

지석묘를 한글로 옮기면 고인돌무덤이며, 고인돌에 해당하는 한자는 지석(支石)이다. 지석은 달리 굄돌이라고도 하는데『표준국어대사전』에는 '북방식 고인돌에서 덮개돌을 받치고 있는 넓적한 돌'이라고 하였다. 즉 고인돌은 무덤이 아니라 덮개돌을 받치고 있는 돌[石]인 것이다. 지석묘를 고인돌로 바꿔놓고 이미 통용되고 있으니 별 문제 없다고 할 수도 있겠다. 하지만 학술 용어는 이름과 실체가 분명하게 일치해야 한다. 이런 원칙이 지켜지지 않을 때 혼란은 불가피하다.

『한국민족문화대백과사전』'고인돌' 항목에서는 분포와 입지를 서술하면서 용강석천산고인돌군[龍江石泉山支石墓群], 개천묵방리고인돌군[价川墨房里支石墓群], 오덕리고인돌군[五德里支石墓群]이라 하여 '支石墓群'을 모두 한글로 '고인돌군'이라 하였다. 만약 한자 없이 한글로만 '고인돌군'이라 써놓는다면 과연 이것을 '고인돌무덤이 여럿 모여 있는 것'이라는 뜻으로 쉽게 이해할 수 있을지 의문이다. '支石墓群'을 한글로 옮기면 '고인돌무덤무리'가 된다. 한글로 옮기려면 한자어가 내포하고 있는 의미를 정확하게 담고 있어야 할 뿐만 아니라 같은 갈래의 여타 용어와 일관성도 유지해야 한다. 의미도 제대로 담지 못한 데다 일관성조차 없이 두루 뭉수리로 옮겨놓는다면 이는 학술 용어라 할 수 없다.

혹자는 지석묘가 무덤 기능 외에 제단 기능도 있어 무덤이라 하면 이런 점을 모두 포함하지 못하는 한계가 있다고 할지도 모른다. 그렇다고 고인돌이라 한다고 해서 무덤 기능과 제단 기능을 다 포함하는 것도 아니다. 더구나 우리나라는 세계적으로 가장 많은 지석묘 분포 지역인데다 대부분 무덤 기능으로 축조되었음이 유물을 통해 확인되었다. 반면 제단 기능은 연구자에 의한 해석일 뿐 그 사례가 많거나 확실한 근거가 있는 것도 아니다. 만약 무덤이 아닌 제단 기능이 분명한 유적이 있다면 지석단(支石壇)과 같은 별도의 용어를 개발하여 구분하면 된다.

고인돌은 고여 놓은 돌이라는 뜻이다. 무덤이 되기 위해서는 고인돌무덤이라 하든지 아니면 지석묘(支石墓)라 해야 한다. 돌이라 써놓고 무덤이라 한다면 사슴을 가리키며 말이라 하는 것과 무엇이 다른가.▨

4. 치레걸이와 껴묻거리

현행 검정 한국사에는 신석기 시대의 유물로 치레걸이를 소개하고 있다. 조개껍데기 또는 짐승의 뼈나 이빨 등으로 몸치장을 하는 물건이라는 뜻의 치레걸이는 '꾸미어 드러내다'라는 뜻의 치레와, '걸다'는 동사에서 파생한 '걸이'가 조합된 것으로 보여진다. 귀걸이, 목걸이, 옷걸이, 붓걸이 등과 같은 비슷한 용례가 있으나 다소 차이가 있다. 치레걸이는 '몸을 치장하기 위해 거는 것', '치레를 하기 위한 걸이' 정도의 뜻이다.

『표준국어대사전』을 찾아보니 '치레걸이'라는 단어는 없고 '치레거리'가 '치레로 삼는 거리'라는 뜻의 북한어로 소개되어 있다. 그런데, 이 치레걸이가 어떤 교과서에는 치레걸이로, 어떤 교과서에는 장신구(裝身具)로 서술되어 있는가하면 어떤 교과서는 치레걸이와 장신구가 동시에 사용되고 있다. 오락가락이다. 치레걸이와 장신구를 굳이 대응시키자면 꾸민다는 장(裝)은 치레에 걸이는 구(具)에 해당될 것 같다. 그러나, 장신구로 배운 학생은 치레걸이가 무엇인지, 치레걸이로 배운 학생은 장신구가 무엇인지 알기 어려울 것 같다.

구(具)자를 한글로 순화한 용어 중에는 마구(馬具)를 고쳐 쓴 '말갖춤'이 있다. 『한국민족문화대백과사전』에는 말을 부리기 위해 말에게 장착하였던 각종 장구(裝具)들을 통칭하는 것으로 굴레, 고삐, 재갈을 비롯한 기본 장구로부터 안장 및 부속 도구와 장신구까지 모두를 포함한다고 하였다. 또, 이와 비슷한 용어로 '말치레'라는 용어를 따로 실어놓았다. 하지만 설명과 그림을 보면 말갖춤이나 말치레는 별 차이가 없다. 『표준국어대사전』에는 말갖춤을 '말을 부릴 때 쓰는 연장이나 말에 딸린 꾸미개'로 설명해놓았으나 말치레는 실려 있지 않다.

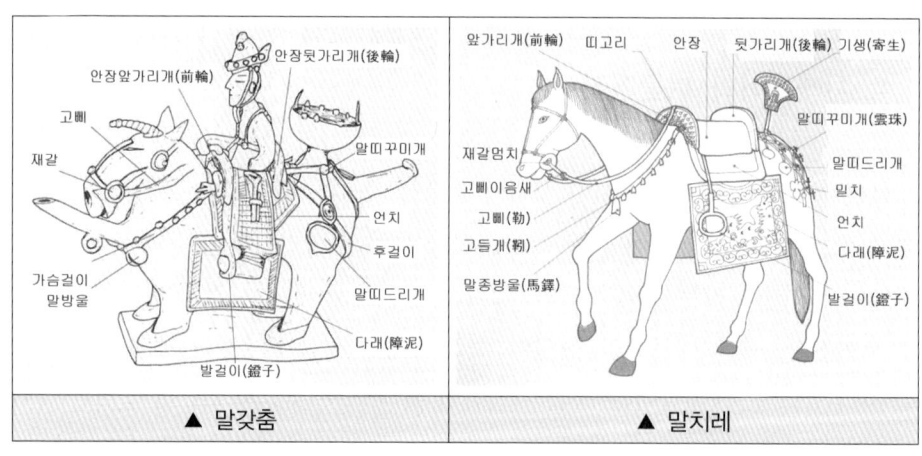

▲ 말갖춤　　　　　　　　　　▲ 말치레

문제는 구(具)자를 한글로 옮기면서 어떤 것은 '걸이'로 어떤 것은 '갖춤'으로 써서 일관성이 없다. 또, 구(具)자가 어려워 한글로 순화한다면 구(具)자가 들어간 다른 한자어도 모두 한글로 순화할 것인지 아니면 그대로 둘 것인지도 문제다. 마구를 말갖춤이라 했으니 도구(道具)는 '길갖춤', 필기구(筆記具)는 '필기갖춤', 농기구는 '농기갖춤'이라 할 것인가? 바꾸려면 다 바꾸고 아니면 그대로 둬야 덜 혼란스럽다.

치레걸이와 비슷한 듯 다른 용어로 '껴묻거리'가 있다. 묻은 곳에 다른 것을 또 묻는다는 뜻의 '껴묻다'에 재료를 나타내는 '거리'가 조합된 것으로 보여 진다. 한자어로는 부장품(副葬品)으로 장사 지낼 때, 시체와 함께 묻는 물건을 통틀어 일컫는 말이다. 그런데, 껴묻거리에는 부장품에 있는 중요 요소인 장(葬)이 빠졌다. 장(葬)은 죽은 사람을 장사 치른다는 뜻이기 때문에 부장품은 죽은 사람을 장사지낼 때 함께 묻는 물건이라는 뜻이 분명히 드러난다. 하지만 껴묻거리에는 그냥 묻은 곳에 또 묻는다는 의미 외에 장사(葬事)라는 뜻을 유추할 수 없다. 『표준국어대사전』에서 껴묻거리를 찾으니 '부장품'이라 하였다. 번거롭게도 한 번 더 찾아야 뜻을 알 수 있다.

학술용어는 개념이 분명해야 한다. 한글 순화과정에서 한자어에 있던 중요한 요소가 생략되어 본래의 의미를 유추할 수 없거나 다른 뜻으로 변해버린 경우를 많이 보아왔다. 전축분(塼築墳: 벽돌을 쌓은 무덤)을 벽돌무덤이라 하고, 옹관묘(甕棺墓)를 독무덤이라 하고, 암각화(巖刻畵)를 바위그림이라 하는 경우가 대표적인 예다.

대부분 한자어로 구성되어 있는 한국학 용어를 모두 일관성 있게 한글로 순화한다는 것은 현실적으로 불가능하다. 본래의 뜻을 살리려면 글이 많아지고 축약하면 본래의 개념에서 벗어나 의미를 제대로 파악할 수 없다. 그렇다면, 한자어를 한글로 순화할 게 아니라 그것을 쉽게 이해할 수 있도록 한자를 가르치는 것이 효율적이다. 한자어가 어렵다고 무리하게 한글순화를 추진한다면 결국은 무슨 뜻인지 알 수 없는 용어들이 넘쳐날 것이다. 한글순화, 능사가 아니다.

제V장 진경시대는 없다

1. 진경산수(眞景山水)가 아니면 위경산수(僞景山水)인가?

> 진경산수의 창시자, 겸재 정선
> 겸재가 이룩한 예술 세계에서 가장 돋보이는 점은 진경산수라는 장르를 개척하고 또 그것을 완성한 것이다. 진경산수란 중국풍의 그림을 답습하던 종래 화가들의 관념 산수에서 벗어나 우리나라 산천의 아름다움을 있는 그대로 표현한 산수화를 말한다.
> 〈『고등학교 국어Ⅱ』, 창비, 67쪽〉

이것은 현행 교과서인 『고등학교 국어Ⅱ』에 실린 글이다. 이 글대로라면 겸재(謙齋) 정선(鄭敾: 1676~1759)은 진경산수(眞景山水)라는 장르를 창시하고, 개척하고, 완성한 인물이다. 실로 위인전(偉人傳)에나 나올 법한 이야기다. 정선이 창시한 진경산수는 종래의 관념 산수에서 벗어나 우리나라 산천을 있는 그대로 그린 산수화를 말한다고 하였다. 그런데 이를 정선이 창시했으니 정선 이전에는 진경산수가 없어야 하고, 정선이 완성했으니 정선 이후에도 진경산수는 없어야 한다. 뿐만 아니라, 다른 화가의 진경산수도 있어서는 안 된다. 만약 다른 화가의 진경산수가 있다면 그것은 정선의 아류에 지나지 않는다. 진경산수는 정선이 창시하고 개척하고 완성했기 때문이다.

그런데, 이 글은 실상 겸재 정선의 그림을 '진경산수화'로 자리매김한 최완수 실장(간송미술관 한국민족미술연구소 연구실장)의 주장을 따른 것이다. 아래는 최완수 실장의 글이다.

> 겸재 정선은 우리나라 회화사상 가장 위대한 업적을 남긴 대화가로 화성의 칭호를 올려야 마땅한 인물이다. 겸재는 우리 산천의 아름다움을 사생하는 데 가장 알맞은 **우리 고유 화법**을 창안해내어 우리 산천을 소재로 그 회화미를 발현해내는 데 성공한 **진경산수화의 대성자**이기 때문이다. 즉 그는 **우리 고유 산수화 양식인 진경산수화풍의 시조**인 것이다.
> 〈최완수 외, 『진경시대2』, 돌베개, 51쪽〉
>
> 겸재는 조선중화사상이 팽배하던 시기에 태어나서 조선 고유사상인 조선성리학을 전공한 사대부이자 그 조선성리학을 사상적 바탕으로 하여 조선 고유색을 현양하는 진경문화를 주도해 간 장본인으로서 우리 산수의 아름다움을 그림으로 표현해내기 위해 그에 알맞은 우리 고유의 화법인 **진경산수화법**을 창안해내어 우리 산수를 우리 고유의 회화미로 표현해내는 데 성공한 **진경산수화풍**의 창시자이자 대성자였다.
> 〈최완수 외, 『진경시대2』, 돌베개, 107쪽〉

　학술 용어는 개념이 분명해야 한다. 하지만, 이 두 사람의 글을 보면 진경산수의 개념이 혼란스럽기 짝이 없다. 유홍준 교수는 정선이 **진경산수**(진경산수화와 동일-필자 주)라는 장르를 **창시**하고 **개척**하고 **완성**했다고 한 반면, 최완수 실장은 정선을 두고 '진경산수화의 대성자', '진경산수화풍의 창시자', '진경산수화법의 창안자', '진경산수화풍의 대성자', '진경산수화풍의 시조'라고 했다. 여기에 더하여, 간송미술관의 연구원인 탁현규는 '겸재가 진경산수를 창안, 발전, 절정, 추상화까지 이루었기 때문에 후대 화가들이 겸재를 넘어서지 못한 것은 어쩌면 당연한 일인지도 모르겠습니다.'(네이버 미술캐스트, 진경산수 비교 감상하기)라고 했다.

　사용된 단어를 보면 창시, 창안, 개척, 발전, 완성, 대성, 시조 등 참으로 화려하다. 한 사람의 예술 세계를 규정하기 위해 세상의 좋은 말은 다 동원한 것 같다. 예술 분야에 이처럼 전지전능하신 분이 또 있을까? 그러니 화성(畵聖: 그림의 聖人)'이라 부르는 것도 무리가 아니다.

　최완수 실장의 진경시대(眞景時代)에 관한 글을 읽다 보면 수시로 만나는 것이 '고유(固有)'라는 단어다. 최완수 실장은 겸재를 두고 '조선 고유사상인 조선성리학을 전공한 사대부'라고 규정했다. 고려 말 남송의 주희(朱熹)가 집대성한 성리학이 도입된 이래 조선조가 이를 국가 통치 이념으로 채택하고, 기라성 같은 수많은 학자들이 나타나 성명의리지학(性命義理之學)에 대한 각자의 주장을 밝히고 이를 글로 남겼다. 조선 초에는 정도전과 권근이 있었고, 정지운의 천명도설(天命圖說)이 발단이 되어 7년간 논쟁으로 이어진 이황(李滉)과 기대승(奇大升)의 사단칠정론(四端七情論)이 있었고, 이이(李珥)와 성혼(成渾)의 이기론(理氣論) 대화가 있었고, 송시열(宋時烈)의 재제자(再弟子)인 이간(李柬)과 한원진(韓元震)의 인물성동이론(人物性同異論)이 있었다. 이 외에도 성리학에 대한 학설을 남긴 학자는 부지기수(不知其數)다.

그렇다면, '조선 성리학'은 이들 모두의 성리학을 이르는 것일까? 아니면 특정인의 성리학을 이르는 것일까? 학자마다 주장이 다른 성리학을 두고 하나로 아울러 조선 성리학이라 일컫는 것도 부당하지만, 특정인의 성리학을 두고 조선 성리학이란 이름으로 대표성을 부여하는 것도 타당하지 않다. 또, 어느 쪽이든 그 성리학이 조선 고유의 사상이라고 말하는 것은 더욱 옳지 않다. 주지하듯이 성리학은 송(宋)으로부터 도입된 것으로 우리나라에 본래부터 있었던 것이 아니다.

이처럼 조선 성리학의 성격조차 불분명하게 제시한 최완수 실장은 정선에 대해 '조선의 고유사상인 조선 성리학을 전공한 사대부'라고 규정지었다. 성리학과 같은 고도의 사상 체계는 해당 학자가 남겨놓은 글을 통해서만이 파악할 수 있다. 정선이 성리학을 전공한 사대부라면 그의 사상을 파악할 수 있는 글이 있어야만 한다. 하지만 정선은 문집은커녕 그 흔한 시 한 수조차 찾기 어렵다. 그런데 어떻게 '조선 성리학을 전공한 사대부'라고 단정 지을 수 있는지 설명이 필요하다.

다음으로, 최완수 실장은 정선의 그림을 두고 '조선 고유색', '우리 고유의 화법', '우리 고유의 회화미'라고 하였다. '고유(固有)'란 단어의 사전적 의미는 '본래부터 가지고 있는 특유한 것'이다. 언제부터인지는 모르나 과거부터 있어왔다는 뜻이다. 화법이나 회화미와 같은 요소가 만약 고유의 것이라면 이는 '계승(繼承)·발전(發展)'시킬 수 있을지언정 새롭게 창안하거나 창시할 사안이 아니다. 만에 하나,

최완수 실장의 주장대로 정선이 창안한 화법이나 회화미를 두고 여기에 '고유(固有)'라는 수식어를 붙인 것이라면 더더욱 어불성설(語不成說)이다. 특정인이 창안한 것을 두고 후대에 와서 '고유'라고 일컬을 수는 없기 때문이다.

아무튼 위 글만 보면 정선과 진경산수화는 엄청난 화가이고 대단한 그림이다. 그렇다면 정선이 창안한 '진경산수(眞景山水)'는 과연 무엇인지 살펴봐야 한다. 유홍준 교수는 앞의 글에서 '진경산수란 중국풍의 그림을 답습하던 종래 화가들의 관념 산수에서 벗어나 우리나라 산천의 아름다움을 있는 그대로 표현한 산수화를 말한다.'고 하였다. 또, 최완수 실장 실장은 '진(眞)짜 있는 경치(景致)를 사생해낸 그림이라는 의미도 되고, 실제 있는 경치를 그 정신까지 묘사해내는 사진 기법 즉 초상기법으로 사생해낸 그림이라는 의미도 된다.'고 하였다.

사진기법과 초상기법을 동원하여 **산수의 정신까지** 어떻게 묘사해내는지는 알 수 없으나 어느 쪽이든 '우리나라에 실재(實在)하는 풍경(風景)을 그린 그림'이라는 점은 분명하다. 그렇다면 이는 산수화의 **소재(素材)**를 상상 속의 풍경이 아닌 '실재하는 풍경'을 대상으로 하고 있음을 알 수 있다. '실재하는 풍경을 그린 산수화'는 당연히 '실경산수(實景山水)'다. 그런데, 왜 진(眞)자를 써서 진경산수라고 하였을까? 아래 글은 탁현규가 쓴 실경산수와 진경산수의 차이점에 대한 설명이다. 간송미술관 한국민족미술연구소 연구원이 쓴 글이니 최완수 실장의 생각도 이와 차이가 없을 것으로 생각한다.

Q. 그럼 실경(實景)산수와 진경산수는 다른 그림인가요?

옛날 사람들이 쓴 책을 보면, 진경이란 말보다 실경이란 말이 더 많이 나옵니다. 그리고 진경이란 말이 더 뒤에 나옵니다. 실경에는 산수뿐만 아니라 지도와 같은 지형도까지 포함하기 때문에 우리 산천을 산수화로 그리면서 '실(實)'보다 의미가 강한 '진(眞)'이란 글자를 써서 이상 경치가 아닌 진짜 경치로 불러 준 것입니다. 실경과 진경은 비슷한 의미지만 산수화를 이야기할 때는 진경산수화라고 부르는 게 올바릅니다.

〈진경산수화 감상법 - 네이버 미술캐스트〉

집필자는 분명 실경산수와 진경산수가 다른 그림이라는 주장을 한 것 같은데, 솔직히 이 글을 몇 번이나 읽고도 무엇이 다르다는 것인지 알 수 없다. 우선, 집필자는 지도와 같은 지형도를 포함한 그림을 실경산수라 한 것으로 보이나 이는 잘못이다. 실경산수에는 지도와 같은 지형도가 포함된 실용적 그림도 있으나 완상(玩賞)을 위한 산수화나 기록을 위한 산수화 등 그 종류가 다양하기 때문이다. 또, 집필자가 '실(實)'보다 의미가 강한 '진(眞)'이란 글자를 써서 불러 준 것이라 한 것을 보면 이는 제목의 의미를 좀 더 강조하기 위해 붙인 것으로 이해된다. 결국 실경산수와 진경산수의 차이는 의미의 강약에 있는 것으로 이해된다. 그렇다면, 진경산수는 정선의 그림이 여타의 그림보다 우월하다는 점을 부각시키기 위한 목적에서 진(眞)이란 글자로 바꾸어 정한 것임이 분명하다.

사실, 정선의 진경산수가 무엇인지에 대해서는 유홍준 교수와 최완수 실장의 글에 모두 드러나 있다.

> 겸재의 진경산수를 논함에서 중요한 것은 18세기 전반기 숙종·영조 연간에 이처럼 민족적이고 감동적인 우리의 산천 그림을 훌륭히 예술적으로 그렸다는 사실이다. 겸재의 작가의식이 여기에 있는 한 그가 진경산수를 효과적으로 표현하기 위해 황공망을 이용하든 〈황산도〉를 원용하든 아무 관계가 없는 것이다. 독창성이란 남이 하지 않은 그 무엇을 혼자 제시했다는 것이 아니라, 남들이 이룩하지 못한 또는 생각하지 못한 예술 세계를 창출했다는 데 있다. **이를 위해 기법적으로 여러 선례를 원용하는 것은 어느 시대, 어느 대가에게나 있는 일이다.** 그런 면에서 겸재의 진경산수는 겸재 이전 시대에도 있었던 사경산수(寫景山水)의 전통을 이어받으면서, 한편으로는 중국 남종화(南宗畵)의 예술적 성과를 받아들임으로써 한 차원 높은 민족적 예술로 승화시킨 것이라고 기왕에 이동주, 최순우, 안휘준 등이 해석했던 주장은 그대로 유효한 것이다.
>
> 〈유홍준, 『화인열전1』, 역사비평사〉

유홍준 교수가 쓴 이 글을 요약하면, 겸재 정선은 우리나라의 산천을 그리면서 남들이 이룩하지 못한 예술 세계를 창출했는데, 이는 겸재 이전 시대에도 있었던 사경산수의 전통을 이어받으면서 남종화 기법을 수용하여 한 차원 높은 예술로 승화시켰다는 것이다. 즉, 정선이 창안한 산수화는 그림의 소재를 '우리나라에 실재하는 풍경'에서 다른 것으로 바꾼 것이 아니라 그동안의 전통적 기법에서 벗어나 새로운 기법을 구사한 그림이라는 것이다. 즉, 소재의 변화가 아닌 기법(技法)의 변화를 말한다. 변한 것은 기법인데 정작 소재로 인해 주어진 명칭인 실경산수(實景山水)가 진경산수(眞景山水)로 바뀌어버렸다.

　최완수 실장의 주장은 더욱 분명하다.

> 겸재는, 스승 삼연과 집우 사천이 진경시로 우리 산천의 아름다움을 거침없이 사생해내고 있었으므로 이를 그림으로 바꿔 표현하고자 하는 노력을 기울이는데, 이는 창강 조속으로부터 비롯되었으나 아직 이루어내지 못한 조선성리학파들의 숙제이기도 하였다. 마침내 겸재는 그 숙제를 풀어내는 데 성공하였다. **우리 산천을 표현하기에 알맞은 새로운 그림기법을 창안한 것이다.** 이는 중국 북방화법의 특징적 선묘(線描)와 남방화법의 특징적 기법인 묵법(墨法)을 이상적으로 조화시키는 방법이었다. －중략－ 이는 중국 회화사에서 항상 시도하면서도 이루어내지 못하였던 남북방화법의 이상적 조화의 성공이기도 하였으며 조선에만 있는 조선 고유화법의 창안이기도 하였다. **이런 화법은 겸재가 벌써 36세에 금강산을 그려내면서 시도하기 시작하여 60세 이후에 완성해 낸 독자기법이었던 것이다.**
>
> 〈최완수 외, 『진경시대1』, 27~28쪽〉

　최완수 실장은 정선이 남종화와 북종화를 수용한 새로운 그림기법을 창안하고 이를 36세에 금강산을 그리면서 작품으로 표현하기 시작하여 60세 이후에 독자적 기법으로 완성했다고 하였다. 정선이 완성한 그 독자적 기법이 바로 진경산수화이고, 진경산수화법이고 진경산수화풍이라는 것이다. 그런데, 최완수 실장의 글에서는 화(畵)와 화법(畵法)과 화풍(畵風)을 번갈아 쓰고 있다. 혼란스럽다.

『한국민족문화대백과사전』에도 진경산수화에 대해 '조선 후기(1700~1850년)를 통하여 유행한 우리나라 산천을 소재로 그린 산수화.'로 정의하고, '화풍은 종래의 실경 산수화 전통에 18세기에 이르러 새롭게 유행하기 시작한 남종화법(南宗畫法)을 가미하여 형성되었다.'고 하였다. 또, 한국학중앙연구원이 제공한 「테마로 보는 미술」에서는 '진경이란 용어 자체가 남종화의 개념이듯이 정선의 진경산수화도 남종화풍을 근간으로 삼았다.'고 하여 진경을 남종화와 동일시하였다. 이렇듯 정선이 창안한 진경산수라는 것은 실상 '중국의 남종화법을 토대로 새로운 기법을 구사하여 그린 산수화'를 이르는 것이다.

　그렇다면 한국사 교과서에는 어떻게 서술하고 있는지 살펴보기로 한다.

교학사	18세기 이후에는 **진경산수화가 등장하였고**, 풍속화가 유행하였다. 진경산수화를 통해 산수화의 새로운 경지를 이룬 화가는 정선이었다. 그는 우리의 자연을 직접 보고 **사실적으로 그림으로써** 회화의 토착화를 이룩하였다. (153쪽)
금성출판사	조선 후기 그림에서 나타난 새 경향은 **진경산수화와 풍속화의 유행**이다. 정선은 **진경산수화를 통해 우리나라의 자연을 그려내는 데 알맞은 구도와 화법을 창안해 냈다.** (204쪽)
동아출판	조선 후기에는 우리의 자연을 **사실적으로 그린 진경산수화**가 유행하였다. 진경산수화를 개척한 화가는 18세기에 활약한 정선이었다. 그는 중국의 화법을 모범으로 하여 이상향을 그리는 관념적인 산수화 대신 자신의 눈으로 직접 관찰한 조선의 자연을 그렸다. 그 과정에서 독자적인 구도와 화법을 창안하였다. (142쪽)
리베르스쿨	조선 후기에는 우리의 자연과 인물을 소재로 한 **진경산수화가 발달**하였고, 생활 모습을 사실적으로 표현한 풍속화가 유행하였다. **진경산수화를 개척한** 겸재 정선은 한성 근교와 강원도의 명승지들을 직접 돌아보고 인왕제색도와 금강전도를 **사실적으로 그렸다.** (188쪽)
미래엔	후기에는 우리 문화에 대한 자부심이 높아지고 현실에 대한 관심이 커지면서 그림과 글씨에서도 한국적 고유색을 표현하려는 경향이 강해졌다. 그림에서는 정선이 진경산수화라는 독자적인 화풍을 개척하여 '인왕제색도'와 '금강전도' 등의 뛰어난 작품을 남겼다. (165쪽)
비상교육	그림에서는 우리나라의 산천을 **사실적으로 표현한 진경산수화**와 백성의 생활 모습을 생동감 있게 표현한 **풍속화가 등장**하였다. 특히 정선은 중국의 것을 모방하던 기존의 산수화에서 벗어나 **새로운 기법**을 활용하여 '금강전도'와 '인왕제색도' 등의 진경산수화를 그렸다. (184쪽)

지학사	18세기에 나타나기 시작한 진경산수화는 우리 고유의 자연과 풍속을 대상으로 하면서 중국 남종과 북종 화법을 고르게 수용하여 창안된 새로운 화법이다. (190쪽)
천재교육	그런데 18세기에 들어와 우리나라 산천을 소재로 한 산수화가 등장하였는데, 이를 진경산수화라고 한다. 진경산수화의 대표적인 인물인 정선은 '금강전도'와 '인왕제색도' 등을 통해 사실 그대로의 조선의 자연을 독특한 필체로 담아내었다. (159쪽)

위와 같이 한국사 교과서에는 진경산수화에 대해 '등장', '유행', '시작', '발달' 등 실로 다채롭게 쓰고 있다. 이 네 단어는 같은 뜻일까, 아니면 다른 뜻일까? 또, 정선의 업적에 대해 '산수화의 새로운 경지 이룩', '회화의 토착화 이룩', '독자적 구도와 새로운 화법 창안', '진경산수화의 개척', '독자적 화풍의 개척', '새로운 기법 활용' 등 참으로 풍성하다. 한 가지 사안을 두고 이렇게 다양한 서술이 있다는데 놀라지 않을 수 없다. 이것이 역사 해석의 다양성인가?

그런가 하면, 정선의 그림을 두고 '사실적 그림' 또는, '사실적 표현'이라 하기도 하였다. 이는 교과서뿐만 아니라 여타의 학술서나 대중 역사물에도 어김없이 등장한다. 최완수 실장이 진경산수의 개념에 대해 설명하면서, '사진 기법 즉 초상기법으로 사생해낸 그림'이라 한 것을 보면 현대미술의 사실주의 표현 기법임이 분명하다. 하지만, 정선의 그림은 전혀 사실적으로 표현한 그림이 아니다. 만약, 정선의 그림을 두고 말한 '사실적 표현'이라는 서술이 현대미술의 사실주의 표현과 전혀 다른 것이라고 한다면 이는 학술 용어의 자의적 사용이라 할 수밖에 없다.

지금까지 언급한 내용을 정리하면 '진경산수(眞景山水)'는 '조선 후기에 겸재 정선이 창안하고 완성한 산수화'로 정의된다. 그런데, 진경산수(眞景山水)를 이렇게 정의할 경우에는 필연적으로 혼선이 초래될 수밖에 없다.

가장 먼저 '진(眞)'이라는 글자로 인한 혼선이다. 진(眞)은 기본적으로 '가치 평가'를 위한 글자이기 때문에 비평자의 관점에 따라 '진(眞)'일 수도 있고 아닐 수도 있다. 수많은 사람들이 우리의 자연을 담은 실경산수를 그려왔고 지금도 그리고 있다. 그 그림 중에 남종화 기법이 있으면 진경산수이고 없으면 진경산수가 아니라는 것인가? 정선을 포함하여 우리의 산천을 그린 수많은 화가들 중에 누구의 그림은 진경산수이고 누구의 그림은 진경산수가 아니라는 것인가? 한 사람의 작품 중에도 시기에 따라 작품에 따라 우열이 있는데, 작품성이 뛰어난 그림은 진경산수이고 그렇지 못한 것은 진경산수가 아니라는 것인가? 그렇다면 진경산수가 아닌 산수화는 위경산수(僞景山水)라 해야 하는가? 아니면 그냥 실경산수(實景山水)라 해야 하는가?

또, 정선 이전에 진경산수가 존재해서는 안 된다. 정선이 진경산수의 창안자이고 창시자이고 시조이기 때문이다. 하지만 최완수 실장 스스로도 정선 이전 인물인 조속(趙涑)에 대해 '인조반정 성공 후에는 일체 벼슬길에서 물러나 전국의 명승지를 유람하며 시화로 이를 사생(寫生)해내는 일에만 몰두하게 되니 이때 사생해낸 시를 진경시(眞景詩), 그림을 진경산수화로 부르게 되었다.'고 하였다. 그렇다면 진경산수의 창시자는 정선이 아닌 창강 조속이다. 국사편찬위원회의 『신편한국사』에도 '명산탐승 중에 절경을 보면 문득 말에서 내려앉아 "率意畵出眼前光景(솔의화출안전광경)" 즉 "눈앞의 광경을 뜻(창생적 흥취)에 따라 그려내고" 천기론(天機論)에 입각한 자득적 창작으로 평가받은 조속(1595~1668)과 금강산 만이천봉을 최고의 전신법(傳神法)으로 묘사한 김명국(1600년경~1662년 이후)이 진경산수화 발전에 크게 기여했던 것으로 생각된다.'고 서술하였다. 정선 이전에도 이미 진경산수 작가가 있었던 것이다.

다음으로, 진경산수는 곧 정선의 그림이라는 인식이 각인됨으로 인해 미술사에서 남종화 기법과 관련 없는 여타 작가들이나 작품이 매몰되는 왜곡 현상이 발생할 수 있다. 또, 정선의 화법 또는 남종화법을 구사한 작기나 그림이라 할지라도 결국은 정선의 아류로 취급될 수밖에 없다. 정선이 진경산수의 창시자이자 완성자이기 때문이다. 대표적인 예가 아래의 그림이다.

이 그림에 대해 교학사 교과서에는 정선의 진경산수화, 김홍도와 신윤복의 풍속화 등을 소개하고 난 다음 '이 밖에도 산수화에 서양 화풍을 접목한 18세기의 강세황과 다양한 소재를 힘차고 능숙한 필법으로 생동감 있게 표현한 19세기의 장승업도 주목할 만하다.'고 소개하고 있다. 우리나라에 실재하는 영통골 입구의 풍경을 그린 실경산수임에도 서양화 기법을 적용한 그림이라는 이유로 정선의 진경산수와 별도로 취급되는 것이다. 정선의 '인왕제색도'나 강세황의 '영통골입구도'나 우리의 산천을 그린 실경산수라는 점에서는 동일하다. 차이가 있다면 정선의 그림은 중국의 남종화기법을, 강세황의 그림은 서양화기법을 적용한 점이다.

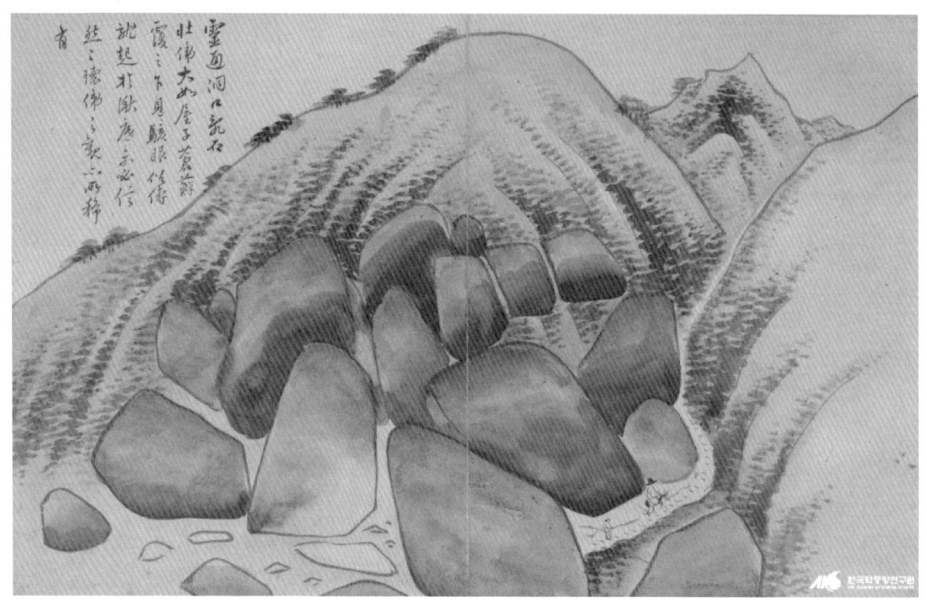

▲ 강세황의 영통골입구 그림

교과서는 전문가가 아닌 어린 학생들이 보고 공부하는 책이다. 당연히 개념이 분명하고 설명이 일목요연해야 쉽게 이해할 수 있다. 연구자들조차 실상에 맞지 않은 용어를 제시하고 제대로 된 개념조차 정립하지 못하니 8종 교과서의 서술이 중구난방(衆口難防)이다. 이러한 여건에서 일선 교사들은 과연 진경산수에 대해 정확하게 설명할 수 있을까? 또, 실경산수와 진경산수를 명확하게 구분하여 이를 학생들에게 전달할 수 있을까? 단언컨대 이는 불가능하다. '진경산수'라는 용어 자체가 잘못 제시되었기 때문이다. 이에 한국사 교과서에 제시된 작가와 작품을 토대로 아래와 같이 조선후기 산수화에 대한 서술을 재정리해본다.

산수화는 상상속의 풍경을 그린 관념산수(觀念山水)와 실재하는 풍경을 그린 실경산수(實景山水)로 나눌 수 있다. 조선 후기에는 우리나라에 실재하는 풍경을 그린 실경산수가 유행하게 되는데 대표적인 작가로 겸재 정선, 단원 김홍도, 표암 강세황 등이 있다. 겸재 정선은 중국의 남종화법을 토대로 독창적 기법을 구사하여 인왕제색도와 금강전도와 같은 뛰어난 작품을 남겼다. 단원 김홍도는 도화서 화원 출신으로 산수화, 풍속화, 기록화 등 다양한 작품을 남겼다. 특히 연풍 현감에서 해임된 50세 이후로는 우리나라의 산천을 소재로 세련되고 개성이 강한 독창적 화풍의 실경산수를 많이 남겼다. 표암 강세황은 원근법과 음영법 등 서양화 기법을 구사하여 영통골입구도와 같은 독창적인 실경산수를 남겼다.

우리나라에 실재하는 풍경을 그린 실경산수에는 대부분 화제(畫題)에 지역이나 명승지(名勝地)의 이름이 들어 있어 어느 곳을 그렸는지 쉽게 알 수 있는 특징이 있다.

그렇다면 진경산수는 어떻게 할 것인가? 그 답은 '버려야 한다.'이다. 지금까지 18세기에 유행한 산수화로 소개된 진경산수는 실상 소재(素材)와 기법(技法)을 혼동하여 잘못 만들어진 용어다. 이는 반드시 '실경산수'로 바로잡아야 한다.

2. 한문 오역에서 출발한 서예 용어, 동국진체

『한국민족문화대백과사전』에는 '동국진체(東國眞體)'를 '18세기에 출현한 우리 고유의 서체(書體)'라 정의하고, 18세기 서예 분야에서 옥동 이서가 서법을 정립한 것이 원교 이광사에 이르러 완성되었다는 설명을 덧붙였다. 이 글을 쓴 집필자에게 질문을 던져본다. '우리 고유의 서체'는 무엇인가? '서법'과 '서체'는 같은 것인가 '서법 정립'은 구체적으로 어떤 행위를 말하는가? 이서가 정립한 것은 서법이고 이광사가 완성한 것은 서체라고 했다. 그렇다면 동국진체는 서법인가? 서체인가? 동국진체는 누구의 글씨인가? 동국진체를 제시할 수 있는가? 집필자는 이 중에 단 하나라도 답을 할 수 있는가?

이런 서술은 교과서에도 있다.

> 이광사는 우리나라만의 독특한 서체인 동국진체를 완성하였고...
> 〈리베르스쿨, 188쪽〉
> 서예에서는 우리의 정서와 감성을 표현한 이광사의 필체가 동국진체라 불리었고...
> 〈지학사, 190쪽〉
> 서예에서도 우리의 정서와 개성을 추구하는 단아한 글씨의 동국진체가 이광사에 의하여 완성되었다.
> 〈국정 『국사』, 국사편찬위원회가 편찬하여 2002~2011 사용〉

여기서도 마찬가지 질문을 던진다. 우리 고유의 정서와 감성은 무엇인가? 서예로 우리 고유의 정서와 감성을 표현할 수 있는가? 이광사의 글씨에서 어떤 부분이 우리의 정서와 감성을 표현한 것인가? 이광사의 필체를 누가 동국진체라 불렀는가? 이광사가 완성한 동국진체의 실체는 있는가? 우리나라만의 독특한 서체는 무엇인가? '大雄寶殿'이란 네 글자에서 어떤 부분에 우리 고유의 정서와 감성이 표현되어 있는가? 단아한 글씨가 곧 동국진체인가? 의문은 꼬리에 꼬리를 문다.

이러한 의문에 대한 답을 얻기 위해 해당 출판사와 국사편찬위원회에 이광사가 완성한 동국진체를 제시하고, 이광사의 서예 중 어떤 부분이 우리의 정서와 감성을 추구하는 단아한 글씨인지 이해할 수 있도록 설명해 줄 것을 요구했다. 이에 대해 리베르스쿨은 '이광사는 많은 서체를 썼기 때문에 모든 글씨를 동국진체라 할 수 없고, **네모지고 반듯한 우리 서체의 맥을 계승한 것을 동국진체라 한다.**'고 하였다. 이 답변대로라면 네모지고 반듯한 것이 우리 서체이고, 이광사의 많은 글씨 중에 네모지고 반듯한 것만이 동국진체라는 뜻이 된다. 학생들에게도 이렇게 가르치는지 궁금하다.

지학사는 '동국진체라는 말은 옥동 이서의 글씨를 지칭하면서 나왔다. 동국진체에 대해 혼란이 있는 것은 사실이나 이는 아는 사람과 모르는 사람이 뒤섞여 있기 때문에 그런 것이고 잘 모르는 사람의 잘못된 글이 있다고 해서 동국진체라는 실체가 사라지는 것은 아니다.'라고 했다. 교과서에서는 이광사의 글씨가 동국진체라 불리었다고 서술하고 답변은 옥동 이서의 글씨를 지칭하는 것이라 했다. 집필자조차 오락가락이다. 그러면서 정작 혼란의 원인을 모르는 사람 때문이라고 하였다. 답변에서는 동국진체의 실체에 대한 확신이 있는 것 같으나 정작 그 실체는 끝내 제시하지 않았다.

국편에서도 국사 교과서의 동국진체 서술에 대해 설명을 하지 못하기는 마찬가지다. 다만, 거듭된 필자의 문제제기에 **'동국진체는 근거가 부족한 측면이 있다.'** 는 답변을 했다. 이에, 근거가 부족하다면 일부는 근거가 있다는 뜻도 되기에 그 일부 근거라도 제시해 달라고 요구했으나 끝내 제시하지 않았다. 결국 국정이든 검정이든 교과서 집필자 어느 누구도 위 서술에 대한 설명을 하지 못한 것이다. 학생들이 공부하는 교과서에 실린 내용을 해당 교과서 집필자가 설명을 하지 못하는 어처구니없는 일이 벌어지고 있다.

답을 못하는 것은 당연하다. 동국진체는 최완수 실장이 초보적인 한문 문장을 오역(誤譯)함으로써 비롯된 근거 없는 용어이기 때문이다. 동국진체라는 네 글자는 옥동(玉洞) 이서(李漵: 1662~1723)의 평생을 정리한 「행장초(行狀草)」에서 출발한다.

> (옥동) 선생은 필법에서도 묘처(妙處)에 깊이 이르렀는데, 대체로 매산공(梅山公)이 연경에 사신으로 갔을 때 왕우군의 친필인 악의론을 사온 이후이다. 그러므로 선생은 실제 여기서 필력을 얻었다. 대자(大字)와 해서, 행서 초서가 모두 진정(眞正) 정체(正體)이니 글자가 크면 클수록 획이 더욱 웅걸하여 은구철삭(銀鉤鐵索)이 가로놓였으나 뒤섞이지 않고, 태산교악(泰山喬嶽)이 하늘에 우뚝 홀로 서있는 것과 같아서 기세는 웅장하고 체상은 엄정하여 나라 사람들이 이를 얻으면 글자마다 매우 보배롭고 소중히 여기며 옥동체(玉洞體)라 불렀으니, 동국(東國: 조선)의 진(眞體)는 실로 선생이 시작하였으며, 그 후 공재 윤두서·백하 윤순·원교 이광사는 모두 그 뒤를 이은 사람인데, 원교는 일찍이 말하기를 '옥동의 필의론(筆議論)은 감히 도달할 수 없다'고 하였다.(先生於筆法亦深造其妙, 蓋梅山公使燕時, 購王右軍親筆樂毅論以來. 故先生實得力於此也. 大字與楷體與行書與窠草, 皆眞正正體. 而字愈大而畫愈雄傑, 如銀鉤鐵索, 橫而不錯, 泰山喬嶽, 竣天而特立, 氣勢雄壯, 體像嚴正, 國人得之, 字字寶重, 號爲玉洞體, 東國眞體, 先生實創始, 而其後尹恭齋斗緖, 尹白下淳, 李圓嶠匡師, 皆其緒餘, 而圓嶠嘗曰, 玉洞筆議論, 不敢到也.『弘道先生遺稿』 부록,「行狀草」)

이는 이서의 현손(玄孫)인 이시홍이 쓴 이서의「행장초」로 이를 토대로 허전(許傳)이「행장(行狀)」을 완성하고, 위창(葦滄) 오세창(吳世昌)은 『근역서화징(槿域書畫徵)』에 "행장에 이르기를 '(선생의) 필법도 깊은 경지에 나아갔으니「악의론」에서 필력을 얻었다. 동국(東國)의 진체(眞體)는 옥동에서 시작되어 그 뒤에 공재 윤두서, 백하 윤순, 원교 이광사가 모두 그의 그 뒤를 이어간 사람이다.'고 하였다."고 옥동 이서의 서예를 소개하였다.

따라서「행장초」,「행장」,『근역서화징』의 내용은 모두 동일한 것이며 더 이상 '동국진체'라는 네 글자가 등장하는 곳은 없다. 그런데, 이서의「행장」에 딱 한 번 등장하는 동국진체를 두고 최완수 실장은,

> 옥동(玉洞) 이서(李溆)가 조선 후기에 새로운 서체를 창안하고 이를 동국진체(東國眞體)라 불렀다.
>
> 〈『澗松文華 30』, 1986〉

고 하며 동국진체를 서예 용어로 세상에 내놓았다. 그리고, '이렇게 이루어진 옥동체(玉洞體)를 세상에서는 동국진체(東國眞體)라 불렀는데 이 동국진체는 그의 학예에 절대 공명하던 서화의 명인 공재 윤두서에게 전해지고 다시 공재의 이질인 백하 윤순에게 전해져서 원교 이광사에 이르게 된다.'(『진경시대2』, 39)고 서술하고 이시홍의 「행장초」를 인용하였음을 표시하였다. 이서가 새로운 서체를 창안하자 세상에서는 이를 동국진체라 하였고, 이 동국진체가 윤두서와 윤순을 거쳐 이광사에 이르렀다는 것이다. 하지만 이는 사실과 다르다.

옥동 이서는 새로운 서체를 창안한 적도 없지만 자신의 글씨를 동국진체라 부른 적도 없다. 현손 이시홍이 '조선의 진짜 글씨는 실로 옥동으로부터 시작되었다.(東國眞體, 實自玉洞始)'고 한 것은 후손 입장에서 조상을 칭송한 미사여구에 지나지 않는다. 옥동 이서는 아버지 매산공 이하진이 연경에서 가져온 왕희지 글씨를 보고 필력을 얻어 대자(大字)와 해서·행서·초서가 모두 정체(正體)가 되어 사람들이 옥동의 글씨를 얻으면 글자마다 소중히 여기며 옥동체(玉洞體)라 부르게 되었다고 전제한 다음, 할아버지의 공에 대해 '조선의 진짜 글씨는 할아버지부터 시작되었다.'고 칭송한 것이다. 여기서 진짜 글씨는 왕희지체를 이른다.

또, 윤두서와 윤순 그리고 이광사가 따른 것은 옥동 이서가 창안한 새로운 서체가 아니라 왕희지체다. 옥동 이서가 서예에 얼마나 능했는지 남아 있는 작품이 많지 않아 판단하기 어려우나 후손된 입장에서 '우리 할아버지가 왕희지체를 쓰기 시작하자, 윤두서·윤순에 이어 이광사까지 왕희지체를 썼으니 우리 할아버지가 조선의 진짜 글씨를 시작한 사람이다.'고 하여 할아버지를 추켜세운 것이다. 이시홍은 당대의 유명 서예가들이 할아버지 옥동 이서에 의해 송설체와 석봉체의 진부함에서 벗어나 동진(東晉)의 왕희지체로 되돌아갔다는 점을 내세우고 싶었던 것이다. 왕희지로의 복고(復古)인 셈이다.

이는 옥동 이서의 조카인 이병휴가 이서의 서첩에 쓴 발문(跋文)에도 드러난다.

> 우리나라의 글씨는 석봉(石峰)을 거벽(巨擘)으로 여기는데 그것이 변하여 중국의 것으로 된 것은 곧 옥동 선생으로부터 시작되었다. 선생은 왕우군(王右軍: 왕희지)의 정신에 각심(刻心)으로 뜻을 두어 그것을 따랐는데 한번 공재 윤두서에게 전하고 다시 백하 윤순에게 전하였다. 지금 모두 한석봉에 침묵하고 왕희지를 부러워하는 것은 선생의 공이니, 눈이 있는 자는 당연히 분별할 것이다.(東國之筆, 以石峰爲巨擘, 其變而中國則自玉洞先生始, 先生刻意右軍神而化之, 一傳而恭齋, 再傳而白下, 今人皆知黙韓艷王, 先生之功也, 有眼者當辨.)
>
> 〈「跋書帖」, 『弘道先生遺稿』 권12〉

이 글에서 이병휴는 석봉을 거벽으로 여기던 조선 글씨를 중국의 것으로 변화시킨 것은 바로 옥동 이서이며, 그러한 왕희지로의 복귀는 공재 윤두서와 백하 윤순에게 전해졌는데 한석봉 글씨를 버리고 왕희지를 부러워하는 것은 모두 옥동 이서의 공이라는 것이다. 우리 서예사를 보더라도 왕희지체로의 복고는 별로 이상할 게 없다.

신라 시대를 대표하는 김생(金生)의 글씨는 왕희지(王羲之)의 글씨를 바탕으로 하였고, 고려 시대에는 구양순(歐陽詢)의 해서(楷書)와 왕희지의 행서(行書)가 주류를 이루는 가운데 미진하나마 안진경(顔眞卿) 풍의 글씨도 행세하던 시기였다. 그러나 고려 말 충선왕(忠宣王)이 연경(燕京)에 설치한 만권당(萬卷堂)에서 조맹부(趙孟頫)와 교유한 인사들에 의해 도입된 송설체(松雪體)는 조선 전기 서예를 풍미하게 된다. 그러다가 중기에 혜성같이 나타난 석봉(石峰) 한호(韓濩)가 왕희지체를 익혀서 독자적인 글씨를 쓰자 세상 사람들이 이를 석봉체라 부르면서 너나 할 것 없이 따라 쓰기에 여념이 없었다.

그러나 조선 중기 이후 연미하고 진부한 송설체와 석봉체에 싫증을 느낀 서가들은 새로운 돌파구를 찾게 되는데, 그 결과 왕희지체로 회귀하는 복고 현상이 일어나게 된다. 이때 왕희지체를 구사한 대표적 인물로는 이수장(李壽長(1661~1733)을 들 수 있으며, 옥동 이서는 왕희지체에 경도되기는 하였으나 글씨보다는 오히려 이론에 더 뛰어났다. 순조 때의 인물인 나걸(羅杰)은 『필경(筆經)』 서문에 "학문은 옥동 이서로부터 시작되었다. 식자들이 이르기를 '이서는 공력이 한호에는 미치지 못하나 학문은 더 낫다.'고 하였으니, 지금 글씨로 이름난 자들은 모두 그 유파이다."(『근역서화징』)고 하였으며, 이시홍이 쓴 「행장초」에는 "원교는 일찍이 말하기를 '옥동의 필의론(筆議論)은 감히 도달할 수 없다.'고 하였다.(圓嶠嘗曰, 玉洞 筆議論, 不敢到也)"는 글이 이를 증명한다. 이때 필의론은 옥동 이서가 쓴 서법 이론인 『필결(筆訣)』을 말한다.

이상에서 살펴본 바와 같이 동국진체는 후손 이시홍이 할아버지의 공을 칭송하기 위해 쓴 미사여구를 오독(誤讀)함으로써 출발한 잘못된 용어다. 초보적인 한문 문장을 잘못 이해했거나 아니면, 알고도 동국진경과 짝을 맞추기 위해 무리하게 설정한 것으로 보인다. 어느 쪽이 맞는지 정말 궁금하다.

> 서론을 지나치게 역리(易理)에 합치시키려는 데서 무리한 논리 전개가 없지 않지만 주자성리학의 사고체계에 충실하려 한 면에서는 당시 조선 성리학적 시대사조를 그대로 반영하는 것으로 볼 수 있어 동시대에 겸재 정선이 역리에 바탕을 두고 미법을 부분적으로 수용하여 동국진경산수화풍을 창안해내는 것과 동궤(同軌)를 이루는 것이라 할 수 있겠다. 다만 겸재는 양송으로 전해 내려온 율곡계의 조선성리학에 바탕을 두었고 옥동은 퇴계계의 조선성리학에 바탕을 둔 것이 다를 뿐이다. 이렇게 이루어진 옥동체를 세상에서는 동국진체라 불렀다.
>
> 〈최완수 외, 『진경시대2』, 38쪽〉

이는 옥동 이서의 서법 이론인 『필결』에 대한 설명 과정에서 나온 글로 동국진경과 동국진체를 진경문화의 양대 축으로 설정하였음을 알 수 있다. 하지만, 동국진경은 겸재 정선이 남종화법을 수용하여 독자적 화풍을 구축한 것으로 정선의 많은 그림 중 산수화에 한정된다. 더구나, 겸재는 율곡 성리학을 바탕에 두었고, 옥동은 퇴계 성리학을 바탕에 두었다는 설명은 어디에 근거를 두고 한 말인지 알 수 없다. 무엇보다 옥동체를 세상에서 동국진체라 불렀다고 하였으나 어느 누구도 그렇게 부른 사람이 없다. 동국진체는 옥동의 「행장」에 딱 한 번 등장한다.

최완수 실장은 또, '동국진체라는 것은 사실 東國晉體(동국진체)의 오기로 인해 얻은 별명이었다. 그러나 동국진경과 의미가 상통하므로 이후에는 그 별명이 그대로 통용되게 되었다.'(『진경시대2』, 41쪽)고 하며 '東國眞體'는 곧 '東國晉體'의 오기라는 주장을 내놓기도 하였다. 東國晉體와 동국진경이 어떻게 의미가 상통하는지, 東國眞體가 어떻게 오기인지에 대한 근거는 없다. 동국진체설의 특징은 주장만 있을 뿐 실체도 없고 근거도 없다는 것이다.

동국진체를 논하는 자리에서 유홍준 교수의 박사학위논문(『조선후기 화론 연구』, 성균관대학교, 1997)을 거론하지 않을 수 없다. 1980년대 후반 최완수 실장이 동국진체라는 이론을 제시한 후 1997년에 발표한 이 논문은 동국진체에 공신력을 실어주는 데 결정적 역할을 하였기 때문이다. 이후 국정 국사 교과서에 수록되고 석사 및 박사학위 논문에 동국진체가 부분적으로 언급되는가 하면 동국진체를 주제로 박사학위를 취득한 경우도 있다. 그리고 대중 역사서를 비롯한 각종 출판물에 동국진체는 하나의 서체인양 서술되면서 널리 퍼졌다.

유홍준 교수는 논문의 머리말에서 18세기에 동국진체가 등장했다고 하고 이어진 글에서는 '민족적 서체인 동국진체'라는 극찬을 아끼지 않았다. 실체가 없는 동국진체가 어떻게 '민족적 서체'가 될 수 있는지 의아스럽지만 설명이 없으니 알 수가 없다. 그런데, 유홍준 교수의 논문에 기술된 동국진체는 최완수 실장의 동국진체와 차이가 있다.

> 조선 후기의 서예의 선구는 백하 윤순이었고 그것의 완성은 원교 이광사가 동국진체의 한 전형을 창조하는 것으로 나타났다. (123쪽)
> (조선)후기에는 백하와 원교의 동국진체가 등장했고 (123쪽)
> 원교 이광사에 의해 하나의 전형으로 제시되고 이를 동국진체라고 불렀다. (126쪽)
> 원교 이광사는 이서에서 출발하여 윤순을 거쳐 창출된 동국진체를 완성시킨 조선 후기 서예의 대표적인 서예가이다. 그는 왕희지를 본받으면서 한편으로는 창의적인 개성을 발현하여 동국진체를 더욱 발전시켰다. (129쪽)

이 글을 보면, '이광사가 동국진체의 한 전형을 창조', '백하와 원교의 동국진체 등장', '이광사에 의해 하나의 전형으로 제시된 동국진체', '이서와 윤순을 거쳐 창출된 동국진체', '이광사는 동국진체를 완성시킨 서예가', '동국진체를 발전시킨 이광사' 등 아주 다양하다. 그런데, 특이한 점은 새로운 서체를 창안했다는 옥동 이서는 어디 가고 원교 이광사만이 보인다. 이광사가 동국진체를 창조하고, 제시하고, 등장시키고, 발전시키고 또 완성까지 하였다. 이에 더하여, 이광사가 동국진체라 부르기까지 했으니 앞서 최완수 실장의 주장이 무색할 정도다.

한편, 최완수 실장은 '옥동 이서가 출현하여 새로운 서체를 창안하고 이를 동국진체라 이름하고 필결을 지어 주역의 이치로 서론을 전개한다.'(『진경시대1』 32)고 한 바 있다. 그런데, 유홍준 교수는 '이 동국진체의 서예이론은 옥동 이서의 필결과 이광사의 원교 필결(=서결)로 체계화되었는데...'(앞의 박사논문, 126쪽)라고 하였다. 두 사람의 주장대로라면 『필결』도 『서결』도 모두 동국진체 이론이다. 그러나 어느 부분이 동국진체 이론인지 언급을 하지 않았으니 알 수가 없다. 필자가 본 바로는 둘 다 그냥 서법(書法) 이론일 뿐이다. 차이가 있다면 이서의 『필결』은 주역의 이치로 서론을 전개한 반면, 이광사의 『서결』은 중국에서 전해져오던 서론을 재편집한 것에 지나지 않는다. 무엇보다 실체가 없는 동국진체에 대한 이론이 있다는 것 자체가 어불성설(語不成說)이다.

실체가 없다보니 서술도 다양하다. 최완수 실장은 옥동 이서가 새로운 서체를 '창안', '성립', '개창'했다고 한 반면, 유홍준 교수는 원교 이광사가 '창조', '제시', '등장', '완성', '발전'했다고 썼다. 그런가하면 어떤 서예과 교수는 '이광사가 동국진체를 집대성했다'고 하였다. 참으로 다양하다.

또, 동국진체에 대해 최완수 실장은 옥동 이서가 창안한 '서체'라고 했으나 유홍준 교수는 원교 이광사가 제시한 '전형(典型)', '진경산수와 같은 장르'라고 하였다. 동국진체를 주제로 논문을 써서 박사학위를 취득하고 그해 최우수 논문상까지 수상한 어떤 논문에서는 '서예의 범주'라고 하는가 하면, 어떤 이는 '서풍의 총칭', 어떤 이는 '시대 서풍'이라고 하였다. 표현은 다양하고 화려하지만 어느 누구도 동국진체의 실체를 제시한 적이 없이 말만 무성하다.

필자는 2000년 6월, 한 서예 잡지에 '동국진체, 학술용어 아니다.'라는 글을 발표한 적이 있다. 이후 10여 년 정도 잊고 있다가 국정 국사 교과서와 검정 한국사 교과서에 동국진체가 수록된 것을 보고 해당 출판사에 수차례 문제를 제기하고 국편에는 동국진체의 허구성을 지적하며 '우리역사넷'에 등재된 동국진체 관련 서술의 삭제를 요구한 바 있다. 이에 국편에서는 최초 학설 제기자의 동의 없이는 불가능하다면서 최완수 실장에게 질의를 해서 답변을 알려주겠노라고 했다. 그리고 얼마 후 최완수 실장으로부터 '답변하지 않겠다.'는 회신을 받았다고 알려주었다.

교과서에 수록된 내용에 대해 어떤 집필자도 답변을 못한다면 일선 교사는 말할 것도 없다. 집필자가 답변할 수 없는 문제라면 최초의 학설 제기자가 답변을 내놓는 것은 너무나 당연하다. '답변하지 않겠다.'고 해서 끝날 일이 아니다.

이 자리를 빌려 다시 한 번 다음 질의에 대한 답변을 기대한다. 1) 옥동 이서가 창안한 새로운 서체를 제시할 수 있는지, 2) 옥동 이서가 어느 글에서 자신의 글씨를 '동국진체'라 했는지, 3) 세상에서 누가 옥동체를 동국진체라 불렀는지, 4) '東國眞體'가 '東國晉體'의 오기인 근거는 어디에 있는지, 5) 원교 이광사가 완성한 동국진체의 실체가 무엇인지 등 다섯 가지이다. 이에 대한 답변을 제시하지 못한다면 최완수 실장은 자신이 내놓은 '동국진체'를 거둬들여야 한다. 아울러, 『한국민족문화대백과사전』이나 '우리역사넷'과 교과서에 수록된 동국진체 관련 서술도 명백한 근거를 제시할 수 없으면 삭제하여 더 이상의 혼란을 종식시켜야 한다.

3. 더 이상 겸재 정선을 욕보이지 말라!

▲ 강희언의 인왕산도

이 그림은 18세기의 화가인 강희언(姜熙彦: 1710~1764)의 작품이다. 오른쪽에 '늦은 봄 도화동에 올라 인왕산을 바라보다.(暮春登桃花洞望仁王山)'라는 화제(畫題)가 있어 인왕산을 그린 것임을 알 수 있다. 우리나라에 실재하는 풍경을 그렸으니 **실경산수**(實景山水)다. 『한국민족문화대백과사전』에서 「인왕산도」를 찾으면 '조선 후기의 화가인 강희언이 그린 실경산수화'라고 정의하였다. 하지만, 이어진 설명에서는 '이 「인왕산도」는 조선 후기 정선의 영향을 받은 **정선 일파의 실경산**

수화 중에서도 대표작으로 손꼽힌다.'고 하였으며, 같은 사전에서 강희언을 검색해도 '**정선 일파의 실경산수화풍**'이라는 설명이 나온다. 그런가 하면, 『두산백과』에서는 '**정선의 실경산수화풍**'이 완연한 「인왕산도」는 당시로서는 좀처럼 실현하기 어려웠던 정확한 원근법과 완전한 투시법으로 그려진 서구적 기법의 사생풍경을 연상하게 하는 뛰어난 작품이다.'고 하였다.

강희언의 「인왕산도」에 대해 모두 '**정선의 실경산수화풍**'이라 한 것이다. 왜 정선의 진경산수화풍이 아니고 실경산수화풍인가? 그렇다면, 이 그림은 실경산수인가? 진경산수인가? 아니면 실경산수도 되고 진경산수도 되는가? 분명한 것은 이 그림을 실경산수라고 했을 때는 어느 누구도 반박할 수 없다. 하지만 이 그림을 진경산수라고 했을 때는 사정이 달라진다. 진경산수라는 주장에 동의하는 이가 있는가 하면 그렇지 않은 이도 있다. 진경(眞景)이라는 단어가 안고 있는 논리 부족 때문이다.

'진경(眞景)'은 표암 강세황이 겸재 정선의 화첩에 쓴 발문(跋文)에서 '정겸재는 동국 진경을 가장 잘 그렸다.(鄭謙齋 最善東國眞景)'고 한데서 출발한다. 이렇게 출발한 진경은 최완수 실장이 정선을 두고 '진경산수화의 대성자', '진경산수화풍의 창시자', '진경산수화법의 창안자', '진경산수화풍의 시조'라 하고, 유홍준 교수는 '정선이 **진경산수**라는 장르를 **창시**하고 **개척**하고 **완성**했다.'고 함으로써 '진경'은 겸재 정선을 대표할 뿐만 아니라 조선 후기 산수화를 대표하는 용어가 되었다.

그런데, 그림의 왼쪽 상단에는 '진경(眞景)을 그리는 자는 늘 지도와 같을까 걱정하는데 이 그림은 매우 핍진(逼眞: 진짜에 가깝다)한 데다 화가의 모든 법도 잃지 않았다.(寫眞景者 每患似乎地圖 而此幅旣得十分逼眞 且不失畵家諸法.)'는 표암 강세황의 화찬(畵讚)이 있다. 이를 보면 표암은 진경이란 용어를 겸재 정선의 그림에 한정하여 사용한 것이 아님을 알 수 있다. 표암은 정선의 그림이나 강희언의 그림이나 '진짜에 가까운 풍경', '정말 제대로 그려낸 풍경'이라는 의미에서 '진경'이라는 용어를 사용한 것이다.

이처럼 진경이라는 단어는 우리 산천의 특징적 요소를 제대로 그려낸 풍경화에 대한 찬사이자 미칭(美稱)이다. 진경인지 아닌지는 오로지 감상자의 주관적 판단에 달려 있다. 감상자에 따라 우리의 산천을 '정말 제대로 그려낸 풍경'이라 생각한다면 진경이라 할 것이고 동국진경이라고도 할 것이다. 남종화법이든 서양화법이든 상관없이 감상자의 판단에 따라 진경일 수도 있고 아닐 수도 있다. 동일한 작품이라도 감상자의 판단에 따라 진경일 수도 있고 아닐 수도 있다. 진경은 고정불변의 개념이 아니라 감상자에 따라 얼마든지 변동 가능한 개념이다. 이것이 '진경산수'나 '진경문화'라는 용어가 성립할 수 없는 이유다.

최완수 실장은 진경시대를 구성하는 요소로 그림에는 진경산수(眞景山水), 글씨에는 동국진체(東國眞體), 시에는 진경시(眞景詩)를 들었다. 하지만, 앞서 말한 바와 같이 진경산수는 논리적으로 성립할 수 없는 용어다. 진경산수의 올바른 표현은 실경산수다. 동국진체는 최완수 실장이 초보적인 한문을 오역(誤譯)했거나 오역인줄 알면서도 동국진경(東國眞景)과 짝을 맞추기 위해 억지로 지어낸 용어다. 동국진체라는 새로운 서체는 존재하지 않는다. 진경시도 진경산수와 같은 맥락에서 성립할 수 없는 용어다. 풍경을 묘사한 시는 일반적으로 사경시(寫景詩)라 한다. 세 가지 요소가 모두 실체가 없거나 잘못 지어진 이름이니 이를 근거로 한 '진경시대'라는 용어도 성립할 수 없다.

진경시대라는 것은 조선 왕조 후기 문화가 **조선 고유색**을 한껏 드러내면서 난만한 발전을 이룩하였던 문화절정기(文化絕頂期)를 일컫는 문화사적인 시대 구분 명칭이다. 그 기간은 숙종(1675~1720)대에서 정조(1777~1800)대에 걸치는 125년간이라 할 수 있는데 숙종 46년과 경종4년의 50년 동안은 진경문화의 초창기라 할 수 있고, 영조51년의 재위 기간이 그 절정기이면 정조 24년은 쇠퇴기라 할 수 있다. 진경문화가 이 시대에 이르러 이처럼 난만한 꽃을 피워낼 수 있었던 것은 그 문화의 뿌리가 되는 **조선성리학**(朝鮮性理學)이라는 고유이념이 이 시대에 이르러 완벽하게 뿌리를 내렸기 때문이었다.

〈최완수 외, 『진경시대1』, 13쪽〉

최완수 실장은 존재하지도 않는 진경시대에 대해 시기로는 조선후기 1675년부터 1800년까지 **125년간**이며, 특징으로는 '**조선 고유색**'이 드러나고, 이념적으로는 '**조선 성리학**'을 토대로 하고 있다고 정의하였다. '**조선 고유색**'이나 '**조선 성리학**'이 근거 없는 표현임은 이미 언급한 바가 있지만 시기를 125년으로 설정한 것도 근거가 없는데다 서술된 곳마다 제 각각이다.『한국민족문화대백과사전』에는 진경산수화에 대해 '조선 후기(1700~1850년)를 통하여 유행한 우리나라 산천을 소재로 그린 산수화.'라 하였는가 하면, 현행 한국사 교과서는 '18세기 이후에는 **진경산수화가 등장하였다.**'고 서술되어 있다. 설령 1800년까지를 진경시대로 설정한다 하더라도 이후 우리 산천을 그린 산수화에 대한 명칭도 문제다. 진경시대가 끝났으니 더 이상 진경산수라 할 수 없을 테고, 실경산수를 이어서 진경산수가 등장했다고 했으니 다시 실경산수라 할 수도 없을 것이다. 그러면 무엇이라 부를 것인가?

또, 겸재 정선이 진경산수를 창시했다고 하였으니 겸재 전에 진경산수가 나와서도 안 된다. 그런데,『신편한국사』에는 고려 중기경부터 전개되었던 기존의 실용적인 실경도가 17세기의 조선 중기를 통해 진경산수화로의 전환이 이루어지기 시작했으며, 이러한 전환에는 김식(金禔: 1524~1593)과 이경윤(李慶胤: 1545~1609)과 같은 대표적인 문인화가들이 선구적 역할을 한 것으로 기술하고 있다. 16세기에 이미 몇몇 작가들이 진경산수의 선구적 역할을 했다는 것이다. 이어지는 글에서는 조속(趙涑: 1595~1668)과 김명국이 진경산수화 발전에 크게 기여하고 한시각(韓時覺: 1621~?)의『북관실경첩(北關實景帖)』과 조세걸(曺世傑: 1636~1702)의『곡운구곡첩(谷雲九曲帖)』등의 진경산수화 작품이 전해지고 있다고 하였다. 겸재 이전에 이미 진경산수가 존재한 것이다. 흥미로운 것은 한시각의 산수를 진경산수라고 하면서도 정작 화첩은『북관실경첩』이다. 앞뒤가 안 맞는다.

진경산수의 시조로 일컬어지는 겸재는 단원 김홍도, 혜원 신윤복, 오원 장승업, 표암 강세황 등 조선 후기의 많은 화가들 중의 한 사람일 뿐이다. 산수화를 비롯하여 시의도(詩意圖), 고사인물도, 화훼도(花卉圖) 등 다양한 작품을 남긴 그는 특히 남종화법을 토대로 한 독자적 기법을 구사하여 우리의 산천을 핍진하게 그려냈다. 이러한 산수는 표암 강세황으로부터 **동국진경**이라는 평을 받기도 하였다. 그렇다 하여 동국진경의 창시이니 진경산수의 대가이니 하는 수식어를 동원하여 대표성을 부여하는 것은 잘못이다. 감상자에 따라서 겸재를 으뜸으로 치는 사람도 있을 테고, 단원을 으뜸으로 치는 사람도 있을 테고, 또 다른 화가를 으뜸으로 치는 사람도 있을 것이기 때문이다. 그것은 어디까지나 감상자의 주관적 판단과 취향에 달려있다.

그런데, 오늘날의 겸재 정선은 어떤 누구도 감히 범접할 수 없는 신적 존재가 되어있다. 남겨진 글 한 줄 없는데도 조선 성리학의 대가요 주역의 대가가 되어 있다. 고유(固有)란 예전부터 있어왔다는 뜻임에도 조선 고유색의 발현자요, 조선 고유화법의 창안자가 되어 있다. 진경산수라는 말 자체가 성립하지 않는데 진경산수의 시조이며, 창시자이며, 개척자이며, 대성자가 되어 있다. 진경문화가 존재하지도 않는데 진경문화의 주도자요 장본인이요 중심인물이 되어 있다. 급기야 우리 미술사에서 전무후무한 화성(畫聖)의 지위에 오르셨다. 왜 겨우 화성(畫聖)인가? 이 정도 능력자라면 신(神)적 존재나 마찬가지이니 화신(畫神)으로 추앙해야 마땅하지 않은가?

겸재 정선을 '진경산수'라는 허울을 씌워 화성(畫聖)으로 추앙하는 순간 우리 미술사는 심각한 왜곡의 늪에 빠져든다. 겸재의 다양한 그림 중에 진경산수라 불리는 그림을 제외한 나머지 작품들이 우리의 시야에서 멀어진다. 겸재를 제외한 나머지 화가들도 우리의 시야에서 멀어지기는 마찬가지다. 조선 후기 미술에는 겸재의 진경산수화만이 존재하고 겸재 정선만이 존재할 뿐이다. 만약, 겸재 정선이 환생하여 자신이 진경산수의 창시자요, 진경문화의 주도자요, 진경시대의 대표적 화가로 화성(畫聖)의 반열에 올라 있는 작

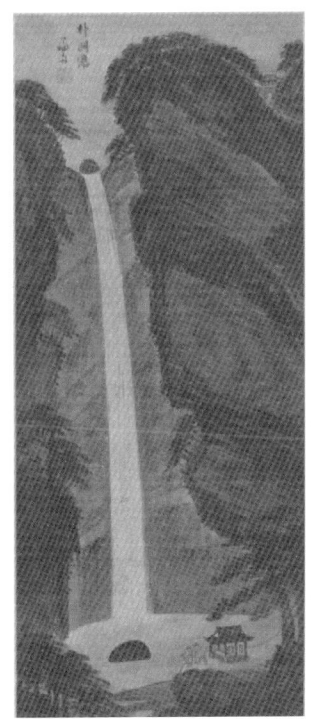

▲ 정선의 '박연폭'

금의 현상을 목도(目睹)한다면 과연 어떤 반응을 보일까? 흐뭇해할까? 아니면 아연실색(啞然失色)할까?

예술가에 대한 평가는 오로지 그가 남긴 작품에 의해 이루어져야 한다. 작품이 아닌 인물에 초점을 맞추어 과대평가하거나 추앙하는 순간 그는 예술가가 아닌 우상(偶像)이 되어버린다. 작금(昨今)의 겸재 우상화는 겸재에 대한 영예(榮譽)가 아니라 모욕(侮辱)이다. 더 이상 겸재 정선을 욕보이지 말라!

4. 「금강전도」는 1734년 겨울 작품이 아니다

『한국민족문화대백과사전』에서 겸재 정선의 금강전도를 검색하면 정선이 만 58세 때인 1734년 겨울에 그린 것이라 하였다. 유홍준 교수가 쓴 『화인열전』에도 '겸재가 내연산 삼용추를 다녀온 바로 그 해(1734) 겨울, 그는 생애 최고의 역작 금강전도를 그린다.(255쪽)' 고 하면서도 겸재가 금강산을 직접 보고 그린 것이 아니라 청하 고을에서 그린 것이라는 설명을 덧붙였다. 1734년은 겸재가 청하 현감으로 있을 때이며 금강산을 다녀온 지 20년이 지난 시점이다. 겸재가 1734년 가을 내연산 상폭(上瀑)에 글자를 새겨 자신이 다녀간 흔적을 남겨놓은 것이나, 정황상 금강산을 다녀

▲ 정선의 금강전도(리움 소장)

왔을 개연성이 없어 보이기 때문일 것이다. 이처럼 금강전도의 제작 시기를 1734년 겨울로 산정하는 근거는 오른쪽 상단의 제화시(題畵詩)에 있는 '甲寅冬題갑인년 겨울에 지음'라는 네 글자 때문이다. 이 주장이 성립하기 위해서는 제화시를

겸재 정선이 짓고 또 썼다는 것에 의심의 여지가 없어야 한다.

제화시의 원문과 해석은 아래와 같다.

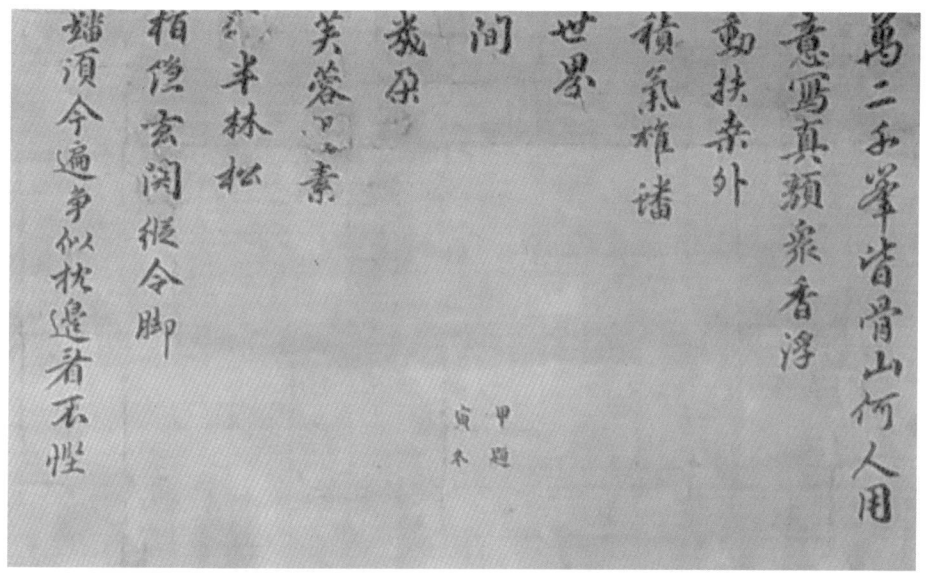

萬二千峯皆骨山(만이천봉개골산)	일만이천봉 개골산을
何人用意寫眞顔(하인용의사진안)	어느 누가 참모습 그릴 생각이나 했으랴.
衆香浮動扶桑外(중향부동부상외)	많은 향기는 동쪽 바다 너머에 떠돌고
積氣雄蟠世界間(적기웅반세계간)	쌓인 기운은 온 누리에 크게 서렸네.
幾朶芙蓉揚素彩(기타부용양소채)	몇몇 송이 부용은 흰 빛깔 드날리고
半林松栢隱玄關(반림송백은현관)	반쯤 되는 송백 숲에는 집이 숨어있다.
縱令脚踏須今遍(종령각답수금편)	설령 지금 당장 걸어서 두루 다닌다 한들
爭似枕邊看不慳(쟁사침변간불간)	머리맡에 두고 아낌없이 보는 것에 비기랴.

개골산(皆骨山)은 겨울 금강산의 이칭이다. 여름에는 봉래산(蓬萊山), 가을에는 풍악산(楓岳山)이라 한다. 둘 째 구의 중향(衆香)도 불교의 향적여래(香積如來)가

다스린다는 중향국(衆香國)의 준말로 금강산을 가리키는 말이니 중의법(重義法)으로 쓰였다. 부상(扶桑)은 중국 전설에서, 동쪽 바다 속 해가 뜨는 곳에 있다는 나무를 이른 데서 해가 뜨는 동쪽 바다라는 뜻으로 옛글에 자주 등장한다.

  1·2구가 금강산의 참모습 그리기가 쉽지 않음을 표현하였다면, 3·4구는 멀리서 본 금강산에 대한 묘사다. 동쪽 바닷가에 떠도는 많은 향기와 온 누리에 크게 서려 있는 기운, 이것이 제화시의 작가가 생각하는 금강산의 모습이다. 5구는 오른쪽에 흰색으로 우뚝 우뚝 솟아오른 금강산의 봉우리를 부용(芙蓉)으로 표현하였고, 6구는 왼쪽 송백 사이로 보일 듯 말 듯 숨어있는 집들을 묘사하였다. 여기까지가 금강전도에 대한 묘사다. 그 다음 7·8구는 이 그림에 대한 작가의 소회를 나타낸 것이다. 금강산의 진면목을 알기 위해 직접 걸어 다니며 두루 구경한다 한들 이 그림을 머리맡에 두고 보고 싶을 때면 언제든지 보는 것에는 비교할 수 없을 정도라고 하였다. 그림에 대한 이만한 찬사가 다시 있을까 싶다.

  보는 바와 같이 이 시는 금강전도를 보고 느낀 점을 유감없이 드러낸 찬사(讚辭), 즉 화찬(畵讚)이다. 화찬은 감상자가 그림을 보고 느낀 점을 시나 글로 나타낸 것을 말한다. 조선전기 안견의 몽유도원도(夢遊桃源圖)에 안평대군의 시를 비롯한 당대 20여 명의 고사(高士)들이 쓴 화찬(畵讚)이 대표적이다. 만약 화가 자신이 그림을 그리고 화찬까지 썼다면 이는 자화자찬(自畵自讚)인 셈이다. 때문에 금강전도를 극찬한 이 시를 겸재가 직접 짓고 썼다는 것은 자연스럽지 못하다.

  글씨도 겸재의 필법과 전혀 다르다. 겸재가 그린 여타의 그림에 쓰진 글씨는 그림의 흐름과 유사하게 거침이 없는 반면 금강전도의 글씨는 단정하면서도 유연한 행서로 많은 정성을 들인 흔적이 역력하다. 글자 수를 좌우 대칭이 되도록 배분하고 그 아래 빈 공간에 '甲寅冬題'라는 네 글자를 네모 안에 넣은 것도 배치에 고심하였음을 알 수 있는 증거다. 어느 모로 보더라도 자유분방한 겸재의 글씨와는 분명히 차이가 난다. 최완수 실장도 이 제화시는 겸재의 글씨가 아니라고 한 바가 있으며, 기법 상 70대 중반을 넘겨 1752년 경에 그린 것으로 추정하면서 갑인년은 1734년이 아닌 1794년이 오히려 맞는다고 하였다. 공감하는 주장이다.

다음으로 제화시에는 개골산이라 하여 겨울의 금강산을 그린 것으로 되어 있으나 겸재가 봄이나 가을의 금강산을 그린 그림은 적지 않으나 겨울의 개골산이나 여름의 봉래산을 그린 그림은 눈의 띄지 않는다. 물론 필자가 겸재의 금강산 그림을 모두 살펴보지 못했기 때문에 장담은 못한다. 하지만, 금강전도도 봄의 이칭인 금강이라한 것으로 보아 봄 풍경을 그렸을 것으로 판단되며, 그 증거는 그림에서 찾을 수 있다. 만약 겨울 그림이라면 눈이 내린 설경을 그리거나 적어도 계곡물은 말라서 흐르지 않았을 것이다. 그런데, 금강전도에는 골골이 물이 흐르고 있다.

맨 위쪽 만회암(萬回庵) 앞에 두 봉우리 사이로 보이는 물줄기는 선덕굴(善德窟)을 돌아 소향로(小香爐) 앞을 지나 금강대 앞 표훈사(表訓寺)를 거쳐 장안사(長安寺) 비홍교(飛虹橋)를 지나면서 물줄기가 더욱 풍부해진다. 겨울 그림이라면 나타나기 어려운 장면이다. 제화시를 보나 계곡의 물줄기를 보나 이 그림은 개골산을 그린 것이 아님이 분명하다.

그렇다면 누가 이 화제시를 짓고 썼는지 궁금해진다. 지금으로서는 도서(圖書)와 이름이 없어서 알 수는 없지만 '부상외(扶桑外)'가 '동쪽 바다 바깥', '동쪽 바다 너머'의 뜻을 지니고 있어 적어도 조선인은 아니었을 것이라는 추론은 가능하다. 조선이 기준이면 부상외는 일본이 된다. 하지만, 금강산이 있는 조선이 '부상외'가 되기 위해서는 그 기준은 중국이어야 한다. 그렇다면 이 시는 청나라 사람 중 감식안이 뛰어난 누군가가 금강전도를 본 다음 시를 짓고 손수 썼을 것이라 생각해 볼 수 있다. 물론 이를 뒷받침해줄 다른 근거는 없다. 분명한 건 이 화제시를 겸재가 짓고 쓴 것이 아니라는 점이다. 따라서, 1734년 겨울에 그린 그림일 가능성은 거의 없다고 봐야 한다.

5. 추사 김정희는 추사체(秋史體)를 창안하지 않았다

현행 한국사 교과서에는 조선 후기 문화를 소개하면서 추사 김정희의 서예에 대해 아래와 같이 서술하였다.

비상교육	서예에서는 중국의 서법을 모방하는 단계에서 벗어나 우리의 정서를 담은 독자적인 기풍이 일어났다. 김정희는 많은 서체를 연구하여 굳센 기운과 다양한 조형감을 가진 추사체를 만들었다.(185) 추사체 - 殘暑頑石樓 김정희는 우리나라와 중국의 옛 비문을 두루 살핀 후 개성 있고 독특한 글씨체를 완성하였다. 박규수는 이를 보고 "여러 대가의 장점을 모아 스스로 일가를 이루게 되니 신(神)이 오듯 기(氣)가 오듯 하며 바다의 조수가 밀려오는 듯하다."라고 평가하였다.(185)
리베르스쿨	김정희는 고금의 필법을 두루 연구하여 파격적인 추사체를 창안하였다.(188)
미래엔	19세기에는 김정희의 활동이 두드러졌다. 그는 금석학에도 조예가 깊었으며, 여러 필법을 연구하여 독창적인 추사체를 창안하였다.(165)
지학사	추사 김정희는 우리의 금석문과 중국의 다양한 필체를 종합적으로 연구하여 추사체라는 독특한 필법을 창안하였다.(190) 전남 해남에 있는 대흥사 대웅전에는 원교 이광사가 쓴 '대웅보전' 현판이 있고 백설당에는 추사 김정희가 쓴 '무량수각' 현판이 걸려 있다. 우리 고유의 감정을 나타내는 동국진체와 독특한 세련미를 갖춘 추사체의 특징을 비교해 볼 수 있다.(191)

겉으로 보기에는 그럴 듯 해보이나 실상 사실과 부합하지 않는 내용들이 적지 않다. 내용이 다소 많은 비상교육 교과서를 중심으로 살펴보기로 한다. 먼저 '중국의 서법을 모방하는 단계에서 벗어나 우리의 정서를 담은 독자적인 기풍이 일어났다.'는 부분이다. 이를 둘로 나누면 '중국 서법의 모방'과 '모방에서 벗어난 독자적 기풍'이 된다. 예나 지금이나 서예는 기본적으로 중국의 유명 필법(筆法: 서법)을 수없이 임모(臨摹: 본을 보고 그대로 옮겨 씀)하는 과정에서 차츰 서가(書家) 각자의 성향이 드러나는 작품이 탄생한다. 그렇다 하여 더 이상 중국 서법의 모방을 하지 않는다는 뜻은 아니다. 추사나 원교와 같은 유명 서가들이 평생 중국 필법을 끊임없이 연마하면서 따르고자 하였음은 그들이 남긴 글을 통해 확인할 수 있다. 임모(臨摹) 즉 '모방단계'는 자신의 독자적 작품세계가 구축되었다고 해서 그만 두는 것이 아니다. 그것은 오늘날 서예가도 마찬가지다.

실제로 추사가 중국 고대 필법을 철저히 따랐음은 아래 작품에 잘 나타나 있다.

이 글씨는 후학인 윤정현(尹定鉉: 1793~1874)의 부탁을 받은 지 30년 만에 써준 글씨로 梣溪(침계)는 윤정현의 호(號)다. 추사가 30년이 지나 부탁을 들어주게 된 사연은 왼쪽 낙관에 있다.

이 두 글자를 부탁받고 예서(隷書)로 쓰고자 하였으나 한비(漢碑)에 첫 글자가 없어서 감히 함부로 쓰지 못하여 마음속에 두고 잊지 못한 것이 이제 벌써 30년이 되었다. 근래 자못 북조(北朝) 금석문을 많이 읽는데 모두 해서와 예서의 합체(合體)로 쓰여 있다. 수당(隋唐) 이래의 진사왕(陳思王: 조식)이나 맹법사비(孟法師碑)와 같은 여러 비석들은 또한 그것이 더욱 심한 것이다. 이에 그 필의(筆意)을 따라 써나가니 이제야 부탁을 들어서 오래 묵었던 뜻을 시원하게 갚을 수 있게 되었다. 완당이 아울러 씀.('梣溪' 以此二字轉承正囑, 欲以隷寫, 而漢碑無第一字, 不敢妄作, 在心不忘者, 今已三十年矣, 近頗多讀北朝金石, 皆以楷隷合體書之, 隋唐來陳思王, 孟法師諸碑, 又其尤者, 仍仿其意寫就, 今可以報命, 而快酬夙志也. 阮堂并書.)

윤정현에게 부탁받은 호는 비록 두 글자 밖에 되지 않으나 첫 번째 글자인 梣물푸레나무 침자가 한비(漢碑)에 없어 함부로 쓸 수 없었는데, 수당 시대의 필법에서 겨우 그 근거를 찾아 완성하게 되었다는 것이다. 그렇게 필법의 근거를 찾는데 걸린 시간이 무려 30년이라 하였으니 중국 필법에 충실하고자 한 추사의 자세를 읽을 수 있다. 이러한 추사의 중국 필법 준수에 대하여『완당전집』서문에는 '공의 서예는 한위 육조(漢魏六朝)의 체(體)를 규범(規範)으로 삼아 거기에 가지가 뻗어나서 더욱 무성하게 된 것이다.'라 하였다. 그러니 중국 글자의 모방 단계에서 벗어났다는 것은 잘못된 서술이다.

이어 '우리의 정서를 담은 독자적인 기풍이 일어났다.'는 서술도 마찬가지다. 서예의 기본은 문장(文章)과 시(詩)이며, 이를 비롯한 다양한 글을 조형성이 가미된 글씨로 표현한 것이 서예다. 서예는 운필(運筆)의 강온(强穩), 결구(結構)의 긴밀(緊密), 포백(布白)의 소밀(疏密) 등이 어우러져 하나의 작품으로 구현된다. 당연히, 문장이나 시에서 특정 정서를 표현할 수는 있어도 서예로 이를 표현한다는 것은 불가능하다. 더구나 개념조차 분명하지 않은 '우리의 정서'를 서예에서 어떻게 표현할 수 있을지 의문이다.

고등학교 한국사는 일선 교사가 설명이 가능해야 하고 고등학생들이 읽고 이해할 수 있어야 한다. 일선 교사는 다양하기 이를 데 없는 추사의 글씨에서 어떤 부분이 '우리의 정서'를 표현하고 있는지 설명할 수 있을까? 집필자는 또 설명이 가능할까? 단언컨대 이는 불가능하다. 집필자도 교사도 설명할 수 없는 내용이라면 학생들은 말할 것도 없다. 그러니 시험에서 한 문제라도 더 맞추어야 할 처지에 있는 학생들은 뜻도 내용도 모르고 그냥 외울 수밖에 없다. 고등학교 교과서에 집필자조차 설명할 수 없는 내용이 실려 있다는 것은 문제가 아닐 수 없다.

다음으로, '우리나라와 중국의 옛 비문을 두루 살핀 후'라는 부분이다. 이는 지학사의 '우리의 금석문을 연구하여'라는 서술과 같은 내용으로 추사가 중국 글씨와 함께 우리나라 글씨도 함께 익혀 추사체를 창안하였다는 것이다. 하지만, 예나 지금이나 서예는 중국 필법에서 시작하여 중국 필법으로 끝난다고 해도 과언이 아니다. 우리나라 선인들의 필법을 익혀 일가를 이룬 경우는 전무하다. 더욱이, 추사의 문집인 『완당전집』에는 추사 자신이 중국의 많은 금석문을 보고 글씨를 익혔다는 글은 있으나, 우리나라의 어떤 금석문을 보고 글씨를 익혔다는 글은 없다. 이에 대한 필자의 문제제기에 두 출판사는 아래와 같은 답변을 제시하였다.

> 추사가 중국의 여러 서체에 대한 연구만을 하였다는 것은 제한적인 해석이며, 중국 금석문과 더불어 우리나라 금석문과 그 서체에 대해서도 관심을 가진 것은 당연한 것이라고 할 수 있습니다. 그가 구체적으로 우리나라 어떤 금석문을 보고 글씨를 익혔다는 명시적 지적을 찾을 수 없다고 하여 우리나라 서체에 대해 전혀 참고를 하지 않았다고 결론을 내릴 수는 없을 것입니다. 김정희가 종래의 조선 글씨가 지닌 한계를 지적한 것이나 북한산 비봉의 신라 진흥왕 순수비를 고증한 것은 그가 우리나라 금석문에 대한 이해를 깊게 하고 있었음을 보여주는 것입니다. 이것은 자연스럽게 추사체 완성에 영향을 주었다고 할 수 있을 것입니다.
> 〈비상교육 답변〉

김정희는 우리나라 금석문을 두루 섭렵하여 "금석과안록"이라는 대표적인 자료집을 편찬하기도 하였습니다. 그렇기 때문에 추사체의 어느 글자가 어느 금석문의 어느 글자를 따온 것이라 말하기 어렵습니다. 이와 관련하여 다음의 개설서에 참고할 만한 표현이 있어 첨부하고자 합니다. -중략- "금석문 연구에 바탕을 두고 고대의 금석문에서 서도의 원류를 찾아서 그것을 자기 개성에 맞게 발전시킨 것이다."

〈지학사 답변〉

두 답변의 요지는 김정희가 우리나라 글씨를 보고 익혔다는 증거로 비상교육은 진흥왕순수비를 고증한 것을, 지학사는 『금석과안록(金石過眼錄)』이라는 자료집을 편찬한 것을 들고 있다. 진흥왕순수비를 고증한 것이 『금석과안록』에 포함되어 있으니 두 출판사의 답변은 같은 내용인 셈이다.

『금석과안록』은 신라 진흥왕(眞興王)의 순수비 가운데 황초령비와 북한산비를 대상으로 비문을 판독하고 고증한 연구서다. 『완당선생전집』 권1에 「진흥이비고(眞興二碑攷)」라는 제목으로 실린 내용을 대폭 수정 보완하고, 마지막에 조인영(趙寅永)과 권돈인(權敦仁)에게 보낸 편지 등을 덧붙여 단권으로 낸 것이 『금석과안록』이다. 「진흥이비고」를 살펴보면, 진흥왕비보다 황초령비에 대한 내용이 압도적으로 많다. 또, 황초령비는 비가 없어져서 탁본(拓本)을 대상으로 연구하였고, 북한산비는 북한산 비봉에 있는 실물비를 바탕으로 분석 고증하였다. 연구 분석에는 『삼국사기』, 『문헌비고(文獻備考)』 등 조선과 중국의 많은 역사 자료가 동원되었다.

따라서, 『금석과안록』은 진흥왕 순수비를 고증한 자료집으로 글씨를 익히는 것과는 무관하며 또, 두 종류의 순수비를 다루었기 때문에 '이를 토대로 우리나라의 금석문을 익혔다'는 서술이나 '우리나라 금석문을 두루 섭렵하여 『금석과안록』이라는 대표적인 자료집을 편찬하기도 하였다.'는 답변은 잘못이다. 이를 보면 답변자는 학서(學書)와 금석문 연구를 구분하지 못하고 있다. 당연히 김정희가 '우리나라의 글씨를 익혔다.'는 서술은 오류다.

마지막으로, '김정희가 추사체를 창안하였다'는 부분이다. 비상교육은 '독특한 글씨체 완성', 리베르스쿨은 '파격적인 추사체 창안', 미래엔은 '독창적인 추사체 창안', 지학사는 '독특한 필법 창안'이라 하여 '창안'이라는 용어를 많이 썼다. 분명히 말하자면 김정희는 추사체라는 이름의 필법을 창안하지 않았다. 추사체는 김정희가 남긴 많은 작품을 후대에 와서 그의 호를 붙여 부르는 것일 뿐이다. 왕희지가 남긴 글씨는 왕희지체, 조맹부가 남긴 글씨는 송설체, 한호가 남긴 글씨는 석봉체라 부르는 것과 같다. 더구나 '파격적'이나 '독특한' 등의 서술은 추사 글씨의 일부에 대한 주관적 표현일 뿐 추사 글씨 전체를 대변할 수 있는 성격이 될 수 없다. 김정희가 남긴 작품은 그 양이 방대할 뿐만 아니라 너무나 다양하기 때문이다.

김정희는 조선 후기를 장식한 뛰어난 학자이자 서화가이다. 그렇다 하더라도 그의 예술적 성과를 객관적 사실과 다르게 부풀리거나 왜곡하여 서술하는 것은 바람직하지 않다. 특히 아이들이 공부하는 교과서에는 아이들이 이해할 수 있는 내용을 수록해서 공부할 수 있도록 해야 한다. 그렇지 않으면 아이들은 무슨 뜻인지도 모르고 오로지 시험에 대비해 암기에만 몰두할 수밖에 없다. 그런 의미에서 현행 교과서에 수록된 추사 김정희에 대한 서술은 반드시 수정되어야 한다.

제Ⅵ장   흥선 대원군은 합법적 통치자인가?

1. 고종의 친정(親政) 시작은 1866년 2월 13일이다

현행 검정 한국사 교과서에는 고종 초기 흥선 대원군(興宣大院君)의 등장에 대해 아래와 같이 서술하고 있다.

> 안으로 세도 정치로 인해 사회가 혼란하고, 밖으로 외세의 통상 요구가 거세지고 있던 시기에 고종이 12세의 어린 나이로 왕위에 올랐다. 이를 계기로 집권한 국왕의 생부 흥선 대원군은 개혁 정치를 실시하여 나라 안팎의 위기를 타개하고자 하였다.
> 〈비상교육, 195쪽〉
>
> 1873년 최익현의 상소를 계기로 흥선 대원군이 물러나고 고종의 친정 체제가 수립되었다.
> 〈천재교육, 182쪽〉

▲ 고종

이를 보면 어린 나이의 국왕이 즉위하자 흥선 대원군이 **집권**하였으며, 나라 안팎의 위기를 타개하고자 개혁 정치를 실시하다가 1873년 최익현(崔益鉉)의 탄핵 상소를 계기로 물러나고 **고종의 친정(親政)** 체제가 수립되었다는 것이다. 하지만, 국왕의 사친인 흥선 대원군의 활동에 대해 과연 집권이라 할 수 있으며, 개혁 정치라 할 수 있으며, 하야(下野)라 할 수 있는지 의심이 들지 않을 수 없다. 이러한 일련의 정치 행위는 정당한 통치 기구이어야만 가능하기 때문이다. 이와 관련한 한국사 교과서의 서술을 살펴보기로 한다.

현행 한국사 교과서는 근현대사 시작과 함께 아래와 같은 제목 아래 상당한 지면을 할애하여 흥선 대원군의 업적을 서술하였다.

출판사	단원 제목	면 수
교학사	흥선 대원군의 집권과 왕권 강화 정책	5
금성출판사	흥선 대원군, 서양 열강에 맞서다.	5
동아출판	흥선 대원군, 조선을 다시 정비하다.	4
리베르스쿨	흥선 대원군의 통치 체제 재정비	5
미래엔	흥선 대원군의 개혁 정치	4
비상교육	흥선 대원군이 통치 체제를 재정비하다.	6
지학사	통치 체제의 재정비	7
천재교육	흥선 대원군의 개혁 정치	7

이를 종합하면 '흥선 대원군은 집권 후 조선을 다시 정비하고, 서양 열강에 맞서 싸우는가 하면 통치 체제를 정비하는 등의 개혁 정치를 시행하였다.'는 것이다. 뭔가 새로운 세계를 열 것 같은 희망찬 제목이다. 그런데, 이러한 정도의 통치 행위는 국가의 최고 권력자인 국왕만이 가능하다. 하지만, 흥선 대원군은 국왕의 사친일 뿐 국가 최고 책임자가 아니다. 그러함에도 흥선 대원군의 등장과 관련된 서술은 대부분 집권이라는 용어를 사용하여 마치 국가 최고 책임자의 자리에 있었던 것처럼 서술하고 있다. 교과서별 서술 유형을 살펴보면 아래와 같다.

교학사	집권하다. 섭정하다. 정권을 잡다.
금성출판사	집권하다. 실권을 장악하다.
동아출판	정권을 잡다.
리베르스쿨	실권을 잡다.
미래엔	권력을 잡다. 고종 즉위, 흥선 대원군 집권[표]
비상교육	집권하다.
지학사	실권을 장악하다. 고종 즉위, 흥선 대원군 집권[표]
천재교육	실권을 장악하다. 집권하다.

이러한 서술 유형은 『한국민족문화대백과사전』에서 '이하응'과 '고종'을 검색해도 비슷한 내용이 나온다.

> 1863년 12월 초 철종이 사망하자, 조대비는 이하응의 아들 이명복을 익성군(翼成君)으로 봉해 익종대왕의 대통을 계승하게 하자고 아뢰었다. 12세인 고종을 왕위에 오르게 하고 자신이 수렴청정(垂簾聽政)하였다. 흥선군은 흥선 대원군으로 봉해졌으며 대비로부터 섭정의 대권을 위임받아 국정의 전권을 쥐게 되었다.
> 〈이하응, 『한국민족문화대백과사전』〉

> 그러나 고종은 12세의 어린 나이였으므로 조대비가 수렴청정을 하였지만, 흥선 대원군으로 국정을 총람, 대신 섭정하게 하였다. 그 뒤 고종은 장성하게 되면서 직접 통치를 하려는 강한 의욕을 가지게 되면서 흥선 대원군과 대립하게 되었다.
> 〈고종, 『한국민족문화대백과사전』〉

백과사전과 교과서의 서술은 대체로 집권(執權: 정권을 잡다), 섭정(攝政), 실권(實權) 장악으로 요약된다. 이 중 섭정(攝政)은 '국왕을 대리해서 국가의 통치권을 맡아 나라를 다스리는 일'이라는 뜻으로 정당하게 부여된 통치 행위이다. 고종의 즉위와 함께 대왕대비 조씨(趙氏)에게 부여된 수렴청정이 이에 해당된다. 수렴청정은 국왕이 어린 나이에 즉위했을 때 왕대비나 대왕대비가 발[簾]을 드리우고[垂] 정치에 직접 침여하는 것을 말하고, 섭정(攝政)이란 조선시대에 행해졌던 수렴청정 이전의 제도로 친정(親政)의 상대적인 용어다. 당시 예조(禮曹)에서는 수렴정성의 절차를 기록한 「수렴동청정절목(垂簾同聽政節目)」을 올려 이를 공식화 했다. 반면, 『승정원일기』나 『고종실록』 등 어떠한 사료(史料)에도 흥선 대원군이 섭정했다는 기록은 없다. 대왕대비가 수렴청정을 행하고 있는 마당에 대원군이 섭정했다는 것은 논리적으로 모순이기에 없는 것이 당연하다.

제VI장 흥선 대원군은 합법적 통치자인가? · 133

다음으로 집권(執權)이라는 용어는 '권력을 잡다', '정권을 잡다'라는 뜻으로 풀이가 되나 이는 국가 최고 권력 즉, 국가를 통치할 수 있는 권력을 잡는다는 의미로 쓰인다. 물론 합법적 지위에서 시행하는 통치 행위이다. 때문에 합법적 통치 기구인 고종과 대왕대비 외에 다시 흥선 대원군이 집권했다는 것은 어불성설이다. 교과서에는 없으나 『신편한국사』를 비롯한 다수의 학술서에는 비슷한 용어로 집정(執政)이라는 단어를 사용하기도 하였다. 하지만, 이는 집권이라는 용어가 사실 관계를 제대로 반영하지 못하고 있다는 판단에서 선택한 유사(類似) 용어일 뿐이다.

이제 남은 것은 '실권(實權) 장악'이다. 실권(實權)이란 단어에는 '정당하게 부여되지는 않았으나 실제로 행사할 수 있는 권리나 권세'라는 의미가 담겨있다. 권리나 권세가 정당하게 부여되었다면 굳이 실권이라는 용어를 쓸 이유가 없다. 부여된 권리를 그대로 행사하면 되기 때문이다. 흥선 대원군은 합법적 통치 기구가 아닐 뿐만 아니라 국왕을 대신해서 국가를 통치할 수 있는 어떠한 합법적 권리를 부여받은 바도 없다. 그래서 '실권 장악'은 흥선 대원군에게 가장 부합하는 표현이라 할 수 있다. 결국 흥선 대원군의 등장은 아들인 고종의 힘을 배경으로 불법·부당한 영향력을 행사하여 실권을 장악하면서 시작된 것이다. 집권이나 섭정과 같은 용어가 흥선 대원군의 행위에 부합하지 않은 이유다.

고종 즉위와 함께 시작된 대왕대비의 수렴청정은 2년이 갓 넘은 1866년 2월 13일 대왕대비가 철렴(撤簾: 수렴청정을 거둠)을 선언하고 대소의 공사(公事)를 고종이 직접 총괄하도록 함으로써 마무리되었다. 고종의 친정이 공식적으로 시작되었으며, 이때부터 공식적 최고 통치 기구는 국왕인 고종이 유일하다. 하지만, 현행 한국사 교과서는 이와 달리 1873년 흥선 대원군의 하야와 함께 고종의 친정이 시작되었다고 되어 있다.

교학사	1873년 흥선 대원군이 실각하고 고종의 친정이 시작되었다. (176쪽)
금성출판사	고종의 친정과 대외 정책의 변화 – 1873년에 고종이 직접 정사를 돌보기 시작하면서 대외 정책에도 변화의 조짐이 나타나기 시작하였다. (229쪽)
동아출판	강경한 외교 노선을 펼치던 흥선 대원군이 물러난 뒤 고종은 일본과 외교 교섭에 관심을 보이고 있었다. (160쪽)
리베르스쿨	1873년 고종이 친정을 선포하면서 흥선 대원군이 물러나고 민씨 일족이 정권을 잡게 되었다. (206쪽)
미래엔	1873년 흥선 대원군이 권력에서 물러나고 고종이 직접 정치에 나서면서 대외 정책에 변화가 나타났다. (178쪽)
비상교육	어린 나이에 즉위한 고종은 22세가 되어 비로소 직접 국정을 운영하게 되었고, 명성황후는 그의 정치적 동반자였다. (203쪽) 흥선 대원군이 권좌에서 물러나고 고종이 직접 정치를 하면서 민씨 세력이 정치의 주도권을 행사하였다. (204쪽)
지학사	1873년에 흥선 대원군이 물러난 후 고종이 직접 정치에 나서고 민씨 세력이 정권을 주도하였다. (216쪽)
천재교육	1873년 최익현의 상소를 계기로 흥선 대원군이 물러나고 고종의 친정 체제가 수립되었다. (182쪽)

이는 『한국민족문화대백과사전』에서도 마찬가지다.

> 명성황후는 장성해 친정(親政)을 바라는 고종을 움직여 대원군 축출 공작을 추진하였다. 마침내 최익현의 대원군 탄핵 상소를 계기로 대원군을 정계에서 추방하는 데 성공히였다. 1873년 11월, 창덕궁의 대원군 전용문을 사전 양해 없이 왕명으로 폐쇄해 그는 하야(下野)하지 않을 수 없었다.
> 〈이하응, 『한국민족문화대백과사전』〉

> 이런 상황을 지켜보던 왕후 민씨와 노대신들은 유림을 앞세워 대원군의 하야를 주장하였다. 마침내 1873년 고종이 직접 정치를 다스린다는 서무친재(庶務親裁)의 명을 내려 흥선 대원군에게 주어졌던 권한을 환수하고 통치 대권을 장악하였다. 고종의 친정이 시작되었으나 정권은 왕후 민씨의 척족들에 의해 장악되었다. 〈고종, 『한국민족문화대백과사전』〉

고종의 친정 이야기에 앞서 최익현의 '대원군 탄핵 상소'부터 살펴보기로 한다. 조선시대의 탄핵(彈劾)은 현재의 탄핵과 다소 달라서 양사(兩司) 즉 사헌부(司憲府)와 사간원(司諫院)에서 법을 어기거나 비리를 저지른 관원의 죄를 묻고 파면할 때 적용하였다. 왕조실록을 살펴보면 양사에서는 탄핵 대상과 그 죄상을 분명히 적시하고 이를 국왕에게 상소하여 처벌할 것을 요청한다. 흔히 흥선 대원군 탄핵 상소라고 하는 것은 1873년 11월 3일 올린 계유상소(癸酉上疏)를 이르는 것으로, 최익현의 문집인『면암집』에는 '호조참판을 사직하고 아울러 생각한 바를 진달하

▲ 흥선 대원군

는 소[辭戶曹參判, 兼陳所懷疏疏]'라는 제목으로 실려 있다. 여기에서 최익현은 호조참판을 사직할 수밖에 없는 이유와 함께 만동묘(萬東廟)의 복구, 서원(書院) 신설 허용, 국적(國賊) 신원(伸寃)의 중지, 사자(死者) 입양(入養)의 중지, 호전(胡錢: 청나라 돈) 사용 혁파, 토목공사를 위한 원납전(願納錢) 징수 중단 등의 건의와 함께 마지막에 모든 정사(政事)를 정부 조직에 따라 운영하고 종친들은 정치 일선에서 배제시킬 것을 요청하였다. 이에 고종은 대원군이 출입하는 창덕궁으로 통하는 전용문인 공근문(恭勤門)을 사전 통보 없이 폐쇄함으로써 더 이상의 정치 간여(干與)를 하지 못하도록 하였다.

그런데, 대원군은 기본적으로 양사(兩司)의 탄핵 대상이 아니며 흥선 대원군을 탄핵하는 상소였다면 탄핵 대상인 대원군을 명시하고 그 죄상을 조목조목 나열한 다음 이의 처벌을 요청하는 내용이 있어야 한다. 물론, 결과적으로 이 상소로 인해 대원군이 정치 일선에서 배제되긴 하였으나 이를 두고 '흥선 대원군 탄핵 상소'라고 하는 것은 옳지 않다.

다시 고종의 친정으로 돌아와서, '명성황후는 장성해 친정(親政)을 바라는 고종을 움직여 대원군 축출 공작을 추진하였다.'고 하였으나 이는 기록과 다르다. 12살 어린 나이의 이명복이 철종(哲宗)을 이어 즉위하자 대왕대비의 수렴청정도 동시에 이루어졌다. 하지만 2년이 갓 넘은 1866년 2월 13일 대왕대비는 철렴(撤簾: 수렴청정을 거둠)을 선언하면서 대소의 공사(公事)를 고종이 직접 총괄하도록 전교(傳敎)하고 이를 아래와 같은 언문 교서(諺文敎書)로 남긴다.

> 지금으로 말하면 주상의 나이가 이미 혈기 왕성한 때이고 훌륭한 자질을 타고 나서 슬기로운 지혜가 나날이 성숙되어 중요한 공무(公務)는 밝게 익히게 되었고 학문도 독실하게 해서 능히 모든 정사를 총괄할 수 있고 복잡한 사무를 직접 다스릴 수 있게 되었다. 영원히 왕업을 계승해 나갈 수 있고 장차 후세에 가서도 떳떳이 말할 수 있게 되었다. 그런 만큼 내가 처한 바에 그냥 계속 앉아있는 것은 나라의 체통을 보존하고 큰 원칙을 바로 세우는 바가 아니므로, **오늘부터 수렴청정(垂簾聽政)을 거두고 대소의 모든 공무를 일체 주상이 총괄하게 하라.**(今則主上春秋旣鼎盛矣. 聖質天縱, 睿智日就, 機務之明習, 問學之篤實, 有可以總庶政而親萬機. 萬億年迓續景命, 其將有辭於來後. 然則以予所處, 一向蹲仍, 甚非所以存國體而正大經. 自今日撤簾, 大小公事, 一聽主上總斷.)
>
> 〈『고종실록』, 1866. 2. 13.〉

이어, 2월 26일에는 인정전(仁政殿)에서 고종의 친정을 축하하는 의식이 진행되었으며, 이 자리에서 고종은 '이달 26일 새벽 이전의 잡범(雜犯)들로 사형죄 이하의 죄인은 모두 용서해 주라.'는 특별 사면령(赦免令)을 내린다. 친정은 국가적 경사이기에 축하연과 함께 사면령(赦免令)이 내려진 것이다. 고종 행장(行狀)에도 '병인(1866) 2월. 이달에 대왕대비는 수렴청정을 거두고 왕이 친정을 시작했다.(丙寅 二月. 是月, 大王大妃殿撤簾, 王始親政)'라고 적고 있다. 물론 1873년 11월 4일 최익현의 처벌을 논하는 과정에서 잠시 친정에 대한 언급이 있기는 하였으나 바로 없었던 것으로 하고 공식화 되지는 않았다.

1863년 고종 즉위 이후 합법적인 최고의 권력 기구는 국왕인 고종과 수렴청정으로 정치에 참여한 대왕대비이며, 1866년 대왕대비가 철렴한 이후에는 국왕만이 존재한다.

그런데 대부분 교과서의 연표에는 '1863 고종 즉위, 흥선 대원군 집권'이라 하여 마치 정상적 권력을 행사한 것처럼 서술하고 있다. 그러니, '1873년 흥선 대원군이 물러나고 고종이 직접 나라를 다스리게 되었다.'는 서술이 자연스럽게 이어지는 것이다.

이때에 와서야 고종이 나라를 직접 다스렸다면 『승정원일기』나 『고종 실록』 등에 수록된 그 이전의 기록은 누구의 통치 행적인지 설명이 안 된다. 더 심각한 문제는 흥선 대원군이 집권하여 1873년 하야했다고 할 경우, 고종 10년간의 모든 역사는 흥선 대원군의 통치 행위로 기록될 수밖에 없으며 실제로 그렇게 서술되어 있다.

그런데 우리 한국사 교과서는 합법적 통치기구인 고종은 뒷전으로 밀쳐두고 불법·부당한 영향력을 행사한 흥선 대원군을 마치 합법적 최고 통치권자이자 조선을 재정비할 개혁적 정치가인 양 많은 지면을 할애하여 대서특필(大書特筆)하고 있다. 그 기간이 1863년부터 1873년까지이니 무려 10년이라는 세월이다. 10년 동안 우리 역사에서 고종은 보이지 않고 흥선 대원군만 살아 움직이고 있다. 이는 정상적 통치 체제를 부정하는 것이며 불법 행위를 정당화 하는 것이다. 심각한 역사 왜곡이 아닐 수 없다.

당연히 '1873년 흥선 대원군이 하야(下野)하고 고종의 친정(親政)이 시작되었다.'를 비롯하여 '친정의 시작', '친정 선포', '친정 체제 수립' 등 현행 한국사 교과서의 서술은 수정되어야 한다.

【추기(追記)】

본 칼럼 게재 후 『한국민족문화대백과사전』은 '조대비는 1866년 2월 철렴[撤簾: 수렴청정을 거둠]을 선언하고 고종이 친정을 수행하였다.'를 추가하고, '흥선군은 흥선 대원군으로 봉해졌으며 대비로부터 섭정의 대권을 위임받아 국정의 전권을 쥐게 되었다.'는 서술은 '흥선군은 고종이 즉위하면서 흥선 대원군으로 봉해졌으며 임금의 아버지로서 국정의 전권을 쥐게 되었다.'고 하여 '섭정의 대권을 위임받아'를 삭제하였으며, 이어지는 문장에서는 '친정(親政)을 바라는'이라는 문장은 '흥선 대원군의 영향력에서 벗어나길 바라던'으로 수정하여 '친정(親政)'이라는 용어를 삭제하여 그동안 고종이 1873년에 친정을 시작하였다는 서술을 1866년으로 수정하였다.

또, 고종 항목의 '흥선 대원군으로 국정을 총람, 대신 섭정하게 하였다.'를 '흥선 대원군이 실권을 장악, 국정을 총람하였다.'고 수정하면서 섭정(攝政)이라는 용어를 삭제하였다. 하지만, 고종 항목의 서술에서 '이런 상황을 지켜보던 왕후 민씨와 노대신들은 유림을 앞세워 대원군의 하야를 주장하였다. 마침내 1873년 고종이 직접 정치를 다스린다는 서무친재(庶務親裁)의 명을 내려 흥선 대원군에게 주어졌던 권한을 환수하고 통치 대권을 장악하였다. 고종의 친정이 시작되었으나 정권은 왕후 민씨의 척족들에 의해 장악되었다.'고 하여 여전히 1873년 서무친재의 명을 내리고 친정을 시작했다고 되어 있다. 수정이 필요하다.

2. 흥선 대원군은 인재를 등용할 지위에 있지 않았다

> 대원군이 집권한 후 어느 회의석상에서 소리를 높여 여러 대신들에게 말하기를 "나는 천 리를 끌어다 지척을 삼겠으며, 태산을 깎아내려 평지를 만들고, 또한 남대문을 3층으로 높이려 하는데, 여러분들은 어떻게 생각하오?"라고 물었다. … 대개 천 리를 지척으로 삼겠다는 말은 종친을 높이겠다는 뜻이요, 남대문 3층이란 말은 남인에게 길을 열어주겠다는 뜻이며, 태산을 평지로 깎아내린다는 말은 노론을 억누르겠다는 뜻이다. -황현, 매천야록-
> 〈천재교육, 175쪽〉

대부분의 교과서에 사료로 인용된 매천(梅泉) 황현(黃玹)이 쓴 『매천야록(梅泉野錄)』의 일부 내용이다. 이 책은 1864년부터 1910년까지 47년간의 역사를 편년체로 엮은 야사(野史)이나 고종 초 10년간의 역사 서술에 중요한 비중으로 취급되고 있다. 특히 이 글은 이 글은 흥선 대원군이 안동 김씨 세도 세력을 몰아내고 새로운 인재 등용 정책을 천명(闡明)한 언급으로 곧잘 인용된다. 이러한 야사에 근거를 둔 교과서의 서술은 아래와 같다.

교학사	당파·지역·신분을 넘어서 다양한 인재를 **등용**하여 지배층의 인적 구조를 변화시키고자 하였다. (165쪽)
금성출판사	이에 그동안 권력을 독점하였던 안동 김씨를 밀어내고 다양한 세력을 고루 **등용**하였다. (229쪽)
리베르스쿨	그는 먼저 그동안 외척으로 세도를 부리던 안동 김씨 세력을 정계에서 몰아내고, 당파와 신분을 가리지 않고 인재를 고르게 **등용**하였다. (199쪽)
미래엔	그는 우선 정치 기강을 바로잡는 일에 심혈을 기울였다. 이를 위해 세도 정치를 펴던 안동 김씨 일족을 쫓아내고 당파·지역·신분을 가리지 않고 인재를 **등용**하였다. (174쪽)
비상교육	우선 세도 정치를 펴던 안동 김씨 일족을 몰아내고 당파, 지역, 신분을 가리지 않고 인재를 골고루 **등용**하였다. (195쪽)
지학사	흥선 대원군은 당파와 지역을 가리지 않고 인재를 고루 **등용**하였다. (205쪽)
천재교육	흥선 대원군은 우선 세도정치의 폐단을 시정하기 위해 안동 김씨를 비롯한 노론 외척 세도 가문의 중심인물들을 권력에서 밀어냈으며, 당파와 관계없이 다양한 정치 세력을 능력에 따라 고루 **등용**하였다. (175쪽)

교과서마다 약간씩 차이가 있으나, **흥선 대원군이 안동 김씨 일족을 몰아내고 나서 당파·지역·신분을 가리지 않고 다양한 세력을 고루 등용하였다**는 내용으로 요약된다. 세도 정치를 펴던 안동 김씨를 몰아낸 자리에 당파뿐만 아니라 지역과 신분을 가리지 않고 다양한 인재를 골고루 등용하였다고 하니 정말 대단하다는 생각이 들지 않을

▲ 施命之寶

수 없다. 이러한 인재 등용은 민주주의 국가인 오늘날에도 쉽지 않은 일이기 때문이다. 하지만, 이는 사실과 다르다.

먼저 흥선 대원군은 인재 즉, 관리를 등용할 수 있는 위치에 있는 인물이 아니다. 삼정승(三政丞) 이하 고위 관료를 임명하는 일은 공식적 통치 기구인 국왕 고유의 업무이지 국왕의 사친(私親)이 할 수 있는 일이 아니기 때문이다. 조정에서 관료를 임명하면 '施命之寶(시명지보)'라는 어보(御寶)가 찍힌 교지(敎旨)를 내리게 되는데, 그 어보의 주체는 국왕이지 흥선 대원군이 아니다. 물론, 흥선 대원군이 실권을 이용하여 자기 사람을 심었을 수는 있겠다. 하지만 그것은 불법·부당한 권력 행사에 의한 인사 전횡(專橫)이지 인재 등용이라 할 수 없다. 지금 같으면 중대한 범죄 행위에 해당된다.

흥선 대원군이 인재를 등용할 수 있는지 여부(與否)를 떠나 고종 즉위 후 안동 김씨를 몰아내고 다양한 세력을 등용하였다는 교과서의 서술도 살펴볼 필요가 있다. 『신편한국사』 37권 「대원군의 내정 개혁」에는 대원군의 인재 등용에 대해 자세히 기술되어 있다. 먼저, 안동 김씨를 몰아냈다는 부분과 관련한 서술에서는 '대원군 집정기에 안동 김씨 세력이 고위 관료층 내에서 점하는 비중은 그 이전에 비교하면 다소 줄어들기는 하였으나, 여전히 강력한 지배집단의 일원으로 존속하고 있었다.'고 서술하는가 하면, '대원군은 안동 김씨를 포함한 기존 세력을 제거하기는커녕 이들과 연합하여 왕조체제를 재건하려 하였던 것이다.'고 하였다.

당파·지역·신분을 넘어서 다양한 인재를 등용하였다는 부분과 관련해서도 '대원군의 인사정책이 비록 세도 정치 시기에 볼 수 없었던 몇몇 특징을 갖고 있었다고 하더라도, 그것은 부분적인 현상일 뿐으로 본질적으로는 종래의 그것과 별반 다를 바가 없는 것이었다.'고 하였다. 그리고 '결국 대원군 집정기의 인사정책의 본질은 외척 벌열의 세도정치 시기의 그것과 다름이 없는 것이었다.'고 결론을 맺고 있다. 그러니, 흥선 대원군이 인재를 등용하였다는 것, 안동김씨를 몰아냈다는 것, 당파·지역·신분을 초월한 인재를 등용하였다는 것 등 어느 것 하나 사실 관계에 부합하는 것이 없다. 현행 한국사 교과서에 수록하여 가르치고 있는 흥선 대원군에 관한 서술이 다 이런 식이다. 우리 교과서는 불법·부당한 권력 남용(濫用)을 마치 정당하고 합법적인 통치 행위인 양 서술하여 아이들에게 가르치고 있다. 이는 반드시 시정되어야 한다.

3. 비변사 폐지와 삼군부 부활은 국왕의 고유 업무다

『한국민족문화대백과사전』에서 '비변사'를 검색하면 아래와 같은 서술이 보인다.

> 전제왕권의 재확립을 지향했던 흥선 대원군(興宣大院君)은 우선 1864년(고종1) **국가 기구의 재정비**를 단행, 의정부와 비변사의 사무 한계를 규정하였다. 이에 따라 비변사는 종전대로 외교·국방·치안 관계만 관장하고, 나머지 사무는 모두 의정부에 넘기도록 하여 비변사의 기능을 축소·격하시켰다. 또, 이듬해에는 비변사를 폐지하여 그 담당 업무를 의정부에 이관하고, 그 대신 국초의 삼군부(三軍府)를 부활시켜 군무를 처리하게 하였다.
> 〈비변사, 『한국민족문화대백과사전』〉

이는 '**흥선 대원군**이 1864년 의정부와 비변사의 사무 한계를 규정하고, 이듬해인 1865년에는 **비변사를 폐지**하면서 그 담당 업무를 의정부로 이관하는 대신 국초의 삼군부(三軍府)를 부활시켰다.'는 것으로 요약된다. 이러한 서술은 현행 한국사 교과서에서도 비슷하다. 그렇다면, 『승정원일기』와 『고종실록』에는 **흥선 대원군의 개혁 정치**로 소개되는 **비변사 폐지**와 **삼군부 부활**에 대해 어떻게 기술하고 있는지 살펴보기로 한다.

1864년 1월 13일, 철종(哲宗)의 국상(國喪) 중에 있던 고종은 창덕궁 여차(廬次: 여막)에서 희정당(熙政堂)으로 나아가 시원임(時原任) 대신과 비국(備局: 비변사) 당상을 인견(引見)하였다. 이 자리에는 대왕대비가 수렴청정(垂簾聽政)하는 가운데 문안에 이어 여러 사안에 대한 차대(次對: 왕에게 정기적으로 이루어지는 보고)

가 진행된 다음 비변사와 의정부의 역할에 관련된 대왕대비의 하교(下敎)와 대신들의 답변이 있었다.

> 대왕대비전이 하교(下敎)하기를,
> "의정부와 비변사를 모두 묘당(廟堂)이라 칭하는데, 문부(文簿)는 단지 비변사에서만 거행하는 것은 아주 이상한 듯하다. 지금 후로는 각자 따로 거행하는 것이 좋겠다."
> 하였다. 영의정 김좌근이 아뢰기를,
> "조정의 기밀문서는 비변사에서 전담하여 관리하고 의정부에서는 관여하지 못하는 것이 과연 자전(慈殿)의 분부와 같습니다. 그러나 수백 년 동안 그렇게 해 온 일입니다. 이 자리에서 물러나서 서로 의논하여 결론을 내리겠습니다."
> 하였다. 좌의정 조두순이 아뢰기를,
> "고(故) 상신(相臣) 최명길(崔鳴吉)이 여러 차례 비변사를 설치한 뒤 의정부가 할 일 없는 관사가 되었다고 말하면서, 심지어는 장주(章奏: 임금에게 올리는 글)로 쓰기까지 하였습니다. 지금 자전의 분부를 받들건대 지당하고도 지당합니다. 물러가서 충분히 상의하여 다시 여쭌 뒤 정하겠습니다."
> 하였다.
>
> 〈『승정원일기』 1864. 1. 13.〉

비변사(備邊司)는 1510년(중종 5) 삼포왜란이 일어나자 임시로 설치된 후 변방에 일이 있을 때마다 설치·운영되다가 1555년(명종 10) 을묘왜변을 계기로 상설 기관이 된 국방 정책의 논의 기구이다. 이후 임진왜란을 계기로 그 기능이 확대·강화되어 군국기무를 전담하면서 의정부는 유명무실한 한사(閑司)로 전락하고 만다. 조선 후기로 접어들면서 비변사는 비빈(妃嬪)의 간택과 같은 일까지도 처리하는 등 국정 전반을 결정하는 정책 기구로 변모하였다. 이러한 비변사의 기형적 변화는 정조(正祖: 在位 1776~1800) 이후 안동 김씨 세도 정치의 온상으로 변질되는 등의 많은 폐단을 낳았다. 이에 대왕대비는 고종이 즉위하자 수렴청정을 통해 가장 먼저 이 기구의 시정에 나섰던 것이다.

명을 받은 영의정과 좌의정은 약 한 달이 지난 2월 11일, 비변사와 의정부의 역할을 규정한 분장 절목(分掌節目)을 보고하였다. 이에 따라 비변사 업무의 상당수가 의정부로 환원되어 그 기능이 대폭 축소된 반면, 의정부의 기능은 차츰 본래의 모습을 찾게 되었다.

　절목에 나타난 비변사의 업무는 사대(事大), 교린(交隣), 변경(邊境) 문제, 관방(關防), 성지(城池), 기강(紀綱), 조칙(操飭), 봉화(烽火), 역참(驛站), 표퇴(漂頹: 홍수 피해), 토포(討捕: 토벌하여 잡음), 배(船), 송전(松田)이며 그 외 사명(辭命), 사신(使臣)의 행차, 과거(科擧), 조세(租稅) 등 대부분의 정무는 의정부로 이관되었다.

　이어 같은 해 9월 24일에는 고종의 전교에 따라 비변사(備邊司)의 현판을 내리고 좌의정 이유원(李裕元)이 쓴 '廟堂(묘당)'이라는 두 글자의 현판을 걸었다. 또, 1865년 3월에는 대왕대비의 전교에 따라 비변사의 기능이 의정부로 흡수·통합되었다. 그에 관한 기사는 아래와 같다.

> 대왕대비가 전교(傳敎)하기를,
> '의정부(議政府)란 바로 대신들이 백관(百官)을 통솔하고 모든 정사를 규찰(揆察)하는 곳으로서 중요하기가 다른 관서와는 아주 다르다. 서울과 지방의 사무를 전부 비변사(備邊司)로 위임한 것이 언제부터인지는 모르겠으나 사리로 보아 그럴 수 없는 것이 있다. 저번에 문부(文簿)를 구별하게 한 것도 또한 옛 규례를 회복하자는 데서 나온 것이었다. 지금 의정부가 이미 새로 건축된 이상 이제부터는 의정부와 비변사도 종부시(宗簿寺)와 종친부(宗親府)를 합친 전례에 따라 한 관청으로 합치되, 비국은 그대로 의정부의 조방(朝房)으로 삼아 대문의 도리 위에 현판을 새겨서 걸되, 묘당(廟堂) 편액은 대청으로 옮겨 걸고 비국의 인신(印信)은 완전히 녹여 없애며 계목(啓目) 및 문부에는 모두 그 첫머리의 말을 의정부로 하도록 하라. 대체로 체통이나 연혁과 관계되는 문제들은 옛 규례를 참고해가면서 대신과 정부의 당상(堂上)들이 자세히 의정하여 별단(別單)으로 들이라.'
> 하였다.
> 〈『고종실록』 1865. 3. 28.〉

'문부(文簿)를 구별하게 한 것'이란 기술은 1864년 2월 11일에 있었던 비변사와 의정부의 업무 분장을 가리킨다. 업무 분장이 이루어져 기능이 축소된 비변사는 의정부 건물의 신축을 계기로 남아 있던 기능마저 흡수·통합되고 묘당 현판이 걸려있던 자리에는 영의정 김병학이 쓴 조방(朝房)이라는 현판이 걸렸다. 관리들이 대기하기 위한 공간을 마련한 것이다. 이어 비변사의 인신(印信: 官印)을 완전히 녹여 없애고, 국왕에게 올리는 보고서인 계목(啓目)이나 하부 기관에 하달하는 명령서인 문부(文簿)의 첫 머리에는 반드시 '의정부(議政府)'를 쓰도록 하였다. 이로써 기능 이관, 현판 제거, 기능 통합에 이어 행정 절차까지 마무리되면서 비변사는 완전히 사라지게 된다. 즉 비변사는 기능의 분리가 아닌 의정부로의 흡수·통합에 의한 소멸이라 할 수 있다.

다음은 삼군부(三軍府) 설치에 대한 서술이다.

『한국민족문화대백과사전』에는 삼군부가 **대원군 집권기**인 1868년 3월 23일 복설되었다가 1882년 12월 22일 **대원군 실각**과 함께 폐지되었다고 기술하고 있다. 하지만, 이 기술은 총체적 오류를 안고 있다. 우선 흥선 대원군은 집권한 적이 없기 때문에 집권이나 집정이라는 용어 사용은 합당하지 않으며, 더불어 실각(失脚)이란 용어도 마찬가지다. 또, 삼군부는 1865년 5월 26일에 설치된 것으로 1868년 3월 23일 시행이라 한 서술도 오류다. 병인양요(1866) 이후에 복설되었다는 기술도 마찬가지로 잘못이다. 삼군부 설치에 대한 내용은 아래『승정원일기』의 기사에 자세하다.

> 영의정 조두순이 또 아뢰기를,
> "경복궁의 건축 공사가 한창 이루어지고 있는 이때에 의정부 역시 새로 중건되고 있습니다. 그런데 지금 예조(禮曹)가 있는 곳은 바로 국초(國初)에 삼군부(三軍府)가 있던 자리입니다. 그때에 의정부와 마주하여 삼군부를 세웠던 것은 한 나라의 정령(政令)을 내는 곳은 문사(文事)와 무비(武備)이기 때문에 그랬던 것입니다. 오위(五衛)의 옛 제도를 갑자기 복원할 수는 없다 하더라도 훈국(訓局)의 신영(新營)과 남영(南營)과 마병소(馬兵所) 및 오영(五營)의 주사(晝仕)하는 곳 등을 지금 예조가 있는 곳에 합설(合設)하여 삼군부라고 칭하는 것이 좋겠습니다. 그리고 예조는 한성부 자리로 옮겨 설치하고, 한성부는 훈국의 신영 자리로 옮겨 설치함으로써 육부(六部)가 대궐의 좌우에 늘어서게 하여 일체 옛 규례를 따르도록 해야 하겠습니다. 그 밖에 각사(各司)의 입직(入直)하는 방들을 다소간 변통하는 일은 좋은 방향으로 처리하도록 하는 것이 좋겠습니다. 그래서 우러러 진달(進達) 드립니다."
> 하니, 대왕대비전이 답하기를,
> "그대로 하라."
> 하였다.
>
> 《『승정원일기』 1865. 5. 26.》

　조선조 군제(軍制)의 변화는 복잡다단하다. 조선 초 삼군부(三軍府: 義興三軍府의 약칭)가 삼군(三軍)의 군무(軍務)를 전담하다가 중앙군이 오위(五衛)로 바뀌면서 오위도총부(五衛都摠府)가 이를 담당하였다. 하지만 삼포왜란을 계기로 임시로 설치된 비변사(備邊司)가 차츰 상설 기구로 변모하면서 군령(軍令)을 전담하게 되자 오위도총부의 기능은 유명무실해졌다. 이후 임진왜란으로 훈련도감(訓練都監: 훈국)이 설치되고 이어서 어영청·총융청·금위영·수어청 등이 설치되면서 조선 전기의 오위(五衛)를 대신하는 오군영이 완성되었다. 특히 이들 가운데 훈련도감·어영청·금위영을 중앙 군영이라 하여 삼군문(三軍門)이라 부르기도 하였다. 이러한 오군영에는 규모와 명칭을 달리하는 각종의 산하 군사 조직이 있었으며, 훈련도감의 신영이나 남영 등도 같은 예로 파악된다.

위 『승정원일기』의 기사에 따르면, 훈련도감의 신영(新營)과 남영(南營), 마병소(馬兵所), 그리고 오영(五營) 주사소(晝仕所)를 하나로 합쳐서 예조의 자리에 새로이 설치하고 이를 삼군부라 하였다. 즉 삼군부는 훈련도감 산하의 군사 조직을 한곳에 모은 새로운 군제(軍制)이며, 그 명칭은 국초에 삼군부가 있던 자리였다는 점을 고려하여 그 이름을 빌려온 것이다. 즉, 이때 설치된 삼군부는 국초 삼군부의 명칭과 기능을 그대로 되살린 것이 아니라 명칭만 차용(借用)한 것이다. 상식적으로 생각하더라도 500여 년 전의 군제와 그 기능을 온전히 되살릴 수는 없다.

이상의 비변사와 삼군부를 오늘날의 제도와 비교해보면 다소 이해에 도움이 될 것 같다. 우선 의정부는 현재의 국무총리실과 대응할 수 있을 것 같고, 삼군부나 오위도총부는 국방부와 대응할 수 있을 것 같다. 그리고 비변사는 국가안전보장에 관련된 정책 자문 기구인 국가안전보장회의(國家安全保障會議: NSC)와 비슷한 기구로 생각이 된다. 만약 이 국가안전보장회의가 그 권한이 막강해지면서 차츰 국무총리실의 기능을 흡수하고 국방부의 기능까지 독점한다면 국가 운영 체계는 송두리째 흔들릴 수밖에 없을 것이다. 오늘날 국가안전보장회의와 비슷한 기능을 담당했던 비변사가 차츰 권력을 독점하면서 의정부와 오위도총부의 권한을 무력화하고 전권을 휘두르며 19세기 말 세도 정치의 온상으로 변질된 것이다.

이상에서 살펴본 내용을 토대로 현행 한국사 교과서에서 **흥선 대원군**의 개혁 정치 또는 통치 제도의 정비로 소개하고 있는 비변사와 삼군부 관련 서술을 살펴보기로 한다.

교학사	군사와 정무를 총괄하면서 왕권을 제약하던 비변사를 **축소·격하**시켰다. 정무 업무는 의정부가 담당하고, **군사 업무는 삼군부가 맡게 하였다.** (165쪽)
금성출판사	세도 정치기 핵심 권력 기관이었던 비변사를 사실상 폐지하고 의정부와 **삼군부의 기능을 부활**시켰다. (220쪽)
동아출판	흥선 대원군은 먼저 비변사를 폐지하여 의정부의 기능을 부활시켰다. 군령의 최고 기관으로 **삼군부의 권한을 강화**하였다. (155쪽)
리베르스쿨	이어 조선 후기 최고의 권력 기구로서 군사와 정무를 총괄해 오던 비변사를 사실상 폐지하고, 의정부와 삼군부의 기능을 부활시켜 각각 정치와 군사 업무를 담당하도록 하였다. (199쪽)
미래엔	왕권을 제약하던 비변사를 사실상 폐지하고, 의정부와 **삼군부의 기능을 부활**시켜 정치와 군사 업무를 나누어 맡게 하였다. (174쪽)
비상교육	나아가 세도 정권의 핵심 권력 기구로 왕권을 제약하였던 비변사를 **축소·격하**시키고 **의정부와 삼군부의 기능을 부활**시켜 정치는 의정부에서, **군사는 삼군부에서 담당**하도록 하였다. (195쪽)
지학사	국왕 중심의 통치 질서를 회복하고자 왕권을 제약하던 **비변사를 철폐**하고 의정부와 삼군부의 기능을 부활시켜 **정치와 군사 업무를 분리**하였다. (205쪽)
천재교육	세도 가문의 정치적 기반이었던 비변사를 **축소·폐지**하고 의정부 기능을 회복시켰으며, **삼군부를 부활**하여 군사 최고 기관으로 삼았다. (175쪽)

먼저 비변사에 관한 서술을 보면 **축소·격하, 폐지, 사실상 폐지, 축소·폐지, 철폐** 등 하나의 사안을 두고 그 표현이 참으로 다양하다. 표현이 다른 만큼 의미도 다를 수밖에 없다. **축소·격하**와 **축소·폐지**가 다르고, **폐지**와 **사실상 폐지**가 다르고, **폐지**와 **철폐**가 다르다. 그 뿐인가? 삼군부에 대한 서술은 **삼군부 담당, 삼군부 부활, 삼군부의 기능 부활, 삼군부의 권한 강화** 등 더 심하다. '**삼군부 담당**'이라는 표현에서는 줄곧 존재했던 삼군부가 비변사의 일부 기능을 담당한 것으로 해석되며, **삼군부의 부활**은 과거에 있었다가 없어진 삼군부를 다시 되살렸다는 의미로 해석된다. 그런가 하면 **삼군부의 기능 부활**은 삼군부는 줄곧 있어왔으나 일부 없어진 기능을 되살렸다는 뜻으로 해석이 되며, **삼군부의 권한 강화**는 그동안 계속 존재하기는 했으나 미미했던 권한을 새로이 강화하였다는 의미로 해석된다. 한 가지 사안에 대한 8종 교과서의 **서술이** 이렇게 다르다.

특히 부활(復活)이라는 단어가 '예전에 있었다가 없어진 것을 다시 되살린다.'는 뜻을 담고 있다는 점을 감안할 때 '삼군부의 부활'이든 '삼군부 기능의 부활' 어느 것도 사실 관계를 제대로 반영한 표현이 될 수 없다. 이때의 삼군부는 국초 삼군부의 이름만 빌려왔을 뿐 그 기능까지 되살렸다고 할 수 없기 때문이다. '삼군부의 부활'이라는 표현이 합당하기 위해서는 이름과 함께 그 기능까지 되살렸을 때 가능하다고 할 수 있다.

다음으로, '국왕 중심의 통치 질서를 회복하고자 왕권을 제약하던 비변사를 철폐하고 의정부와 삼군부의 기능을 부활시켜 정치와 군사 업무를 분리하였다.(지학사)'는 서술을 보면 마치 비변사를 철폐하면서 비변사의 정무와 군사 기능이 의정부와 삼군부로 분화한 것처럼 서술하였다. 하지만 이는 잘못이다. 앞서 살펴본 바와 같이 비변사의 기능은 업무 분장을 통해 일부만 의정부로 이관되었다가 곧바로 의정부로 흡수·통합되었다. 반면 삼군부는 기존에 있던 훈련도감(訓鍊都監) 산하 각 군사 기구를 삼군부라는 이름 아래 통합·설치한 것이다. 설령 비변사의 군령권(軍令權)과 유사한 점이 있다 하더라도 기존 기구를 통합·격상한 삼군부를 비변사 철폐 과정에서 분화한 기구로 서술하는 것은 분명 문제가 있다.

마지막으로 비변사와 삼군부에 관한 서술에서 모두 흥선 대원군의 통치 제도 정비 또는 개혁정치로 소개한 것은 잘못이다. 앞서 살펴본 바와 같이 비변사 폐지나 삼군부 설치 등의 통치 제도 개편은 합법적 통치 기구인 국왕(國王)에 의해서만 가능하다. 이때의 합법적 통치기구는 국왕인 고종과 수렴청정(垂簾聽政)을 시행한 대왕대비이며, 이들의 통치행위는 『승정원일기』와 『고종실록』에 그대로 남아 있다. 국왕의 사친(私親)인 흥선 대원군은 위와 같은 통치 행위를 할 수 있는 합법적 통치 기구가 아니며 역사 기록에도 등장하지 않는다. 도대체 『승정원일기』나 『고종실록』에 등장하지 않은 흥선 대원군은 어떤 합법적 지위에서, 또 어떤 합법적 자격으로 비변사를 폐지하고 삼군부를 부활했는지 설명이 되지 않는다. 이에 대한 설명을 할 수 없으면 위 서술은 모두 수정해야 한다.

4. 흥선 대원군은 『대전회통』을 편찬할 수는 없다

조선조의 법전은 건국 초의 『경제육전(經濟六典)』을 필두로 새로운 법령이 쌓이고 미비점이 발견될 때마다 이를 보완하는 속전(續典)을 간행하다가 세조 때 통일 법전의 편찬에 착수하여 성종 2년(1471)에 비로소 시행하니 이것이 조선의 기본 법전인 『경국대전(經國大典)』이다. 이후 영조 22년(1746)에 『경국대전』이후의 모든 법규를 모아 『속대전(續大典)』을 편찬하고, 정조 10년(1786)에는 『경국대전』과 『속대전』, 그리고 그 뒤에 제정된 법규를 모아 다시 『대전통편(大典通編)』을 편찬하였다. 『대전통편』체제 이후 80년이 된 1865년, 그동안 누적된 수교(受敎)와 품주(稟奏) 정식 등을 보완하여 새로운 법전을 완성하여 반포하니 이것이 바로 조선의 마지막 법전인 『대전회통(大典會通)』이다. 이렇게 편찬된 『대전회통』에 대해 현행 한국사 교과서는 『육전조례』와 함께 다음과 같이 서술하였다.

교학사	흥선 대원군의 집권과 왕권 강화 정책 "대전회통", "육전조례" 등 새로운 법전을 편찬하여 통치 체제를 재정비하였다. (165쪽)
금성출판사	흥선 대원군의 집권과 통치 체제 재정비 또한, 통치 체제 정비를 위해 "대전회통", "육전조례" 등 법전을 편찬하기도 하였다. (220쪽)
동아출판	흥선 대원군, 통치 체제를 재정비하다 변화된 사회 질서를 반영하고 체제 정비를 위해 "대전회통"과 "육전조례"를 편찬하였다. (155쪽)
리베르스쿨	흥선 대원군의 통치 체제 재정비 "대전회통"과 "육전조례" 등의 법전도 편찬하여 통치 체제를 재정비하였다. (199쪽)
미래엔	흥선 대원군의 개혁 정치 "대전회통", "육전조례" 등 새로운 법전도 편찬하여 통치 체제를 재정비하였다. (174쪽)
비상교육	흥선 대원군이 통치 체제를 재정비하다 그리고 "대전회통", "육전조례" 등의 법전을 편찬하여 통치 체제를 재정비하였다. (195쪽)
지학사	흥선 대원군, 중앙 기구를 개편하다 아울러 "대전회통", "육전조례" 등을 편찬하여 통치 규범을 재정비하였다. (205쪽)
천재교육	흥선 대원군의 개혁 정치 아울러 "대전회통"과 "육전조례" 등을 편찬하여 법령 체계를 재정비함으로써 정치 기강을 확립하고자 하였다. (175쪽)

보는 바와 같이 교과서의 서술은 모두 흥선 대원군이 개혁 정치 또는 통치 체제의 재정비 차원에서 편찬한 것으로 서술하였다. 과연 그럴까? 『승정원일기』와 『고종실록』에서 법전 편찬 과정을 확인해보도록 한다.

> 영의정 조두순이 아뢰기를,
> "『대전통편(大典通編)』이 정조(正祖) 을사년(1785)에 완성되었으니 지금 80년이 되었습니다. 그동안 수교(受教)와 품주(稟奏)하여 법식으로 정해진 것 중에서 조례에 관계되는 것은 반드시 하나로 모아서 일이 있을 때에 참고하는 것 또한 옛 법을 잊지 않고 따르는 뜻이 될 것입니다. 실록 편찬이 끝나기를 기다려 따로 임시 관청을 설치하는 동시에 당상(堂上)과 낭청(郎廳)을 차출하여 분담해서 수집하게 하는 것이 좋을 듯합니다."라고 하니,
> 대왕대비전이 답하기를,
> "그대로 하라."고 하였다.
>
> 〈『승정원일기』, 1865(고종 2). 3. 16.〉

1865년 3월 16일 희정당(熙政堂) 차대(次對)에서 영의정 조두순은 정조 때 완성된 『대전통편』이후 80년의 세월이 흐르면서 쌓인 수교(受敎: 임금의 敎命)와 품주(稟奏: 임금에게 상주한 것) 정식을 보완한 새로운 법전 편찬의 필요성을 보고하고 대왕대비가 이를 허락함으로써 새 법전의 편찬은 시작되었다. 이렇게 시작된 편찬 작업은 『철종대왕실록』 완성과 함께 윤5월 18일 교서관(校書館)을 교식찬집소(敎式纂輯所)로 정하여 진행되었으며, 같은 해 9월 25일 고종의 전교(傳敎)에 따라 『대전회통』이라는 이름을 정하고 11월 30일에 완성하여 반포하였다.

『대전회통』이 완성되자 육조(六曹) 각 관아의 사무 처리에 필요한 행정법규와 사례를 모은 『육전조례(六典條例)』의 편찬도 계속 작업으로 진행하여 고종 4년(1867)에 완성하여 반포하였다. 물론 장소와 인원은 그대로였다.

> 찬집소(纂輯所)에서 보고하기를,
> "『대전회통』을 지금 반행하였습니다. 서울의 각 아문의 대소 사례를 대략『회전(會典)』의 규식(規式)으로 만들어『육전조례(六典條例)』라 이름하고 이어서 찬집하는데, 당상과 낭청은『대전회통』을 교정하고 감인(監印)할 때의 인원을 그대로 거행하는 것이 어떻겠습니까?" 하니, 전교하기를,
> "윤허한다"고 하였다.
>
> 〈『승정원일기』, 1865(고종 2). 12. 17.〉

『승정원일기』와『고종실록』에서 확인할 수 있듯이『대전회통』은 영의정 조두순(趙斗淳)의 건의를 받아들인 국왕의 명에 의해 편찬된 것이다. 수렴청정에 있는 대왕대비의 명도 국왕의 명이나 마찬가지다. 이것이 정상이고 상식이다. 이는『한국민족문화대백과사전』에서 '1865년 왕명에 따라 영의정 조두순(趙斗淳), 좌의정 김병학(金炳學) 등이『대전통편』이후 80년간 반포, 실시된 왕의 교명과 규칙 및 격식 등을『대전통편』아래 추보한 뒤 교서관(校書館)에서 출판하게 된다.'고 한 서술에서도 확인된다.

이와 같은 역사 기록과 백과사전의 서술에도 불구하고 교과서에는 개혁 정치라는 미명(美名) 하에 흥선 대원군이 두 법전을 편찬한 것으로 서술하고 있다. 왜 이러한 서술이 나오게 되었으며, 언제부터 이렇게 서술하게 되었는지 국사편찬위원회에서 운영하는 '우리역사넷'을 추적한 결과 그 뿌리는 국권상실기 일제의『교수참고서』까지 거슬러 올라간다.『교수참고서』는 오늘날의 교사 지침서에 해당된다.

> 대원군은 영의정 조두순(趙斗淳) 등에게 명하여,『대전회통』을 편찬하여 정조(正祖) 이후의 교령(敎令)과 정식(定式)을 보충하여 편집하도록 하였다. 【이 태왕 2년】그와 동시에『양전편고(兩銓便攷)』,『육전조례(六典條例)』도 편성하고 서로 보완하여 완비하도록 하였으며, 또한『춘관통고(春官通考)』천여 권을 교정하여 이조(李朝)의 고사를 편집하였다.
>
> 〈우리역사넷, 심상소학일본역사 보충교재 교수참고서〉

이것은 국권상실기의 일본 역사 보충교재인 『교수참고서』에 수록된 것으로 '교수(敎授) 요지'와 함께 비고(備考)에 서술된 내용이다. 비고의 『대전회통』 및 그 외의 법전들'이라는 제목 아래 기술된 내용에는 '**대원군은 영의정 조두순(趙斗淳) 등에게 명하여**'라 하여 흥선 대원군이 영의정 조두순에게 직접 명한 것으로 되어 있다. 분명한 역사 왜곡이다. 이렇게 시작된 역사 왜곡은 이후 수차례에 걸쳐 개정된 국사 교과서에 그대로 답습되어 오늘날까지 이르고 있는 것이다.

여기서 이 『교수참고서』가 어떤 성격의 책인지는 '통감부(統監府)의 설치' 항목에 대한 '교수 요지'를 읽어보면 쉽게 알 수 있다.

> 본과에서는 먼저 일본과 러시아의 개전(開戰) 사정을 서술하고, 일본이 고작 십수 년 간에 국운(國運)을 걸고 두 번에 걸친 일청전쟁과 일러전쟁을 하게 된 이유를 가르친다. 당시 조선은 외교적으로 강국들에게 저항할 실력이 없어서 움직이기만 하면 그들에게 유린당하였으므로, 떼려야 뗄 수 없는 관계에 있던 일본은 이웃 나라를 구하고, 또한 자국을 보호하려고 어쩔 수 없이 전쟁을 치렀다는 것을 가르친다. 그리고 장래에 다시 이러한 일이 없도록 하기 위해 한국의 외교 사무를 일본이 장악하게 되었다는 것을 설명해 주어야 한다.
> 〈우리역사넷, 심상소학일본역사 보충교재 교수참고서, 교수요지〉

『대전회통』은 『경국대전』으로부터 시작하여 『속대전』과 『대전통편』으로 이어진 법전을 계승·보완한 조선의 마지막 법전이다. 국가 경영의 근간이 되는 법전이 공식적 통치기구인 국왕에 의해 편찬되는 것은 지극히 당연한 일이다. 하지만 일제는 공식적 통치 기구가 아닌 국왕의 사친이 영의정 조두순에게 명하여 편찬한 것으로 왜곡하였다. 물론 막강한 권력을 행사한 흥선 대원군에 의해 국가 정책이 좌지우지 되는 상황에서 법전 편찬도 그랬을 것으로 생각할 수도 있겠다. 하지만, 그것은 역사 기록에 반할 뿐만 아니라 상식적인 일도 아니다. 조선은 국왕의 나이가 비록 어리다 할지라도 삼정승(三政丞)을 비롯한 국가 조직에 의해 운영된 나라였다. 사적(私的) 권력으로 불법·부당한 영향력을 행사한 인물이 공식 석상에서 영의정에게 명을 내려 법전을 편찬하였다는 서술은 조선의 국가 운영 체제를 송두리째 부정하는 것이다.

일제는 이러한 서술로 고종은 국가 경영조차 제대로 할 수 없는 무능한 국왕이며, 조선은 정당한 조직이 아닌 비정상적 힘에 의해 움직이는 미개한 국가라는 점을 드러내고자 했던 것이다. '조선은 외교적으로 강국들에게 저항할 실력이 없어서 움직이기만 하면 그들에게 유린당하였다.'고 한 통감부 설치의 교수 요지에서 우리는 그 의도를 쉽게 읽을 수 있다.

사정이 이러함에도 현행 한국사 교과서는 일제의 논리를 그대로 답습하여 우리 아이들에게 가르치고 있다. 수치스런 일이 아닐 수 없다.

5. 흥선 대원군은 서원 철폐의 실무 책임자였다

앞선 글에서 이미 언급한 바이지만, 흥선 대원군은 의정부 대신들에게 명령을 내릴 수 있는 합법적 지위에 있지 않았다. 만약 흥선 대원군이 조정 대신들에게 공식적인 명령을 내렸다면 그러한 통치 행위는 『승정원일기』나 『고종실록』에 기록으로 남아 있어야 한다. 하지만, 그러한 기록은 존재하지 않을 뿐만 아니라 존재할 수도 없다. 흥선 대원군은 그런 명령을 내릴 지위에 있지 않았기 때문이다. 사정이 이러함에도 우리 역사 교과서는 고종 초기 10년 동안의 통치 행위가 모두 흥선 대원군의 명에 의해 이루어진 것으로 서술하고 있다. 서원 철폐도 그 중의 하나다. 이러한 서술 기조는 국사편찬위원회의 『신편한국사』에서 출발한 것으로 보인다.

> 대원군도 서원을 정리할 것을 결심하였다. 그는 **집권** 직후에는 과다하게 설립된 서원을 제한하는 정책을 시행하였다. 고종 원년 7월에 대원군은 전국 서원과 향현사를 엄밀히 조사시키는 한편 그 존폐문제를 검토하라는 명령을 내렸다. 〈『신편한국사』〉

1863년 고종 즉위를 흥선 대원군의 **집권**으로 설정하고 이전부터 서원 정리에 대한 복안을 가지고 있던 흥선 대원군이 **집권** 직후인 고종 1년(1864) 7월에 전국의 서원과 향현사(鄕賢祠)를 조사하여 존폐 문제를 검토하도록 명령하였다는 것이다. 하지만, 흥선 대원군에게 '**집권**(執權)'이나 '**명령을 내렸다**'와 같은 표현은 부합하지 않는다. 흥선 대원군은 불법·부당한 영향력을 행사한 인물로 합법적 권력 행사로 인식되는 **집권**이라는 용어와 의정부 대신들에게 **명령을 내렸다**는 서술은 역사적 사실과 다르기 때문이다. 이는 『승정원일기』와 『고종실록』에서 확인할 수 있다.

대왕대비가 전교하기를,

"서원이나 향현사를 설립한 것은 혹은 도학(道學)이나 절의(節義), 혹은 공훈이 있거나 업적이 있어서 세운 것으로 후세 사람들의 존경과 사모에서 나온 것이다. 법대로 시행하였거나 훈로(勳勞)가 정해졌거나, 부지런히 일하여 변란을 막은 사람에 대해서는 실로 제사를 지내 받들어야 할 것이다. 그러나 첩설(疊設)이나 사설(私設)을 금지시키는 제도가 있는 것은 외람되게 함부로 세우는 폐단을 염려해서이다. 이런 금령을 무시하고 사당이나 서원을 세우는 것이 근래에 들어와서 더욱 심해졌는데, 한정(閑丁)들이 투탁해 들어가고 잡류가 그곳을 빙자하여 백성들과 고을에 폐해를 끼치는 것이 한두 가지가 아니다. 그래서 철저히 바로잡기 위하여 성책(成册)하여 올려 보내라고 여러 차례 명령하였다. 지금 비록 여러 도에서 일제히 올라왔지만 자세함과 소략함이 일정치 않다. 대체로 중첩된 것은 줄이고 사사로이 설치한 것은 없애야 할 것을 지금 잘 헤아려서 조처해야 하는데, 너무 허술하게 만든 성책은 상고할 자료로 이용하기가 어렵다. 묘당(廟堂)에서 예조(禮曹)에 있는 문건을 참고하거나 혹은 다시 해도(該道)에 관문을 보내 상세하게 보고하도록 해서 충분히 상의하고, 이어서 예제(禮制)를 가지고 존속시킬 것인지 훼철할 것인지를 구획하여 정하는 것을 한결같이 법도에 부합시켜서 속히 **품정**(稟定)하여 시행함으로써 번잡하거나 어지러운 폐단이 없게 하라."

〈『승정원일기』, 1864. 7. 27〉

이 기록에서 우리는 서원의 존폐 여부가 흥선 대원군의 명령이 아닌 대왕대비의 전교에 의해 결정되었음을 알 수 있다. 실상, 서원을 철폐해야 한다는 논의는 고종 때 처음으로 불거진 문제가 아니다. 인조 때인 1644년 영남 감사 임담의 상소에서 처음 제기된 서원 문제는 효종과 현종 연간을 거치면서 간헐적이나마 서원의 폐단을 논하는 상소가 이어지다가 숙종 때가 되어서야 서원 남설(濫設)에 대한 적극적 제제가 가해지기 시작했다. 그리고 영조 때가 되면 서원 건립이 급격히 늘어나면서 서원이라는 이름으로 건립이 금지되자 서원 대신 사우(祠宇)라는 이름으로 건립이 성행하였다. 특히 동일 인물을 제향하는 첩설(疊設)의 경우가 심각하여 송시열을 배향한 서원은 전국에 44개 소(祠宇 포함)나 되고, 10개 소 이상의 서원에 배향된 인물이 10여 명에 이를 정도였다.

서원 남설은 차츰 학덕이 뛰어난 유학자를 배향한다는 본래의 건립 취지에서 벗어나, 높은 관직을 지낸 관리나 선정을 한 수령을 배향하는가 하면, 심지어 문중에서 추향(追享)하는 사례도 빈번하여 심각한 사회 문제로 부각되었다. 이에 영조는 1741년(영조 17)에 19개의 서원을 포함하여 모두 173개 소의 서원과 사우를 훼철하였다. 이후 서원의 남설은 다소 주춤하였으나 대민 착취와 서원의 부패로 인한 새로운 사회 문제가 대두되고 있었다. 그 중의 가장 대표적인 폐단으로 화양서원의 묵패(墨牌)를 들 수 있다. 묵패는 화양서원에서 검은 도장을 찍어 발행하는 문서로 애초에는 서원에서 소요되는 비용을 충당할 목적으로 발행하였으나 차츰 서원의 제수(祭需) 비용을 충당한다는 구실로 착취와 토색질에 이용되어 힘없는 백성들은 이루 말할 수 없는 고초를 겪게 된다. 일단 묵패를 받고도 이에 따르지 않을 경우 서원으로 끌려가서 요구된 금품이 마련될 때까지 감금당하거나 사형(私刑)을 당하는 것이 보통이었기 때문이다. 이런 이유에서 화양 묵패는 협박장의 대명사가 되었던 것이다.

이러한 서원의 폐단을 인식하고 있던 대왕대비 조씨는 고종의 즉위로 수렴청정을 하게 되자 이의 시정 명령을 내렸던 것이다. 각 읍에 있는 서원에 대한 실상을 철저히 조사하여 보고하도록 하고, 의정부에서는 예조에 있는 서원 관련 문건을 참고하거나 지방의 보고서를 살펴서 존폐의 기준을 정하여 폐단을 없애도록 하라는 것이다. 대왕대비의 전교에 의해 서원 철폐가 단행되었음은 이처럼 『승정원일기』가 분명하게 보여주고 있다.

다음은 만동묘(萬東廟)와 화양서원(華陽書院) 철폐에 관한 서술이다.

> 대원군은 자신의 권력기반이 확고해지자 고종 2년 3월에 큰 영향력을 갖고 있었던 만동묘(萬東廟)의 철폐명령을 내렸다. 서원 중에서 가장 영향력이 있었던 것은 노론의 영수인 송시열을 배향한 청주의 화양서원(華陽書院)이었으며, 송시열의 유지에 따라 중국 명나라의 신종(神宗), 의종(毅宗)을 추모하기 위해 설립된 만동묘였다.
> 〈서원철폐와 경복궁 중건, 『신편한국사』〉

만동묘는 임진왜란 때 조선에 원군을 보낸 명의 신종과 마지막 황제인 의종을 제사하기 위해 건립한 사당이다. 1689년 우암 송시열이 사사(賜死)될 때 사당을 세워 신종과 의종의 신위를 모시고 제사 지낼 것을 유언(遺言)하자 1703년 민정중 등에 의해 건립된 후 1776년 정조가 어필로 사액(賜額)하고, 1844년(헌종 10)에는 봄가을에 한 번씩 관찰사로 하여금 정식으로 제사를 지내도록 하였다. 그러나 이후 만동묘는 유생들의 집합 장소가 되어 그 폐단이 서원보다 더 심각해졌다. 이에 1865년(고종 2) 조정에서는 대보단(大報壇)에서 명나라 황제를 제사지내므로 사적으로 제사 지낼 필요가 없다는 이유를 들어 만동묘의 지방(紙榜)과 편액(扁額)을 대보단의 경봉각(敬奉閣)으로 옮기고 만동묘의 향사(享祀)를 정지하도록 하였다. 이와 관련한 『승정원일기』의 기록은 다음과 같다.

> 대왕대비가 전교하기를,
> 아! 선정(先正) 송시열은 우리 효종 대왕과 공덕을 같이한 신하이다. 큰 의(義)를 붙잡아 우주에 펼쳤으니 이 나라의 백성들이 금수(禽獸)가 되는 것을 면하게 된 것이 누구의 공로이겠는가? 날은 저물고 갈 길은 먼데, 사무친 통한이 가슴에 맺힌다는 말을 세상을 떠나던 마지막 순간에 수제자(首弟子)를 향하여 남겼던 것은 모두 부득이한 고심에서 나온 일이었다. 이것이 만동묘(萬東廟)를 설치하게 된 유래이다. 그런데 숙종과 영조의 시대로 내려오면서 천자(天子)에게 제후(諸侯)가 조회를 드리는 예절을 참작하고 하늘에 보답하고 해를 주(主)로 삼는다는 원칙도 내세워 묘(廟) 대신에 제단(祭壇: 대보단)을 꾸며놓고 세 황제를 함께 제사지내니 의리가 극히 정밀하고 예절이 극히 엄숙하였으며 음악과 춤 등 모든 것이 격식대로 다 갖추어졌다. -중략- 만동묘의 제사는 이제부터 정철(停撤)하고 지방위(紙榜位)와 편액(扁額)은 대신과 예조판서를 보내 모셔 오게 해서 대보단의 경봉각(敬奉閣)에 보관하고 편액은 그대로 경봉각에 걸도록 하라.
> 〈『승정원일기』, 1865. 3. 29〉

이에 따르면 만동묘의 향사 정지도 흥선 대원군의 명이 아닌 대왕대비의 전교에 의해 이루어졌음을 알 수 있다. 이러한 사실은 같은 해 5월 좨주(祭酒) 송래희의 상소에서 '삼가 듣건대, 최근 만동묘(萬東廟)의 향사(享祀)를 정지하고 편액을 철거하도록 자성(慈聖: 대왕대비)께서 전교하셨다고 하였습니다.'라고 한 언급이나, 윤5월 행부호군(行副護軍) 임헌회의 상소에서 '삼가 듣건대, 자성전하께서 전교로 대보단과 만동묘가 중첩되어 설치되어 있으니 만동묘의 제향(祭享)을 정지하도록 명하시고 어필로 내린 편액을 옮겨 보관하라고 하셨다 합니다.'라는 언급에서도 확인된다. 이러한 기록을 종합하면 만동묘가 흥선 대원군이 명령에 의해 철폐되었다는 서술은 명백한 오류임을 알 수 있다.

서원 철폐의 절정은 고종 8년인 1871년에 있었다.

대원군의 서원철폐 정책이 최고조에 달한 것은 고종 8년(1871)이었다. 이해 3월에 마침내 전국의 거의 모든 서원을 철폐하는 명령이 발령되었다. 즉 1人 1院

이상으로 중복 설립된 서원과 향현사는 설혹 사액서원이라 하더라도 모두 없애고, 사액서원으로서 마땅히 존속시켜야 할 47개 처만 남기도록 하였던 것이다.
〈서원철폐와 경복궁 중건, 『신편한국사』〉

1871년 3월 흥선 대원군은 47개 소(사우 포함)의 사액 서원을 제외한 한 사람 당 한 원(院) 이상으로 첩설된 경우와 향현사를 비롯한 거의 모든 서원을 철폐하도록 하였다는 것이다. 하지만, 『고종실록』에 따르면 이때의 명령은 흥선 대원군이 아닌 고종이 직접 내린 것이다. 1871년이면 대왕대비 조씨가 철렴(撤簾: 수렴청정을 거둬들임)을 하고 고종이 친정을 수행하고 있던 시기로 당연히 고종의 하교로 이루어진 것이다. 『고종실록』에는 아래와 같이 기록되어 있다.

하교(下敎)하기를,
연전에 만동묘에 지내던 제사를 그만두게 한 것은 우리나라에 해마다 제사를 지내는 대보단이 있기 때문이었다. 이런 때 도학(道學)에 관한 학문이 있고 충성과 절개를 지킨 사람에 대해 서원(書院)을 세워 중첩하여 제향하고 있으니, 이것이 어찌 도리이겠는가? 그리고 서원에 신주(神主)를 모시는 것은 삼대(三代)의 법이 아니다. 그런데 우리나라에서 문성공(文成公) 안유(安裕)에 대해 사모하는 뜻을 보인 이후 점점 늘어나서 지금은 한 사람을 중첩해서 제향하여 많게는 4, 5, 6개소에 이르고 있다. 처음에는 향현(鄕賢)이라 해서 서원을 내고, 마침내 유생들이 상소를 올려 선액(宣額)하게 되는데, 여러 가지 말하기 어려운 폐단도 이 가운데 있다. 비록 사액(賜額)한 서원이라 하더라도 한 사람에 한 서원 외에 중첩하여 설치된 것은 **예조 판서가 대원군(大院君)에게 품정(稟定)하여 신주를 모신 서원을 제외하고는 모두 철폐하라.**
〈『고종실록』, 1871. 3. 9.〉

1865년 만동묘의 제사를 정지하고 이어서 1868년과 1870년에는 사액하지 않은 서원과 사액서원이면서 백성들에게 폐를 끼치는 서원에 대한 철폐를 단행하였다. 그리고 1871년, 전국의 서원을 대상으로 한 사람에 하나의 서원만을 존속하고 나

제Ⅵ장 흥선 대원군은 합법적 통치자인가? · 159

머지 첩설된 서원은 모두 철폐하도록 명령을 내린 것이다. 그런데 고종은 서원의 존폐(存廢) 여부를 예조에서 흥선 대원군에게 품정(稟定)하여 시행하도록 명령하였다. 품정이 '임금이나 윗사람에게 아뢰어서 의논하여 결정함'이란 뜻이니, 예조에서 흥선 대원군에게 아뢰어 결정한다는 뜻이다. 그리고 보면 흥선 대원군은 국왕의 명에 따라 서원철폐의 실무를 총괄 지휘한 실무책임자였음을 알 수 있다. 이것이 순리고 상식이다.

이상에서 살펴본 바와 같이 만동묘의 향사 정지나 서원 철폐는 국정 최고 책임자인 대왕대비와 고종의 명에 의해 이루어졌다. 서원 철폐와 관련한 흥선 대원군의 역할은 1871년 서원 철폐 때, 예조의 품의(稟議)를 받아 존폐 여부를 논의하고 결정한 것이었다. 그러함에도 흥선 대원군이 의정부에 명을 내려 서원을 철폐했다는 『신편한국사』의 서술은 한국사 교과서에도 그대로 이어졌다.

교학사	이에 흥선 대원군은 만동묘를 철폐하고 각 지방에 산재한 서원을 정리하여 47개소만 남겼다. (165쪽) 〈사료〉 박제형, 『근세조선정감』
금성출판사	또한 흥선 대원군은 주요 서원 47개소만 남기고 나머지는 모두 없애 버렸다. (220쪽) 〈사료〉 정교, 『대한계년사』
동아출판	또한, 부패한 정치 세력의 근거지였던 서원을 대폭 정리하고 토지와 노비는 몰수하였다. (155쪽)
리베르스쿨	흥선 대원군은 서원을 전국에 47개소만 남기고 600여 개소를 혁파하였다. -중략- 서원 철폐에 그치지 않고 명의 신종 사당인 만동묘도 폐지하였다. (199쪽) 〈사료〉 박제형, 『근세조선정감』
미래엔	흥선 대원군은 전국 600여 개 서원 중 47개만 남기고 철폐하였다. (174쪽) 〈사료〉 박제형, 『근세조선정감』
비상교육	나아가 흥선 대원군은 전국의 서원을 47개소만 남기고 모두 철폐하였다. (196쪽) 〈사료〉 박제형, 『근세조선정감』
지학사	이에 흥선 대원군은 송시열의 유언에 따라 세워졌던 만동묘를 시작으로 600여 개의 서원을 철폐하여 1871년에는 사액 서원 중 47개소만 남겼다. (206쪽)
천재교육	흥선 대원군은 유생들의 강력한 반발을 물리치고 서원을 대폭 정리하여 47개만 남기고 모두 철폐하였다. (177쪽) 〈사료〉 박제형, 『근세조선정감』

모든 교과서가 동일하게 흥선 대원군이 서원을 철폐한 것으로 서술한 것은 앞서 살펴본 바와 같다.『신편한국사』나 교과서 어디에도 대왕대비와 고종의 명령은 보이지 않고,『승정원일기』와『고종실록』의 기록은 언급되어 있지 않다. 오히려 눈에 띄는 것은 대부분의 교과서가 사료로 제시한『근세조선정감』과『대한계년사』다.『한국민족문화대백과사전』에는『근세조선정감』에 대해 '1886년(고종 23) 박제경(朴齊絅)이 쓴 흥선 대원군(興宣大院君) 집정 전후의 야사서(野史書)'라 하였으며,『대한계년사』에 대해서는 '조선 말기 정교(鄭喬)가 저술한 편년체 사서(史書)'라 정의하였다. 비록 사료적 가치를 무시할 수는 없으나 모두 사찬(私撰) 야사(野史)임은 분명하다. 그렇다. 우리 역사는『승정원일기』나『고종실록』과 같은 정사(正史)는 뒷전으로 팽개치고 사찬(私撰) 야사를 토대로 서술하고 이를 아이들에게 가르치고 있는 것이다.

이러한 서술은『한국민족문화대백과사전』도 예외가 아니다.

> 흥선 대원군은 1864년(고종 1)에 이미 민폐문제를 구실로 사원에 대한 조사와 그 존폐여부의 처리를 묘당에 맡겼으며, 1868년과 1870년에 미사액서원과 사액서원으로 제향자의 후손에 의하여 주도되면서 민폐를 끼치는 서원에 대한 훼철을 명령하였다.
> 이어 1871년에 학문과 충절이 뛰어난 인물에 대하여 1인 1월(一人一院) 이외의 모든 첩설 서원을 일시에 훼철하여 전국에 47개 소의 서원만 남겨놓게 된 것이다. 이때 존치된 47개 소는 서원명칭을 가진 것이 27개 소, 사(祠)가 20개 소이다.〈서원〉

1864년, 민폐 문제를 구실로 사원(祠院)에 대한 조사와 존폐 여부를 묘당(廟堂: 의정부)에 맡긴 인물도 흥선 대원군이고, 1868년과 1870년의 서원 훼철을 명령한 인물도 흥선 대원군이고, 1871년 47개 소를 제외한 모든 서원을 철폐하도록 명령한 인물도 흥선 대원군이다. 수렴청정 중인 대왕대비나 국정 최고 책임자인 고종은 어디 가고 오로지 흥선 대원군만이 보인다. 하지만, 흥선 대원군은 그런 명령을 내릴 수 있는 지위에 있지 않았으며 다만 국왕의 명에 따라 서원 철폐의 존폐 여부를 결정할 실무를 맡았을 뿐이다. 정사의 기록이 이토록 분명함에도 교과서와 백과사전에는 역사적 사실을 왜곡하여 흥선 대원군을 국정 최고 책임자 지위에 올려놓았다.■

6. 흥선 대원군은 경복궁 중건의 조력자(助力者)였다

아래 문제는 최근 치러진 제36회 한국사능력검정시험 고급 문제 중의 하나다.

'이 사당은 위정척사 운동을 주도한 [(가)]의 위패를 모신 충청남도 청양의 모덕사입니다. 흥선 대원군의 하야와 고종의 친정을 요구하는 상소를 올렸던 그는 왜양일체론을 내세워 강화도 조약 체결을 반대하였습니다.'

(가)에 해당하는 인물은 면암(勉庵) 최익현(崔益鉉)으로 그는 상소(上疏)에서 흥선 대원군의 하야와 고종의 친정을 요구했다는 내용이다. 하지만, 이는 두 가지 점에서 역사적 사실을 왜곡하고 있다. 첫째, 흥선 대원군은 공식적 통치 기구가 아니기 때문에 '하야(下野)'라는 용어는 부합하지 않는다. 그냥 '영향력 상실' 정도가 적당한 표현이다.

둘째, 위에서 말한 소(疏)는 최익현이 1873년에 올린 것으로 여기에는 대원군의 하야와 고종의 친정을 요구한 내용이 없다. 고종의 친정은 1866년 2월 13일 대왕대비가 철렴(撤簾: 수렴청정을 거둬들임)과 함께 전권 위임을 선포함으로써 이미 시작되었기 때문에 또다시 친정을 요구할 이유가 없다. 따라서 이 지문은 완전히 엉터리다. '하야(下野)'와 '친정(親政)'의 의미를 알고, 해당 상소를 한 번이라도 읽어봤더라면 이런 지문을 쓸 수 없다.

이와 같이 우리 역사는 1863년부터 1873년까지 흥선 대원군이 마치 최고의 권좌에 앉아서 모든 국정을 통할(統轄)한 것처럼 서술하고 있다. 경복궁 건립도 그 중의 하나다.

> 대원군이 집권 후 심혈을 기울인 다른 한 가지 사업은 임진왜란 당시 불탄 경복궁을 중건하는 것이었다. 이것은 왕실의 존엄을 과시하려는 데 목적이 있었다. … 흥선 대원군은 고종 2년(1865) 4월에 영건도감(營建都監)을 설치하였으며, 스스로 진두에서 사업을 지휘하였다.
> 〈서원철폐와 경복궁 중건, 『신편한국사』〉

윗글은 미래엔 한국사 교과서와 『신편한국사』의 서술이지만 교과서 서술도 대동소이하다.

교학사	흥선 대원군은 왕실의 위엄을 회복하기 위해 임진왜란 때 폐허가 된 경복궁을 중건하였다. 대원군은 공사비를 충당하기 위해 원납전을 걷었고 당백전을 발행하였다. 토지세에 결두전이라는 특별세를 부과하였고, 도성문을 통과하는 물품에 통행료를 부과하였다. 토목 공사의 공사 자재로 사용하기 위해 사족들의 묘지림까지 벌목하였다. (166쪽)
금성출판사	흥선 대원군은 왕실의 위엄을 세우기 위해 임진왜란 때 불타버리고 폐허만 남아 있었던 경복궁을 중건하였다. 이때 필요한 비용을 마련하기 위해 원납전을 강제로 징수하고 당백전을 발행하였다. (220쪽)
동아출판	흥선 대원군은 왕실의 권위를 높이기 위해 경복궁 중건하였다. 부족한 공사비를 마련하기 위해 강제로 원납전과 각종 잡세를 거두었다. 백성은 처음에는 지지하였지만, 공사 규모가 커지고 비용이 늘어나면서 차츰 불만이 커져 갔다. 또한, 당백전은 물가를 폭등시켜 경제적 혼란을 가져왔다. (155쪽)
리베르스쿨	흥선 대원군은 왕실의 권위를 높이기 위해 임진왜란 때 불타 버린 경복궁 중건 사업을 추진하였다. 그러나 공사비를 마련하기 위해 원납전이란 기부금을 징수하였고, 당백전이라는 고액 화폐를 발행하였다. 또, 전국에서 거목과 거석을 징발하고 양반의 묘지림을 베어냈으며, 경복궁 중건 공사에 백성들을 강제로 동원하였다. (199쪽)
미래엔	흥선 대원군은 왕실의 권위를 다시 세우기 위해 임진왜란 때 불타 버린 경복궁을 중건하였다. 그러나 공사비를 마련하기 위해 원납전이란 기부금을 강제로 거두었다. 당백전이라는 고액 화폐도 발행했는데, 이로 인해 물가가 폭등하였다. 또 백성을 강제로 동원했고, 도성문을 출입하는 사람들에게 통행세를 징수하였으며, 양반들의 묘지림까지 베어냈다. (174쪽)
비상교육	흥선 대원군은 왕실의 권위와 위엄을 되찾기 위해 임진왜란 때 불타 버린 경복궁을 중건하였다. 그러나 공사에 필요한 박대한 비용을 마련하기 위해 원납전이란 기부금을 강제로 걷었으며, 고액 화폐인 당백전을 발행하여 경제적 혼란을 가져왔다. 또한 공사에 백성을 강제로 동원하였고, 부족한 목재를 확보하기 위해 양반의 묘지림을 벌목하였다. (195쪽)
지학사	흥선 대원군은 왕실의 권위를 다시 세우고자 임진왜란 때 소실된 경복궁을 중건하였다. 그는 경복궁 중건에 들어가는 막대한 공사비를 마련하려고 원납전이란 이름의 기부금을 거두었다. 당백전이라는 고액 화폐도 발행하였는데, 이로 인하여 물가가 폭등하기도 하였다. (206쪽)
천재교육	흥선 대원군은 왕실의 위엄을 회복하기 위해 임진왜란 때 불탄 후 방치되어 있던 경복궁을 중건하였다. 이 과정에서 많은 농민들을 공사에 동원하고, 부족한 자금을 마련하기 위해 원납전을 강제로 거두었으며, 도성문을 출입하는 사람들에게 통행세를 받기도 하였다. 또한, 당백전을 발행하였는데 이로 인해 물가가 급등하는 등 경제가 혼란해졌다. (177쪽)

이를 요약하면, 흥선 대원군은 왕실의 권위를 다시 세우기 위한 목적에서 경복궁을 중건하였으며, 이를 위해 1865년 영건도감을 설치하고 스스로 진두에서 사업을 지휘했다는 것으로 경복궁 중건의 주체가 흥선 대원군이라는 논지다. 과연 그럴까?

아래는 이와 관련한 『승정원일기』의 기록이다.

> 대왕대비전이 전교하기를,
> "경복궁(景福宮)은 바로 우리 왕조가 설 때 가장 먼저 자리를 잡은 정궁(正宮)이다. 규모의 정대함이나 위치의 정제함에서 성인(聖人)의 심법(心法)을 우러러볼 수 있고, 정령의 시행이 하나도 정도(正道)에서 나오지 않음이 없어 팔도의 백성들이 모두 복을 입은 것이 이 궁궐로부터 시작되었다. 그러나 불행하게도 병란으로 불타 버린 뒤 미처 중건하지 못하여 뜻 있는 이들이 탄식해 온 지 오래되었다. 지금 정부의 중수를 인하여 국가가 융성할 때 민물(民物)이 번창하고 훌륭한 이들이 등용된 것을 매양 생각하면 대체로 공경히 되뇌이며 추모하는 마음이 간절하다. -중략- 이 궁궐을 중건하여 중흥의 대업을 이루려면 여러 대신들과 일을 계획하지 않을 수 없으니, 시원임 대신은 내일 음식을 내린 뒤에 남아서 기다리라." 하였다.
>
> 〈『승정원일기』, 1865. 4. 2.〉

경복궁은 조선왕조 선국 직후인 1394년 12월부터 이듬해 9월에 걸쳐 정도전의 지휘 아래 건립된 조선의 정궁(正宮)이었으나 임진왜란 때에 소실(燒失)되었다. 그후 순조와 헌종 때에 중건을 시도한 바가 있으나 재정이 여의치 않아 뜻을 이루지 못하다가 고종 즉위와 함께 대왕대비의 전교(傳敎)로부터 시작되었다. 전교가 있은 다음날인 4월 3일에는 2품 이상의 대신들이 논의를 하여 그 결과를 보고하도록 하였다. 이에 따라 같은 날 동녕위(東寧尉) 김현근을 비롯하여 80여 명이 넘는 2품 이상의 대신들이 개진(開陳)한 의견을 모아 보고하였는데 하나같이 적극 찬성이었다. 이에 고종은 "여러 재상들의 의논이 이와 같으니 의정부로 하여금 좋은 쪽으로 품의한 뒤 조처하도록 하라."고 전교(傳敎)함으로써 경복궁 중건은 결정되었다.

이어 같은 날 오후에는 대왕대비가 시임(時任)과 원임(原任) 대신을 소견(召見)한 자리에서 "어제 경복궁의 중건 문제를 명령한 바가 있는데 경들은 들었는가?"라는 질문과 함께 경복궁 중건에 관한 논의는 이어졌다. 이에 영중추부사(領中樞府事) 정원용이, "지금 받은 명령은 대소 신민들이 항상 바라던 것입니다. 그런데 궁전을 짓자면 먼저 규모도 정하고 준비도 있어야만 공사를 시작할 수 있습니다."라고 하자 대왕대비는 "나라에서 공사를 하려고 드는 이상 안 될 리가 있겠는가? 옛날 그 대궐을 사용할 때에는 백성들이 번성하고 물산이 풍부하였으므로 태평 시대라고 칭송하였다. 그 때문에 주상이 백성을 위하여 이 공사를 한번 해보려는 생각을 가지는 것이다."라 하며 중건에 대한 강한 의지를 내비쳤다. 경복궁을 중건하여 사용하면 백성들이 늘어나고 물산이 풍부해질 것이라는 희망이 배어있는 말이다.

이렇게 시작된 오후 소견에서는 경복궁 중건에 대한 핵심적인 두 가지 사안이 거론되었다. 하나는 영의정 조두순이 건의하고 대왕대비가 윤허함으로써 별 논란 없이 결정된 영건도감(營建都監)의 책임 관리 차출이었다. 영건도감 설치에 따라 임명된 책임 관리로는 도제조(都提調)에 영의정 조두순과 좌의정 김병학이, 제조(提調)에는 흥인군 이최응, 좌찬성 김병기, 판중추부사 김병국, 겸호조판서 이돈영, 대호군(大護軍) 박규수, 종정경 이재원 등이었다. 국가적인 대역사(大役事)인만큼 영의정에게 공사의 모든 책임을 맡긴 것이다.

다른 하나는 경복궁 중건에 가장 중요한 요소라 할 수 있는 민력(民力)의 동원과 재원 마련의 문제였다. 영의정 조두순이 "경복궁 중건에 민력(民力)을 동원할지의 여부는 온 조정의 의견이 하나로 모아지기를 기다린 다음에 아뢰겠다." 하였고, 판돈녕부사(判敦寧府事) 이경재는 "실로 재물을 마련하자면 백성에게서 받아내는 길밖에 없어 결국 백성들에게서 거두어들여야 할 형편인데 절약하는 방도는 유사(有司)들이 어떻게 조처하는가에 달려 있습니다."라고 하여 민력 동원의 불가피성을 아뢰는가 하면, 좌의정 김병학은 "대체로 나라에 큰 공사가 있으면 으레 백성의 힘을 빌리는데 이것은 어버이의 일을 도우려고 아들들이 달려오는 것과 마찬가지입니다."라고 하여 민력 동원이 관례임을 강조하였다.

경복궁 중건이라는 대역사에 백성의 힘을 빌릴 수밖에 없다는 대신들의 의견에 대왕대비는 "이번의 중건 공사는 순전히 백성들을 위하여 하는 일인데 어떻게 맨 먼저 백성들의 힘을 소비할 수 있겠는가?"라며 우려를 나타냈다. 그러자 정원용은 "옛 제도에도 한 해에 백성들의 품을 3일간 썼습니다. 이런 나라의 공사에 백성들이 품을 들이지 않을 리 있겠습니까?"라고 하여 백성 동원의 불가피성을 재차 강조하였다. 이어 대왕대비가 백성들의 힘만 빌릴 것인지에 대해 묻자 조두순은 서민(庶民)뿐 아니라 위로 경재(卿宰)로부터 서민에 이르기까지 모두들 힘을 내어 돕게 해야 할 것이라는 의견을 제시하였다.

위로 경재로부터 아래로 서민에 이르기까지 온 국민이 동원되는 국가사업을 구중궁궐에 있는 한 여인이 감당하기에는 벅찬 일이 아닐 수 없다. 이에 대왕대비는 흥선 대원군의 조력(助力)을 얻고자 하여 영의정 조두순에게 아래와 같은 명을 내린다.

> 이처럼 더없이 중대한 일은 나의 정력(精力)으로는 미칠 수가 없기 때문에 모두 대원군(大院君)에게 맡길 것이니, 매사를 반드시 의논하여 처리하도록 하라.(如此重大之事, 以予精力, 有所不逮, 故都委於大院君矣, 每事必講定爲之也.)
> 〈『승정원일기』, 1865. 4. 3.〉

대왕대비의 명을 받은 조두순은 '하교(下敎)대로 하겠습니다.'라고 답함으로써 모든 것이 정리 됐다. 대왕대비의 명에 따라 중건의 책임자인 도제조 조두순은 중요한 문제를 흥선 대원군과 협의를 거쳐 결정해야만 했다. 흥선 대원군에게는 일종의 자문 역할이 부여된 셈이다. 이는 서원을 정리할 때 전국의 1인(人) 1원(院)

에 한해 존속시키고 나머지 모든 서원을 철폐할 때 그 대상을 어떻게 정할 것인가의 실질적 문제는 흥선 대원군에게 품정(稟定)해서 실행하라고 한 것과 같은 맥락이다.

    자문 역할이 부여되긴 했지만 중건의 최고 책임자인 영의정이 반드시 그와 상의해서 결정하도록 했으니 실로 막강한 권한이 아닐 수 없다. 흥선 대원군은 경복궁 건립의 총감독이나 다름이 없었다. 하지만, 아무리 막강한 권한을 행사한다고 하더라도 흥선 대원군은 국가 정책을 결정하고 시행하는 국왕이 아니다. 서원 철폐 때도 그랬고 경복궁 중건 때도 그랬듯이 흥선 대원군은 권력을 가지긴 했지만 어디까지나 국왕의 조력자(助力者)에 지나지 않았다. 그런데 우리 역사 서술은 합법적 최고 통치 기구인 대왕대비나 국왕을 배제하고 흥선 대원군이 마치 국왕의 지위에서 국정을 총괄한 것으로 서술하고 있다. 때문에, 우리 한국사 교과서에서 1863년부터 1873년까지의 역사 서술에는 고종은 없고 오로지 흥선 대원군만이 있다. 이는 명백한 역사 왜곡이다.▨

7. 척화비, 국왕인 고종의 명으로 세워졌다

    『한국민족문화대백과사전』에는 척화비(斥和碑)를 '1871년(고종 8) 흥선 대원군이 서양 제국주의 세력의 침략을 경계하기 위해 전국 각지에 세운 비석'이라 정의하고 1871년 신미양요 후 미군이 강화도에서 조선군과 싸운 뒤 4월 25일 퇴각하자 쇄국정책을 더욱 강력히 추진하겠다는 의지를 표명하며 전국 각지에 세웠다는 것이다. 흥선 대원군이 척화비를 세웠다는 서술은 한국사 교과서에서도 마찬가지다.

교학사	대원군은 병인양요와 신미양요 이후 통상 수교 거부 정책을 더욱 강화하였고, 서양 세력의 침략을 경계하기 위하여 전국에 척화비를 세웠다. (168쪽)
금성출판사	흥선 대원군은 프랑스와 미국 등 서양 열강의 군사적 도발을 물리친 뒤, 전국 각지에 척화비를 세워 통상 수교 거부의 뜻을 더욱 강하게 밝히고, 이를 실천하기 위해 군비를 강화하였다. (222쪽)
동아출판	흥선 대원군은 천주교도에 대한 대대적인 탄압을 가하였으며, 2차례의 양요를 겪은 뒤 국방력을 강화하고 전국에 척화비를 세워 통상 수교 거부 의지를 분명히 하였다. (157쪽)
리베르스쿨	두 차례에 걸친 양요를 겪은 조선 정부는 서양과의 통상 수교를 반대하는 정책을 백성에게 널리 알리기 위해 한성 종로 거리와 전국 각지에 척화비를 세웠다. (203쪽)
미래엔	신미양요 이후 흥선 대원군은 서양과의 통상 수교를 거부하는 정책을 널리 알리기 위해 전국에 척화비를 세웠다. (177쪽)
비상교육	두 차례 양요에서 외세의 침략을 물리친 흥선 대원군은 통상 수교 거부 정책을 널리 알리기 위해 전국 각지에 척화비를 세웠다. (198쪽)
지학사	신미양요 이후 흥선 대원군은 각지에 척화비를 세워 서양과의 수교를 거부한다는 의지를 널리 알렸다. (210쪽)
천재교육	신미양요 후 흥선 대원군은 전국 각지에 척화비를 세워 서양과의 수교 거부 의지를 밝혔다. (180쪽)

과연 그럴까? 『한국민족문화대백과사전』에서 밝힌 1871년 4월 25일자 『승정원일기』에는 고종이 연생전(延生殿) 진강(進講)시에 영의정 홍순목과 나눈 척화와 관련된 대화가 수록되어 있다. 고종은 이 자리에서 아래와 같은 하교를 하고 이를 조보(朝報)에 실어 반포하도록 하였다.

> 이 오랑캐가 화친하고자 하는 것이 무슨 일인지 알 수 없으나, 수천 년 예의를 지켜온 나라가 어찌 개나 양 같은 무리와 서로 화친한단 말인가. 비록 몇 년 동안 서로 대치한다 하더라도 반드시 통렬히 끊어버리고야 말 것이니, 만약 '화친'이라는 글자로 말하는 자가 있거든 매국(賣國)의 법을 시행하도록 하라.(此夷之所欲和者, 未知何事, 而以若數千年禮義之邦, 豈可與犬羊相和乎? 雖幾年相持, 必痛絶乃已, 若有以和字爲言者, 當施賣國之律矣.)
>
> 〈『승정원일기』, 1871. 4. 25〉

화친(和親)을 말하는 자에 대한 엄격한 법률을 적용할 것을 지시한 고종의 명이다. 동일한 내용의 기사가 실린 『고종실록』에는 아래 내용이 추가되어 있다.

> 이 때에 종로(鐘路) 거리와 각 도회지(都會地)에 척화비(斥和碑)를 세웠는데, 그 비문에는, '오랑캐들이 침범하였을 때 싸우지 않으면 화친하는 것이요, 화친을 주장하는 것은 나라를 팔아먹는 것이다.'고 하였다.
>
> 〈『고종실록』, 1871. 4. 25〉

이는 곧 고종의 명이 조보에 실려 반포되자 바로 척화비가 세워졌다는 것이다. 국가 시책이니 국왕의 명에 의해 세워지는 것은 당연하다. 이렇게 세워진 비석에는 '양이의 침범에 싸우지 않는 것은 화친하는 것이며, 화친을 주장하는 것은 매국행위이다.(洋夷侵犯, 非戰則和, 主和賣國)'라는 큰 글씨 옆에 작은 글씨로 '나의 만년 자손에게 경계한다. 병인년에 만들어서 신미년에 세움(戒我萬年子孫 丙寅作 辛未立)'이라는 글이 새겨져 있다.

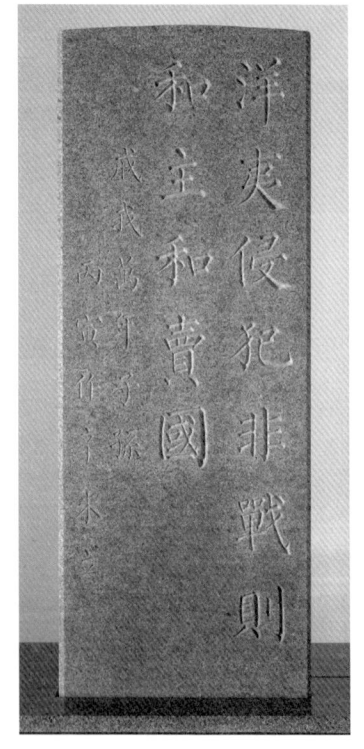

▲ 척화비(국립중앙박물관)

고종의 명에 의하여 척화비가 세워졌다는 사실(史實)은 1876 1월 27일, 우통례(右通禮) 오상현의 상소(上疏)에도 나타난다.

> "전하께서 정학(正學)을 지키고 사도(邪道)를 배척하시며 네거리에 비를 세워 '양이(洋夷)가 침범하였는데 화친을 주장하는 것은 매국 행위이다.'는 글을 새겨 만년토록 온 나라의 백성에게 경계하셨으니, 누구인들 아주 흠앙하지 않겠습니까. (殿下, 衛正學斥邪道, 竪碑於通衢, 勒之以洋夷侵犯, 主和賣國, 垂戒于萬年, 八域臣民, 孰不欽仰萬萬也.)"

특히 이 글에서 '만년토록 온 나라의 백성에게 경계하셨다.'는 문장에 주목할 필요가 있다. 신민(臣民)은 자손(子孫)과 같은 뜻의 단어로 척화비에 새겨진 '나의 만년 자손들에게 경계한다.'는 문장과 단어만 다를 뿐 같은 의미의 글이다. 백성들을 신민(臣民)이라 하고 자손(子孫)이라고 할 수 있는 사람은 국왕 외에 따로 없다. 홍선 대원군은 군주가 아니니 백성을 자손이라 일컫는 것은 어색하다. 당연히 홍선 대원군이 척화비를 세웠다는 서술은 잘못이다. 물론, 막강한 권력을 행사한 홍선 대원군이 척화비 세우는 일을 진두지휘하였을 수는 있겠다. 하지만, 그것은 실무를 담당한 것이지 최고 통치자로서 명을 내린 것은 아니다. 척화비는 국가 최고 통치자인 고종이 화친(和親)을 배척한다는 의지를 담아 세운 비석이다. 현대적 개념으로 말하자면 대국민 담화문이라 할 수 있다. 그러한 담화문 성격의 비석을 공식적 통치 기구에 있지 않은 홍선 대원군이 세운다는 것이 가능한 것인가? 한마디로 어불성설(語不成說)이다. 한국사 교과서는 아이들에게 잘못된 역사를 가르치고 있는 것이다.

8. 한 면이 모두 오류인 교과서

지학사 한국사 211쪽에는 '흥선 대원군과 노론 세력'이라는 제목 아래 노론의 영수 송시열과 관련된 사진을 싣고 설명을 덧붙였다. 1번은 경기도 여주시에 있는 대로사(大老祠)를, 2번은 충북 괴산군에 있는 만동묘(萬東廟)를 중심으로 한 송시열의 유적이다. 그런데 제시된 설명을 보면 제대로 된 것보다 잘못 되거나 부정확한 것이 더 많다. 한 면에 이토록 많은 오류가 있는 경우는 보기 드문 일이다. 설명의 편의상 맨 아래의 하마비(下馬碑)부터 무엇이 잘못인지 하나하나 살펴보기로 한다.

▲ 화양 서원 입구의 하마비

'중국의 황제와 우암 송시열을 모신 곳이니 말에서 내려 걸어가라.'는 의미가 담겨 있다. 흥선 대원군은 집권하기 전 화양동의 경치를 구경하고 만동묘를 둘러보기 위해 이곳을 찾았다가 말에서 내리지 않았다는 이유로 만동묘지기에게 봉변을 당한 적이 있었다.

하마비(下馬碑)는 대체로 장방형 돌에 '大小人員皆下馬(대소인원개하마)'를 새겨 하마비가 세워진 곳으로부터 반드시 말에서 내려 걸어가라는 뜻을 담고 있다. 그런데 교과서의 그림은 글씨가 없을 뿐만 아니라 어른 주먹이 쉽게 들어갈 수 있는 두 개의 큰 구멍이 뚫어져 있다. 이 돌은 만동묘 근처 길 양쪽에 한 개씩 세워져 있는데, 마치 제주도 민가에서 사용된 정주석을 연상케 한다. 하마비가 될 수 없다는 취지로 이의를 제기했더니 출판사에서는 충청북도 공식 블로그의 안내를 토대로 서술했다고 한다.

인터넷 블로그 자료를 교과서 집필의 근거로 삼았다는 답변은 교과서와 관련하여 받은 답변 중에 가장 황당한 경우로 기억된다. 안내해준 블로그에 게시된 글을 보니 교과서의 집필 자료로 삼기에는 내용이 너무나 부실하였다. 필자의 거듭된 이의 제기에 지학사는 2015년 판에 '하마비'를 '하마소 근처에 세워진 돌'로 수정하였다. 삭제할 것으로 생각했는데 오히려 더 이상하게 해놓았다. 하마소의 위치에 대한 근거는 있는지, 세워진 돌의 용도는 무엇인지, 저렇게 세워진 돌이 어떻게 '중국의 황제와 우암 송시열을 모신 곳이니 말에서 내려 걸어가라.'는 의미가 담겨 있다는 것인지 필자의 설명이 궁금해진다.

이어지는 문장에서 '흥선 대원군은 집권하기 전 화양동의 경치를 구경하고 만동묘를 둘러보기 위해 이곳을 찾았다가 말에서 내리지 않았다는 이유로 만동묘지기에게 봉변을 당한 적이 있었다.'고 하였다. 그러나 이는 '하인의 부축을 받고 계단을 오르다가 만동묘지기의 발길에 차여 나동그라졌다.', '만동묘 제사 때 부채를 들고 가파른 계단을 오르다가 유생(儒生)의 발길에 차여 나동그라졌다.'는 등 흥선 대원군이 만동묘에서 봉변당했다는 여러 가지 이야기 중의 하나일 뿐이다. '당한 적이 있었다.'고 하여 마치 사실인양 단정하여 서술한 것은 잘못이다.

다음으로 '괴산 송시열 유적의 구조(충북 괴산)'라는 제목과 '숙종 때 사사되었던 송시열이 복권된 후 전국 각지에 그를 모시는 서원이 40개가 넘게 세워졌다. 화양 서원은 숙종 때 송시열 문하의 유생들이 세웠다.'는 설명이 있는 교과서의 건물 배치도는 만동묘 인근에 세워진 안내 간판이다. 출판사에서 제시한 블로그에는 몇몇 현판 글씨를 알아보

● 괴산 송시열 유적의 구조(충북 괴산)
숙종 때 사사되었던 송시열이 복권된 후 전국 각지에 그를 모시는 서원이 40개가 넘게 세워졌다. 화양 서원은 숙종 때 송시열 문하의 유생들이 세웠다.

기 쉽도록 왼쪽 상단에 세로로 배치해놓았다. 하지만, 이는 오른쪽에서 왼쪽으로 읽어야 할 현판 글씨를 반대로 읽어 잘못 배치해놓은 것이다. 왼쪽 글씨는 아래에서 위로 읽어야 현판 글씨와 일치한다.

더구나 안내 간판에는 이 건물을 '존사청'으로 표시하였으나 현판 글씨는 敬奉殿(경봉전)이다. 초서를 잘못 읽어 간판에 엉뚱한 건물명으로 표기한 것을 교과서에 그대로 옮겨 놓았다. 간판에는 이 외에도 소소한 오류가 있다. 제대로 살펴보고 실었어야 한다.

▲경봉전

다음으로 만동묘에 대한 것으로 건물 사진 아래에 '명 황제인 신종과 임진왜란 때 군대를 보내 도와준 의종의 제사를 지내기 위해 숙종 때 지은 사당이다. 만동묘라는 이름은 선조의 친필 만절필동(萬折必東)에서 따왔다. 이 말은 '황하는 아무리 곡절이 많아도 반드시 동쪽으로 흘러간다.'는 뜻으로, '명에 대한 조선의 신하된 도리를 결코 그만둘 수 없다는 의미를 담고 있다.'는 설명이 있다. 그런데, 임진왜란 때 조선에 지원군을 보낸 명의 황제는 의종(毅宗)이 아닌 신종(神宗: 재위 1573~1620)이다. 만동묘라는 이름을 선조(宣祖)의 친필 '만절필동(萬折必東)'에서 따왔다는 설명도 옳지 않다. 친필에서 따왔으면 글씨가 되어야 하기 때문이다.

'만절필동'은 선조가 중국에 보낸 '피무변명주(被誣辨明奏)'에 '일편단심 명 황제를 향한 정성은 만번 굽이쳐도 반드시 동으로 흐르

▲만동묘

는 물과 같다(惟其一心拱北之誠, 有似萬折必東之水)'고 한 글에 포함된 것으로, 명에 대한 변함없는 충성과 의리를 담고 있다. 선조는 이 중의 '만절필동' 네 글자를 직접 써서 남겼는데 숙종 때 가평 군수 이제두 등이 경기도 가평군 소재 조종암(朝宗巖)에 이를 새겨놓았다. 또, 충북 괴산군 화양동 계곡 바위에는 이를 모본으로 한 글씨가 새겨져 있다. '萬東'은 이 네 글자 중에 첫 자와 마지막 자를 취하여 조합한 것이다.

대로사와 강한사에 대한 설명도 문제가 있기는 마찬가지다. 아래 글은 두 현판에 대한 설명이다.

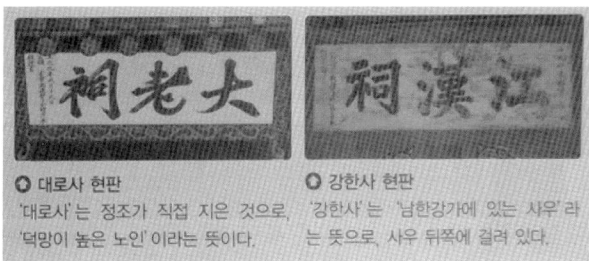

○ 대로사 현판
'대로사'는 정조가 직접 지은 것으로, '덕망이 높은 노인'이라는 뜻이다.

○ 강한사 현판
'강한사'는 '남한강가에 있는 사우'라는 뜻으로, 사우 뒤쪽에 걸려 있다.

일찍이 송시열을 받들던 노론 세력은 경기 여주에 있는 송시열의 사우 현판에 '대로(大老)'라는 글자를 써서 걸었다. 그런데 1873년 조정에서는 공식적으로 흥선 대원군을 '대로'로 추대하고, 국태공(國太公) 등과 함께 공식 직함으로 사용하였다. 왕실의 위상을 높이고 서양의 세력을 물리쳐 대의를 세운 공로라는 명분이었다. 그리고 '대로'가 둘일 수 없다 하여 송시열 사우의 현판을 '강한(江漢)'으로 고치도록 하였다. 노론은 이를 수치스럽게 여겼다. 흥선 대원군은 자신을 '대로'라 부르게 함으로써 송시열을 간접적으로 격하시켰다. 이는 10여 년 집권 동안 권세를 부려 온 노론 세력을 누르려 한 것이다.

송시열을 받들던 노론 세력이 '대로(大老)'라는 글자를 써서 걸었다고 하였으나, ≪일성록(日省錄)≫에 따르면, 정조 9년(1785) 9월에 예조가 송시열의 원우(院宇)를 완공했다는 보고를 하자 '편액의 이름은 예문관으로 하여금 짓게 할 필요 없이 대로사(大老祠)로 정하고, 내각의 제학 김종수(金鍾秀)로 하여금 써서 올리게 하라.'고 하였다. 또, ≪정조실록≫에는 '대로란 두 글자는 예로부터 천하 대로(天下大老)란 글이 있었을 뿐만 아니라, 일찍이 연전에 송시열의 문집 가운데 뛰어난 구절을 모아 편집하면서 그 책의 제명을 ≪대로일고(大老逸稿)≫라 하였으니 대체로 이에서 따온 것이다.'라고 하여 출처를 밝힌 바 있다. 노론 세력이 써서 걸었다는 설명도 잘못이지만 현판은 '大老祠'이므로 '大老'라는 글자를 써서 걸었다는 말도 잘못이다.

이어지는 '국태공 등과 함께 공식 직함으로 사용하였다.'에서 '대로'는 직함(職銜: 벼슬이나 직책, 직무 따위의 이름)이 아닌 존칭(尊稱)이다. 그런가 하면 '흥선 대원군은 자신을 대로라 부르게 함으로써 송시열을 간접적으로 격하시켰다.'라고 한 설명도 잘못이다. ≪고종실록≫에 의하면 '대로'라는 존칭은 1873년(고종10) 윤6월에 관학 유생인 진사 이세우 등의 상소에 따른 것으로 기록되어 있다.

또, 대로사 현판 사진 아래에는 '대로사'는 정조가 직접 지은 것으로, '덕망이 높은 노인'이라 하였으나 이 뜻은 대로사가 아닌 '大老'에 풀이다. '大老'는 『맹자(孟子)』「이루 상(離婁上)」의 '두 노인은 천하의 대로이다.[二老者 天下之大老也]'라는 문구에서 온 말로 이 때의 '二老'는 백이와 태공이라고 되어 있다. 정조는 송시열을 백이와 태공에 버금가는 덕망이 높은 학자로 추앙한 것이다. 흥선 대원군의 사가(私家)인 운현궁(雲峴宮) 건물에 걸려있는 '二老堂'의 '二老'도 백이와 태공을 가리킨다.

▲ 江漢祠(강한사) - 박규수 글씨   ▲ 秋陽齋(추양재) - 김충현 글씨

다음으로 강한사를 '남한강가에 있는 사우'라고 하였으나 대로사 내 다른 건물에 걸려 있는 秋陽齋(추양재) 현판을 보면 강한(江漢)은 추양(秋陽)과 함께 쓰였음을 알 수 있다. 이 두 단어는 ≪맹자≫〈등문공 상(滕文公上)〉에 증자(曾子)가 공자의 덕망을 칭송하면서 '강한(江漢)의 물에 깨끗이 세탁해서 추양(秋陽)에 말리면

그보다 더 깨끗할 수 없는 것과 같다.[江漢以濯之 秋陽以暴之 皜皜乎不可尙已]'라고 한 글에서 차용한 것이다. 강한은 중국의 장강(長江)과 한수(漢水)를 가리킨다.

우리 역사 교과서는 선사시대부터 현대까지 약 70만 년의 역사를 단 한 권의 책에 압축하여 서술한다. 이처럼 장구한 역사를 다루면서 티끌만한 오류조차 허용치 않는 수준 높은 교과서가 되기 위해서는 다수의 각 시대별 전문가뿐만 아니라 유관 분야의 전문가도 함께 참여해야 한다. 그런데, 현행 검정 8종 교과서의 필진을 보면 리베르스쿨 교과서와 같이 단 한 명의 전문가조차 없는 경우가 있는가 하면, 대부분 2~4명의 전문가만이 참여하여 제작하였다. 지학사 교과서는 그나마 가장 많은 4명의 전문가가 참여한 교과서임에도 불구하고 이처럼 어처구니없는 오류가 발견된다. 이는 한국사 교과서의 편찬이 그만큼 어렵다는 뜻이기도 하다. 국정 고등학교 한국사는 모두 27명의 전문가가 참여하였음에도 오류에 대한 시비가 끊이질 않았는데, 겨우 4명이 만든 교과서가 제대로 된 교과서일 것이라고 생각했다면 그건 큰 오산(誤算)이다.▨

9. 옥호루(玉壺樓)는 옥곤루(玉壼樓)의 잘못

1895년 8월 20일(음력) 새벽, 경복궁 향원정 북쪽에 위치한 건청궁(乾淸宮) 경내에서는 조선의 국모인 중전 민씨(1897년 명성황후로 추존)가 미우라 고로의 지휘를 받은 자객(刺客)들에 의해 무참히 살해되는 사건이 발생했다. 사건의 지휘자 미

우라는 조선에 부임한지 한 달이 갓 넘은 일본공사였으며, 행동대는 서울 주둔 일본군 수비대와 일본공사관원, 영사경찰, 신문기자, 낭인 등이다. 이들은 중전을 살해하는데 그치지 않고 시신을 근처의 숲속으로 옮

▲ 명성 황후가 피살당한 옥호루 〈리베르스쿨, 225쪽〉

겨 장작더미 위에 올려놓고 불태우는 천인공노(天人共怒)할 만행을 저질렀다.

이 사건에 대하여 『두산백과』에는 경복궁 건청궁을 소개하면서 '곤녕합(坤寧閤)에서 시해된 명성황후의 시신은 옥호루(玉壺樓)에 잠시 안치되었다가 건청궁의 뒷산인 녹산에서 불태워졌다.'고 하였으며, 리베르스쿨 한국사 교과서에는 옥호루를 명성황후가 피살된 곳으로 표시하였다. 애초에 비밀리에 거행된 사건인데다 일반인의 접근이 차단된 궁궐이라는 특수성 때문에 정확하게 어디에서 살해되고 어디로 어떻게 옮겼는지에 대해서는 의견이 다르다. 하지만, 건청궁 내 중전의 공간인 곤녕합(坤寧閤)과 옥호루(玉壺樓)를 중심으로 벌어진 사건임은 분명하다.

문제는 사진에 보이는 현판 글씨를 모두가 '옥호루'로 읽는다는 데 있다. '玉(옥)으로 만든 항아리(壺) 같이 생겼다 해서 이름이 붙여졌다.(명성황후기념관)'는 그럴듯한 설명까지 곁들이고 있지만 별로 설득력이 없어 보인다. 무엇보다 '옥호'라는 이름이 건청궁 건립 시기와 멀지 않은 때에 살았던 주요 인물의 제택(第宅) 명칭이었다는 점에서 과연 사가(私家)에서 사용하던 명칭을 그대로 궁궐에서 사용했겠는가 하는 의구심이 든다.

옥호라는 이름은 최근까지 이병도(李丙燾) 가(家)에 전해지다가 2017년 3월 국립중앙박물관에 기증된 '옥호정도(玉壺亭圖)'

▲ 옥호정도(국립중앙박물관)

라는 그림에 등장한다. 이 그림은 조선 제23대 왕 순조(純祖: 재위 1800~1834)의 장인이자 조선 후기 세도정치의 중심 인물인 영안부원군 김조순(金祖淳: 1765~1832)의 별서(別墅: 별장)인 옥호산방(玉壺山房) 일대를 그린 것이다. 삼청동 북악산 백련봉(白蓮峯) 일대의 실제 경관을 자세하게 그린 그림에는 옥호산방 편액이 있는 사랑채 건물 외에, 후원(後園)의 죽정(竹亭)과 산반루(山半樓), 첩운정(疊雲亭), 그리고 옥호동천(玉壺洞天), 을해벽(乙亥壁), 일관석(日觀石) 등 암벽 각자(刻字)와 주요 건물의 명칭이 부기되어 있다. 옥호동천(玉壺洞天)이라는 후원의 이름에서 차용한 것으로 여겨지는 옥호산방(玉壺山房)은 김조순이 당시의 인사들과 폭넓게 교유하며 문예 활동을 하였던 곳으로 전해지고 있다.

그런데, 이 옥호산방의 주인인 김조순은 순조의 장인이면서 효명세자(孝明世子: 翼宗으로 추존)의 외조부로 신정왕후(神貞王后) 조씨에게는 시외조부가 된다. 또, 신정왕후는 고종을 자신의 아들로 입적하여 익종(翼宗)의 대통을 잇도록 하였으므로 명성황후는 신정왕후의 며느리가 되는 것이다. 때문에 김조순과 명성황후의 관계는 시간적으로 보나 인척 관계로 보나 결코 멀리 있지 않다. 이처럼 가까이 있는 인물이 늘 사용하던 사랑채의 이름을 궁궐의 중전이 거처하는 건물 명칭으로 사용하였다는 것은 어색하다. 더군다나 옥호산방은 남자의 공간이기에 더 그렇다.

이 의구심에 대한 해답은 명성황후가 남긴 필적에서 쉽게 풀려버린다. 현재 경기도 여주의 명성황후기념관에 명성황후의 필적으로 전시하고 있는 두루마리에는 '玉壼(옥곤)'이라는 두 글자가 보인다. 얼핏 보면 '玉壺(옥호)'로 읽기 쉬우나 壺(호)와 壼(곤)은 분명 다른 글자다. 壼(곤)은 '궁궐 내의 길'이라는 뜻에서 내궁(內宮), 내실(內室)이라는 뜻으로 쓰이는가 하면 여기서

▲명성황후 필적(복제, 명성황후기념관)

발전하여 중전이나 왕비의 뜻이 되어 곤전(壼殿)이나 곤위(壼位)와 같은 단어로

쓰였다. 이는 또 곤전(坤殿)이나 곤위(坤位)와 동의어로 곤(坤)과 곤(壼)은 같은 뜻으로 쓰이는 글자임을 알 수 있다.

『주역(周易)』에서 곤(坤)은 여러 면에서 건(乾)과 대응되는데, 건의 성질이 강건(剛健)함에 비하여 곤은 유순(柔順)함을 뜻한다. 건(乾)이 남성성(男性性)을 대표한다면 곤(坤)은 여성성(女性性)을 대표한다. 건(乾)이 임금을 상징한다면 곤(坤)은 왕비를 상징한다. 그래서 곤녕합(坤寧閤)은 왕비가 편안하게 거처하기를 바라는 뜻에서 지어진 침전의 이름이다. 곤녕합에 이어서 2층 마루로 지어진 옥곤루는 그래서 호(壺)가 아닌 곤(壼)이어야 자연스럽다. 우리 역사에서 호(壺)와 곤(壼)은 자형이 비슷한 탓에 혼동하여 기록된 경우가 적지 않다. 더욱이 행서나 초서에서 두 글자는 의미에 따라 읽어야 혼동을 피할 수 있다.

다시 명성황후의 글씨로 돌아와서 '壼(곤)'자 아래에는 '모든 사물이 다 형통하도다.'라는 뜻의 品物咸亨(품물함형)과 '끝이 없이 덕과 부합한다.'는 뜻의 德合无疆(덕합무강)이라는 여덟 글자가 백문(白文)과 주문(朱文)으로 찍혀 있다. 모두 『주역』 「곤괘(坤卦)」에 나오는 글이다. 명성황후는 옥곤(玉壼) 두 글자를 쓰면서 「곤괘」를 의식하였음이 분명하다. 더불어 건청궁의 건물 명칭을 정할 때 명성황후도 직접 관여하거나 최소한 알고 있었다는 증거가 된다.

▲ 品物咸亨 德合无疆

경복궁 건청궁은 고종의 거처이자 사랑채에 해당하는 장안당(長安堂)과 명성황후의 거처이자 안채에 해당하는 곤녕합(坤寧閤)을 중심으로 부속 건물들이 채워져 있다. 건청궁이라는 현판이 걸린 문을 들어서면 다시 함광문(含光門)을 거치게 되는데 '함광(含光)'도 『주역』 「곤괘」에 나오는 '含弘光大(함홍광대)를 줄인 것이다. 다시 함광문을 들어서면 비로소 곤녕합과 옥곤루 현판이 걸린 건물을 만나게 되는데 이들 건물들은 모두 「곤괘」의 의미를 담은 중전의 공간이다. 그러니 곤(坤)과 의미가 통하는 곤(壼)을 써서 옥곤루(玉壼樓)라 하는 것이 너무나 자연스럽다.

현재의 건청궁 건물은 1909년 본래의 건청궁이 철거되고 조선총독부 미술관이 세워져 미술관으로 이용되었다. 이후 한동안 국립현대미술관으로 사용되던 건물은 1998년 철거되고 옛 건청궁 복원이 시작되어 2007년 10월부터 일반에게 공개되었다. 그런데 옛날 사진 속에 있는 현판을 이미지 복원하여 현재 걸려 있는 현판

▲ 옥곤루(玉壼樓) 현판

과 비교해 보니 차이가 많다. 가장 두드러진 것은 글씨의 색깔이 흑색에서 백색으로 바뀌었다. 그리고 자형도 많이 바뀌고 두인(頭印)과 낙관(落款)이 사라졌다. 좀 더 철저한 고증을 통해 본래 모습에 가까운 복원이 되었으면 한다.

또, 현재 걸려 있는 주련(柱聯)도 과거 사진과 비교해 볼 때 좌측으로 한 칸씩 밀렸을 뿐만 아니라 개수도 정면 5개와 우측면 2개로 모두 7개가 걸려 있다. 대부분 건물의 주련이 짝수를 이룬다는 점을 감안할 때 검토가 필요해 보인다.

제VII장 조·일 수호 조규에 대한 몇 가지 문제

1. 운요호 사건, 사료와 다른 교과서 서술

1876년 2월 3일 조선은 일본국과 최초의 근대적 조약인 조일수호조규(朝日修好條規, 속칭 강화도조약)를 체결하게 된다. 임진왜란으로 단절된 조·일 관계는 1609년 기유약조(己酉約條)를 맺음으로써 회복된 이후 1868년 메이지[明治] 유신(維新) 이전까지 지속되었다. 이후 일본의

▲ 운요호로 알려진 그림

대조선 창구가 쓰시마번주에서 일본 외무성(外務省)으로 바뀌면서 외교 문서인 서계(書契)에도 변화가 불가피하였다. 메이지 유신이라는 국제(國制)의 변화와 미국을 비롯한 외국과의 통상 조약을 경험한 일본은 조선과 국교를 재개하고자 하였으나 과거에 얽매여 온 조선은 일본의 변화된 국서(國書)의 표현을 위격(違格)이라 단정 짓고 서계 접수와 사신 접견을 계속 거부했다. 이와 같은 조선의 처사를 수모로 여긴 일본 조야(朝野)에서는 한때 무력에 의한 교섭 타개를 주장하는 정한론(征韓論)이 대두되어 정쟁으로 비화되기도 하였다.

1873년, 막후에서 대일 강경책을 주도하던 흥선 대원군의 영향력 상실을 계기로 일본은 다시 관계 회복을 시도하였으나 종전과 다름없는 서계 용어뿐만 아니라 연회(宴會)의 복장까지 문제 삼으면서 외교적 교착 상태는 지속되었다. 이러한 가운

데 1875년 8월 강화도에서 발생한 운요호 사건을 계기로 7년 넘게 끌어온 국교 단절을 타개하고 새로운 외교 시대를 여는 조일수호조규(朝日修好條規)가 체결되었다. 그런데, 이 운요호 사건에 대한 교과서의 서술이 혼란스럽다. 이 당시 운요호 사건은 8월 강화도에서 일어난 사건 이전인 4월에도 부산항 사건이 있었는데, 이 둘을 구분하지 않고 혼합하여 서술하고 있기 때문이다.

> 1875년 8월 강화도 초지진 포대에서 조선군은 정지 명령에 불응하는 국적 불명의 이양선에 포격을 가하였다. 이양선도 초지진에 보복 포격을 가하는 한편, 영종도에 상륙하여 약탈과 방화를 저지른 뒤 돌아갔다. 이 이양선은 일본 군함 운요호로, 일본은 자국의 배가 포격 당하였다는 것을 구실로 외교적 압력을 가하기 시작하였다.
> 운요호 사건 당시 조선과 일본은 군사적 충돌을 벌일 만큼 긴장된 상황은 아니었다. 동래에서는 일본에서 파견된 외교관과 조선의 관원이 막후에서 교섭을 벌이고 있었다. 이 외교관은 조선 조정에 개국론이 제기되고 있음을 이미 감지하고 있었다. 그는 조선의 결단을 앞당기기 위해 무력시위를 벌일 것을 본국 정부에 건의하였으며 이에 따라 운요호가 파견되었다. 일본은 과거 미국이 자국에 강요하였던 방식을 그대로 조선에 사용한 것이다.
>
> 〈금성출판사, 229쪽〉

이 글은 일견 하나의 사건으로 보이나 앞 문장은 1875년 8월 강화도에서 발생한 운요호 사건이며, 아래 문장은 같은 해 4월 부산 앞바다에서 발생한 일본 군함의 무력시위 사건에 대한 서술이다. 이 두 사건의 공통점이라면 모두 일본 군함 운요호가 등장한다는 점이며, 차이가 있다면 부산 앞바다 사건은 일본 정부에 의해 계획적으로 감행된 무력시위인 반면 강화도 사건은 강화도 초지진에서 촉발되어 영종도로 확산된 돌발적 충돌사건이라 할 수 있다.

먼저 강화도 운요호 사건보다 넉 달 앞서 발생한 부산 앞바다의 무력시위 사건에 대해 살펴보도록 한다. 이 사건의 핵심 인물은 위 교과서 언급 중 '일본에서 파견된 외교관'인 일본 외무성의 외무 소승(外務少丞) 모리야마 시게루[森山茂]다.

1873년 흥선대원군이 정치 일선에서 영향력이 상실되었다는 소식을 접한 일본 정부는 즉각 외무 6등 출사(出仕) 모리야마를 조선에 파견하여 왜학훈도(倭學訓導) 현석운(玄昔運)과 국교 재개 문제를 논의하게 된다. 1874년 9월 3일 이루어진 이 회담은 메이지유신 이후 조선과 일본 양국 관리 사이에 이뤄진 최초의 공식회담이었다. 이 회담에서 일본은 조선의 요구에 따라 외무성 외무경(外務卿) 명의의 서계와 구(舊) 쓰시마번주 명의의 서계를 함께 보내기로 합의하였다. 이 합의에 따라 모리야마 시게루는 1875년 2월 부산에 도착하여 서계를 제출하고 다시 교섭을 시작하였으나 조선 정부는 서계에 여전히 '대일본(大日本)'과 '황상(皇上)' 등의 용어와 그 본문이 일본어로 쓰여 진 점, 그리고 조선에서 쓰시마에 주었던 도서(圖書)의 환납(還納), 사신접대를 위한 연회석상의 양복 착용 등의 이유를 들어 접수를 거부하였다. 조선정부의 거부 입장을 확인한 모리야마 일행은 그동안의 협상결과를 보고함과 동시에 히로츠 명의로 군함 한두 척을 급파하여 쓰시마와 이 나라 사이를 드나들면서 해로를 측량하는 체하면서 무력시위를 해줄 것을 주문한다.

> 지금 저들이 서로 싸우고, 쇄국파가 아직 그 기세를 되찾지 못하고 있을 때에 힘을 사용한다면 가벼운 힘의 과시로도 목적을 이루기는 용이하다고 판단합니다. 그렇기 때문에 지금 우리 군함 한두 척을 급파하여 쓰시마와 이 나라 사이를 드나들게 하고, 숨었다 나타났다 하면서 해로를 측량하는 체하며 저들로 하여금 우리의 의도를 헤아리지 못하게 하는 한편, 가끔 우리 정부가 우리들 사신의 협싱 치리의 지연을 힐책하는 듯한 표시를 보임으로써 저들에게 위협적으로 받아들여질 언사를 쓴다면, 안팎으로부터의 성원을 방패삼아 일 처리를 재촉할 뿐만 아니라 국교 체결 상 어느 정도의 권리를 얻어낼 수 있으리라는 것도 틀림없습니다. 메이지[明治] 8년 4월 외무성 6등 출사 히로츠 노부히로.
>
> 〈『日本外交文書』〉

　이에 일본정부는 모리야마의 건의를 받아들여 해로(海路) 측량이라는 빌미를 대고 해군 군함을 파견하기로 결정하였다. 이에 따라 4월 20일 해군함 운요호가 부산에 입항하고, 5월 9일에는 군함 제2 테이묘호[丁卯號]가 입항하여 운요호와 함께 무력시위를 감행하였다. 이에 대해 동래부는 신임 왜학훈도 현석운을 파견하여 항의와 함께 퇴거를 요구하였으나 거부당하였을 뿐만 아니라, 현석운 일행이 군함에 승선하였을 때 사격 연습을 한다는 핑계로 일제히 함포를 발사함으로써 부산과 동래부민들로 하여금 위기감을 갖게 하였다.〈이상 국사편찬위원회의 『신편한국사』 서술 요약〉

이것이 4월에 있었던 부산 앞바다의 운요호 무력시위 사건으로 일본은 과거 미국에게 당했던 포함 외교 방식을 그대로 조선에 적용하여 뜻을 이루고자 한 것이다.

다음은 8월에 있었던 강화도의 운요호 사건으로 이에 대한 전후 상황은 1934년 동아일보에 〈속조선최근세사(續朝鮮最近世史)〉라는 제목으로 연재한 이선근(李瑄根) 박사의 기록이 비교적 자세하다.

> 일본 군함 운양호(雲揚號)는 황해 연안 항로 측량의 명령을 받아 청국(淸國)의 우장(牛莊)으로 향하던 도중 음료수가 결핍(缺乏)하게 되자 강화도 동남방 난지도(蘭芝島) 부근에 일시 투묘(投錨: 닻을 내림)한 후 단정(短艇)을 내리어 함장 이하 수십 명 수병이 한강의 수로를 소상(遡上)하였던 바 초지진 포대를 지키던 조선측 수병(守兵)이 그들을 포격한데서 사단은 발생된 것이다. 그리하여 포격(砲擊)을 받았지만 별단(別段) 손해(損害)도 받지 않은 운양호의 단정이 전진을 단념하고 본함(本艦)으로 회항케 되자 이 보고를 받은 운양호의 함장 이노우에 요시키(井上良馨: 당시 육군소좌)는 함수를 돌려 초지진 포대에 대한 보복적 행동으로 초지진과 영종도의 양 포대를 함께 포격하게 되었으니 이 당시 이미 정예한 무기를 갖추어 사기왕성한 일본해군과 새끼오리에 화승총을 매고 대하는 조선군과는 피차 상대가 되지를 않았다. 수삼 십분 맹렬한 포격이 계속되자 영종도를 지키던 조선수병은 모두 다 패주해 버리고 뒤쫓아 상륙한 50명 못 되는 일본육전대에서 영종성이 일시 점령당하게 되었으며 파괴당한 포대에서 대포 삼십육 문과 화승총 백삼십여 정 및 다수의 창검 등속은 전리품으로 빼앗기게 되었다.
> 〈동아일보 1934. 1. 9. 雲揚號事件의 全貌, 현대어로 순화함〉

이선근 박사의 이 글은 조선 말기에 정교(鄭喬: 1856~1925)가 저술한 『대한계년사(大韓季年史)』에 수록된 아래 기록을 근간으로 하고 있음을 알 수 있다.

> 지난해(1875) 8월 일본 군함 운요회[雲揚號]가 청나라로부터 돌아오는 길에 인천 외양(外洋)에 정박(碇泊)하고 함장인 이노우에 요시카[井上良馨]가 단정(端艇: 短艇)을 타고 한강을 거슬러 올라가자 강화도 수병(守兵)이 발포하여 공격하였는데 사실 그 배가 일본 군함인지 몰랐다. 초9일 일본인이 드디어 영종진의 포대를 포격하여 공략(攻掠)하자 수장(守將)이 성을 버리고 도망가 버리고 일본인이 드디어 입성하여 불태우고 노략질한 다음 돌아갔다.
> 〈『대한계년사(大韓季年史)』〉

이를 정리하면, 일본 군함 운요호가 서해의 항로를 측량하면서 요하 하구에 위치한 우장(牛莊)으로 가는 도중 담수(淡水)를 공급받기 위해 모함인 운요호는 난지도 부근에 정박시켜 놓고, 작은 배로 강화 해협을 거슬러 올라가던 중 초지진의 수병(守兵)으로부터 공격을 받게 되자 전진을 포기하고 곧바로 모함(母艦)으로 복귀하게 된다. 이에 격분한 이노우에 함장은 피격에 대한 보복으로 초지진을 공격하고 이어서 영종진의 포대를 공격하는가 하면 일부는 영종도에 상륙하여 방화와 약탈을 자행한 후 돌아갔다. 이때 조선인 사망자는 35명이나 되는 반면 일본인 피해자는 경상자 2명에 그쳤다. 그리고 운요호는 우장으로 가던 길을 포기하고 곧장 나가사끼[長崎]로 돌아가 사건의 전말을 토오쿄[東京] 정부에 보고하게 된다.

이상에서 살펴본 바와 같이 두 차례의 운요호 사건 중 4월에 있었던 부산항 운요호 사건은 국교 재개와 개항을 요구한 계획된 무력시위라고 할 수 있으나, 8월에 발생한 강화도의 운요호 사건은 무력시위나 개항 요구가 없었던 돌발적 충돌 사건이라 할 수 있다. 물론 강화도의 운요호 사건은 이듬해 1월에 진행된 조일 수호 조규 협상 과정에서 일본 측의 압력 수단으로 이용되었음은 주지(周知)의 사실이다.

이제 현행 한국사 교과서에서는 이 운요호 사건을 어떻게 서술하고 있는지 살펴보도록 한다.

출판사	내용
교학사	〈그림〉 운요호 사건 운요는 1875년 조선 해안을 연구한다는 핑계를 대고 강화도에 불법으로 정박하였다. 조선 수군이 공격하자 운요호는 응사하였고 영종진(영종도)에 상륙하여 피해를 입히고 퇴각하였다. −중략− 일본은 강화도에서 운요호를 앞세워 무력시위를 벌였다.(운요호 사건) (176쪽)
금성출판사	운요호 사건 당시 조선과 일본은 군사적 충돌을 벌일 만큼 긴장된 상황은 아니었다. 동래에서는 일본에서 파견된 외교관과 조선의 관원이 막후에서 교섭을 벌이고 있었다. 이 외교관은 조선 조정에 개국론이 제기되고 있음을 이미 감지하고 있었다. 그는 조선의 결단을 앞당기기 위해 무력시위를 벌일 것을 본국 정부에 건의하였으며 이에 따라 운요호가 파견되었다. 일본은 과거 미국이 자국에 강요하였던 방식을 그대로 조선에 사용한 것이다. (229쪽)
동아출판	일본은 이를 틈타 1875년 운요호를 보내 강제로 개항시키고자 하였다. 일본군대는 허락도 없이 강화도에 접근하여 포격을 가하고 초지진과 영종도를 공격하였다. −중략− 결국 일본의 강제적인 요구를 받아들여 1876년 일본과 수호 조규를 체결하였다. (160쪽)
리베르스쿨	일본은 조선을 **침략할 명분을 찾기 위해** 1875년 군함 운요호를 강화도에 파견하였다. 운요호는 해로를 탐사한다는 명분을 내세워 강화도 초지진 포대로 접근하여 들어와 조선 수비군의 발포를 유도하였다. 일본은 운요호 사건을 구실 삼아 1876년 강화도 일대를 침입하여 무력시위를 벌였고, 굴욕적인 조약 체결을 강요하였다. (207쪽)
미래엔	일본은 조선 **침략의 발판을 마련하기 위해** 운요호 사건을 일으켰다. 운요호가 허락도 없이 강화도로 다가오자 강화 수비대는 위협 포격을 가하였다. 일본은 이 과정에서 **조선 수비대가 일본 국기를 모독했다고 억지를 부리며**, 군대를 영종도에 상륙시켜 살인과 약탈을 저질렀다. 그 후 대규모 군함과 병력을 보내 조선에 문호 개방을 강요하였다. (179쪽)
비상교육	이후 일본은 운요호를 강화도로 보내 초지진을 공격하고, 영종도에 상륙하여 관아와 민가를 노략질하며 조선에 개항을 요구하였다. (205쪽)
지학사	이 무렵 일본은 운요호를 조선에 보내 무력시위를 하며 통상 수교할 것을 강요하였다. 일본의 통상 요구에 조선에서는 찬반 논란이 있었으나, 박규수, 신헌 등의 의견을 들어 조일 수호조규를 체결하고 문호를 개방하였다. (216쪽)
천재교육	이러한 가운데 고종의 친정 이후 조선의 외교 정책에 변화의 기운이 나타나자, 일본은 조선에 문호 개방을 요구하기 위해 군함을 파견하였다. 강화도에 나타난 일본 군함 운요호는 경고 사격을 받자 함포를 발사한 뒤, 영종도에 상륙하여 살인과 약탈을 저지른 후 돌아갔다.'(운요호 사건, 1875) '일본은 운요호 사건 당시 조선이 국기를 게양한 군함에 포격을 가한 것은 주권 침해라고 주장하고, 이를 구실로 다시 군함을 보내 무력시위를 벌였다. 이에 조선은 강화도에서 일본과 회담을 열어 강화도 조약(조·일 수호 조규)을 체결하고 문호를 개방하였다.(1876)' (183쪽)

모든 교과서의 운요호 사건 서술은 강화도 사건을 전제로 하고 있으나 교과서마다 조금씩 차이가 있다.

교학사의 '조선 해안을 연구한다는 핑계'와 '무력시위', 금성출판사의 '무력시위를 벌일 것을 본국 정부에 건의하였으며 이에 따라 운요호가 파견되었다.'는 서술은 모두 4월 부산 앞바다 사건에 대한 서술이다.

리베르스쿨과 미래엔의 '침략할 명분을 찾기 위해', '침략의 발판을 마련하기 위해' 운요호 사건을 일으켰다고 하였으나 이는 확대 해석이자 왜곡이다. 강화도에서 일어난 운요호 사건은 돌발 사건이며 훗날 조일수호조규 체결의 빌미가 되기는 하였으나 조일수호조규가 기본적으로 통상을 위한 조약이라는 점에서 '침략의 명분', '침략의 발판' 등의 서술은 왜곡이다.

리베르스쿨의 '일본은 운요호 사건을 구실 삼아 1876년 강화도 일대를 침입하여 무력시위를 벌였고, 굴욕적인 조약 체결을 강요하였다.'는 서술과 천재교육의 '이를 구실로 다시 군함을 보내 무력시위를 벌였다.'는 서술은 일본이 강화도 운요호 사건 이후 다시 강화도를 침입하거나 군사를 보내 무력시위를 벌인 적이 없었다는 점에서 서술 오류다.

미래엔의 '조선 수비대가 일본 국기를 모독했다고 억지를 부리며'와 천재교육의 '일본은 국기를 게양한 군함에 대한 포격을 주권침해라 하고'라는 서술은 일본이 자국 선박에 국기를 달아서 일본 배임을 표시하였는데도 조선이 사격을 가한 것에 대하여 항의하였다는 기록에 비추어 볼 때 이 서술도 오류다.

이상에서 살펴본 바와 같이 운요호 사건은 4월 부산 앞바다와 8월의 강화도에서 두 번 일어난 사건으로 반드시 구분해서 서술하고 설명해야 한다. 특히 강화도 사건의 경우 개항을 요구하며 무력시위를 벌인 적이 없다. 그런데, 모든 한국사 교과서의 운요호 사건 서술은 부산 앞바다의 무력시위 사건과 강화도의 충돌사건을 구분하지 않고 이를 섞어서 '강화도 운요호 사건'으로 소개하고 있다. 수정이 요구되는 서술 오류다.

아울러『한국민족문화대백과사전』과 한국사 교과서를 비롯한 많은 자료에 운요호로 소개되고 있는 그림은 운요호가 아닐 가능성이 매우 높다.『고종실록』과 신헌이 정리한『심행일기(沁行日記)』에는 '운양함에 있는 세 개의 돛에는 다 국기를 세워서 우리나라 배를 표시하였다(雲揚艦三帆, 皆建國旗, 以標我國船)'고 되어 있어 돛이 두 개밖에 없는 이 그림은 운양호가 아님이 분명하다.▨

2. 제1관은 청의 간섭을 차단하려는 속셈인가

1876년 2월 3일 강화도에서 체결된 조일수호조규는 체결의 목적과 과정을 간략히 제시한 전문(前文)과 '조선국은 자주의 나라이며 일본국과 평등한 권리를 보유한다.'로 시작되는 제1관을 포함하여 모두 12개 조관으로 이루어져 있다. 아래는 제1관에 대한 한국사 교과서의 서술이다.

금성출판사	강화도 조약은 첫 번째 조항에서 '조선은 자주국이며 일본과 동등한 권리를 가진다.'고 규정하였다. 이는 일본이 강력히 주장하였는데, 청의 조선에 대한 종주권 주장을 사전에 차단하기 위한 조항이었다. (229쪽)
동아출판	1조는 일본이 청의 간섭을 배제하고 조선을 장악하기 위해 일부러 '자주국'이라는 조항을 넣은 것이다. (160쪽)
리베르스쿨	제1조에서 조선은 일본과 동등한 권리를 가진 자주국임을 선언하였는데, 이는 조선에 대한 청의 영향력을 배제하기 위한 것이다. (207쪽)
미래엔	이 조약에서 조선은 자주 국가라고 명시되었는데, 이는 일본이 청의 간섭을 배제하여 **침략**을 쉽게 하려는 의도였다. (179쪽)
비상교육	일본은 조선을 자주국이라고 명시하여 청의 종주권 주장을 차단하려 하였으며.... (205쪽)
지학사	조약에는 조선이 자주국이라고 되어 있지만, 이는 일본이 청의 간섭을 배제하고 **침략**을 쉽게 하려는 의도가 있었다. (216쪽)
천재교육	강화도 조약에서는 조선이 일본과 동등한 권리를 가진 자주국임을 선언하였다. 그러나 이는 조선에 대한 청의 영향력을 배제하려는 일본의 의도가 담긴 것이었다. (184쪽)
국정한국사	강화도 조약에서 조선을 자주국이라고 한 것은 조선에 대한 청의 간섭을 배제하고자 한 일본의 의도가 담긴 것이었다. (168쪽)

이를 정리하면, 제1관은 청의 간섭 또는 영향력 배제, 청의 종주권 주장 차단, 일본의 조선 침략을 쉽게 하려는 의도가 담겨 있다는 것으로 요약된다. 하지만, 7년이 넘는 교착 상태를 극복하고 겨우 성사시킨 조약에서 본질적 내용이 아닌 제3국의 간섭을 배제하기 위한 의도를 담고 있다는 해석은 설득력이 떨어진다. 특히 일부 교과서에서 '조선 침략을 쉽게 하기 위한 의도가 담긴 것'이라는 해석은 '옛날의 우호 관계를 닦아 친목을 굳건히 한다(重修舊好, 以固親睦)'는 전문(前文)의 취지와도 정면으로 배치된다.

우리는 일상생활에서 친목을 위한 작은 모임에서부터 규모가 큰 단체에 이르기까지 다양한 모임을 갖는다. 그러한 각종 모임에는 모임의 원활한 운영을 위해 회칙과 같은 운영 규정을 마련하게 되는데, 이들 회칙의 첫 번째 조항은 대부분 모임의 성격이나 취지와 같은 핵심적 가치를 담고 있다. 그리고 그 아래에는 모임의 목적을 달성하기 위한 다양한 내용들로 채워지는데, 이들은 모두 첫 번째 조항과 긴밀하게 연결되어 있다. 때문에, 첫 번째 조항만 보더라도 그 모임의 성격이나 목적 등을 쉽게 알 수 있다. 이처럼 작은 모임의 회칙에서조차 해당 모임의 핵심적 가치를 첫 번째 조항에 내세우는데, 하물며 국가 간에 맺어지는 조약에서 제3국의 간섭을 차단하고 조약 당사국에 대한 침략을 쉽게 하려는 의도를 담고 있다는 것은 상식적으로 납득할 수 없다.

국가 간의 조약이든 개인 간의 계약이든 그 본의를 파악하기 위해서는 해당 조항 전체를 있는 그대로 읽고 해석해야 한다. 이들 문서는 차후 발생할지도 모를 서로 다른 해석을 미연에 방지하기 위해 간략하고 분명하게 서술한다. 따라서 해당 조항을 읽는 것만으로도 그것이 담고 있는 내용이 무엇인지 파악이 가능하며, 또 가능해야 한다. 경우에 따라서는 조약 체결의 배경이나 요인 등이 해석을 위해 동원될 수도 있으나 그러한 경우에도 확정된 조문(條文)이 우선이며, 그 조문의 의도를 벗어난 과도한 해석은 자칫 본의를 왜곡시킬 수 있다. 특히, 조약 체결 후 발생한 상황 변화나 사건 등을 무리하게 끌어와서 과거의 조문을 해석하는 것은 곧바로 왜곡의 길로 들어서는 것이기에 경계해야 한다.

일본이 협상을 위해 제시한 초안은 모두 13관이었으나 협상이 진행되면서 최혜국(最惠國) 조항이 삭제되고 약간의 수정을 거쳐 12관으로 최종 확정된다. 조선 측 대표인 대관(大官) 신헌(申櫶)이 조약 체결의 전 과정을 정리한 『심행일기(沁行日記)』에 따르면 조선 측의 수정 요구는 대부분 받아들여졌다. 특히, 조선 측이 '달리 논의할 것이 없음[別無可論]'이라 하여 이의 제기 없이 일본 측 원안대로 확정된 제1관은 아래와 같다.

> '제1관 조선국은 자주의 나라이며 일본국과 평등한 권리를 보유한다. 이후 양국은 화친의 실상을 표시하려면 모름지기 서로 동등한 예(禮)로 대해야 하고, 조금이라도 상대방의 권리를 침해하거나 시기하지 말아야 한다. 우선 종전의 교린(交隣)의 정을 막을 우려가 있는 여러 가지 규례들을 일체 혁파하여 없애고, 너그럽고 두루 통하는 법을 열고 넓히는 데 힘써서 영원히 잘 지내기를 기약한다. (第一款, 朝鮮國自主之邦, 保有與日本國平等之權. 嗣後兩國欲表和親之實, 須以彼此同等之禮相待, 不可毫有侵越猜嫌. 宜先將從前爲交情阻塞之患諸例規, 一切革除, 務開擴寬裕弘通之法, 以期永遠相安.)'

교과서에도 언급된 첫 문장은 '조선국은 자주의 나라이다.'와 '일본과 평등한 권리를 보유한다.'로 나누어 살펴볼 수 있다. 먼저 '조선국은 자주의 나라이다.'라는 부분은 곧 타국의 간섭을 받지 않는 주권 국가를 말하는 것으로 국제법에 따라 체결되는 조약에서 체결 당사국의 당연한 자격이자 조건이다. 국제 정세에 어두웠던 조선과는 달리 일본을 비롯한 구미 각국은 이미 국제법에 따른 통상 조약이 보편화 된 상황에서 주권 국가가 아닌 나라와의 조약 체결은 있을 수 없는 일이다.

만약 타국의 간섭을 받는 나라라면 조약을 체결하더라도 그 조약의 실효성(實效性)을 보장받기 어렵기 때문이다. 미국을 비롯한 여러 나라와 조약 체결을 경험한 일본도 이와 같은 인식에서 벗어나지 않았을 것이다. 따라서 위와 같은 선언을 통해 조선이 주권 국가임을 국제 사회에 공언(公言)함으로써 조약의 정당성을 확보함과 동시에 성실한 이행을 보장받고자 하였던 것이다. 이는 정교(鄭喬: 1856~

1925)가 자신의 경험을 토대로 조선 최근세사를 정리한『대한계년사(大韓季年史)』의 아래 글에서도 확인된다.

> '우리나라는 인조 14년(1637) 남한(南漢: 경기도 광주 옛 이름)에서 청 태종과 강화한 후 해마다 방물을 바치면서 자못 속국의 예를 지켜왔다. 때문에, 프랑스 선교사를 죽였을 때 프랑스는 청나라에게 힐책하였으나 청나라는 국가적으로 여러 어려운 일들이 많았기 때문에 조선은 청국의 속국이 아니라고 대답했다. 그 후 미국 군함을 포격했을 때에 미국 역시 청나라에게 힐문하였으나 청나라는 조선의 선전과 강화의 권리는 그 나라 자유에 있다고 답을 했으니, 이는 바로 청나라가 구미 여러 나라에 대해 조선은 청나라의 속국이 아님을 분명히 한 공언(公言)이다. 그 후 청나라는 일본에 대해서도 이와 같이 분명하게 말했는데, 이 때에 이르러 일본은 해외 각국과 수호를 하면서 조선의 독립을 세계에 공언하였다. (我國自仁祖十四年丁丑, 於南漢與淸太宗講和之後, 歲贈方物, 頗執屬國之禮. 故殺法國宣敎人之時, 法國向淸國詰責之, 淸國以其國事多艱, 答以朝鮮非淸國之屬國. 其後砲擊米國軍艦之時, 米國亦爲詰問于淸國, 淸國答以朝鮮宣戰講和之權, 在其自由, 此乃淸國對歐米列邦, 明朝鮮非是淸國屬國之公言也. 其後淸國對日本亦如是明言之, 至是日本與海外各國修好, 遂公言朝鮮獨立于世界)'

다음으로 조선은 이미 주권 국가임을 천명(闡明)한 사실이 수호조규의 마지막 서명 부분에 '대조선국개국485년[大朝鮮國開國四百八十五年]'으로 나타나 있다. 이때까지 조선은 대부분의 공문서에 청의 연호(年號)를 사용하였으나, 이때에 이르러 청의 연호를 버리고 독사적 연도 표시법인 개국 기년(開國紀年: 개국은 연호가 아님)을 사용하였다. 개국 기년은 조선이 개국한 1392년을 기산점으로 삼아 연도를 표시한 것으로 1876년은 '개국 485년'이 된다. 현행 교과서에는 1894년 1차 갑오개혁 때 청의 연호를 폐지하고 '개국 연호'를 사용하였다고 하나 이는 잘못된 서술이다. 조선은 이때 이미 조선 개국을 기산점으로 삼은 독자적인 연도 표시법을 사용하였던 것이다. 이러한 기년법은 조약 체결 직전인 1월 25일 세계 문제와 운요호 사건에 대한 해명을 담은 「서술책자(敍述册子)」에 처음으로 등장한다.

조약 체결 과정에서 개국 기년 사용에 대한 논란이나 별도의 기록이 없는 것으로 보아 이미 청을 비롯한 구미 여러 나라가 맺은 조약이나 『만국공법(萬國公法)』을 통해 독자적 기년법에 대한 입장이 정리된 것으로 여겨진다. 일본과의 외교 문서에 처음 사용되기 시작한 개국 기년은 이후 여타 국가와 체결한 조약에도 모두 적용된다. 물론 청의 주선으로 맺어진 조약에서는 청의 광서(光緖) 연호가 부기(附記)되기도 하지만 예외적인 경우다.

즉, '조선은 자주의 나라이다.'라는 조문은 국제법상 조약 체결 당사국인 조선이 자주 국가임을 대외적으로 공언(公言)한 것이며, '대조선국 개국485년'은 이러한 공언의 명시적(明示的) 표현이다. 이를 보면 수호 조규의 체결은 조선이 일본의 강압에 의해 어쩔 수 없이 맺은 굴욕적 외교가 아니라 주권 국가로서 당당하게 국제무대에 첫걸음을 내디딘 역사적 사건이라 할 수 있다.

다음은 '일본과 평등한 권리를 보유한다.'는 부분이다. 이는 조선이 일본과 주권 국가 대 주권 국가로서 평등한 권리를 갖는다는 지극히 일반적인 언급이다. 또, 이어지는 문장의 '동등한 예로 대해야 하고 권리를 침해하거나 시기해서는 안 된다'는 문장은 이러한 평등한 권리의 실행에 관한 부연 설명이다. 이것이 표면적 해석이라면 이러한 표현이 나오게 된 원인을 서계(書契) 문제에서 찾을 수 있다.

1868년 메이지 유신 이래 장기간 조선과의 관계가 단절된 원인은 서계 문제이며 서계 문제의 핵심은 서계 주체의 위상(位相) 차이, 즉 국격(國格)의 불평등이었다. 조약을 체결하면서 일본은 서계 문제와 같은 이유로 재연될 수 있는 외교 단절 사태를 근본적으로 차단하기 위한 방법을 강구하였을 것으로 생각된다. 바로 뒤에 이어지는 '종전의 교린의 정을 막을 우려가 있는 여러 가지 규례를 혁파하여 없애고'라는 문장에서 그러한 속내를 알 수 있다.

물론 이 언급은 그때까지 왜관을 중심으로 진행된 무역에 수반된 각종 불합리한 규례와도 관련이 있지만, '교린의 정을 막을 우려가 있는 것'은 역시 서계 문제가 핵심이다. 따라서 '일본과 평등한 권리를 보유한다.'는 본 문장은 조약 체결 당사국의 당연한 권리에 대한 선언이자, 서계 문제와 같은 국교 단절의 소지를 근본적으로 해소하고자 했던 일본 측의 의도가 담겨 있다고 할 수 있다.

아울러, 조약이나 계약은 기본적으로 효력 발생을 전제로 하고 있으며, 그 효력의 발생은 조약 또는 계약 당사자 간에만 가능하다. 청이 조선에 대한 종주권을 주장하거나 불필요한 간섭을 시도할 때 제1관을 들어 효력을 발생할 수 없다는 뜻이다. 설령 제3국의 간섭이나 주장에 의해 조약 당사국이 불이익을 당하는 경우가 발생하더라도 조약 당사국은 상대국에게 조약의 성실한 이행을 촉구하거나 책임을 물을 수는 있어도 제3국에 대해서는 어떠한 효력도 발생할 수 없다. 제1관이 청의 종주권을 차단하거나 간섭을 배제하기 위한 조항이라는 주장이 전혀 설득력이 없는 이유다.

또, 조약 체결 과정에서 청의 간섭이나 종주권과 관련한 어떠한 기록도 없을 뿐만 아니라, 초안 심의 때 제1관에 대해서 조선 측은 '달리 논의할 것이 없음[別無可論]'이라 하여 이의를 제기하지도 않았다.

다음으로 '침략'이라는 용어에 대해서다. 정한론을 비롯한 조선 침략에 대한 언급은 조약 체결 이전에 여러 차례 등장하지만, 침략 자체가 아닌 외교 교섭 타개가 목적이었다. 구로다의 조선 파견도 명분은 서계 문제와 운요호 사건의 변리(辨理: 사건을 분별하여 처리함)에 있었으나 실질적 목적은 조약 체결에 있었다. 협상 과정에서 구로다는 조선의 거절로 조약 체결이 무산될 경우 조선을 침략할 수도 있다는 위협을 한 적이 있으나 조약 체결이 성사되었기 때문에 의미가 사라졌다. 이러한 정황을 보더라도 '조선은 자주국이다.'라는 조문에 '청의 종주권을 차단하고 조선 침략을 쉽게 하기 위한 의도가 담겨 있다.'는 해석은 전혀 근거가 없다.

조일 수호 조규는 조선이 외국과 맺은 최초의 근대적 조약이다. 이는 조선이 국제법에 따라 체결되는 조약에 주권 국가로 참여함으로써 근대적 국제 질서 속으로 진입한 역사적 사건이다. 이후 조선은 미국, 중국, 영국, 독일, 이태리, 러시아 등 여러 나라들과 연이어 통상 조약을 체결하면서 본격적으로 국제무대로 활동 영역을 넓혀나가게 된다. 또, 구미 여러 나라가 조선과의 통상 교섭을 시도할 때 이를 선점하고자 했던 일본은 서계 문제의 핵심인 국격(國格)의 불평등 문제를 근본적으로 해소하고자 '조선은 일본과 평등한 권리를 보유한다.'는 점을 공식적으로 선언한 것이다. 이것이 조일 수호 조규 제1관이 담고 있는 의미다.

3. 제7관은 해안 측량권을 허용한 것인가?

"이건 굉장히 노골적이다. 이거는 우리의 허락도 받지 않고 이렇게 하는 것은 문제가 심각한 것이다. 만약에 여러분의 몸을 여러분의 동의 없이 누군가가 더듬는다. 말도 안 된다. 명백한 주권 침해다. 침략의 의도를 드러내고 있는 것이다. 조선 정부가 모르고 있는 것이다."

이는 수능 연계 강의로 인기를 끌고 있는 EBSi의 어느 한국사 강의 중 일부를 옮긴 것이다. 노골적, 허가도 안 받고, 추행, 주권 침해, 침략 의도 등 선정적 비유와 온갖 부정적 용어를 동원하여 전달하고자 한 내용은 다름 아닌 조일수호조규의 '해안 측량' 조항이다. 허락 없이 타인의 몸을 더듬는 것이 인권 침해이듯, 허락 없이 우리의 해안을 측량하는 것은 주권 침해라는 논리다. 강사는 정색을 하면서 일본 정부의 노골적 침략 의도와 함께 조선 정부의 무지를 동시에 비판한다. 이정도 되면 시청 학생들의 십중팔구는 두 주먹을 불끈 쥐고 몸을 부르르 떨면서 일본의 침략 야욕에 분개하고, 조선 정부의 무지와 무능에 분노하게 된다. 해안 측량 조항에 대한 이러한 인식과 설명은 EBSi의 여타 한국사 강의도 별 차이가 없다. 물론 여기에는 국사편찬위원회에서 편찬한 『신편 한국사』의 서술이 이론적 바탕이 되고 있다.

'이 조항에 의하여 일본군은 측량을 핑계로 조선연안의 어떤 지점에라도 일시 상륙할 수 있게 되었으며, 수집된 측량자료는 군부의 주관 하에 지도를 작성하는 데 사용되었다. 이 경우의 지도란 향후 조선 연근해에서 발생할 수 있는 전투에 기여하는 해도작성이었음을 말할 필요도 없다.'

〈『신편한국사』〉

위와 같은 『신편 한국사』의 서술은 모든 한국사 교과서에 그대로 반영되어 수호조규의 해안 측량 조항은 우리의 주권을 심각하게 침해하는 독소 조항이라는 인식이 자연스럽게 형성되었다. 특히 대부분의 교과서에 언급된 '해안 측량권 허용'이나 '해안 측량권 인정'에서 보듯이 '허용'이나 '인정'이라는 단어는 줘서는 안 될 권리를 주었다는 피해 의식이 담겨 있다. 그런가 하면 일부 교과서에서는 '침략'이라는 단어를 거듭 사용하여 일본의 조선 침략 야욕을 부각시키고 있다.

총 12관으로 구성된 수호 조규는 8개 조항이 무역과 관련된 내용을 담고 있는 데서 알 수 있듯이 기본적으로 통상(通商) 조약이다. 4관과 5관은 개항(開港)에 관한 내용, 6관은 선박 사고 시 대처에 관한 내용, 7관은 해안 측량에 관한 내용, 8관은 일본국 인민 관리관(管理官) 설치에 관한 내용, 9관은 상인들의 자유로운 상행위 보장에 관한 내용, 10관은 개항장 내의 범죄자 처리에 관한 내용, 11관은 별도의 통상 장정(章程) 마련에 관한 내용을 담고 있다. 그 중에 흔히 '해안 측량권 허용' 조항이라고 일컬어지는 제7관은 다음과 같다.

> '제7관 조선국 연해의 도서와 암초는 종전에 조사를 거치지 않아 극히 위험하다. 일본국 항해자가 수시(隨時)로 해안을 측량하여 그 위치와 깊이를 조사한 후 도지(圖志)를 제작하도록 허락하여 양국의 선객이 위험한 곳을 피하고 안전한 곳으로 갈 수 있도록 한다.'(第七款, 朝鮮國沿海島嶼巖礁, 從前無經審檢, 極爲危險. 準聽日本國航海者, 隨時測量海岸, 審其位置深淺, 編製圖志, 俾兩國船客, 以得避危就安.)

선박을 이용한 무역이 전부였던 19세기 말 통상의 핵심은 항구이며 통상은 곧 개항을 뜻한다. 수호조규에는 별도의 조사 없이도 이용할 수 있었던 부산항을 조규 체결과 동시에 개방하고 그 외 두 군데의 항구를 추가로 개방하기로 하였다. 추가되는 항구에 대해서는 5관에 '경기, 충청, 전라, 경상, 함경 5도(道) 가운데 연해의 통상하기 편리한 항구 두 곳을 선택하며 개항 시기는 1876년 2월부터 계산하여 모두 20개월로 한다.'고 하여 선택 예상 지역과 그 시기를 정해 두고 있다.

선박의 출입 경험과 연안에 대한 정보가 없는 지역에 항구를 개설하기 위해서는 사전 조사가 필수다. 이러한 이유에서 새로 두 군데의 항구를 선택하기 위한 사전 조사 즉, 해안을 측량할 수 있도록 정한 것이 바로 제7관이다. 그런데, 7관에 있는 '수시(隨時)'를 '자유로이' 또는 '마음대로'라고 해석하여 마치 시간과 장소에 구애됨이 없이 측량할 수 있는 것처럼 서술하고 있으나 이는 원전을 제대로 해석한 것이라 할 수 없다. '수시'라는 단어는 시간적 조건을 제시한 것이지 공간적 조건까지 포함하는 것은 아니기 때문이다.

　수호 조규에는 3개의 조관에 '수시'라는 단어가 등장하는데, 이들을 '자유로이' 또는 '마음대로'라고 풀이하면 해석이 불분명해진다. 때문에 한자의 뜻을 따라서 '때에 맞춰'로 풀이하여 2관의 '일본국 정부는 지금부터 15개월 뒤 **자유로이[隨時]** 사신을 파견하여'의 뒷부분은 '때에 맞춰 사신을 파견하여'로, 8관의 '이후 일본국 정부는 조선국에서 지정한 각 항구에 일본국 상민을 관리하는 관원을 **자유로이 [隨時]** 설치하고'의 뒷부분은 '때에 맞춰 설치하고'라 해석했을 때 의미가 더욱 분명해진다.

　마찬가지로 7관은 '일본국 항해자가 때에 맞춰서 측량하여'라고 풀이해야 한다. 여기서 '때에 맞춘다'는 것은 5관의 '1876년 2월부터 계산하여 모두 20개월로 한다.'와 연결되어 20개월 뒤에 있을 개항 시기에 맞춘다는 뜻이 된다. 즉, 7관은 장소와 시간에 상관없이 마음대로가 아니라 나머지 두 항구의 개항 시기에 맞춰서 해안을 측량한다는 뜻으로 해석해야 전체 문맥이 자연스럽다.

　다음은 해안 측량에 관한 일본 측 자료다. 1876년에 작성된 일본 외무성 자료인 「측량심득(測量心得)」에는 조선의 해안을 측량할 때의 절차가 제시되어 있다. 이 기록에 따르면 측량을 시행하는 해군성(海軍省)에서는 측량 2개월 전에 측량할 해안의 지점과 목적, 측량 시작과 종료 시점, 측량 선박의 명칭・종류・함장의 이름 등을 외무성에 보고하고, 외무성에서는 이를 부산 주재 외무성 관원에게 통보한다. 측량 계획을 통보받은 외무성 관원은 조선 정부에 이를 보고하고 조선 정부에서는 측량을 시행하는 해당 지방의 관리에게 이를 통보한다. 이후 미리 보고한 바에 따라 조선에 파견된 측량 선박은 지정된 해안에 도착한 후 해당 지역 관리에게 공증(公證)을 제시하고 계획된 측량을 실시한다고 되어 있다. 측량을 하고 싶다고, 또는 측량을 빌미로 시기와 장소에 구애됨이 없이 마음대로 우리 땅에 상륙하거나 측량할 수 있는 것이 아니라 정해진 절차가 있음을 확인할 수 있다.

한편, 「측량심득(測量心得)」에는 외무성 외무경(外務卿)이 태정대신에게 올린 의견에 아래와 같은 내용이 들어있다.

> '조선국 연해에 우리나라에서 측량선을 보내서 측량하는 것은 조선국과의 수호 조규 제7관에 제시된 것이므로 조선 정부에서 이를 거부할 수 없는 것은 분명합니다. 그러나 아직 개화(開化)하지 못한 국풍(國風)으로 인해 일단 체결되었다 하더라도 그 취지를 지방관민에게 제대로 통보하여 우리가 생각하는 대로 착오가 없기를 기대하기는 어렵습니다.'
>
> 〈「측량심득(測量心得)」, 일본 외무성〉

여기에서 '조선 정부에서 이를 거부할 수 없는 것은 분명하다.'고 한 것은 수호 조규의 법적 구속력을 말한다. 앞서 살펴본 바와 같이 7관에는 추가 개항을 위한 해안 측량을 '허락[準聽]'한다고 명시되어 있다. 이처럼 각 조관에서 특정 행위에 대해 허락한 경우도 있으나, 근본적으로 수호 조규는 그 안에 있는 12관 전체를 성실히 수행하겠다는 국가 간의 약속이자 국제법에 따른 합법적 문서다. 전권대관 신헌(申櫶)

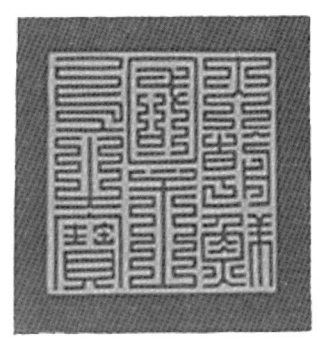

▲大朝鮮國主上之寶

이 조선국을 대표하고 전권변리대신 구로다 기요타카가 일본국을 대표하여 맺은 수호 조규에는 고종의 비준서(批准書)가 첨부되어 있다. '大朝鮮國主上之寶'라는 국새(國璽)가 찍힌 비준서의 내용은 아래와 같다.

'조항마다 타당하므로 내가 비준하니 오래도록 시행하여 친목을 더욱 두터이 할 것이며, 이 조약 안에 있는 행해야 할 각각의 일은 그대들 모든 관리와 백성이 이 뜻을 받들고 일체를 조약에 따라 처리하도록 하라.(逐款允當, 已予批準, 行諸久遠, 益敦親睦. 其條約內, 應行各事, 凡爾官民, 悉奉此意, 一體按照辨理.)

이와 같이 조선 국왕이 정당성을 인정하고 성실한 이행을 약속한 수호조규 안에 제7관이 포함되어 있다. 즉, 일본 항해자에게 부여한 해양 측량권은 조선 국왕이 보장한 약속이며, 일본의 해안 측량은 국제법에 의해 체결된 조약에 근거를 둔 합법적 행위이다. 이를 두고 영토 주권을 침해한 행위라 한다면 결국 수호조규 자체를 부정하는 것이자 합법적 행위를 위법 행위로 규정하는 것이다. 전후 상황이 이러함에도 해안 측량과 관련한 서술을 보면 모두 '마음대로', '허용', '인정' 등의 표현을 동원하여 마치 해안 측량을 허락하지 않았거나 부당하게 허용 또는 인정했다는 인식을 심어주고 있다. 더욱이, 일본이 군함을 동원하여 우리의 해안을 마음대로 드나들며 측량한 지도는 차후 조선 침략을 위한 자료로 이용될 것이라는 해석도 빼놓지 않는다.

우리는 살아가면서 상가의 건물주 또는 세입자가 되어 건물 임대차 계약을 하거나 또는 유사한 부동산 계약을 경험하는 경우가 있다. 만약 건물주(갑)와 세입자(을)가 계약서를 작성하면서 세입자의 요청에 따라 '갑은 을이 입주 전에 실내 장식 등의 시설 공사를 할 수 있도록 허락한다.'라는 조건을 계약서에 명시했다고 가정해보자. 세입자는 계약서대로 입주 날짜에 맞춰 해당 공간을 실측하고 자재를 준비하여 시설 공사를 할 것이다. 그런데, 한참 작업을 하고 있는 중에 갑자기 건물주가 나타나서 '지금 무슨 짓을 하는 거냐? 이건 엄연한 재산권 침해다.'라고 한다면 이해할 수 있을까? 또, 출입문을 교체하고 잠금장치를 새로 하는 것을 보고 '이건 나중에 몰래 와서 도둑질 하려는 것이 아니냐?'라고 한다면 이해할 수 있을까? 이는 상식선에서나 법률적인 면에서나 용인될 수 없는 일이다.

양국의 대표가 만나 서로 통상하기로 약속하고 국왕의 비준까지 거친 조약에 따라 실시하는 측량 행위에 대해 '허락도 안 받고', '영토 주권 침해', '침략 의도'라고 하는 현행 한국사 교과서와 EBSi의 강의가 과연 상기 건물주의 행동과 무슨 차이가 있는지 생각해 볼 일이다.

거듭 말하지만, 국가 간의 조약이든 개인 간의 계약이든 문자로 표시된 조문(條文) 그대로 읽고 해석해야 한다. 조약 체결 후에 벌어진 상황 변화나 사건 등을 무리하게 끌어다가 과거의 조문을 해석할 경우 자칫 역사를 왜곡할 수 있기 때문이다. 대한민국 국민으로써 과거 일제가 저지른 만행을 부정하거나 옹호하려는 사람은 아무도 없을 것이다. 우리는 과거 일제로부터 당한 불행한 역사를 되풀이하지 않기 위해 더 많은 자료를 수집하고 더욱 치밀한 연구가 이루어져야 한다. 그렇다 하더라도 객관적 사실을 무시한 해석 또한 경계하고 피해야 할 일이다. 과거를 정확하게 성찰할 때만이 우리가 나아갈 올바른 방향을 설정할 수 있기 때문이다. 그런 면에서 수호조규 제7관의 해안 측량과 관련된 한국사 교과서 서술이나 EBSi의 강의 내용은 조약의 내용을 심각히 왜곡했다는 점에서 문제가 적지 않다.▨

4. 제10관은 치외 법권(영사재판권)을 허용한 조항인가?

현행 한국사 교과서에는 1876년에 체결된 조일수호조규의 제10관을 '일본국 인민이 조선 항구에서 죄를 지었거나 조선국 인민에 관계되는 사건은 모두 일본국 관원이 심판한다.'라고 소개한 뒤 이는 치외법권(영사재판권)을 인정한 불평등 조항이라고 서술하였다. 그런데 어떤 교과서는 치외 법권이라 하고 어떤 교과서는 영사재판권이라 하는가 하면 치외 법권(영사 재판권), 또는 영사 재판권(치외 법권)이라 하여 동일시하기도 한다.

치외 법권에 대해 『한국민족문화대백과사전』에는 '외국인이 자신이 체류하고 있는 국가의 국내법에 적용을 받지 않고 자기 국가의 주권을 행사할 수 있는 권리로, 국제기구 직원이나 외교사절 등에 한하여 일정 범위의 예외가 허용되어 온 국제법상의 특권'이라고 정의하였다. 또, 영사 재판권은 말 그대로 영사가 재판할 수 있는 권리를 뜻하는 것으로, 이때의 영사(領事)에 대해서 같은 사전에는 '접수국에서 파견국의 경제적 이익과 자국민의 이익을 보호하기 위하여 접수국에 파견되어 있는 공무원'이라고 정의하고, '파견국의 이해관계가 있는 산업·경제·통상 상의 제반 사항을 관찰·보호하고, 자국민을 위한 특정 행정 사무를 취급한다.'고 설명하고 있다.

이에 따르면 치외 법권은 외교관이나 기타 공적 업무를 수행하는 사람이 체류국의 법 적용을 면제받을 수 있는 권리를 뜻하는 반면, 영사 재판권은 접수국에 체류하고 있는 자국민을 영사가 직접 재판할 수 있는 권리를 말한다. 따라서, 하나는 법 적용 대상이라는 점에서, 다른 하나는 재판의 주체라는 점에서 둘은 서로 다르다. 특히, 법 적용의 대상만을 두고 보더라도 치외 법권은 국가를 대표하는 공무원이 대상인 반면, 영사 재판은 인민(人民), 즉 민간인이 그 대상이라는 점에서 동일시하기 어렵다.

또, 영사 재판을 하려면 영사가 있어야 하는데 수호 조규 체결 당시 조선에는 어느 나라 영사도 부임한 적이 없다. 우리 기록에 국제법상 영사가 처음 등장한 것은 1882년 4월 체결된 조미 조약이며, 우리나라에 처음으로 파견된 영사는 1882년 8월 30일 부산에 착임(着任)한 일본의 마에다 겐키치(前田獻吉)가 효시다. 수호 조규 체결 당시 일본은 자국민 보호를 위해 8관에 상민(商民) 관리관(管理官)을 두도록 하였는데, 이는 5개월 뒤에 체결되는 수호 조규 부록과 무역규칙에 일본국 인민 관리관으로 표시된다. 따라서 인민 관리관의 통제 하에 있는 일본국 인민은 상민이자 민간인이란 점에서 치외 법권의 대상이 될 수 없으며, 아직 영사가 설치되지 않았기 때문에 영사 재판이라는 표현도 적절치 않다.

교과서에 소개된 제10관도 일부만 제시하고 있어 오해의 소지가 충분하다. 제10관 전체는 아래와 같다.

'제10관 일본국 인민이 조선국이 지정한 각 항구에 있으면서 만약 그가 범한 죄가 조선국 인민과 관계되더라도 모두 일본국에 귀속시켜 심의 판단하며, 만약 조선국 인민이 죄를 범한 것이 일본국 인민과 관계되더라도 모두 조선 관리에게 귀속시켜 사변(查辨)하되 각각 그 나라의 법률에 의거 신문(訊問)하고 판단하여 털끝만큼도 비호하는 일이 없이 공평하고 합당하기를 힘써야 한다.(第十款 日本國人民在朝鮮國指定各口, 如其犯罪, 交涉朝鮮國人民, 皆歸日本國審斷, 如朝鮮國人民犯罪, 交涉日本國人民, 均歸朝鮮官查辨, 各據其國律訊斷, 毫無回護袒庇, 務昭公平允當.)

이는 조선국이 지정한 항구에서 조선인을 대상으로 한 일본인 범죄자는 일본국에 귀속시키고, 일본인을 대상으로 한 조선인 범죄자는 조선 관리에게 귀속시켜 심판한다는 내용이다. 그런데, 교과서에서는 일본인 범죄자를 일본국 관원이 재판한다는 내용만 수록하고 이를 조선의 주권을 침해한 치외 법권 또는 영사 재판권 조항이라 하였다. 더구나 10관은 조·일 양국 범죄자 처리에 대한 규정을 동시에 담고 있기 때문에 이를 치외 법권(영사 재판권) 조항이라 한다면, 조선인 범죄자도 이 대상에 해당되는 논리적 모순이 생긴다. 결국 수호 조규 10관은 조선국 항구에서 발생한 양국 범죄자를 누가 관할할 것인지를 정한 재판 관할권 규정이라고 하는 것이 정확한 표현이다.

일본이 개항장의 자국 범죄자에 대한 재판권 관할을 수호 조규에 포함한 데는 조·일 간 사법 체계의 차이에서 기인한다. 일반적으로 외국인이 타국에 체류할 때는 별도의 협정이 없는 한 체류하는 국가의 법을 따라야 한다. 일본은 수호 조규가 조선과 처음 맺는 통상 조약인 만큼 장차 조선 개항장에 체류하게 될 자국민의 안전을 생각하지 않을 수 없었을 것이다. 만약 조선이 일본과 같은 수준의 근대적 사법 체계를 갖추고 있었다면 별 문제가 아니었으나 당시 조선은 그렇지 못하였다. 조선은 1894년 갑오개혁 때가 되어서야 겨우 사법권이 분화하게 되는데, 그때까지 조선에서는 원님이라 불리는 수령(守令)이 행정·사법·군사 업무를 모두 관장하고 있었다.

더욱이 입법 체계까지 치밀하지 못한 조선에서 범죄인 신문은 수령이 동헌에 앉아서 '네 죄를 네가 알렷다! 바른 대로 불지 않으면 죽음도 면치 못하리라!'라는 엄포로 시작하여 원하는 답이 나오지 않을 경우 '죄를 실토할 때까지 사정없이 주리를 틀어라!'라는 말 한 마디에 혹독한 고문이 가해지고 경우에 따라서는 죽음에 이르기도 한다. 이러한 조선의 사법 체계에 일본이 자국민을 그대로 맡겨 둘 수는 없었을 것이다.

▲ 형벌 중 주리[周牢] 트는 장면

입장 바꿔서 우리가 만약 사법 체계가 미흡하여 잔혹한 형벌이 자행되는 나라와 수교한다고 가정했을 때, 우리 국민을 상대국의 사법권에 그대로 내맡길 수 있겠는가? 외국에 체류하는 자국민을 보호해야 할 책임이 있는 정부는 이에 대한 대비책을 마련하는 것은 당연하다. 이러한 상황 인식에서 일본은 자국민 보호를 위한 재판 관할권을 주장하면서, 조선 범죄자의 재판은 조선 측에서 관할할 수 있도록 형평성을 갖추었던 것으로 판단된다.

이러한 재판 관할권에 관한 문제는 1882년에 체결된 조미 조약의 제4관을 보면 더욱 분명해진다. 조미 조약에서도 기본적으로 미국인 범죄자는 미국이, 조선인 범죄자는 조선이 관할한다는 점에서는 조일 수호 조규와 큰 차이가 없다. 그런데 4관 마지막에 다음과 같은 내용이 추가되어 있다.

> 만약 조선이 이후 법률과 심판하는 법을 개정하여 미국에서 볼 때 미국의 법률 및 심판하는 법과 서로 부합하면 즉시 미국 관원이 조선에서 심리 판단하던 권한을 회수하고, 이후 조선 경내의 미국 인민들을 곧 조선 지방관의 관할에 귀속시킨다. (如朝鮮日後改定律例及審案辦法, 在美國視與本國律例辦法相符, 卽將美國官員, 在朝鮮審案之權收回, 以後朝鮮境內美國人民, 卽歸地方官管轄.)

아직 조선의 사법 체계가 미흡한 상황에서는 미국인에 대한 재판권은 미국 관원이 행사하지만, 차후 조선의 사법 체계가 진전되어 미국과 비슷해지면 미국 관원들의 재판권을 회수하여 조선 지방관 관할로 귀속시킨다는 내용이다. 이에 대해 교과서에서는 대부분 '치외 법권은 잠정적으로 한다.'고 하였으나 적절한 표현이 될 수 없다. 치외 법권도 그렇지만 잠정적이란 표현이 모호하다. 당장은 치외 법권을 인정하지만 추후에는 인정하지 않겠다는 뜻인지, 당장은 인정하지 않지만 추후에는 인정하겠다는 뜻인지 분명치 않아서이다.

이제 조일 수호 조규 제10관은 치외 법권(영사 재판권) 조항이 아닌 범죄자에 대한 재판 관할권을 규정한 조관임이 분명해졌다. 이를 토대로 교과서의 서술을 살펴보도록 한다.

교학사	또한, 개항장에 영사관을 설치하여 일본인을 보호할 수 있었다. 특히, 일본인의 상업 활동을 조선인 관리가 규제할 수 없도록 하였고, 일본인 범죄는 일본인 관리가 담당하는 치외 법권을 인정해 주었다. (176쪽)
금성출판사	일본인이 조선에서 저지른 범죄도 일본법으로 재판하는 것을 규정한 영사재판권 등을 들 수 있다. -중략- 이러한 강화도 조약은 많은 문제를 안고 있었다. 우선, 영사 재판권 조항은 조선의 사법권을 심각하게 침해하는 것으로, **일본 상인이 조선에 들어와서 불법적인 영업을 할 때 이를 규제할 방법이 없었다.** (229쪽)
동아출판	이로써 부산과 일부 항구를 개방하고 개항장 내 일본인에 대한 치외 법권을 인정하였다. (160쪽) 10. 일본국 국민이 조선에서 지정한 각 항구에서 죄를 저질렀을 경우 만일 조선과 관계가 되더라도 모두 일본국 관원이 심판한다. 10조는 일본 영사관의 재판권을 규정하여 조선의 재판권을 제외시키는 내용이었다.
리베르스쿨	제10조는 치외 법권(영사 재판권)을 규정하고 있다. 제10관 일본국 국민이 조선 지정의 각 항구에서 머무르는 동안 죄를 범한 것이 조선 인민과 관계되는 사건일 때에는 모두 일본국 관원이 심판한다. (207쪽)
미래엔	또 부산 등 3개 항구의 개항과 일본 상인의 자유로운 무역 활동 보장, 조선 연안에 대한 측량권, 영사 재판권(치외법권) 등도 포함되었다. 제10관 일본국 국민이 조선국이 지정한 각 항구에 머무르는 동안 죄를 범한 것이 조선국 국민에게 관계되는 사건일 때는 모두 일본국 관원이 심판한다. (179쪽) 또한, 치외 법권을 악용하여 **약탈적인 무역** 활동을 벌였다. (220쪽)

비상교육	조선의 연안에 대한 측량권과 치외법권(영사재판권)을 인정받아 조선의 주권을 침해하였다. 제10조 일본 인민이 조선이 지정한 각 항구에서 죄를 범하고 조선 인민에게 관계되는 사건은 모두 일본 관원이 재판할 것이다. (205쪽) 일본은 조선과 강화도 조약(조일 수호 조규)을 체결하여 영사 재판권을 얻었다. 이로써 일본은 일본인의 불법 행위에 대한 한국 관리의 처벌을 피할 수 있었다. (240쪽)
지학사	이외에도 조선은 부산 등 3개 항구의 개항, 해안 측량권, 영사 재판권(치외 법권) 등을 인정하였다. 제10관 일본 인민이 조선이 지정한 각 항구에서 죄를 범한 것이 조선 인민에게 관계되는 사건일 때에는 모두 일본 관원이 재판한다. (217쪽) 이들은 조선에서 치외 법권, 무관세, 일본 화폐 사용 등의 특권을 누리며 약탈 무역을 행하였다. (252쪽)
천재교육	아울러 조선에서 죄를 지은 일본인에게 조선의 법을 적용하지 않고 일본 관리가 심판할 수 있도록 한 치외 법권을 인정하였다. 제10관 일본국 인민이 조선국이 지정한 각 항구에서 죄를 범하였을 경우 모두 **일본국에 돌려보내 심리하여** 판결한다. (184쪽)

교학사는 '개항장에 영사관을 설치하여 일본인을 보호할 수 있었다.'고 하였으나, 수호 조규에는 영사관 설치에 관한 규정이 없다. 일본국 상민 관리관을 설치하여 일본인 보호의 임무를 담당하도록 하였을 뿐이다.

금성출판사의 경우는 문제가 적지 않다. 제10조의 조는 관(款)의 잘못으로 여타의 몇몇 교과서에서도 같은 예가 발견된다. 우리 역사는 글자 한 자도 소홀히 다루어서는 안 된다. 이어서 '조선 항구에서 죄를 지었거나 조선국 인민에 관계되는 사건'이라고 한 번역은 '조선국 항구에서 지은 죄'와 '조선국 인민에 관계되는 사건'이라는 두 가지 사안으로 잘못 번역하였다. '조선국이 지정한 각 항구에 있으면서 만약 그가 범한 죄가 조선국 인민과 관계되더라도'라는 의미가 전달되도록 번역해야 한다. 이는 비상교육의 경우도 마찬가지다.

마지막의 '일본 상인이 조선에 들어와서 불법적인 영업을 할 때 이를 규제할 방법이 없었다.'는 서술은 마치 치외법권 때문에 일본 상인의 불법 영업을 규제할 수 없는 것으로 인식할 수 있다. 하지만 이는 '양국이 우호 관계를 맺었으므로 피차의 백성들은 각자 임의로 무역하되 양국 관리들은 조금도 간여(干與)할 수 없으며, 또

제한하거나 막을 수도 없다.'는 9관의 해석을 잘못 끌어온 것이다. 비상교육의 '일본은 일본인의 불법 행위에 대한 한국 관리의 처벌을 피할 수 있었다.'라는 서술도 마찬가지다. 덧붙여, 9관도 무조건적 간섭 배제가 아니라 합법적 무역은 보장하되 불법적 행위에 대해서는 엄격히 배상시키도록 규정하고 있다. 단지 상인들의 불법 영업에 대해 양국 정부가 배상 책임을 지지 않는다는 것이 핵심이다.

동아출판사는 '10조는 일본 영사관의 재판권을 규정하여 조선의 재판권을 제외시키는 내용이었다.'고 하였으나, 10관에는 영사관의 재판권을 규정한 내용이 없으며, 조선의 재판권을 제외시켰다는 서술도 다소 부정확하다. 일본인 대상의 조선국 범죄자는 조선국 관리가 심판한다고 되어 있기 때문이다. 비상교육의 '일본은 조선과 강화도 조약(조일 수호 조규)을 체결하여 영사 재판권을 얻었다.'도 같은 맥락에서 서술 오류다.

미래엔은 '치외 법권을 악용하여 **약탈적인 무역** 활동을 벌였다'고 하여 치외 법권이라는 잘못된 표현을 하였으며, 여기에 '약탈적인 무역'이라는 이해할 수 없는 서술까지 보탰다. 약탈적인 무역은 어떤 무역인지 정말 궁금하다.

지학사의 마지막 서술은 252쪽 하단 왼쪽의 도표를 보면 1885년과 1894년도 상황을 서술한 것으로 이 때는 관세가 설정되어 무관세라 할 수 없으며, 상인들은 치외 법권의 대상이 아니다. 약탈 무역이라는 용어는 없다. '쌀, 콩 등의 곡물을 사 갔다.'고 한 서술에서 알 수 있듯이 이는 정상적인 무역이다. '약탈'이란 용어는 폭력을 써서 빼앗아 간다는 뜻이다.

천재교육은 '제10관 일본국 인민이 조선국이 지정한 각 항구에서 죄를 범하였을 경우 모두 **일본국에 돌려보내** 심리하여 판결한다.'고 하였으나, '일본국에 돌려보내'라는 번역은 원문의 '歸'를 귀속이 아닌 귀국으로 오역하였다. 이는 『고종실록』의 역문(譯文)을 옮기면서 잘못을 걸러내지 못한 것이다. 정확한 번역만이 올바른 역사 서술이 가능하다.▨

제VII장 조·일 수호 조규에 대한 몇 가지 문제 · 207

5. 일본인 외교관의 자유 여행을 허용하였는가?

1876년 2월 3일 체결된 조일 수호 조규에 대한 후속 조치로 같은 해 7월 6일에는 일본의 이사관인 외무대승 미야모토 쇼이치와 조선의 의정부 당상 조인희가 경성(京城: 서울) 청수관(淸水館)에서 만나 수호 조규 부록과 무역규칙을 체결한다. 이때 체결된 조약에 대한 서술 중 현행 교과서 2종에는 아래와 같은 내용이 수록되어 있다.

금성출판사	강화도 조약에 뒤이어 체결된 조·일 수호 조규 부록과 조·일 무역 규칙에는 **일본 외교관의 여행 자유 인정**, 개항장에서의 일본인 거류지(조계) 설정, 일본 화폐의 유통 허용, 일본 수출입 상품에 대한 무관세 인정 및 양곡 무제한 수출 허용 등의 불평등한 내용이 포함되어 있었다. (229쪽)
리베르스쿨	조·일 수호 조규 부록에서는 **조선에서 일본인 외교관이 자유롭게 여행할 수 있도록 하고** 개항장에서 일본 화폐가 유통될 수 있도록 허용하였으며, 개항장 사방 10리 안에 일본인이 거주할 수 있는 구역인 거류지를 설정하였다. (207쪽)

두 교과서에만 수록된 '일본인 외교관의 자유 여행 허용' 내용은 어느 조관에 있는 것인지 해당 출판사에 질의하여 금성출판사로부터 수호 조규 부록 제1관이라는 답변을 받았다. 아래가 부록 제1관이다.(리베르스쿨은 답변 거부)

'제1관 각 항구에 주류(駐留)하는 일본국 인민 관리관은 조선국 연해 지방에서 일본국 배가 파선되어 긴급할 경우, 지방관에게 알리고 해당 지역의 연로(沿路)를 지나갈 수 있다.(各港口駐留日本國人民管理官, 於朝鮮國沿海地方, 日本國諸船致敗緊急, 得告地方官, 往過該地沿路)'

수호 조규 부록 제4관에는 '이후 부산 항구에서 일본국 인민이 통행할 수 있는 도로의 이정(里程)은 부두로부터 기산(起算)하여 동서남북 각 직선 거리 10리[조선의 里法로 정한다.'고 하여 기본적으로 개항장 밖으로의 이동을 제한하고 있다.

때문에 조선국 연해에서 일본국 선박이 파손되는 등 불의의 사고가 났을 경우 이를 처리할 일본국 인민 관리관의 파견이 어려운 문제가 있다. 이 조관은 사고 선박의 처리를 위해 관리관의 불가피한 현장 접근을 위한 연로(沿路) 이용의 융통성을 부여한 것이다. 일본국 인민 관리관을 외교관이라 하는 것이나, 사고를 전제로 한 관리관의 이동을 자유 여행이라 하는 것 모두 올바른 서술이라 할 수 없다. 금성출판사는 이어진 답변에서 아래와 같은 설명을 덧붙였다.

> 당초 일본은 조·일 수호 조규 부록의 제정을 추진하면서 서울에 자국 공사관을 설치하여 외교관을 상주시킬 것을 요구하였다. 조선 정부의 완강한 거부로 이는 실현되지 않았지만 일본 측의 집요한 요구를 일부 수용하는 선에서 타협하였다. 따라서 영사를 관리관으로 이름을 바꾸어 개항장에 주재하도록 하고 필요한 경우 내지의 여행을 허용하도록 한 것이다.
>
> 〈금성출판사, 229쪽〉

이 답변에서 금성출판사는 영사를 관리관으로 이름을 바꾸었다고 하였으나 전혀 근거가 없다. 이때 일본은 아직 조선에 영사를 두지 못하고 인민 관리관을 두어 자국민을 관리하였으며, 영사(領事)는 1882년 조미조약에 처음 등장한다. 또 내지 여행을 허용하도록 한 것이라고 하였으나 위 조관에는 내지(內地)나 여행(旅行)을 직접 표현하거나 해석이 가능한 용어가 없다. 어느 모로 보나 사실 관계에 어긋나는 답변이다.

이 부분은 국사편찬위원회에서 운영하는 〈우리역사넷〉에도 '조선 국내에서의 일본 외교관의 여행 자유'라고 수록되어 있다. 이에 대한 필자의 질의에 국편은 금성출판사와 동일한 답변을 하였다. 이에 선박 사고 처리를 위한 공무상 이동을 어떻게 자유 여행이라 할 수 있으며, 배가 파손되는 상황이 발생하지 않을 경우에는 어떻게 할 것인지 재차 질문을 했다. 아래는 이에 대한 국편의 답변이다.

'제1관의 내용은 각 항구에 주재하는 일본국 인민의 관리관이 조선국 연해 지방에서 일본 선박이 긴급한 상황에 빠졌을 경우 지방관에게 알리고 해당 지역의 연로를 통과할 수 있다는 것이다. 그런데 여기서 유의할 점은 통과 여부가 승인이나 허가 사항이 아니라는 점이다. 다시 말해 일본 관리관은 자국 선박에 긴급한 사안이 발생했다고 적당히 둘러대며 조선의 지방관에게 통고하기만 하면 사실상 지방관이 막을 수 있는 장치가 없다는 것이다. 문구 자체로 본다면 일본 관리관의 여행을 단서를 달아 허용하는 내용이지만, 실효적인 면에서는 자유로운 여행을 인정한 것이나 다름없었던 셈이다.'

이 답변을 보면 조문에 있는 그대로 뜻을 해석하고 설명하는 것이 아니라 조약 체결 후 예상되는 부작용을 마치 조문의 본래 뜻인 양 자의적으로 확대 해석하고 있다. 그야 말로 상하로 당기면 日(일)이 되고 좌우로 당기면 曰(왈)이 되는 '녹비[鹿皮]에 가로 왈(曰)'이다.

간혹 시골길이나 번잡한 시장에서 횡단보도가 없는데도 많은 사람들이 무단 횡단을 하는 경우를 보게 된다. 도로 교통법상 횡단보도나 육교와 같은 횡단 시설이 아닌 도로를 가로질러 건너는 행위는 도로 교통 법규 위반이다. 그런데 워낙 많은 사람들이 무단횡단을 하니 도로교통법이 무색해 보인다. 그럴 경우 실효적인 면에서 자유로운 횡단을 허용한 것이라 할 수 있을까? 국편의 답변이 이와 다를 게 없어 보인다.

일본은 그동안 한행 이정(閒行里程)의 확대 적용과 일본국 외교관의 여행 자유를 조선 측에 꾸준히 요구해 왔으나 이를 관철하지 못하다가 1882년 발생한 임오군란을 계기로 자신들의 목적을 달성하게 된다. 그것이 아래의 수호 조규 속약(續約) 제2항이다.

'제2, 일본국 공사(公使)와 영사(領事) 및 그 수행원과 가족은 조선 내지의 각 처를 유력(遊歷: 여러 고장을 두루 돌아다님)할 수 있다. [유력할 지방을 지정하면 예조에서는 호조(護照: 여행 증명서)를 발급하고, 지방관청은 호조를 확인하고 보호하여 보낸다.]'(任聽日本國公使領事, 及其隨員眷從, 遊歷朝鮮內地各處事. [指

定遊歷地方, 由禮曹給照, 地方官勘照, 護送.])

일본인 외교관의 자유로운 여행을 허용한 것은 1882년에 와서나 가능했다는 것이다. 따라서, 수호 조규 부록의 제1관을 들어 '일본인 외교관의 자유 여행 허용'이라 한 교과서와 국편의 서술은 잘못이다. 이와 관련하여 국편과 해당 출판사에 여러 차례 문제 제기를 했지만 '일본인 외교관의 자유 여행을 허용하였다'는 서술에 문제가 없다는 답변만 이어졌다. 수정이 필요한 서술이다.

6. 무역 규칙의 3무 허용은 심각한 서술 오류

'조·일 무역 규칙에는 양곡의 무제한 유출, 무관세, 무항세 조항이 들어 있었다.'

이는 1876년 조일 수호 조규(속칭 강화도 조약)의 후속 조치로 같은 해 7월 6일 체결된 무역 규칙(貿易規則)에 대한 리베르스쿨 한국사 교과서의 서술이다. '3무 허용'으로 일컬어지는 이 서술은 아래와 같이 여타 교과서에도 비슷하게 실려 있다. 하지만 이러한 서술은 모두 사실이 아니다. 이를 항목별로 살펴보기로 한다.

금성출판사	조·일 무역 규칙에는 일본 수출입 상품에 대한 **무관세 인정** 및 **양곡 무제한 수출 허용** 등의 불평등한 내용이 포함되어 있었다. (229쪽)
동아출판	추가로 체결된 조약에서 일본 상품의 **무관세 무역**, 외국 화폐 유통권 등을 허용하였다. (160쪽)
리베르스쿨	조·일 무역 규칙에는 **양곡의 무제한 유출, 무관세, 무항세** 조항이 들어 있었다. (207쪽) [자료 3] 일본 정부에 소속된 선박들은 항세를 내지 않는다. [정리해볼까요] 조·일 무역 규칙 : **무관세, 무항세, 무제한 곡물 유출**
미래엔	뒤이어 조·일 수호 조규 부록과 조·일 무역 규칙이 체결되었다. 이에 **양곡의 무제한 유출이 가능**해졌으며 일본의 수출 상품에 대해서도 관세가 부여되지 않았다. (179쪽) [자료 2] 일본국 정부에 소속된 선박들은 항세를 내지 않는다. • 일본 상품에 항세를 부과하지 않는다.

제Ⅶ장 조·일 수호 조규에 대한 몇 가지 문제 · 211

비상교육	항세 없이 선박을 항구에 정박할 수 있었다. (240쪽)
지학사	이에 따라 **양곡의 무제한 유출**과 일본의 수출입 상품에 대한 **무관세** 원칙을 허용하였다. (216쪽) [탐구활동] • 일본 정부에 소속된 선박들은 항세를 내지 않는다. (217쪽)
천재교육	조·일 무역 규칙을 통해 수출입 상품에 대한 **무관세**와 **양곡의 무제한 유출** 등을 허용하였다. (184쪽) [자료 3] 일본국 소속의 선박은 항세를 납부하지 않는다.

1) 양곡의 무제한 유출

대부분의 교과서에서 '양곡의 무제한 유출 허용'이라고 서술한 근거는 아래의 무역 규칙 제6칙이다.

> '제6칙, 이후 조선국 항구에 주류(住留)하는 일본 인민은 양미(糧米)와 잡곡을 수출입(輸出入)할 수 있다.'(第六則, 嗣後於朝鮮國港口住留日本人民糧米及雜穀, 得輸出入)

국가 간의 조약이든 개인 간의 계약이든 조문을 있는 그대로 읽고 해석해야 한다. 위와 같이 제6칙은 조선 항구에 있는 일본인이 양미(糧米)와 잡곡을 수출입할 수 있도록 한 조항이다. 조문 어디에도 '무제한'이나 '유출'이란 단어가 없다. 유출은 '불법 유출', '무단 유출'처럼 주로 부정적으로 사용되며, 몰래 빼돌리는 것도 유출이고 알게 모르게 술술 빠져나가는 것도 유출이다. 유출이란 말에서 수출입에 전제되는 대금 지불도 없이 그냥 빠져나가는 것처럼 여겨진다. 또, 수출과 수입을 할 수 있다고 하였음에도 불구하고 수입에 대한 언급은 없다.

무역 규칙 제6칙은 양미와 잡곡을 수출입할 수 있도록 정함으로써 조선 정부는 일본의 곡물 수출 요구를 거절할 수 없게 되었다. 이에 따라 일본으로의 곡물 수출이 급격히 늘어나 심각한 식량 부족 현상과 함께 미곡 가격이 급등하여 백성들의 고통이 가중되었다. 이것이 무역규칙 제6칙의 본래 의미와 그로부터 초래된 결과다.

2) 무관세 허용

관세(關稅)는 수출입 상품에 부과하는 세금이다. 이에 대해 위 교과서에는 '무관세 조항이 들어있었다.'고 하였으나 무역 규칙에는 무관세 조항이 들어있지 않다. 무역규칙에는 관세를 설정하지 않았기 때문에 관세에 대한 어떠한 언급도 없다. 즉, '무관세 허용'이 아니라 '관세를 설정하지 않았다.'가 정확한 표현이다.

1876년 수호 조규를 체결할 당시 조선 정부는 관세에 대한 개념이 부족하였다. 때문에 관세 설정을 요구하지 못하였고 일본 정부에서는 자신들이 손해가 될 관세를 애써 설정할 이유도 없었다. 협상 과정에서 관세에 대한 이야기가 전혀 없었던 것은 아니나 조선 정부는 이를 강력하게 요구하지 못했던 것이다. 이후 관세 설정 없이 일본과의 무역이 이루어지는 가운데 1879년, 영중추부사 이유원은 북양대신 리홍장으로부터 관세 설정에 대한 제안이 포함된 서신을 받게 된다.

> '관세를 정하면 나라의 경비에 적으나마 도움이 될 수도 있으며 상업에 익숙하면 무기 구입도 어렵지 않게 될 것입니다.'
>
> (『고종실록』 1879. 7. 9. 기사)

이 제안에 따라 조선 정부는 관세 설정을 위한 다각도의 노력을 경주한다. 1881년 10월에는 조영하를 리홍장에게 보내 관세와 외교에 능한 인물의 추천을 요청하여 전 독일 영사 묄렌도르프를 외교 및 재정 고문으로 초빙하기도 하였다. 1882년에는 2차 수신사로 일본에 파견된 김홍집이 관세 설정을 강력하게 요구하지만 성과를 거두지 못한다. 그러다가 1882년 조미 조약에서 처음으로 관세를 설정하게 되자 일본도 더 이상 이를 외면할 수 없게 되었다. 이에 1883년 조일 통상 장정 제9관에 관세를 설정하고 이어 세칙(稅則)을 체결하여 마침내 관세를 부과할 수 있었다.

따라서 무역 규칙에서 관세를 설정하지 못한 것을 두고 '무관세 허용', '무관세 조항 삽입', '무관세 인정' 등으로 표현하는 것은 옳지 않다.

3) 무항세 허용

관세가 수출입 상품에 부과하는 세금이라면, 항세(港稅)는 무역을 위해 입항하는 상선(商船)에 부과하는 세금이다. 이에 대한 교과서의 서술을 정리하면 아래와 같다.

'일본국 소속의 선박은 항세를 납부하지 않는다.' (천재교육)
'일본 정부에 소속된 선박들은 항세를 내지 않는다.' (리베르스쿨, 지학사)
'일본국 정부에 소속된 선박들은 항세를 내지 않는다.' (미래엔)
'일본 상품에 항세를 부과하지 않는다.' (미래엔)

이를 보면 항세를 납부하지 않는다는 점에서는 모두 동일하나, '일본국 소속 선박'과, '일본국 정부 소속 선박'이라는 차이가 있다. '일본국 소속 선박'이라 하면 모든 일본 선박이 항세를 내지 않는다는 뜻이 되고, '일본국 정부 소속 선박'이라 하면 일본 정부 소속 선박이 항세를 내지 않는다는 뜻이 된다. 물론, 다른 선박의 항세 납부 여부는 알 수 없다. 이와 관련된 조항은 아래의 제7칙이다.

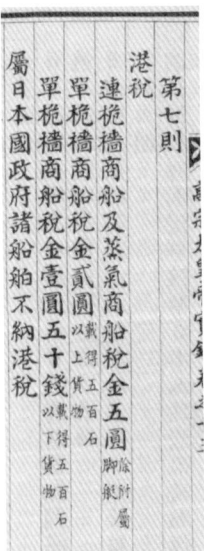
▲ 「무역규칙」 항세

제7칙
항세(港稅)
연외장(連桅檣) 상선 및 증기 상선의 세금은 5원이다. 〈모선에 부속된 각정(脚艇)은 제외한다.〉
단외장(單桅檣) 상선의 세금은 2원이다. 〈500섬 이상의 화물을 실을 수 있는 것이다.〉
단외장 상선의 세금은 1원 50전이다. 〈500섬 이하의 화물을 실을 수 있는 것이다.〉
일본국 정부에 소속된 모든 선박은 항세를 납부하지 않는다.
《『고종실록』 1876년 7월 6일 기사》

제7칙은 분명히 '항세(港稅)'라는 제목 아래 상선의 종류와 크기에 따라 항세를 정하였다. 가장 큰 상선은 5원, 중간 상선은 2원, 맨 아래 작은 상선은 1원 50전으로 정하고 마지막에 상선이 아닌 일본국 정부 소속 선박에 대해서는 항세를 납부하지 않는다고 하였다. 상선이 아닌 정부 소속 선박이 항세를 납부하지 않는 것은 당연하다. 즉, 제7칙은 무역을 위한 상선은 선박의 크기에 따라 정해진 항세를 납부해야 하며, 상선이 아닌 일본국 정부 소속 선박은 항세를 납부하지 않는다는 예외 조항을 두었던 것이다.

교과서 서술 중 '일본국 소속 선박은 항세를 납부하지 않는다.'는 것은 상선이든 정부 소속 선박이든 모든 일본 배는 항세를 납부하지 않는다는 뜻에서 서술 오류며, '일본국 정부 소속 선박은 항세를 납부하지 않는다.'는 것은 핵심인 상선에 대한 항세 부분은 제시하지 않고 예외 조항만 서술하였기 때문에 사실 왜곡이다. 따라서 항세 조관인 제7칙을 두고 '무항세 허용'이라 한 교과서 서술은 명백한 오류다. 미래엔의 '일본 상품에 항세를 부과하지 않는다.'는 서술은 상품과 항세를 잘못 연결하여 기본 설정부터 틀렸다.

이러한 서술 오류는 ebsi 한국사 강의에서 더욱 두드러진다. ebsi의 모든 한국사 강의는 무역 규칙을 설명하면서 '무관세', '무항세', '무제한 곡물 유출' 등을 허용한 심각한 불평등 조약임을 강조한다. 수능 연계 강의라는 장점을 앞세운 ebsi가 전국의 수많은 학생을 대상으로 터무니없는 역사를 가르치고 있는 것이다.

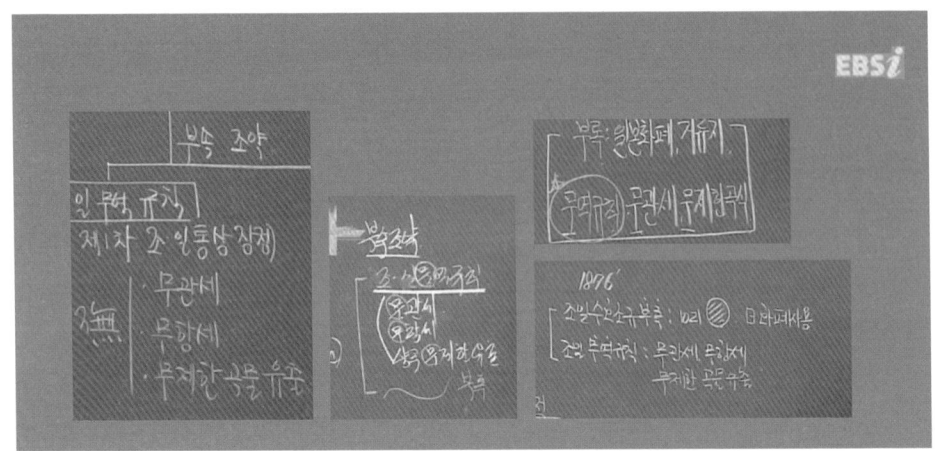

▲ ebsi 한국사 강의 중 3무 허용과 관련한 판서(네 강의의 자료임)

위 강의도 문제지만 같은 ebsi의 아래 강의는 있지도 않은 관세를 제7칙으로 소개하고 있어 더욱 큰 문제다.

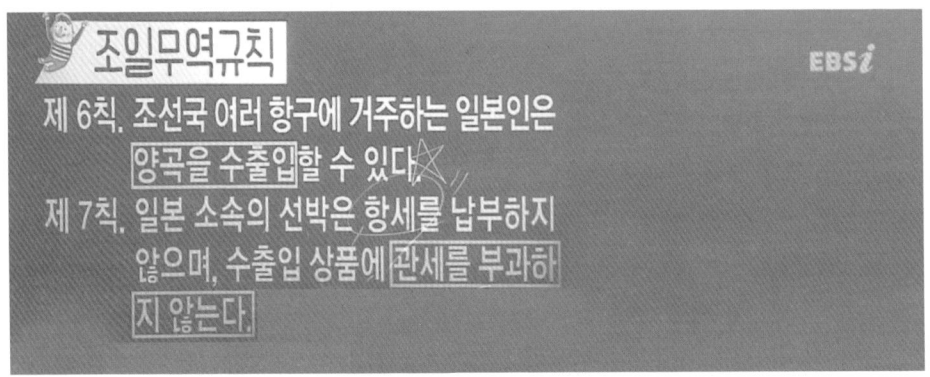

▲ ebsi 한국사 강의 중 무역규칙 7칙 부분 자료

강의 자료에서 '제7칙, 일본 소속의 선박은 항세를 납부하지 않으며, 수출입 상품에 관세를 부과하지 않는다.'고 하였으나 이는 해당 사료와 조금도 일치하지 않는다. 항세를 정한 제7칙의 내용을 '일본의 모든 배는 항세를 납부하지 않는다.'고 한 문장도 잘못이지만, '수출입 상품에 관세를 부과하지 않는다.'는 문장은 제7칙

뿐만 아니라 다른 어디에도 없는 내용이다. 무역 규칙 원문만 확인했어도 일어날 수 없는 중대한 오류다.

무역 규칙에 대한 서술 오류는 『한국민족문화대백과사전』도 빠지지 않는다.

> **한국민족문화대백과사전**
>
> 무역규칙   검색
>
> 전문 11개 조항으로 되어 있는 무역규칙은 제1칙에서 입항수속, 제2·3칙에서 수입화물의 통관 및 검사, 제4·5칙에서 출항 수속, <u>제6칙에서 미곡류 수출입의 인정</u>, 제7칙에서 항세(港稅) 면제, 제8칙에서 일본선박의 고용, 제9칙에서 밀수입자에 대한 치외법권, 제10칙에서 아편의 반입금지 등을 규정하고, 마지막 제11칙에서 무역규칙의 개정 절차를 규정하였다.
>
> 이러한 내용은 1858년에 조인된 '미일무역장정(미일통상조약의 부록)'을 대체로 모방한 것이었다. 무역규칙의 체결은 일본의 조선에 대한 경제적 침략을 합법화하는 것으로, 11개 조항 가운데서도 특히 제6칙과 제7칙이 조선의 경제에 커다란 타격을 주었다.
>
> 제6칙은 각 개항장에 거주하는 일본인의 식량을 위해 <u>미곡류의 매입을 허용하는 내용</u>이었다. 그러나 일본은 이를 각 개항장에서 일본인이 미곡류 수출입을 할 수 있다고 기만적으로 해석하여 조선산 쌀을 대량으로 반출하는 근거로 삼았다.
>
> 제7칙은 <u>일본 선박에 대해 항세, 즉 관세를 부과하지 않는다는 내용으로, 무관세무역을 규정하고 있다.</u> 또한, 조인희와 미야모토는 상품에 대해서도 수출입세를 면제할 것, 국내통과세 및 기타 수수료를 징수하지 않을 것, 무역에 대한 관청의 간섭을 금지할 것 등을 내용으로 하는 공문을 교환함으로써 무역규칙의 불평등성을 더욱 심화시켰다.

제6칙에 대해 앞에서는 '미곡류 수출입의 인정'이라 해놓고 뒤에서는 '개항장에서 일본인의 미곡류 매입을 허용한 내용'이라 하였다. 수출입의 뜻을 모르는 건지 불과 다섯 줄 사이에서 해석이 달라졌다. 그리고 '기만적 해석', '대량 반출의 근거'라는 말을 동원하여 마치 대단한 음모가 있는 것처럼 서술하고 있다. 일본이 기민적 해석을 한 것이 아니라 집필자가 황당한 해석을 한 것이다.

제7칙에 대해 앞에서는 '항세 면제'라 하여 하였으나, 아래에서는 '일본 선박에 대해 항세, 즉 관세를 부과하지 않는다는 내용으로, 무관세무역을 규정하고 있다.'고 하였다. '항세, 즉 관세를 부과하지 않는다.'고 한 것이나 '무관세 무역 규정'이라 한 것을 보면 무역 규칙 원문을 한 번도 본 적이 없을 뿐만 아니라, 항세와 관세조차 구분하지 못하는 것 같다.

무역규칙에 대한 한국사 교과서와 ebsi 한국사 강의, 그리고 백과사전에 이처럼 오류가 심각한 데는 기본적으로 국사편찬위원회의 『신편한국사』 서술에 기인한다.

"무역 규칙으로 이름이 붙은 통상 장정은 일본 측이 내놓은 원안에 1개조가 더 추가되어 11칙으로 되어 있다. 그런데 이것 또한 일본의 경제적 침투를 합법적으로 승인한 조약이었다. 11칙 중에서 특히 제6칙과 제7칙은 조선의 경제에 크나큰 타격을 주었던 조목이었다. 제6칙은 '사후 조선국 항구들에 주류하는 일본인은 糧米 및 잡곡을 수출할 수 있다.'고 되어 있고, 제7칙은 '일본국 정부에 소속된 선박들은 港稅를 납부치 않음'으로 되어 있다. 제6칙으로 조선의 미곡이 대량 일본으로 유출하게 되었고, 제7칙으로 일본선박이 **항세**, 즉 **관세**를 납부하지 않게 되었다."

〈『신편한국사』〉

여기의 '조선의 미곡이 대량 일본으로 유출하게 되었고'라는 서술은 '양곡의 무제한 유출 허용'으로 바꾸어 수록되었으며, 항세 부과 부분은 배제한 채 '일본국 정부에 소속된 선박들은 港稅를 납부치 않음'이라 한 서술은 '정부'가 있고 없는 차이만 있을 뿐 그대로 반영되었다. 또, '일본 선박이 **항세**, 즉 **관세**를 납부하지 않게 되었다.'는 서술은 미래엔 교과서와 백과사전에 검증 없이 그대로 실렸다.

관세를 설정하지 않은 것을 두고 '무관세 허용'이라 하며, 상선의 크기에 따라 항세가 부과되었음에도 '무항세 허용'이라 하며, 양곡 수출입이 가능하도록 한 조항을 두고 '양곡의 무제한 유출 허용'이라 한 것이 무역 규칙에 대한 한국사 교과서의 서술이고 ebsi 한국사의 강의다. 무역 규칙의 해당 조관을 한 번만 읽어봐도 있을 수 없는 이런 터무니없는 내용을 지금까지 가르쳐 왔고, 지금도 가르치고 있다. 올바른 역사 교육에 앞장서야 할 교과서와 ebsi 강의가 잘못된 역사 교육의 첨병 역할을 하고 있다.

【추기】

『한국민족문화대백과사전』은 위 서술 중 '무관세무역(無關稅貿易)을 규정하여'를 '양미(糧米)와 잡곡의 수출입량에 대한 제한 및 관세 규정이 부재(不在)하여'로, '각 개항장에 거주하는 일본인의 식량을 위하여 미곡류의 매입을 허용하는 내용이었다.'를 '각 개항장에 거주하는 일본인의 식량을 위하여 양미와 잡곡의 수출입을 허용하는 내용이었다.'로 수정하였다.

제7칙의 '일본 선박에 대해 항세를 부과하지 않는다는 내용으로 무관세 무역을 규정하고 있다.'를 '상선을 제외한 일본 정부 소속 선박에 항세를 부과하지 않는다는 내용을 규정하고 있다.'고 수정하였으나 이것도 잘못이다. 제7칙은 상선에 대해 항세를 규정하였다는 것이 중요하다. 예외 조항인 일본 정부 소속 선박에 대한 항세 제외는 핵심이 아니다.

7. 부록의 간행이정은 한행이정(閒行里程)의 잘못

▲ '간행이정' 검색 자료

『한국민족문화대백과사전』에서 '간행이정'을 검색하면 위와 같은 자료들이 보인다. 여기서 다시 맨 처음의 한국간행이정협정을 누르면 아래와 같은 내용을 확인할 수 있다.

> 같은 해 8월 24일에 조인된 「조일수호조규부록」 제4관에 의하면 일본인들의 활동지역은 **방파제로부터 동서남북 각 지름 10리**로 한정하고, 이 구역 안에서 일본인의 자유통행과 상업행위를 인정하였다. 그 뒤 일본세력의 한반도 진출이 강화되면서 이 간행이정을 확대하려는 노력이 꾸준히 전개되었다.
> 〈간행이정, 『한국민족문화대백과사전』〉

이 글에 의하면 '간행이정'이란 일본인이 자유롭게 다니면서 상업 행위를 할 수 있는 지역이며, 그 범위는 방파제로부터 동서남북 각 지름 10리라는 뜻으로 이해된다. 이 서술이 정확한지를 판단하기 위해서는 먼저 「수호 조규 부록」 제4관을 살펴볼 필요가 있다.

> **제4관. 이후 부산항구에서 일본국 인민이 자유롭게 다닐 수 있는 도로의 거리는 부두로부터 기산하여 동서남북 각 직선 거리 10리[조선의 里法]로 정한다. 동래부 중 한 곳에 이르러서는 특별히 이 거리 안에서 오갈 수 있도록 하고, 일본국 인민은 뜻에 따라 자유롭게 다니면서 조선 토산물과 일본국 물품을 사고팔 수 있다.**(第四款, 嗣後於釜山港口, 日本國人民可得閒行道路里程, 自埠頭起算, 東西南北各直徑十里[朝鮮里法]爲定. 至於東萊府中一處, 特爲往來於此里程內, 日本國人民隨意閒行, 可得賣買土宜及日本國物産.)

위 사전에서 언급한 '간행이정'은 제4관의 '閒行道路里程'을 줄인 것으로, 『고종실록』 원문에는 앞의 두 글자가 '閒行'으로 되어 있다. 여기서 閒자는 '간'과 '한'의 두 가지 독음이 가능한 글자로 간(間)으로 읽을 경우 간행(間行)이 되어 잠행(潛行) 또는 미행(微行)이란 뜻이 되지만, 한(閑)으로 읽을 경우 한행(閑行)이 되어 '한가하게 걷다.' 또는 '자유롭게 다니다.'라는 뜻이 된다. 따라서 '자유롭게 다닐 수 있는 거리'라는 뜻이 되기 위해서는 한행이정으로 읽고 써야 한다. 1883년 6월에 이 조관을 수정하게 되는데, 국역 『고종실록』에는 '한행이정약조(閒行里程約條)'라 하였으며, 일본 측 자료에는 '閒行里程約條'라 하여 독음이 '한'임을 분명히 하고 있다.

다음으로 위 사전의 '방파제'는 '부두'의 잘못이며, '지름 10리'는 원문의 '직경(直徑)'을 '지름'으로 잘못 이해하여 생긴 오류다. 여기서 '직경(直徑)'은 '곧은 길' 즉 '직선거리'라는 뜻으로 '부산항 부두로부터 동서남북으로 각각 직선거리 10리[4km]'라고 풀이해야 한다. 이에 따르면 서쪽 끝에서 동쪽 끝까지의 거리는 20리가 된다.

▲「수호 조규 부록」(부분)

이상을 토대로 위 사전의 서술을 사실(史實)에 맞게 수정하면 아래와 같다.

> 같은 해 8월 24일에 조인된 「조일수호조규부록」 제4관에 의하면 일본인들의 활동지역은 부산항 부두로부터 동서남북 각 직선거리 10리로 정하고, 이 구역 안에서 일본인의 자유 통행과 상업행위를 인정하였다. 그 뒤 일본인의 한반도 진출이 늘어나면서 이 한행이정을 확대하려는 노력이 꾸준히 전개되었다.

다음으로 한행이정과 긴밀한 관련이 있는 거류지(居留地)에 대해 살펴보도록 한다. 이는 '조(租: 임차료)를 지불하는 구역'이라는 뜻에서 달리 조계(租界)라고도 하는데 부산항의 경우 기존의 제도를 일부 변경한 초량 왜관이 이에 해당된다. 초량 왜관은 1609년 기유 약조 이후 두모포에서 초량항(草梁項)으로 이전 개설된 뒤 1876년까지 운영되다가 「수호 조규 부록」 제3관에 따라 왜인들의 출입을 통제하기 위해 설치했던 수문(守門)과 설문(設門)을 철폐하고 새로 정한 지점에 구역의 한계를 표시하는 푯말을 세워 이를 조계로 설정했다. 또, 같은 해 12월 17일에는 「부산구 조계 조약(釜山口租界條約)」을 체결함으로써 일본 상인의 조계(거류지)를 공

제VII장 조·일 수호 조규에 대한 몇 가지 문제 · 221

식화 하였다.

　이를 정리하면, 한행이정은 개항장에서 일본을 비롯한 외국 상인들이 '자유롭게 다니면서 상업 활동을 할 수 있는 거리'라는 뜻으로, 부산항의 경우 부두로부터 동서남북으로 각각 직선거리 10리이다. 이렇게 시작된 한행이정은 일본의 지속적인 확대 요구에 따라 1882년에는 50리로, 1883년부터는 다시 100리로 확대된다. 그런가 하면, 조계(거류지)는 한행이정이 적용되는 항구에서 상업 활동을 하는 외국인이 집단으로 거주하도록 마련한 별도의 구역이다. 이러한 한행이정과 조계(거류지)에 대해한 현행 교과서에는 어떻게 서술되어 있는지 살펴보기로 한다.

교학사	개항 초기의 무역은 주로 일본 상인들이 주도하였는데, 개항장을 중심으로 **거류지 내에서만 무역이 허용**되었다. (212쪽)
금성출판사	강화도 조약이 체결되자 일본 상인들이 몰려왔다. 이들은 처음에 개항장 10리 안에서만 활동할 수 있었다. (271쪽)
동아출판	4. 앞으로 부산항에서 일본 국민이 **통행할 수 있는 범위는 직경 10리**로 한다. 그 안에서 일본 국민은 자유로이 통행하고, 기타의 산물과 일본의 산물을 매매할 수 있다. (160쪽)
리베르스쿨	개항장 사방 10리 안에 일본인이 거주할 수 있는 구역인 거류지를 설정하였다. (207쪽) 따라서 개항 초기의 무역은 일본 상인과 소비자 사이에 조선 상인이 매개하는 **거류지 무역**의 형태를 띠었다. (242쪽)
미래엔	한편, 개항 초기에 일본 상인은 **조계 내에서만 무역을 할 수 있었기** 때문에 조선의 객주, 여각, 보부상 등을 매개로 내륙 시장에 침투하였다. (220쪽)
비상교육	이 시기 외국 상인들은 개항장 10리 이내의 거류지에서만 활동할 수 있었기 때문에 객주, 여각 등 조선 상인은 외국 상인과 내륙의 조선 상인을 중개하여 이익을 얻었다. -중략- 조일 수호조규 부록을 체결하여 일본 상인들은 일본 화폐를 사용하고, 개항장을 중심으로 거류지 무역 활동을 전개하였다. (240쪽)
지학사	개항 초기에는 개항장을 중심으로 한 **거류지 무역**이 이루어졌다. 외국 상인들은 개항장 10리(약 4km) 안에서만 활동할 수 있었기 때문에 개항장의 조선인 객주와 여각, 거간, 보부상들이 거래를 중개하였다. (252쪽)
천재교육	개항장에는 일정한 곳을 개방하여 외국인 거류지(조계)를 설정하고, 이들의 왕래와 무역을 허용하였다. 개항 초기의 무역은 외국 상인들이 개항장 10리 안에서만 활동할 수 있는 거류지 무역의 형태로 이루어졌다. (194쪽)

위 교과서에서 공통적으로 서술된 '거류지 무역'은 개항 이전 초량 왜관에서 있었던 무역을 이르며, 개항 후에는 부산항 부두로부터 동서남북 각각 직선거리 10이내로 정해진 한행이정(閒行里程) 내에서 자유로운 통행과 상업이 이루어졌기 때문에 '개항장 무역'의 잘못이다.

동아출판은 부록 제4관을 번역 수록하였으나 '부산항 부두'라는 기산점이 빠졌으며, 부산항 부두로부터 동서남북 각 직선거리 10리라 하였으므로 직경은 20리가 되기 때문에 '직경 10리'는 서술 오류다. 이어지는 문장에서 '기타의 산물'은 원문 중 어느 부분을 옮긴 것인지 알 수 없으나 문맥상 조선의 토산물로 여겨지는데 이는 오역이다.

리베르스쿨의 '개항장 사방 10리 안에 일본인이 거주할 수 있는 구역인 거류지를 설정하였다.'는 서술에서 '사방 10리'는 '동서남북으로 각각 직선거리 10리'라는 뜻으로 서술해야 한다. '개항장 사방 10리 안에 거류지를 설정하였다.'고 하였으나 일본인 거류지는 개항 전 초량 왜관이 약간 변화한 것이다. 이어지는 문장에서 '일본 상인과 소비자 사이에 조선 상인이 매개하는 **거류지 무역**의 형태를 띠었다.'고 한 서술도 오류다. 거류지 무역이 아니라 개항장 무역이다.

시학사의 '외국 상인들'은 일본 상인의 잘못이며, 개항장 10리는 부산항 부두로부터 동서남북 각 직선거리 10리라고 해야 정확한 표현이다.

천재교육의 '일정한 곳을 개방하여'는 개항 전 초량 왜관을 일부 변경하여 일본인의 전관(專管) 거류지로 설정하였기 때문에 서술 오류이며, 개방이 아니라 일본인의 거류 지역으로 한정하였다. 개방이라는 표현은 잘못이다.

한행이정을 간행이정으로 읽는 경우, 한행이정과 조계(거류지)를 구분하지 못하는 경우, 거류지를 설정이나 거류지 무역 등의 서술 오류는 ebsi 한국사 강의에서도 두드러진다. 특히 아래의 강의는 그 정도가 심하다.

▲ ebsi 한국사 강의 중 일부

해당 강사는 분명 「수호 조규 부록」 제4관을 축약하여 제시하고 이를 토대로 강의를 진행하였다. 하지만, 이는 부록 제4관과는 전혀 상관이 없을 뿐만 아니라 다른 어떤 조약에도 없는 내용이다. 학생들이 겪을 혼란을 방지하기 위해 속히 수정을 하거나 그것이 어렵다면 더 이상 수강할 수 없도록 해야 한다.

〈추기〉
본 칼럼 이후 한국학중앙연구원은 『한국민족문화대백과사전』의 '간행이정'을 '한행이정'으로 수정하였으나 일부에 그쳤다. 모두 수정하여야 한다.

8. 조·일 수호 조규는 불평등 조약인가

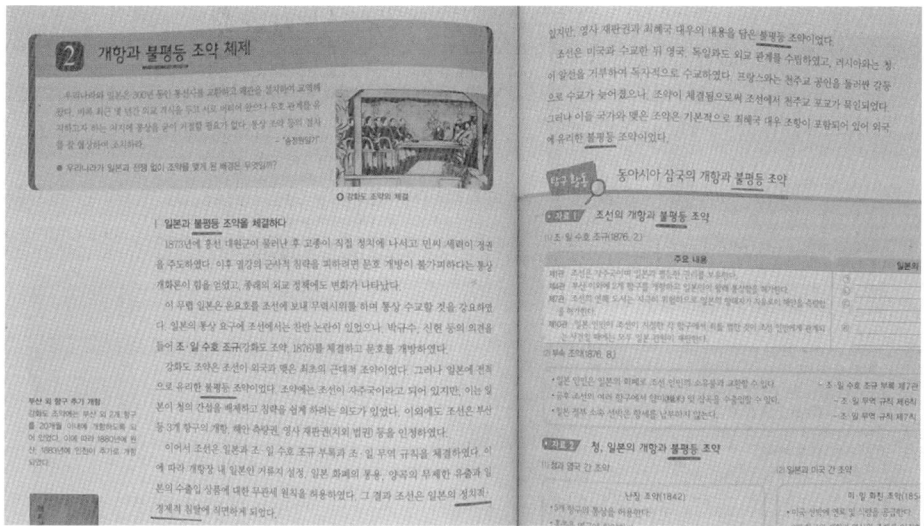

▲ 개항과 불평등 조약 체제(지학사, 216-217)

 이 자료는 지학사에서 발행한 고등학교 한국사의 조일 수호 조규(속칭 강화도 조약)와 관련된 서술 면(面)이다. 보는 바와 같이 두 면에 걸쳐 '불평등'이란 용어가 무려 여덟 번이나 등장한다. 이러한 서술 기조는 여타의 교과서도 비슷하다. 차이가 있다면 불평등 외에도 주권 침해, 경제적 침탈, 침략 의도 등의 용어가 등장한다는 점이다. 결국 조선은 일본의 강압에 굴복하여 **불평등 조약**을 체결함으로써 정치적·군사적 침탈에 직면하였으며, 나아가 이후 벌어지는 조선 침략의 길을 열어줬다는 것이다. 과연 수호 조규는 교과서의 서술대로 불평등한 조약이었는가?

 '1876년 개항 이후 조선은 일본과 개항 통상 조약을 맺게 되었다. 1조는 일본이 청의 간섭을 배제하고 조선을 장악하기 위해 일부러 '자주국'이라는 조항을 넣은 것이다. 4조는 개항장 확대, 7조는 해안 측량권, 10조는 일본 영사관의 재판권을 규정하여 조선의 재판권을 제외시키는 내용이었다. 이처럼 일본은 서구 열강들

제Ⅶ장 조·일 수호 조규에 대한 몇 가지 문제 · 225

을 본따 자신들의 경제적 이해를 보장하기 위해 여러 가지 **불평등한 조항**을 집 어넣었다.'

〈동아출판, 160쪽〉

이 자료에는 수호 조규의 불평등 조항을 구체적으로 제시하고 있는데 여타의 교과서도 유사하다. 이 서술과 함께 여타 교과서의 서술을 종합하면, 제1관(교과서의 조는 관의 잘못)은 청의 종주권 차단하여 조선 침략을 쉽게 하기 위해서, 제4관은 정치적·군사적 침탈을 위한 개항장 확대를 위해서, 제7관은 군사적 침략 목적을 달성하기 위한 해안 측량권 획득을 위해서, 제10관은 조선의 재판권을 배제하기 위한 영사 재판권 획득을 위해 정한 조항이라는 것이다. 때문에 이들은 모두 조선에 일방적으로 불리한 **불평등 조약**이라는 논리다. 이러한 서술이 얼마나 타당한지 살펴보도록 한다.

먼저 제1관에 대해 '조선은 자주의 나라이다.'라는 문장을 넣음으로써 청의 종주권을 차단하여 일본이 조선 **침략**을 쉽게 하려는 의도가 담겨 있다고 해석하였다. 즉, '조선은 자주의 나라이다.'라는 글이 표면적으로는 조선을 자주국으로 인정하는 것처럼 하였으나, 그 이면에는 추후 조선 침략을 쉽게 하려는 불순한 의도가 담겨 있다는 것이다. 과연 그런지 먼저 제1관을 살펴보도록 한다.

> 제1관, 조선국은 자주의 나라이며 일본국과 평등한 권리를 보유한다. 이후 양국은 화친의 실상을 표시하려면 모름지기 서로 동등한 예(禮)로 대해야 하고, 조금이라도 상대방의 권리를 침해하거나 시기하지 말아야 한다. 우선 종전의 교린(交隣)의 정을 막을 우려가 있는 여러 가지 규례들을 일체 혁파하여 없애고, 너그럽고 두루 통하는 법을 열고 넓히는 데 힘써서 영원히 잘 지내기를 기약한다.

국가 간의 조약이든 개인 간의 계약이든 기본적으로 상호 다른 해석의 여지를 차단하기 위해 간략하면서도 분명하게 쓴다. 기록된 내용 그대로 읽고 해석해야 한다는 뜻이다. 이 조관의 글도 별도의 설명이 필요치 않을 정도로 간명하다. 조선국은 자주국으로써 일본과 평등한 권리를 보유하기 때문에 서로 동등한 예로 대해야 하고 상대방의 권리를 침해해서는 안 된다는 선언과 함께, 앞으로 교린의 정을 막을 우려가 있는 구제(舊制)를 혁파하고 새로운 법을 만들어 영원히 잘 지낼 것을 약속한다는 내용이다. 조약 체결 당사자의 자격과 체결 목적이 분명하게 드러난 조관이다.

좀 더 깊이 살펴보면 '조선국은 자주의 나라이다.'는 문장은 두 가지 면에서 중요한 뜻을 담고 있다. 하나는 '자주의 나라'는 곧 타국의 간섭을 받지 않는 주권 국가를 이르는 것으로 국제법에 따라 체결되는 조약에서 체결 당사국의 당연한 자격이자 조건이다. 체결 당사국이 특정 국가의 속방(屬邦)으로 자주권을 행사할 수 없다면 어느 나라도 조약을 맺으려 하지 않을 것이다. 자주권을 행사할 수 없는 국가라면 조약의 성실한 이행과 실효성을 보장할 수 없기 때문이다. 1882년 조·미 조약 체결 당시 청이 속방(屬邦) 조항의 포함을 강력히 주장했으나 조선은 자주국이라는 미국의 주장에 결국 그 뜻을 관철시키지 못하였다. 이는 미국의 입장에서 조선이 자주국일 때만이 조약 체결이 가능하다는 인식이 있었기 때문이다.

또 하나는 조약의 마지막 서명 부분에 '대조선국 개국(開國) 485년'이라 하여 청의 연호를 버리고 독자적 연도 표시법인 개국 기년(開國紀年)을 사용한 점이다. 개국 기년은 조선이 개국한 1392년을 기산점으로 삼아 연도를 표시한 독자적 기년법으로 1876년을 환산하면 '개국 485년'이 된다. 지금까지 모든 교과서에서 1894년 1차 갑오개혁 때 청의 연호를 폐지하고 '개국 연호'를 사용하였다고 하나 이는 사실과 다르다. 개국(開國)은 연호가 아닐 뿐만 아니라, 개국 기년은 수호 조규 체결을 위한 협상 과정에서 조선이 일본국 대표 구로다 기요타카에게 준 서술책자(敍述冊子)에 이미 사용하여 자주국임을 천명하였던 것이다.

교과서 서술대로 청의 종주권을 차단하여 조선 침략을 쉽게 하려는 의도에서 '자주국'이라는 내용을 삽입했다면 그런 해석을 뒷받침해줄 명백한 근거가 있어야 한다. 하지만, 전체 조관이든 조약 체결을 위한 협상 과정에서든 어디에도 그러한 근거를 발견할 수 없다. 제1관의 '조선은 자주의 나라이다.'라는 조문은 국제법상 조약 체결 당사국인 조선이 자주 국가임을 대외적으로 공언(公言)한 것이며, '대조선국 개국485년'은 이러한 공언의 명시적(明示的) 표현이다. 조문을 있는 그대로 읽고 해석하면 '불평등'이나 '침략'과 같은 의도를 도출해 내기는 어렵다.

다음은 '3개 항구의 개항'과 관련한 서술이다. 대부분의 교과서에서는 제4관을 들어 추가로 항구를 개항하기로 한 것은 정치적·군사적 침략 의도가 담겨 있는 것으로 서술하고 있다. 아래는 항구의 개항과 관련한 내용이 들어있는 제4관이다.

> 제4관, 조선국 부산 초량항(草梁項)에는 오래 전에 일본 공관(公館)이 세워져 있어 두 나라 백성의 통상 지구가 되었으나 지금은 종전의 관례와 세견선(歲遣船) 등의 일은 혁파하여 없애고 새로 세운 조관에 준하여 무역 사무를 처리한다. 또 조선국 정부는 제5관에 실린 곳 중의 두 곳의 항구를 별도로 개항하여 일본국 인민이 오가면서 통상하도록 허가하며, 해당 지역에서 임차한 터에 가옥을 짓거나 혹은 임시로 거주하는 사람들의 집은 각각 그 편의에 따르게 한다.

종래 조선과 일본은 1609년 체결된 기유약조에 따라 해마다 일정의 세견선(歲遣船)을 보내고 동래부의 초량 왜관에서 상품을 교역하는 왜관 무역이 중심을 이루었으나 수호 조규 체결로 이러한 제도를 혁파하고 근대적 무역 체제로 전환하게 된다. 선박으로만 무역이 가능했던 시기에 무역의 핵심은 상선이며, 이 상선이 자유롭게 드나들 수 있는 항구는 필수 조건이다. 이에 일본은 항구 확대를 위해 수호 조규 제5관에서 경기, 충청, 전라, 경상, 함경 5도 중 두 곳을 선정하기로 약속하였으며, 추진 과정에서 다소간의 문제가 있었으나 약속대로 원산항(1880)과 인천항(1883)을 추가로 개방하게 된다.

이를 두고 교과서에서는 인천항은 정치적 목적에서, 원산항은 군사적 목적에서 개방을 강요한 것으로 명백한 불평등 조항이라고 서술하고 있다. 하지만, 인천항이든 원산항이든 기본적으로 무역을 위한 항구로, 무역의 최대 이익을 위해서 원활한 물류(物流)나 수도의 접근성 등을 고려하여 선정한 것이라 할 수 있다. 나중에 정치적 또는 군사적으로 이용되었다 할지라도 개항 당시의 목적은 무역을 위한 것이니만큼 불평등 조항으로 해석하는 것은 무리가 있다.

다음으로 해안 측량권에 관한 것으로 해안 측량은 항구 개설을 위한 사전 조사 행위를 말한다. 이에 대한 교과서의 서술은 일본에게 해안 측량권을 허용함으로써 일본은 조선 연안의 지형을 면밀하게 파악하여 조선 침략의 발판으로 삼도록 하였다는 것이다. 이는 곧 허용해서는 안 될 권리를 일본에게 허용함으로써 우리의 영토 주권을 침해당했다는 논리다. 이에 해당하는 제7관은 다음과 같다.

> 제7관, 조선국 연해의 도서(島嶼)와 암초는 종전에 자세히 조사한 것이 없어 극히 위험하므로 일본국 항해자들이 수시(隨時)로 해안을 측량하여 위치와 깊이를 재고 도지(圖志)를 제작하여 양국의 배와 사람들이 위험한 곳을 피하고 안전한 데로 다닐 수 있도록 한다.

앞서 살펴본 바와 같이 제5관에서는 '경기, 충청, 전라, 경상, 함경 5도(道) 가운데 연해의 통상하기 편리한 항구 두 곳을 선택하며 개항 시기는 1876년 2월부터 계산하여 모두 20개월로 한다.'고 하였다. 이를 뒷받침하기 위해 선박의 출입 경험과 연안에 대한 정보가 부족한 지역의 지형을 조사하도록 한 것이 제7관이다. 해안 측량은 분명 조약에 근거를 둔 것으로 이를 주권 침해라 하는 것은 근거 조항을 부정하는 것이며, 근거 조항을 부정하는 것은 결국 수호 조규 자체를 부정하는 것이다. 즉, 상호 약속에 따라 해안을 측량할 수 있도록 한 제7관을 두고 조선의 영토 주권을 침해한 것이라고 한 교과서의 서술은 조약의 정당성을 정면으로 위배하는 것이라 할 수 있다.

마지막으로 조선의 사법권을 침해했다는 치외 법권(영사 재판권) 부분이다. 치외 법권과 관련하여 대부분의 교과서는 '일본 인민이 조선이 지정한 각 항구에서 죄를 범한 것이 조선 인민에게 관계되는 사건일 때에는 모두 일본 관원이 재판한다.'라는 문장만을 제시하고 이를 조선의 사법권을 침해한 불평등 조항으로 소개하고 있다. 제시된 문장만 보면 그런 해석이 가능할 수도 있으나 아래의 제10관 전체를 살펴보면 그렇지 않다.

'제10관, 일본국 인민이 조선국이 지정한 각 항구에 있으면서 만약 그가 범한 죄가 조선국 인민과 관계되더라도 모두 일본국에 귀속시켜 심의 판단하며, 만약 조선국 인민이 죄를 범한 것이 일본국 인민과 관계되더라도 모두 조선 관리에게 귀속시켜 조사 하여 심판하되 각각 그 나라의 법률에 의거 신문(訊問)하고 판단하여 털끝만큼도 비호하는 일이 없이 공평하고 합당하기를 힘써야 한다.'

이는 조선국이 지정한 항구에서 조선인을 대상으로 한 일본인 범죄자는 일본국에 귀속시키고, 일본인을 대상으로 한 조선인 범죄자는 조선 관리에게 귀속시켜 심판한다는 내용이다. 즉, 일본국 범죄자는 일본국에, 조선국 범죄자는 조선국에 귀속시키는 것으로 재판 관할권을 정한 것이다. 그런데 교과서에서는 일본인 범죄자를 일본국 관원이 재판한다는 내용만 수록하고 이를 조선의 주권을 침해한 치외법권 또는 영사 재판권 조항이라 하였다. 하지만, 이때 일본은 자국민 보호를 위해 영사가 아닌 인민 관리관을 두었는데, 이 관리관이 관리하는 대상은 상민(商民)이라는 점에서 치외법권이 될 수 없으며, 아직 영사가 설치되지 않았기 때문에 영사 재판이라 할 수도 없다.

또 조·일 양국 범죄자 처리에 대한 규정을 동시에 담고 있기 때문에 이를 치외법권(영사 재판권) 조항이라 한다면 조선인 범죄자도 치외 법권 대상에 해당되는 논리적 모순이 생긴다. 결국 수호 조규 제10관은 조선국 항구에서 발생한 양국 범죄자를 누가 관할할 것인지를 정한 재판 관할권 규정이라 할 수 있다. 일본인은 일본국이, 조선인은 조선국이 재판한다는 점에서 불평등을 논하는 것은 무리다.

조일 수호 조규는 협상 단계에서 일본 측이 13개 조관을 제시하였으나 조선 정부는 이를 축조심의하여 최혜국 대우 조항인 12관은 삭제하고 나머지 조관도 조선 정부의 수정 요구를 대부분 반영하여 결정하고 국왕이 비준한 문서다. 비록 협상 과정에서 일본의 강압적 자세가 없었던 것은 아니나, 조선 정부에서도 통상 조약을 주장하는 인사들의 후원을 받은 국왕이 체결을 독려하고 최종적으로 어보(御

寶)를 날인(捺印)한 국가 간의 약속이다. 조선의 접견대관인 신헌이 체결 당시의 과정을 일기 형식으로 정리한 『심행일기(沁行日記)』를 보더라도 일본의 강압에 굴복하여 일방적으로 불리하게 체결된 조약이 아님을 알 수 있다.

 이렇게 체결된 조약에 대해 각 조관의 부분만을 취하거나, 신뢰할 만한 근거 없이 무리하게 해석하여 불평등 조약이라 단정하는가 하면, 더 나아가 일본이 조선을 침략하려는 의도가 숨어있다고 해석하고 있다. 물론, 조약에 정한 것과 달리 운영과정에서 본래의 취지를 벗어나 전혀 다른 문제점이 발생한 경우도 있다. 그런 경우라 하더라도 조약에 있는 본래의 뜻과 운영과정의 문제점 등은 분리하여 설명해야 한다. 그런데 교과서에서는 조약 체결 후 일어난 문제점이나 심지어 조약과 상관없이 몇 십 년 뒤에 일어난 일본의 침략 행위마저 조약의 본래 취지인 양 끌어다가 해석하고 있다. 이는 반드시 시정되어야 한다.▨

제Ⅷ장 조·청 상민 수륙 무역 장정의 몇 가지 문제

1. 잘못된 용어 해석에서 출발한 서술 오류

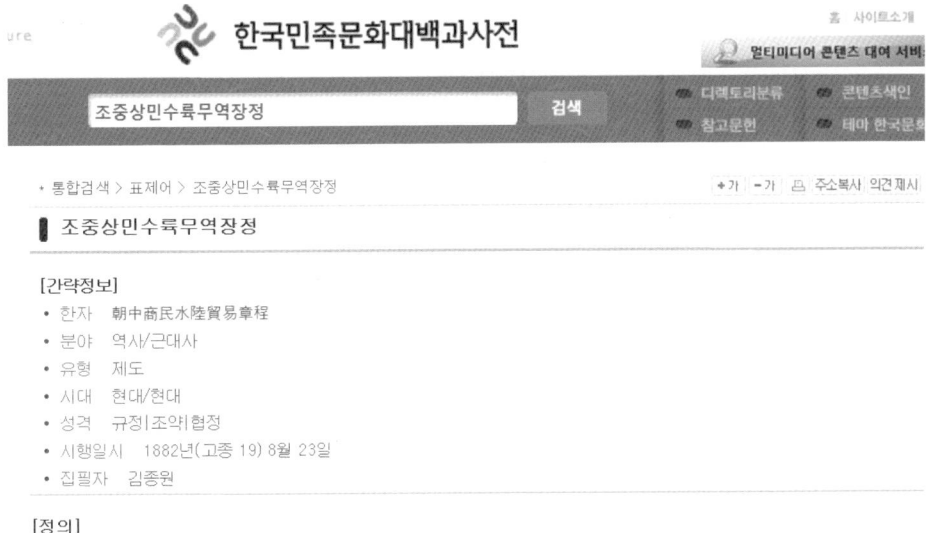

한문(漢文)을 모르고 제대로 된 우리 역사(歷史) 연구가 가능할까? 한문을 모르고 제대로 된 우리 역사 교육이 가능할까? 필자는 검정 8종 한국사 교과서를 정독하면서 발견된 다수의 오류를 해당 출판사에 질의하거나 수정을 요구한 바 있다. 그런데 그들 오류의 대부분은 한문 이해의 부족에서 기인한 것들이다. 1882년 8월에 체결된 「조·청 상민 수륙 무역 장정」(이하 「조·청 무역 장정」으로 약칭함)의

'내지 통상권(內地通商權)'에 대한 서술도 마찬가지다. 한문에 대한 이해가 부족하니, 용어 해석이 틀리고, 용어 해석이 틀리니 역사 서술이 틀린 것이다. 오늘은 『한국민족문화대백과사전』에서 '내지 통상권'을 어떻게 서술하고 있는지 살펴보고자 한다.

먼저 '내지 통상권'을 이해하기 위해 개항 이후 조선에서 외국 상인들의 무역 여건이 어떻게 변화했는지 조약별로 살펴보기로 한다.

「조·일 수호 조규 부록」 1876. 7. 6.
제4관, 이후 부산항구에서 일본국 인민이 자유롭게 다닐 수 있는 도로의 거리는 부두로부터 기산하여 동서남북 각 직선 거리 10리[조선의 里法]로 정한다. 동래부 중 한 곳에 이르러서는 특별히 이 거리 안에서 오갈 수 있도록 하고, 일본국 인민은 뜻에 따라 자유롭게 다니면서 토산물과 일본국 물품을 사고팔 수 있다.(第四款, 嗣後於釜山港口, 日本國人民可得閒行道路里程, 自埠頭起算, 東西南北各直徑十里[朝鮮里法]爲定. 至於東萊府中一處, 特爲往來於此里程內, 日本國人民隨意閒行, 可得賣買土宜及日本國物産.)

조선과 일본은 1876년 「조·일 수호 조규」 체결 후 이어진 후속 조치인 「수호 조규 부록」에서 한행이정(閒行里程: 자유롭게 다니면서 상업 활동을 할 수 있는 거리)을 부산항 부두를 기점으로 동서남북 각 직선거리 10리로 정했다. 일본 상인들은 이 한행이정 내에서 자유롭게 다니며 조선의 토산물과 자국의 물품을 사고팔 수 있었다. 아직은 개항장에 한정된 무역이다. 일부 교과서에서 이를 '거류지 무역'이라고 하였으나, 개항 당시 일본인 거류지(居留地: 租界)는 종래의 동래 왜관을 계승한 것으로 일본인 집단 거주지라 할 수 있다. 개항 전에는 조·일 무역이 주로 동래 왜관의 개시 대청(開市大廳)에서 이루어졌으나, 개항 후에는 부산항 부두로부터 한행이정 10리 내에서 이루어졌다. 때문에 개항장 무역이라 하는 것이 올바른 표현이다.

> 「조·미 조약」 1882. 4. 6.
> 제6관 … 미국 상인은 양화(洋貨)를 내지(內地)로 운입(運入)하여 매매할 수 없고, 또 스스로 내지로 들어가 토산물을 구매할 수 없다. 아울러 토산물을 이 항구에서 저 항구로 판매하여 보낼 수 없다.(第六款 … 美國商民, 不得以洋貨運入內地售買, 亦不得自入內地 採買土貨. 幷不得以土貨由此口販運彼口.)

이후 조선은 1880년에 인천항을 개방하고 1883년에 원산항을 추가로 개방하게 된다. 그 사이에 체결된 「조·미 조약」에서는 일본과 마찬가지로 두 항구에서만 자유로운 무역이 이루어졌다. 상품을 내지로 운반하여 매매할 수 없을 뿐만 아니라 내지에서 조선의 토산물을 구매할 수도 없었다. 또, 제3관에 '… 당해 선적이 통상하지 않는 항구에 몰래 들어가 무역을 하다가 잡힌 경우 배와 화물은 관에서 몰수한다.'고 정하여 미개방 항구에서의 밀무역도 엄격히 금지되었다. 일본과 마찬가지로 아직은 개항장에 한정된 무역이다.

> 「조·일 수호 조규 속약」 1882. 7. 17.
> 제1 부산·원산·인천의 각 항구의 한행 이정을 이후 확대하여 사방 각 50리로 하고, 2년이 지난 뒤 다시 각 100리로 한다. 지금부터 1년 뒤에는 양화진을 개시로 한다.(第一 釜山·元山·仁川各港閒行里程, 今後擴爲四方各五十里, 期二年後, 更爲各百里事. 自今期一年後, 以楊花津爲開市.)

1882년 임오군란 이후 「조·일 강화 조약(속칭 제물포 조약)」과 함께 체결된 「수호 조규 속약」에서는 한행이정이 확대된다. 「수호 조규 속약」 체결과 동시에 한행이정을 50리로 확대 적용하고, 1년 후에는 다시 100리 까지 확대하기로 하였다. 그런가 하면 1년 후에는 양화진을 개시(開市)로 지정하여 무역을 할 수 있도록 하였다.

> 「조·청 상민 수륙 무역 장정」 1882. 8. 23.
> 제4조 … 조선 상인이 북경에서 규정에 따라 허락한 교역과, 중국 상인이 조선의 양화진과 한성에 들어가 개설이 허락된 영업소[行棧]를 제외하고 각종 화물을 내지로 운반하여 들어가 상점을 차리고 판매하는 것은 승인하지 않는다. 만약 양국 상인이 내지로 들어가 토산물을 구입하고자 할 때는 마땅히 피차의 상무위원[중국]과 지방관[조선]에게 청구하고 [이들이] 함께 서명한 증명서를 발급하되 구입할 처소를 분명히 적어 넣는다. 거마(車馬)와 선박은 해당 상인이 고용하도록 하고, 연도(沿途)에서는 바쳐야 할 세금을 정확히 파악하여 수령한다.… (第四條 … 朝鮮商民, 除在北京例准交易, 與中國商民, 准入朝鮮楊花津·漢城, 開設行棧外, 不准將各色貨物, 運入內地, 坐肆售賣. 如兩國商民, 欲入內地, 採辦土貨, 應稟請彼此商務委員與地方官, 會銜給與執照, 填明採辦處所. 車馬船隻, 聽該商自雇, 仍照納沿途應完釐稅.…)

이번에 다루게 될 '내지 통상권'과 관련된 「조·청 무역 장정」 제4조의 일부다. 「조·미 조약」이나 「수호 조규 속약」과 비교하여 외국 상인들의 활동 범위가 넓어졌다. 이제 개항장과 함께 양화진과 한성에 개설이 허락된 행잔(行棧: 영업소)에서 무역을 할 수 있도록 하였다. 그렇다고 하여 양화진과 한성 어디에서나 무역을 할 수 있는 권리를 부여한 것은 아니다. 핵심은 양화진과 한성에 개설이 허락된 행잔 외에 '내지로 상품을 운반하여 판매하는 것은 허락하지 않는다.'는 것으로 무게 중심은 후반부에 있다.

내지에서의 상품 판매를 금지한 것과는 달리, 내지로 들어가서 채판토화(採辦土貨: 토산물 구매)하고자 할 경우에는 증명서를 발급 받는 등의 정해진 절차에 의해 가능하도록 하였다. 여기서 '채판토화(採辦土貨)'는 '토산물 구매'라는 뜻으로 판매까지 포함된 것은 아니다. 어느 쪽으로 보던지 내지에서의 상품 판매, 즉 '내지 통상'은 허용되지 않았음을 알 수 있다. 이는 제3조에 '… 양국 상선이 풍랑을 만나 손상을 입어 수리해야 할 경우를 제외하고 개방하지 않은 항구에 몰래 들어가 무역을 하는 자는 조사하여 체포하고 배와 화물은 관에서 몰수한다.'는 내용이나,

'… 아울러 해안에 올라가 음식물과 식수를 살 수 있으나, 사적으로 화물을 무역할 수 없다. 위반하는 자는 배와 화물을 관에서 몰수한다.'고 한 것에서도 내지의 무역을 엄격히 금지하였음을 알 수 있다.

> 「조·영 수호 조약」 1883. 10. 27.
> 제4관 6. … 영국 인민이 또한 증명서를 지니면 앞으로 조선의 각 처에 여행이나 통상을 할 수 있고, 아울러 각종 화물을 운반하여 판매하는 것과 일체의 토산물 구매를 허락한다. (第四款 六. … 惟英國民人, 亦準持照, 前往朝鮮各處, 游歷·通商, 竝將各貨, 運進出售, 及購買一切土貨.)

1883년 10월에는 영국 및 독일과 동시에 통상 조약을 체결하게 되는데, 통상과 관련한 위의 조항도 양국이 동일하다. 이 조약에서는 비록 증명서 소지의 조건이 붙기는 하였으나 전국을 다니며 구매와 판매를 할 수 있는 내지 통상이 허용되었다. 즉, 내지 통상은 청나라와 체결한 「조·청 무역 장정」이 아닌 영국·독일 양국과 체결한 조약에서부터 허용된 것이다. 이러한 무역 환경의 변화를 표로 정리하면 아래와 같다.

조약	허용	금지
수호조규부록 1876. 7. 6.	개항장 무역, 한행이정 10리	
조미조약 1882. 4. 6.	개항장에 한정된 무역	내지 무역, 조선 토산물 구매 미개방 항구 밀무역 토산물 타 항구로 판매 운반
수호조규속약 1882. 7. 17.	한행이정 50리, 2년 후 100리 1년 후 양화진 개시	
조청무역장정 1882. 8. 23.	양화진·한성에 개설이 허락된 행잔에서만 무역 내지의 토산물 구매는 조건부 허용	내지 통상 미개방 항구의 밀무역
조영수호조약 1883. 10. 27.	내지 통상 허용(증명서 지참 조건)	

이상 몇몇 조약을 통해서 무역 여건의 변화를 살펴보았다. 이를 토대로 『한국민족문화대백과사전』에서는 「조·청 무역 장정」의 '내지 통상'에 대해 어떻게 서술하고 있는지 확인해보기로 한다.

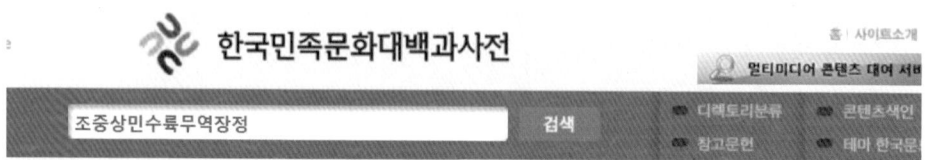

이조연 일행과 함께 톈진으로 가서 중단되었던 통상 논의를 재개하였다. 어윤중은 장정이 체결될 때까지 10여 일 동안 주복과 더불어 여러 차례의 필담을 거쳐 장정의 초고를 마련하였다. 초고가 이루어지기까지 치외법권(治外法權), 한성개잔(漢城開棧: 한양에 화물을 쌓아 두고 객상이 유숙해 장사하는 곳)·내지채판(內地采辦: 내륙 지방의 시장에 상품을 운반해 판매하는 상행위), 양국 연안에서의 어채, 홍삼 세칙 등 네 개 문제가 논의의 초점이 되었다.

'한성개잔(漢城開棧: 한양에 화물을 쌓아 두고 객상이 유숙해 장사하는 곳) 내지채판(內地采辦: 내륙 지방의 시장에 상품을 운반해 판매하는 상행위)' (필자 주: 원문에 采는 採로 되어 있음)

개잔(開棧)을 '화물을 쌓아 두고 객상이 유숙해 장사하는 곳'이라고 했으나 이는 행잔(行棧)에 대한 풀이이다. 개잔은 '개설 행잔(開設行棧)'의 준말로 '행잔을 개설하다' 또는 '개설된 행잔'이라는 뜻이다. 또, 채판(采辦)을 '내륙 지방의 시장에 상품을 운반해 판매하는 상행위'라고 하였으나 이는 정반대의 해석이다. 채판은 구매(購買)한다는 뜻이지 판매한다는 뜻이 아니다. 채판을 판매로 해석한 오류는 「조·청 무역 장정」의 '내지 통상권 금지'를 '내지 통상권 허용'으로 해석하는 출발점이 된다. 또, '내지 채판'이란 말도 「조·청 무역 장정」 원문에 있는 '내지로 들어가 토산물을 구입하고자 할 경우(欲入內地, 採辦土貨)'라는 뜻이 담길 수 있도록 '내지 채판 토화'라고 해야 한다. 내지 채판이라 할 경우 '내지 구매'라는 뜻이 되어 아무것이나 구매할 수 있는 것으로 오해할 수 있다. 내지 채판의 대상물은 토산물에 한정되기 때문이다.

참고로, 「조·미 조약」과 「조·청 무역 장정」에는 매매와 관련된 용어가 아래와 같이 조금씩 다르게 쓰이고 있다. 이런 기본적인 용어의 뜻을 정확하게 이해하고 있어야 조약을 제대로 파악할 수 있다.

조약	매매	판매	구매
조미조약	賣買(매매)	販(판)	採買(채매)
조청무역장정		售賣(수매)	採辦(채판)

다음으로, 「조·청 무역 장정」에서 체결된 주요 내용에 대한 정리다. ⑤번이 내지 통상과 관련된 내용이지만 여기서도 내지 채판을 잘못 사용하고 있다. 한 번 잘못된 해석이 계속 반복되는 것이다.

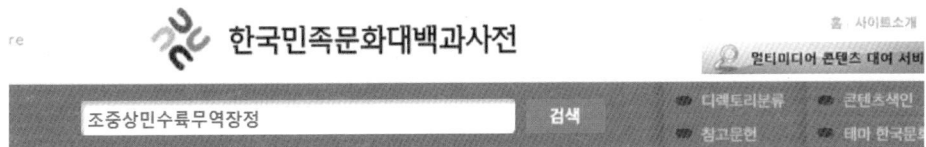

이와 같이 초고를 둘러싸고 신랄한 논의를 거듭해 수정을 가한 끝에, 8월 23일 청나라측의 직례총독 이홍장·주복·마젠충 등과 조선측의 조영하·김홍집·어윤중 등이 전문 8조의 「상민수륙무역장정」을 체결하였다. 주요 내용을 보면 다음과 같다.

① 장정의 첫머리에 "이 수륙무역장정은 중국이 속방(屬邦)을 우대하는 뜻에서 상정한 것이고, 각 대등 국가간의 일체 균점(均霑)하는 예와는 다르다."고 하여 불평등 조약임을 밝혔다. ② 상무위원의 파견 및 양국 파원의 처우, 북양대신과 조선 국왕의 위치를 대등하게 규정한 것(1조), ③ 조선에서의 중국상무위원의 치외법권 인정(2조), ④ 조난 구호 및 평안도·황해도와 산동·봉천 연안지방에서의 어채 허용(3조), ⑤ 북경과 한성의 양화진에서의 개잔무역을 허락하되 양국 상민의 내지채판을 금하고, 다만 내지채판과 유력(遊歷: 돌아다니는 일)이 필요할 경우 지방관의 허가서를 받아야 한다는 것(4조, 관세 3·4조 및 세칙 5조), ⑥ 책문(柵門)·의주, 훈춘(琿春)·회령에서의 개시(5조), 홍삼 무역과 세칙(6조).

'북경과 한성의 양화진에서의 개잔 무역을 허락하되 양국 상민의 내지 채판을 금하고, 다만 내지 채판과 유력(遊歷: 돌아다니는 일)이 필요할 경우 지방관의 허가서를 받아야 한다는 것.'

'한성의 양화진'은 원문에 '朝鮮楊花津漢城'으로 되어 있어 '조선의 양화진과 한성'이라고 해야 하며, 이어진 '내지 채판을 금하고'는 '내지 통상을 금하고'라 해야 한다. 제4조에 '각종 화물을 내지로 운반하여 상점을 차리고 판매하는 것을 승인하지 않는다.'고 되어 있기 때문이다. 이를 정리하면 양화진과 한성에서 개설이 허락된 행잔에서만 무역이 가능하고 그 외에 내지로 물건을 운반하여 판매하는 것은 허락하지 않는다는 것이다.

'**내지 채판과 유력(遊歷: 돌아다니는 일)이 필요할 경우 지방관의 허가서를 받아야 한다는 것**'은 내지로 들어가 토산물을 구매하고자 할 경우와 유력하고자 할 때는 양국 관계자가 공동으로 서명한 증명서를 발급받는 등의 절차에 의해 가능함을 말한 것이다.

마지막으로 결론 부분이다.

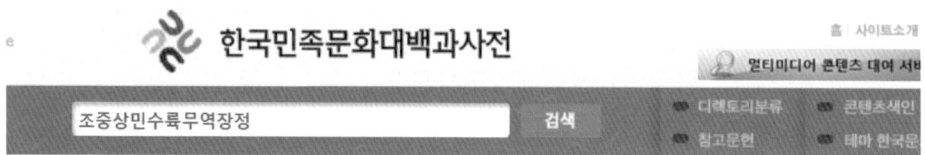

'여기서 양국 상인의 조선의 내지채판이 인정되었다.'
'이로써, 영국·독일이 청나라에 앞서 조선 내지에서의 상행외가 가능하게 된 것이다.'

앞서 살펴본 바와 같이 1883년 10월 27일 체결된 영국·독일과의 통상조약에서는 증명서 지참이라는 조건이 붙기는 하였으나 내지 통상이 허용된다. 따라서 이 서술 중 '조선의 **내지 채판**이 인정되었다.'는 서술도 '조선의 **내지 통상**이 인정되었다.'고 해야 한다. 그래야 이어지는 '이로써, 영국·독일이 청나라에 앞서 조선 내지에서의 상행위가 가능하게 된 것이다.'라는 문장과 자연스럽게 연결된다.

이상에서 살펴본 바와 같이 '내지 통상'은 청나라가 아닌 영국독일 양국과 체결한 통상조약에서 처음으로 허용되었다. 1882년 청나라에 '내지 통상권'을 허용했다는 『한국민족문화대백과사전』의 서술은 채판(採辦)을 '판매'라는 뜻으로 잘못 이해한 데서 출발하였다. 즉 '채판'을 '통상'과 동일시함으로써 「조·청 무역 장정」 제4조의 성격을 완전히 반대로 해석한 것이다.

현대사를 제외한 우리 역사 서술의 기본이 되는 1차 사료(史料)는 거의 대부분 한문으로 되어 있다. 때문에, 우리 역사를 정확히 이해하고 서술하기 위해서는 일정 수준의 한문 실력이 전제되어야 한다. 그렇지 않으면 '채판'의 경우와 같이 잘못 해석하고, 그런 잘못을 토대로 잘못된 역사 서술을 하게 된다. 이렇게 발생한 서술 오류는 한국사 교과서에 고스란히 전해져서 학생들로 하여금 잘못된 역사를 배우게 한다. 하루 빨리 시정되어야 한다.▨

2. 원문 오역에서 출발한 서술 오류

「조·청 상민 수륙 무역 장정」
제4조 … 조선 상인이 북경에서 규정에 따라 허락된 교역과, 중국 상인이 조선의 **양화진**과 **한성**에서 개설이 허락된 영업소를 제외하고 각종 화물을 내지로 운입(運入)하여 상점을 차리고 판매하는 것은 승인하지 않는다.… (第四條 … 朝鮮商民, 除在北京例准交易, 與中國商民, 准入朝鮮**楊花津漢城**, 開設行棧外, 不准將各色貨物, 運入内地, 坐肆售賣…)

「조·청 상민 수륙 무역 장정」 제4조에서는 양화진과 한성에서 개설이 허락된 행잔(行棧: 영업소)에서만 무역을 할 수 있도록 하고, 그 외에 내지로 상품을 운입(運入)하여 판매하는 것은 허용하지 않았다. 즉 개잔(開棧) 무역은 허용하고 내지 무역[통상]은 허용하지 않았던 것이다. 그런데 현행 검정 한국사 교과서에서는 1882년 「조·청 무역 장정」에서 처음으로 청나라에 내지 통상을 허용한 것으로 서술하고 있다. 이는 한문으로 된 조약 원문을 제대로 이해하지 못하거나 전혀 반대로 해석한 데서 기인한다. 원문 이해의 부족은 '**楊花津漢城(양화진한성)**'에 대한 서술에서도 나타난다.

금성출판	청 상인들이 개항장을 벗어나 서울을 비롯한 내륙에서 영업할 수 있는 길을 열어주었기 때문이다. (271쪽)
동아출판	이 장정으로 청 상인은 치외 법권, 서울과 양화진에 상점을 개설할 수 있는 권한, 내지 통상권, 가까운 바다에 어업과 항해를 할 수 있는 권리 등을 갖게 되었다. (165쪽)
리베르	청의 내지 통상 특권 인정 (208쪽)
미래엔	청 상인이 서울에서 상점을 개설하고 내륙에서도 활동할 수 있도록 규정하였다. (187쪽)
비상교육	청의 상인은 조선의 양화진과 서울에 들어가 상점을 열거나 영업소를 개설할 수 있도록 하되 (242쪽)
지학사	청을 비롯한 외국 상인들이 서울에서 점포를 개설할 수 있게 되었으며, 개항장을 벗어나 내지 통상이 가능해졌다. (253쪽)
천재교육	1882년 조·청 상민 수륙 무역 장정이 체결되면서 한성에서의 점포 개설과 내륙에서의 통상이 허용되자, 청 상인들은 자금력과 뛰어난 상술로 급속히 상권을 확대해 나갔다. (195쪽)

「조·청 무역 장정」에는 분명 '**楊花津漢城**'이라고 되어 있으나 교과서에는 '서울과 양화진'이나 '한성'이라 한 경우가 있는가 하면 대부분 그냥 '서울'이라고 하였다. 이 교과서로 공부하는 대부분의 학생들은 아마도 서술 중의 '서울'을 현재의 서울로 받아들일 것이다. 그렇다면 '양화진한성'이 곧 서울인가? 아니면 한성이 곧 서울인가? 어느 쪽이든 현재의 서울은 「조·청 무역 장정」이 체결될 때의 '양화진

한성'과는 그 범위가 현저히 다르다. 따라서, 막연히 서울이라고만 했을 때는 '양화진한성'에 대한 개념이 분명히 드러나지 않는다. 이에 대한 개념이 분명해야 무역을 위한 행잔(行棧)을 어디에 개설했는지 알 수 있으며, 나아가 「조·청 무역 장정」제4조의 의미를 정확하게 파악할 수 있다.

한성과 양화진에 대한 불분명한 번역은 「조·청 무역 장정」 이후 체결된 여타 외국과의 조약문에서도 나타난다. 아래는 1883년 영국과 체결된 '조·영 수호 조약' 제4관에 대한 번역이다.

> 제4관: 양국이 체결한 조약을 시행하는 날로부터 조선국 인천부의 제물포, 원산과 부산 등 각 항구와 함께 **경성인 한양의 양화진**을 모두 통상하는 장소로 삼고 영국 사람들이 오가면서 무역하도록 허가한다.(第四款: 一, 兩國所立條約, 從施行之日起, 朝鮮國 仁川府之濟物浦元山釜山各口, 竝漢陽京城楊花津, 皆作爲通商之處, 任聽英民來往貿易.)
>
> 〈『고종실록』, 1883. 10. 27.〉

이 번역에서는 원문의 '漢陽京城楊花津'을 **'경성인 한양의 양화진'**이라 하였다. 얼핏 봐서는 한양이 곧 경성인지, 양화진이 곧 경성인지 모호하다. 그럼에도 양화진이라는 하나의 지명을 가리키는 것만은 분명하다. 이러한 번역은 여타의 조약문에서도 비슷하다.

漢陽京城楊花津에 대한 『고종실록』 번역			
朝英修好條約	영국	1883. 10. 27	경성인 한양의 양화진
朝德修好條約	독일	1883. 10. 27	수도인 한양의 양화진
朝義條約	이탈리아	1884. 윤5. 4.	수도인 한양의 양화진
朝俄條約	러시아	1884. 윤5. 15.	한양 경성의 양화진
朝法條約	프랑스	1886. 5. 3.	한양 경성의 양화진
韓比通商條約	벨기에	1901. 3. 23.	경성인 한양의 양화진
韓丹通商條約	덴마크	1902. 7. 15	서울의 양화진

모든 번역이 '한양의 양화진', 또는 '경성의 양화진'이라 하여 양화진을 한양 또는 경성에 포함된 것으로 번역하였다. 하지만, 이는 '한양 경성과 양화진'으로 번역하여 두 지역을 분명히 구분해야 한다. **한양 경성**과 **양화진**은 서로 다른 지역이기 때문이다.

여기서 우리가 막연하게 그냥 서울로 인식하고 있는 한양과 그와 관련된 지명에 대해 잠시 살펴보도록 한다. '漢陽(한양)'의 '漢'은 한강(漢江)을, '陽'은 '산의 남쪽 물의 북쪽[山南水北]'을 뜻하는 글자로 경복궁을 중심으로 한 강북(江北)을 이른다. 이와 연관 지어 한강 이남을 漢陰(한음)이라 할 수도 있겠으나 일반적으로 사용되는 명칭은 아니다. 또, 한성(漢城)은 한양 도성(都城)의 준말로 사대문(四大門)을 중심으로 각종 성문과 성곽으로 둘러싸인 곳을 이르며 한양이나 경성(京城)의 동의어로 사용되기도 한다. 그런가하면 양화진은 한양 도성 즉, 한성의 남서쪽 한강 가에 있어서 한성에 포함되지 않는다. 따라서, '漢陽京城楊花津'은 '한양 경성과 양화진'으로 번역하여 반드시 둘로 구분해야 한다.

1888년 러시아와 체결한 '조·아 육로 통상 장정'에는 한양 경성과 양화진을 구분해야 하는 이유가 담겨 있다.

> 러시아 인민은 조선국에서 제물포, 원산, 부산 등 각 항구와 **한양 경성과 양화진** 다섯 곳에서 통상을 하는 외에 함경도 경흥 한 곳의 통상도 승인한다.(俄國人民, 在朝鮮國通商濟物浦·元山·釜山各海口, 竝漢陽京城楊花津 五處之外, 咸鏡道 慶興一處, 亦準其通商.)
>
> 〈『고종실록』1888. 7. 13.〉

이 조문에는 제물포·원산·부산을 포함하여 **다섯 곳**[五處]이라고 하였으므로 '漢陽京城楊花津'을 반드시 두 지역으로 나누어 '한양 경성과 양화진'으로 번역하여야 한다. 이상의 설명을 토대로 「조·청 무역 장정」의 제4조와 함께 교과서의 서술을 다시 한 번 살펴보도록 한다.

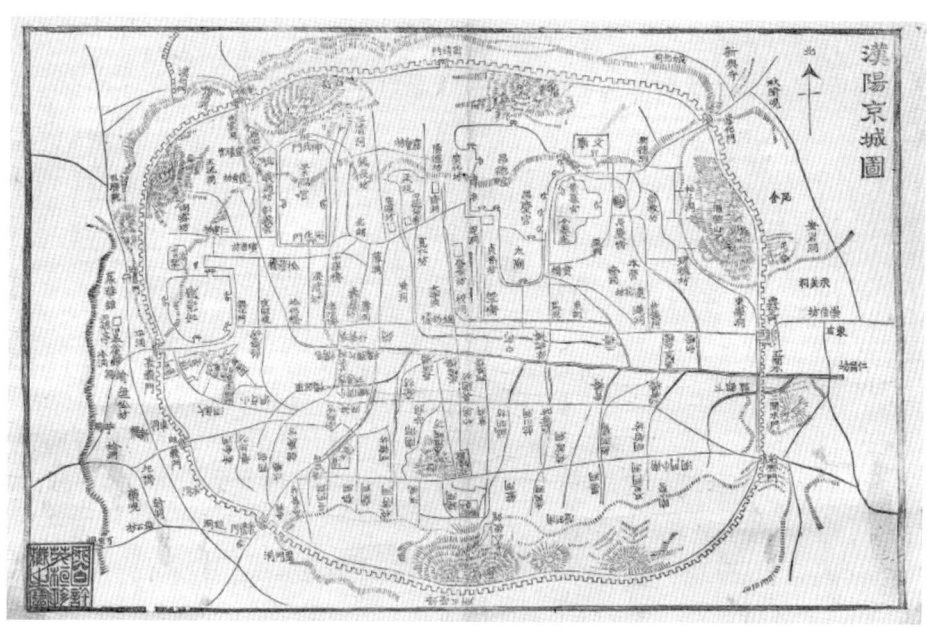

▲ 한양경성도 - 서울역사박물관 소장

'… 중국 상인이 조선의 양화진과 한성에서 개설이 허락된 영업소를 제외하고 각종 화물을 내지로 운입(運入)하여 상점을 차리고 판매하는 것은 승인하지 않는다. …'

〈「조·청 무역 장정」〉

서울을 비롯한 내륙에서 영업할 수 있는 길을 열어주었기 때문이다.

〈금성출판사〉

서울과 양화진에 상점을 개설할 수 있는 권한, 내지 통상권 등을 갖게 되었다.

〈동아출판〉

서울에서 상점을 개설하고 내륙에서도 활동할 수 있도록 규정하였다.

〈미래엔〉

서울에서 점포를 개설할 수 있게 되었으며, 개항장을 벗어나 내지 통상이 가능해졌다.

〈지학사〉

한성에서의 점포 개설과 내륙에서의 통상이 허용되자

〈천재교육〉

거듭 말하지만, 「조·청 무역 장정」에서는 양화진과 한성에 개설이 허락된 영업소에서만 무역이 허용되고, 그 외에 내지로 물건을 가져가 상점을 차리고 판매하는 것은 허용되지 않았다. 한성과 양화진의 개잔(開棧) 무역은 승인하고 내지 무역[통상]은 승인하지 않았던 것이다. 그런데 모든 교과서에서는 서울에서의 개잔 무역도 허용하고 내지 무역도 허용한 것으로 되어 있다. 일부에서는 아래의 내지 토산물 구매에 관한 조문을 내지 통상 허용의 근거로 삼고 있으나 당연히 잘못이다.

> … 만약 양국 상인이 **내지로 들어가 토산물을 구매하고자 할 때**는 마땅히 피차의 상무위원과 지방관에게 청구하고 [이들이] 함께 서명한 증명서를 발급하되 구입할 처소를 분명히 적어 넣는다. 거마(車馬)와 선박은 해당 상인이 고용하도록 하고, 연도(沿途)에서는 바쳐야 할 세금을 정확히 파악하여 수령한다. …
> 〈「조·청 무역 장정」 제4조〉

통상은 서로 다른 국가의 상인들이 물건을 사고파는 것을 말한다. 서울을 비롯한 내지에서 통상이 허용되었다면 조선 땅 어디에서든 상품을 팔고 또 살 수 있다는 뜻이다. 당연히 양화진이나 한성에 제한된 개잔 무역을 규정할 필요도 없고, **토산물 구매**에 대하여 이처럼 까다로운 조건을 내세울 이유도 없다. 또, 「조·청 무역 장정」 제3조의 '… 아울러 해안에 올라가 음식물과 식수를 살 수 있으나, **사적으로 화물을 무역할 수 없다.** …'는 조항을 두어 사무역(私貿易)을 금지할 이유도 없다. 서울을 포함한 내륙의 통상을 허용했다면 그 안에 모든 것이 포함되기 때문이다.

따라서, 조선은 1882년 체결된 「조·청 상민 수륙 무역 장정」에서 청에게 내지 통상을 허용하였다는 서술은 명백한 오류다. 반드시 수정해야 한다.

3. 이상한 중간 생략과 어이없는 사료 번역

1) 천재교육과 비상교육 교과서의 이상한 중간 생략

천재교육 한국사 교과서 195쪽에는 '1882년 조·청 상민 수륙 무역 장정이 체결되면서 한성에서의 점포 개설과 **내륙에서의 통상이 허용되자**, 청 상인들은 자금력과 뛰어난 상술로 급속히 상권을 확대해 나갔다.'고 하여 조선은 「조·청 무역 장정」에서 청에게 **내륙 통상을 허용**한 것으로 서술하였다. 그리고 같은 쪽 하단에는 「조·청 무역 장정」 제4조를 근거 자료로 제시하였다.

> '제4조 : 중국 상인이 조선의 양화진과 서울에 들어가 영업소를 개설한 경우를 제외하고, … 양국 상인이 내지로 들어가 토산물을 구입하려고 할 때에는 상무위원 및 지방관이 함께 허가증을 발급하되 구입할 처소를 명시하고, 수레와 배 등을 해당 상인이 고용하도록 하고, 세금은 규정대로 완납해야 한다.'
>
> 〈천재교육, 195쪽〉

조문 중간에는 '…'로 일부 생략되었음을 표시하였는데, 이 부분에는 '**각종 화물을 내지로 運入하여 상점을 차리고 售賣(수매: 판매)하는 것은 승인하지 않는다.**'는 내용이 생략되었다. 앞부분에서 승인된 개잔(開棧) 무역을 제외하고 내륙으로 물건을 가져가서 판매하는 내륙 무역을 승인하지 않는다는 것으로 이 조문의 핵심 내용이다. 그런데, 왜 이처럼 중요한 내용을 생략했을까? 이 문장이 있으면 본문에서 서술한 '**내륙에서의 통상 허용**'과 정면으로 배치되기 때문은 아닐까? 이해할 수 없는 일이다.

그런데, 하단에서는 '**자료1의 제4조에서 규정하고 있는 내용이 무엇인지 말해보자.**'라 하여 학생들이 토론할 수 있는 과제를 제시하였다. 본문 서술에서는 '내륙 통상 허용'이라고 하였으나 제시된 자료에는 이와 상반된 '내륙 통상 금지'라는 핵심 내용이 빠져 있다. 이런 자료를 보고 학생들은 과연 무슨 말을 할 수 있을까? 학생을 지도하는 교사는 무슨 말을 할 수 있을까? 집필자는 본인들이 집필한 이

자료를 보고 무슨 말을 할 수 있을까? 모두 궁금하지 않을 수 없다.

출판사에서는 '내지 통상 허용'이라는 본문 서술이 「조·청 무역 장정」의 어느 조항, 어느 조문에 해당하는지 알려달라는 필자의 요구에 제4조의 '내지로 들어가 토산물을 구입하려고 할 때에는 증명서를 발급 받는 등의 절차를 통하여 구매할 수 있다.'는 조문이라고 하였다. '내지에서의 토산물 구매'를 '내지 통상 허용'이라고 한 『한국민족문화대백과사전』과 같은 맥락의 답변이다. 하지만, 출판사에서 저자 최종안이라는 제목을 붙인 이 답변은 「조·청 무역 장정」 제4조를 잘못 이해한 것이다.

「조·청 무역 장정」 제4조에는 통상에 해당하는 단어인 무역과 交易(교역)이 있으며, 판매에 해당하는 售賣(수매), 구매에 해당하는 採辦(채판)이 있다. 개방한 항구에서는 소유한 토산물과 금지하지 않은 상품은 모두 교역할 수 있다. 통상을 할 수 있다는 뜻이다. 양화진과 한성에서 개설이 허락된 行棧(행잔)에서의 교역은 허락하지만, 내지로 상품을 운입하여 가게를 열어 판매할 수는 없다. 만약 내지로 들어가 토산물을 구매하고자 할 때는 증명서를 발급 받는 등의 절차에 따라야 한다. 통상이라는 단어에 대해 사전에서는 '나라들 사이에 서로 물품을 사고팖. 또는 그런 관계.'라고 되어 있다. 내지에서의 판매는 금지하고 조건부 구매만 허용한 제4조는 당연히 내지 통상 허용이라 할 수 없다.

비상교육 교과서의 경우 2014년 판에는 아래와 같은 내용이 수록되어 있었다.

> '제4조 : … 청의 상인은 조선의 양화진과 서울에 들어가 상점을 열거나 영업소를 개설할 수 있도록 하되, 여러 물건을 내륙 지방에 운반하여 점포를 차려 놓는 것을 금지하고, 다만 이것이 필요한 경우 지방관의 허가증(호조, 護照)을 받아야 한다.'
>
> 〈비상교육, 242쪽〉

이 부분의 번역이 잘못이라는 필자의 지적 때문인지 2016년 판에는 천재교육 교과서와 동일한 내용으로 수정하였다.

그런데, 비상교육은 '내지 통상 허용'이 잘못된 서술이라는 필자의 이의 제기에 **'교과서의 표현은 조약 문구상으로는 틀리지만 실제 현지에서는 그렇게 시행되었으므로 관행적으로 사용해 왔던 것**'이라고 했다. 조약을 다룬 교과서 표현이 조약 문구와 다르면 그것은 서술 오류다. 명백한 서술 오류임에도 수정되지 않고 관행적으로 사용되었다는 것은 납득하기 어렵다. 더구나 이러한 오류에 대해 전혀 문제의식 없이 당연하다는 듯 답변하는 집필자의 태도도 납득하기 어렵기는 마찬가지다.

2) 미래엔 교과서의 어이없는 사료 번역

미래엔 교과서에는 '조선을 청의 속국으로 규정한 조·청 상민 수륙 무역 장정을 **강제로 체결해** 청 상인이 내륙 시장까지 진출할 수 있는 경제적 특권을 보장받았다.'는 본문 서술과 함께 「조·청 무역 장정」 제4조를 자료로 제시하였다.

> '제4조 : 베이징과 한성, 양화진에서 상점을 열어 무역을 허락하되, 양국 상민의 내지 행상을 금한다. 다만 내지 행상이 필요할 경우 지방관의 허가서를 받아야 한다.'
> 〈미래엔, 187쪽〉

제시된 자료를 보면 어법도 맞지 않고 내용도 제멋대로다. '**상점을 열어 무역을 허락하되**'는 무역을 허락하기 위해 상점을 연다는 뜻인가? 이어지는 '**내지 행상을 금한다. 다만 내지 행상이 필요할 경우**'에서 '**내지 행상을 금한다.**'는 정확하지는 않지만 큰 틀에서 벗어나지는 않았다. 하지만 이어지는 '**내지 행상이 필요할 경우**'라는 내용은 제4조에 없다. 이를 보면 집필자는 제4조의 내용을 전혀 모르고 이 글을 썼음이 분명하다. '양화진과 한성에서의 開棧(개잔) 무역을 제외하고 내지로 각종 상품을 운입하여 가게를 열어 판매할 수 없다. **만약 내지로 들어가서 토산물을 구매하고자 할 경우에는** 증명서를 발급받는 등의 절차를 거쳐야 한다.'는 내용을 안다면 이렇게 황당한 번역을 할 수가 없기 때문이다.

이 교과서에는 뜬금없이 다른 교과서에서 볼 수 없는 **'강제 체결'**이라는 표현을 사용하였다. 어떤 이유에서 강제 체결이라 했는지 궁금하다.

『한국민족문화대백과사전』에서도 그랬듯이 모든 한국사 교과서의 '내지 통상 허용'에 관한 서술은 '내지에서의 토산물 구매' 조문을 '내지에서의 통상 허용'으로 잘못 해석하여 초래된 잘못된 학설이다. 이러한 잘못된 학설의 근원은 국사편찬위원회『신편한국사』의 서술에 있다.

> 제4조 : 북경과 漢城・楊花津에서의 開棧貿易을 허용하되 양국상민의 內地采辦 금지. 단 내지채판 및 遊歷이 필요할 경우 지방관의 執照를 받을 것.
>
> 제4조의 서울을 개시장으로 한다는 내용과 호조가 있으면 각 지방을 돌아다니며 행상이 가능하다는 내지통상권에 대한 규정
>
> 〈『신편한국사』, 38권〉

「조・청 무역 장정」제4조에는 '양국상민의 **內地采辦 금지**', '**서울을 개시장으로 한다**', '**호조가 있으면 각 지방을 돌아다니며 행상이 가능하다**'는 내용이 없다. 아마도 이 부분 집필자는 1차 사료인 원전을 전혀 읽지 않았거나 읽었더라도 제대로 이해하지 못한 것으로 보인다. 해당 조문을 한 번이라도 읽었다면 이렇게 쓸 수 없다. 이러한『신편한국사』의 터무니없는 오류가 하나의 학설이 되어『한국민족문화대백과사전』에 수록되고 한국사 교과서에 수록되어 수많은 학생들이 배웠고 또 배우고 있다.

『신편한국사』에는「조・청 무역 장정」제4조를 들어 '내지 통상 허용'이라 했는가 하면 제7조를 들어서는 '**연안 무역권의 승인**'이라고 하였다. 하지만 이 서술도 오류다. 이 부분은 교과서에서는 다루지 않았으나 천재교육 집필자가 내지 통상권 허용에 대한 필자의 질의에 답변을 하면서 덧붙여 언급한 부분이기에 살펴보기로 한다. 제7조는 아래와 같다.

제7조 : 양국의 驛路(역로)는 이전에 책문을 경유하여 육로 왕래에는 경유할 때의 공급에 지나치게 비용이 많이 든다. 현재 海禁(해금)이 열렸으니 각자 편의에 따라 바닷길로 왕래하는 것을 승인한다.(第七條: 兩國驛道, 向由柵門, 陸路往來, 所由供億, 極爲煩費. 現在海禁已開, 自應就便, 聽由海道來往.)

이는 '양국의 역마 길은 지금까지 柵門(책문: 청나라의 지명)의 육로를 경유하여 왕래했기 때문에 경유할 때 지나치게 비용이 많이 들었다. 현재는 바닷길의 통행금지가 풀렸으니 각자 편한 방법을 택하여 해로로 왕래하는 것을 허락한다.'는 뜻이다. 천재교육 집필자는 이 조문의 '就便(취편)'이라는 단어가 바로 '연안 무역의 핵심'이라 하며, 편리한 대로 조선 내 항구를 어디든지 왕래하며 무역을 할 수 있다고 하였다. 하지만 就便(취편)은 '책문의 **육로**나 통행금지가 풀린 **해로** 중에 편한 방법을 택할 수 있다.'는 뜻이지 조선 연안을 마음대로 돌아다녀도 된다는 뜻이 아니다. 이는 「조·청 무역 장정」 제3조의 '… 아울러 해안에 올라가 음식물과 식수를 살 수 있으나, **사적으로 화물을 무역할 수 없다.** …'는 조문을 보더라도 연안 무역을 허용하지 않았음을 알 수 있다. 당연히 '연안 무역권 승인'이라는 서술도 명백한 오류다.

이외에도 잘못된 서술은 적지 않다. 리베르스쿨 교과서는 묄렌도르프가「조·청 무역 장정」을 체결한 것으로 서술하였다. 조선 대표는 陳奏正使(진주정사) 趙寧夏(조영하)이며, 청의 대표는 津海關道(진해관도) 周馥(주복)이다. 동아출판 교과서에는 1882년 8월이 1882년 10월로 잘못 기술되어 있다. 또,『한국민족문화대백과사전』에는 주정사(奏正使) 조영하와 청나라의 直隷總督(직례총독) 李鴻章(이홍장) 사이에 체결되었다고 하였으나 주정사(奏正使)는 '진주정사(陳奏正使)의 잘못이며, 이홍장은 무역 장정 체결을 주도한 인물이긴 하나 직접 서명하지는 않았다. 청의 대표는 진해관도 주복이다.

현행 8종 검정 한국사 교과서에「조·청 무역 장정」 제4조를 들어 '내지 통상권 허용.'이라 한 서술은 모두 오류다. 교과서에는 조약의 의미를 파악할 수 있도록 조약문을 발췌하여 자료로 제시하였으나, 조약문을 지나치게 축약하거나 본래의 의미를 알 수 없는 부실한 번역 등으로 전혀 도움이 되지 않는다. 여기서는 그 중 정도가 심한 세 교과서를 선택하여 그 오류의 심각성을 지적하였다. 이외에도 「조·청 무역 장정」과 관련한 교과서의 잘못된 서술을 지적하자면 끝이 없다.

개항기 외국과 체결된 조선 정부의 조약문은 모두 한문으로 되어 있다. 한문 이해가 전제되지 않으면 이들 조약문을 정확하게 이해하기 어렵다. 지금까지 필자가 지적한 오류도 모두 한문 이해 부족에 그 원인이 있다. 물론 앞으로 쓸 근현대사의 나머지와 전근대사의 서술 오류도 마찬가지다. 한문 홀대가 초래한 역사 서술의 오류는 생각보다 심각하다.

4. 국사편찬위원회의 이해할 수 없는 답변

「조·청 수륙 무역 장정」과 관련한 현행 교과서의 서술 오류는 청나라 상인에게 '내지 통상권을 허용했다.'는 부분이다. 이 서술은 부적절한 표현과 함께 조문의 확대 해석이라는 두 가지 점에서 문제가 있다. 대부분 교과서에 '통상권 허용'이라 쓰고 있는 가운데 일부 교과서에서는 '특권'이라는 표현을 쓰고 했다. 무역 장정은 조·청 양국이 무역을 하면서 매매는 어디서 어떻게 할 것이며, 판매와 구매는 어느 선까지 할 것인지를 정한 것으로 특별한 권리를 부여한 것이 아니다. 따라서 '통상권'이나 '경제적 특권' 등과 같은 용어는 적절치 않다.

「조·청 무역 장정」에서는 금지 상품을 제외한 모든 상품의 매매가 가능한 개항장 무역이 기본인 것은 조·미 조약과 같다. 여기에 양화진과 한성에 개설이 허용된 行棧(행잔: 점포, 영업소)에서도 상품 판매가 가능하도록 하였으나, 두 곳 외에 내지로 상품을 가져가서 판매하는 것은 허가하지 않았다. 만약 土貨(토화: 조선 상품)를 採辦(채판: 구매)하고자 할 경우에는 증명서 발급 등의 절차에 따라 가능하도록 하였다. 내지에서 판매는 할 수 없고 조건부 구매만이 가능하기 때문에 내지 통상을 허용한 것이라는 서술은 옳지 않다.

필자는 「조·청 무역 장정」에서 청에게 내지 통상권을 허용하였다는 교과서의 서술에 대해 각 출판사에 이의를 제기한 바 있다. 필자의 질의에 대부분의 출판사는 '허가증을 가진 자에게는 개항장 밖의 내지 통상권을 인정하고 있다.'는 일치된 답변을 내놓았다. 이에 대해 제4조를 면밀히 분석하여 출판사의 답변이 잘못이라는 취지로 재차 이의를 제기하면 대부분 국사편찬위원회에서 운영하는 '우리역사넷'의 서술을 토대로 하였기 때문에 문제될 것이 없다고 한다. 교과서에서 '내지 통상권 허용'이라는 서술의 근거가 되는 제4조를 요약하면 아래와 같다.

1) 양화진과 한성에 개설이 허락된 영업소 외에 내지로 상품을 가져가 가게에서 판매할 수 없다.
2) 만약, 내지에서 土貨를 구매하고자 할 경우에는 증명서를 발급 받는 등의 절차에 따라 가능하다.

이를 근거로 '내지 통상권 허용'은 잘못된 서술이라는 주장을 제시하고 국편의 입장을 요구했다. 국편의 답변 요지는 아래와 같다.

> '질의자는 전자의 내륙지방에서 점포를 개설할 수 없다는 내용을 통상 금지 조항으로 오해했다. 그 내용은 **통상금지가 아닌 점포 개설 금지 조항**이다.'
> '내지 통상과 관련된 내용은 후자다. 사국 상무 위원을 통해 **여행권을 발급받은 후 자유롭게 조선 내륙 지방으로 나아가서 토산물을 구입할 수 있는 권리가 바로 내지통상권이다.** 즉 여행권만 발급받는다면 내륙지방 어디든 제한 없이 가서 통상이 가능하다는 것이다.'(2015. 5. 13.)

이에 전자는 '개설 점포 금지'가 아니라 '내지 판매 금지'를 규정한 것이며, 후자는 조건부 구매에만 해당되기 때문에 행상이나 통상과 동일시 할 수 없다는 취지로 다시 이의를 제기했다. 이에 대한 국편의 답변을 그대로 옮긴다.

"개화기 경제사 연구자들 사이에서 내지통상(권)은 곧 내지행상(권)의 의미로 통용되는 단어입니다. 사실 조청장정의 내용 자체에 내지통상이라는 표현은 전혀 나오지 않습니다. 장정에 나오는 내륙지방 행상 부분을 교과서를 집필하면서 내지통상권이라는 표현으로 설명한 것일 뿐입니다. 통상이라는 단어의 사전적 개념을 표준국어대사전에서 찾아보면 '나라들 사이에 서로 물품을 사고팖. 또는 그런 관계.'라고 되어 있습니다. 내지통상이라고 하면 개방되지 않은 내륙지방에까지 들어가서 물품을 사고판다는 의미로 해석될 수 있을 겁니다."

"다만 질의자께서 지적하신 것처럼 조청장정의 내지통상권 조문에는 토산물의 採辦만 규정되어 있으니 물품을 팔지는 못하는 것이 원칙적으로 맞습니다. 조문의 내용을 가장 정확하게 반영한다면 '토산물 구입을 위한 내지행상권(내지통상권)을 얻었다' 정도로 표현하는 것이 맞겠지요. 하지만 실제 역사에서는 청일 양국 상인들이 내지행상(내지통상)권을 얻은 후 내륙지방 깊숙한 곳까지 들어가 자신들의 물건을 판매하고 쌀이나 금, 소가죽 등으로 대표되는 조선의 상품을 사갔다는 것이 팩트지요."(2015. 5. 15.)

답변의 요지는 '채판 토화'가 바로 '내지 행상'이자 '내지 통상'이라는 것으로 '채판=행상=통상'이라는 등식이 성립된다. 하지만, 채판은 구매라는 뜻이며 행상은 여기 저기 떠돌아다니며 물건을 파는 도붓장수 즉 보따리장수를 이른다. 구매라는 뜻의 채판과 판매가 목적인 행상은 의미가 상반된 단어임에도 이를 동일시한 것은 큰 잘못이다.

이어지는 답변에서는 '장정에 나오는 내륙지방 행상 부분'이라 하였으나 무역장정에는 '내륙 지방 행상'이라는 표현이나 내용이 없다. 답변자는 '채판'을 '행상'으로 바꾸어 '내륙 지방 행상'으로 무리하게 해석하고 이를 근거로 '교과서에서는 내륙 행상을 내지 통상권이라는 표현으로 설명한 것일 뿐'이라는 답변하였다. 다시 말하지만 채판과 행상은 분명히 상반된 의미의 단어다.

다음으로, '여행권만 발급받으면 내륙지방 어디든 제한 없이 가서 통상이 가능하다'고 하였으나, 내지에서 조선 상품을 구매하기 위한 증명서에는 구입 처소를 명기하도록 규정하였다. 증명서에 명기된 처소와 다른 곳에서의 구매 행위는 엄연한 무역 장정 위반이다. 장정에 엄격한 규정이 있음에도 '내륙지방 어디든 제한 없이 가서 통상이 가능하다'고 한 답변은 역사 연구의 기본인 사료조차 무시하고 있어 어처구니없다. 「조·청 무역 장정」 제3조에는 '아울러 해안에 올라가 음식물과 식수를 살 수 있으나, **사적으로 화물을 무역할 수 없다.**'고 규정하여 사적 무역을 금지하고 있다. 국가 간의 조약을 고무줄 늘이듯이 자의적으로 해석하고 있는 것이다.

또, '조청장정의 내지통상권 조문에는 토산물의 採辦만 규정되어 있으니 물품을 팔지는 못하는 것이 원칙적으로 맞습니다.'라고 했다. 하지만, 무역 장정 어디에도 '**내지 통상권 조문**'은 따로 없으며, '**원칙적으로 맞다**'고 했으면 그 원칙을 따르면 그만이다. 원칙에서 벗어나 무리하게 해석을 하니 잘못된 서술이 나올 수밖에 없다.

답변자는 '토산물 구입을 위한 내지행상권(내지통상권)을 얻었다는 정도의 표현이 조문의 내용을 가장 정확하게 반영한 것'이라고 하였으나 전혀 그렇지 않다. 무역장정의 핵심은 '양화진과 한성에 개설이 승인된 영업소 외에 내지로 물건을 가져가 판매하는 것은 허용하지 않으며, 증명서 발급이라는 조건부로 토산물 구매가 가능하였다.'고 하는 것이 정확한 표현이다. 아직 통상은 개항장에 머무는 수준이다.

'**하지만 실제 역사에서는……**' 이하의 답변은 무역 장정 체결 후 전개된 상황인데도 답변자는 이를 마치 조문 내용인 것처럼 해석하였다. 그동안의 국편 답변 중에는 이처럼 조약 체결 후 변화된 상황을 반영하여 조문을 해석하는 경우가 있었다. 개인 간의 계약이든 국가 간의 조약이든 조문에 있는 내용 그대로 해석해야 한다. 굳이 조약 체결 후 변화된 상황을 반영하고자 한다면, '조약에는 내지 판매를 금지하였으나, 이후 청일 양국 상인들은 이를 무시하고 마음대로 내륙 깊숙한 곳까지 들어가 물건을 사고파는 일을 서슴지 않았다.'와 같이 조약 본래의 의미와 이후 변화된 상황을 구분해서 서술해야 한다. 장정 체결 후의 위반 행위를 마치 합법 행위로 인정하고 이를 '내지 통상 허용'의 근거로 삼는 것은 납득할 수 없는 일이다.

'내지 통상 허용'과 관련하여 천재교육 집필자의 답변이 가장 기억에 남는다. 몇 차례 받은 답변에서 집필자는 조문에 나오는 採辦(채판), 內地(내지), 售賣(수매), 土貨(토화), 採買(채매) 등 기본적인 단어의 뜻조차 제대로 이해하지 못한 것으로 느껴졌다. 국편 답변도 이러한 느낌은 마찬가지다. 조약의 해석은 조문에 대한 엄격한 분석이 선행되어야 하는데, 이를 위해서는 핵심 글자나 단어에 대한 이해가 분명해야 한다. 단어에 대한 개념이 흐릿하면 전체 해석도 흐릿할 수밖에 없다. 이는 다른 분야의 답변에서도 공통적으로 느낀 내용이다.

다음은 「조·청 무역 장정」의 '내지 통상권 허용'과 관련한 한국사능력검정시험 문제를 살펴보기로 한다.

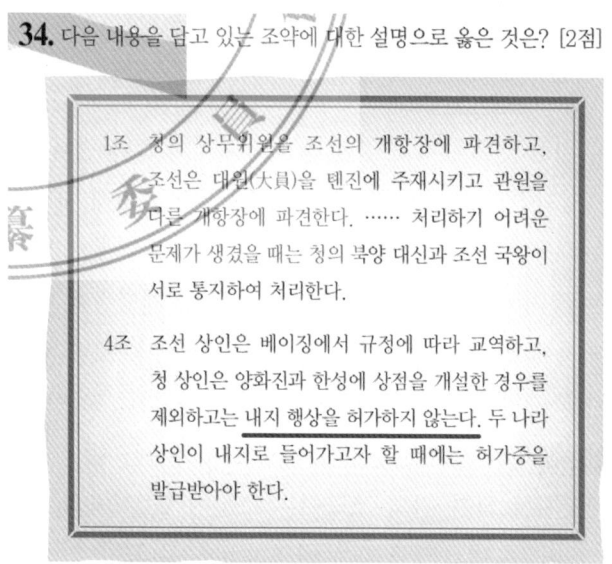

▲ 한국사능력검정시험 고급 22회 - 정답 ⑤

256 · **國史, 이대로 가르칠 것인가!**

밑줄 그은 '내지 행상을 허가하지 않는다.'는 '내지 행상=내지 통상'이라는 국편 답변대로라면 '내지 통상을 허가하지 않는다.'는 말과 같다. 「조·청 무역 장정」원문대로라면 '내지 판매는 허가하지 않는다.'가 정확한 표현이나 어차피 내지에서는 상품을 판매할 수 없으므로 '내지 행상 불허'든 '내지 통상 불허'든 문제될 것이 없으므로 이 지문은 틀리지 않았다.

27. 다음 사건 이후에 나타난 상황으로 옳지 않은 것은? [2점]

> 난병들이 대궐을 침범하니 왕비는 밖으로 피신하고 이최응, 민겸호, 김보현은 모두 살해되었다. …… 고종은 난이 일어났다는 소식을 듣고 급히 대원군을 불렀으며, 대원군은 난병을 따라 들어갔다. …… 대원군은 명령을 내려 통리기무아문과 무위영, 장어영을 폐지하고 5영의 군제를 복구하였다.
>
> -「매천야록」-

① 제물포 조약이 체결되었다.
② 청 상인이 내지 통상권을 얻었다.
③ 흥선 대원군이 톈진으로 납치되었다.
④ 이만손이 주도하여 만인소를 올렸다.
⑤ 묄렌도르프가 외교 고문으로 파견되었다.

▲ 한국사능력검정시험 고급 23회 - 정답 ④

문제는 23회 27번이다. 이는 1882년 임오군란 이후 일어난 상황이 아닌 것을 고르는 문제로 국편에서 제시한 정답은 1881년에 일어난 이만손 주도의 영남만인소 사건에 해당하는 ④번이다. 그런데, 22번 지문에서는 청에게 '내지 행상을 허가하지 않는다.'라 하고 여기서는 '청이 내지 통상권을 얻었다.'고 하였다. '청이 내지 통상권을 얻었다.'는 문장은 청에게 '내지 통상권을 허가하였다.'는 문장으로 바꿀 수 있다. 동일한 사안을 두고 상반된 내용을 제시하고 있는 것이다. 하지만 '청 상인이 내지 통상권을 얻었다.'는 이 지문은 잘못이다. 내지 통상은 1883년 영·독 양국과 체결한 통상조약에서 처음으로 인정되기 때문이다.

국사편찬위원회나 교과서에서 「조·청 무역 장정」의 제4조를 들어 '내지 통상권 허용'이라 한 서술 오류는 의미가 상반되는 '채판'과 '행상'을 동일한 것으로 이해하고 이를 다시 '행상=통상'이라는 등식을 성립시키면서 시작되었다. 「조·청 무역 장정」의 무역 관련 핵심 내용은 '통상 항구에서는 금지 상품을 제외한 모든 상품을 매매할 수 있다. 양화진과 한성에 개설이 승인된 영업소 외에 내지로 물건을 가져가 판매하는 것은 허용하지 않는다. 만약 내지로 들어가서 조선 상품을 구매[채판]하고자 할 경우에는 증명서 발급 등의 절차를 따르면 가능하다.'는 것이다. 어디를 보더라도 내지에서 상품 매매를 자유로이 할 수 있는 통상 허용 내용은 없다.

따라서, 23회 27번의 ②번도 옳지 않은 내용이기 때문에 정답에 포함된다. 한국사능력검정시험을 주관하고 있는 국사편찬위원회의 답변을 기대한다.

제IX장 조·미 조약 서술에 대한 몇 가지 문제

1. 관세율, 금성출판사와 리베르스쿨 중 누가 맞나?

현행 8종 교과서에는 1882년 미국과 체결된 「朝美條約(조미조약)」 중 관세에 대한 내용이 아래와 같이 서술되어 있다.

동아출판	언급 없음
지학사	수출입 상품에 대한 관세 조항을 규정하고 있다. (216쪽)
미래엔	관세 부과 조항 등의 조항도 들어 있었다. (180쪽)
교학사	자료: 제5조 관세율은 조선 정부에 속한다. (178쪽)
비상교육	관세 부과 조항을 포함하였다. 자료: 제5조 조선에 오는 미국 상인과 상선은 모든 수출입 상품에 대해 관세를 지불해야 한다. (205쪽)
천재교육	자료: 제5관 미국 상인과 상선이 조선에 와서 무역할 때 입출항 하는 화물은 모두 세금(관세)을 바쳐야 하며, 그 수세권은 조선이 자주적으로 가진다. (185쪽)
리베르스쿨	**비록 낮은 비율일지라도** 수출입 상품에 대해 관세를 부과하는 내용을 담고 있었다. 자료 읽기 : 제5조 일용품의 **수출입품**에 관한 관세율은 종가세 10%를 초과하지 않으며, 사치품 등에서는 30%를 넘지 못한다. (208쪽)
금성출판사	일용품 10%, 사치품 30%의 **비교적 높은 관세율**을 적용하였다. (230쪽)

동아출판은 관세에 대해 언급하지 않았으며, 지학사와 미래엔은 관세 조항이 포함되었다는 사실만 언급하였다. 교학사는 '관세율은 조선 정부에 속한다.'고 하여 성립되지도 않는 문장을 썼다. '관세율은 조선 정부가 정한다.' 또는 '관세율의 책정은 조선 정부에 속한다.'고 해야 한다. 비상교육과 천재교육의 자료 제시는 본문

에 있는 내용 그대로여서 반복 게재로 인한 지면 낭비라는 느낌이다. 본문에서 관세 부과 조항이 있다고 했으므로 관세율이 얼마인지 구체적 내용을 제시하는 것이 오히려 도움이 되었을 것이다.

문제는 리베르스쿨의 '비교적 낮은 비율'와 금성출판사의 '비교적 높은 관세율'이다. '비교적'이라고 썼으니 비교 대상이 있어야 하나 그 대상이 없다. 조선은 일본과의 「조일 수호 조규」에서 관세를 설정하지 못했다가 미국과의 조약에서 처음으로 관세를 설정한다. 아직 비교 대상이 없기 때문에 '비교적'이라는 표현은 옳지 않다.

「조미조약」 제5관에 규정하고 있는 관세율은 아래와 같다.

> … 각종 입항 화물로 민생의 일용과 관계있는 것은 상품 가격에 비추어 100분의 10을 초과하여 징세할 수 없으며, 사치품과 기호품인 양주·여송연(呂宋煙: 담배)·시계와 같은 것은 상품 가격에 비추어 100분의 30을 초과하여 징세할 수 없다. 출항하는 토산물은 모두 그 가격에 비추어 100분의 5를 초과하여 징세할 수 없다.(各色進口貨, 有關民生日用者, 照估價值百抽稅不得過一十, 其奢靡玩要等物, 如洋酒, 呂宋煙, 鍾表之類, 照估價值百抽稅不得區三十. 至出口土貨, 槪照值百抽稅不得過五.)

이를 근거로 리베르스쿨과 금성출판사 교과서의 서술을 살펴보면, 먼저 리베르스쿨은 제시한 자료에서 '제5조 일용품의 **수출입품**에 관한 관세율'이라고 하였으나 제5조는 **제5관**의 잘못이며, **수출입품**은 **수입품**의 잘못이다. 또, **종가세**라고 하였으나 원문에는 估價(고가: 가격)라 하였을 뿐 종가세란 말은 없다. 우리 역사 서술은 글자 하나 단어 하나도 소홀이 해서는 안 된다.

금성출판사의 경우 '일용품 10%, 사치품 30%'라고 하여 마치 관세가 확정된 것처럼 서술하였으나 원문에서 확인할 수 있듯이 일용품의 경우 10%, 사치품의 경우 30%를 초과할 수 없다고 하였다. 즉 관세율은 10%와 30%를 넘지 않은 선에서 다양하게 정해질 수 있기 때문에 '비교적 높은 관세율 적용'이란 표현은 옳지 않다.

따라서 리베르스쿨이나 금성출판사 모두 서술 오류다.

이러한 잘못된 서술은 『한국민족문화대백과사전』에서도 '그 내용은 수입 물품에서 일반 상품에 대하여는 10%, 시계·양주 및 진귀품을 30%의 수입세를, 수출품에 대해서는 5%의 수출세를 부과하도록 규정하였다.'고 하여 서술 오류를 보이고 있다.

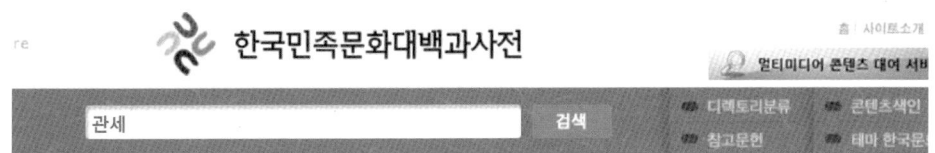

이상의 논의를 토대로 8종 교과서에 다양하게 서술된 「조미조약」의 관세 부분을 간단하게 요약하면 아래와 같다.

「조미조약」에서 조선은 처음으로 관세를 자주적으로 부과할 수 있었다. 이에 따라, 수입품은 일용품의 경우 상품 가격의 10%, 사치품의 경우 상품 가격의 30%를 초과하지 않는 선에서 부과할 수 있도록 규정하였다.'

또, 교과서에는 관세 부과에 대한 이해를 돕기 위해 제5관을 제시하였으나 지나친 축약과 의역으로 본지를 제대로 전달하지 못하고 있다. 자료를 제시하려면 본지를 정확하게 이해할 수 있도록 있는 그대로 수록하거나, 아니면 그냥 정확하게 요약·서술하는 것이 도움이 된다.

8종 교과서에 수록된 「조미조약」의 관세 조항을 보면 너무나 혼란스럽다. 이것이 과연 역사 인식의 다양성인가? 같은 또래의 아이들 중에 누구는 관세가 있는지조차 모르는가 하면, 누구는 맞지도 않은 관세 비율까지 배운다. 어느 쪽은 못 배워서 불평등하고, 어느 쪽은 엉터리 내용을 배워야 해서 불평등하다. 같은 또래의 초중고 학생들은 그들의 수준에 맞는 역사를 공평하게 배울 권리가 있다. 학생들은 역사 외에도 해야 할 공부가 너무나 많다. 역사 인식의 다양성이라는 미명 하에 실시되고 있는 중구난방(衆口難防)식 8종 검정 교과서는 학생들을 혼란스럽게 하고, 나아가 사회적 갈등의 씨앗을 뿌리는 일이다. 우리 역사 교과서는 어른들이 아닌 아이들 입장에서 편찬되어야 한다. 아이들을 위한다면 하나의 교과서로도 충분하다.

2. 제4관에 대한 너무나 다양한 서술

1882년에 체결된 조미조약 제4관은 조미 양국 범죄자 처벌에 관한 규정을 담고 있다. 조약문이나 계약서의 경우 한 글자도 놓치지 않고 다 읽어야 정확한 의미를 파악할 수 있다. 이에 이해의 편의를 위해 단락을 나누어 살펴보기로 한다.

> 미국 인민이 조선에 거주하며 편안히 법을 준수할 때에는 그 생명과 재산에 대해 조선 지방관은 대신 그들을 보호해야 하며, 조금이라도 모욕하거나 훼손하는 것을 허용해서는 안 된다. 만약 불법을 행하는 무리가 미국 인민의 집과 재산을 빼앗거나 불태우려 할 경우 지방관은 영사의 告知(고지)에 따라 즉시 군사를 파견하여 제압하고 아울러 범죄자를 조사·체포하여 법률에 따라 엄중히 처벌한다.(美國民人, 在朝鮮居住, 安分守法, 其性命財産, 朝鮮地方官, 應當代爲保護, 勿許稍有欺凌損毁. 如有不法之徒, 欲將美國房屋業産, 搶劫燒毁者, 地方官一經領事告知, 卽應派兵彈壓, 竝査拿罪犯, 按律重辦.)

기본적으로 미국 국민의 조선국 내 합법적 거주에 대해서는 조선 지방관이 그들을 보호할 의무가 있음을 규정하고 있다. 만약 조선의 不法(불법)한 무리가 미국 인민의 집과 재산을 빼앗거나 불을 지르려 할 경우 미국 영사의 요청을 받으면 즉시 군사를 보내 제압하고, 범죄자를 잡아들여 법률에 따라 엄중히 처벌해야 한다. 미국인에 대한 조선인의 危害(위해) 행위를 막고 그에 해당하는 범죄자는 조선에서 처벌한다는 내용이다.

> 조선 인민이 만약 미국 인민을 모욕할 때에는 조선 관원에게 넘겨 조선의 법률에 따라 처벌한다. 미국 인민이 상선이나 해안을 막론하고 모욕하거나 분란을 일으켜 조선 백성의 생명과 재산 등을 손상하면 미국 영사관 혹은 미국에서 파견한 관원에게 넘겨 미국 법률에 따라 잡아들여 처벌한다.(朝鮮民人, 如有欺凌美國民人, 應歸朝鮮官, 按朝鮮律例懲辦. 美國民人, 無論在商船在岸上, 如有欺凌騷擾, 損傷朝鮮民人性命財産等事, 應歸美國領事官或美國所派官員, 按照美國律例, 查拏懲辦.)

미국 국민에 대한 조선인 범죄자는 조선 관원에게 넘겨 조선 법률에 따라 처벌하고, 조선 국민에 대한 미국인 범죄자는 미 영사관이나 미국에서 파견한 관원에게 넘겨 미국 법률에 따라 처벌한다는 내용이다. 조선인 범죄자는 조선국 관리가, 미국인 범죄자는 미국 관리가 처벌한다는 것으로 양국 범죄자에 대한 재판 관할권을 규정하고 있다. 조일 수호 조규에서 규정하고 있는 재판 관할권을 그대로 따르고 있음을 알 수 있다.

> 조선국 내에서 조선과 미국의 인민 사이에 송사가 일어날 경우 피고 소속의 관원을 거쳐 본국 법률에 따라 심의 판단하며, 원고 소속의 나라에서는 관원을 파견하여 聽審(청심)할 수 있으며, 審官(심관)은 이들을 예로 대우해야 한다. 청심관(聽審官)이 만약 전신(傳訊), 사신(査訊), 분신(分訊), 정견(訂見)하고자 할 때에도 그 편의를 들어주어야 한다. 심관의

> 판단이 공정하지 못하다고 여길 때에도 역시 자세한 반박을 허용하기를 미국과 조선국은 피차 명확히 규정한다.(其在朝鮮國內, 朝鮮・美國民人, 如有涉訟, 應由被告所屬之官員, 以本國律例審斷, 原告所屬之國, 可以派員聽審, 審官當以禮相待. 聽審官如欲傳訊・查訊・分訊・訂見, 亦聽其便. 如以審官所斷爲不公, 亦許其詳細駁辨, 大美國與大朝鮮國, 彼此明定.)

이어지는 내용은 조선국 내에서 조미 양국 국민 사이에 송사가 발생했을 경우에 대한 규정이다. 양국 간에 송사가 생겼을 경우 피고 소속 국가의 관원을 거쳐 피고인 국가의 법률에 따라 처리하며, 만약 원고 측 관리가 재판에 참여하고자 할 경우 그것을 허용해야 함을 정한 내용이다.

> 만약 조선이 이후 법률과 심판하는 법을 개정하여 미국에서 볼 때 본국의 법률 및 심판하는 법과 서로 부합하면 즉시 미국 관원은 조선에서 심안하던 권한을 회수하고, 이후 조선 경내의 미국 인민들을 곧 지방관의 관할에 귀속시킨다.(如朝鮮日後改定律例及審案辦法, 在美視與本國律例, 辦法相符, 卽將美國官員在朝鮮審案之權收回, 以後朝鮮境內美國人民, 卽歸地方官管轄.)

마지막 부분으로 조선의 법률이 현재 미국 국내법보다 엄격하기 때문에 당장은 미국 관리가 재판을 관할하지만, 차츰 조선의 제반 법률이 미국의 법과 대등해지면 조선에서 재판하던 재판권을 회수하여 조선 지방관 관할로 넘긴다는 것이다. 즉 조선의 사법제도가 발전하여 미국 법과 대등하다고 여겨질 때까지는 조선인에 대한 미국인 범죄자의 재판권을 미국이 행사하겠다는 것이다. 이상이 제4관 전체의 내용이다.

현행 8종 교과서에는 위에 제시한 「조미조약」 제4관에 대하여 아래와 같이 서술하고 있다.

동아출판	없음
지학사	영사 재판권의 내용을 담은 불평등 조약 (216쪽)
리베르스쿨	치외 법권 규정 포함 (208쪽)
미래엔	치외 법권이 포함된 불평등 조약 (180쪽)
비상교육	치외 법권 조항이 담긴 불평등 조약 (205쪽)
천재교육	치외 법권을 규정한 불평등 조약 (185쪽)
교학사	제4조 치외 법권은 잠정적으로 한다. (178쪽)
금성출판사	치외 법권은 잠정적 (230쪽)

서술이 없는 동아출판과 영사 재판권으로 서술한 지학사 교과서를 제외하면 모두 치외 법권이라는 용어를 사용하였다. 이에 치외 법권의 사전적 의미부터 살펴보도록 한다.

> '치외 법권은 외국인이 자신이 체류하고 있는 국가의 법률과 규칙을 따르지 않아도 되는 권리이다. 국가 사이의 특별한 협정이 없으면 외국인은 자신이 체류 중인 국가의 법을 따라야 한다. 그러나 국제기구 직원이나 외교사절 등에 한하여 일정 범위의 예외가 허용되어 왔는데 치외 법권이 이에 해당한다. 또한 외교사절을 받아들이는 접수국은 그들의 원활한 직무 수행을 위하여 국제법상의 특권을 제공한다.'
> 〈치외 법권, 『한국민족문화대백과사전』〉

이에 따르면 치외 법권은 국제기구 직원이나 외교 사절 등 국가를 대표하여 공적 업무를 수행하는 人員(인원)이 그 적용 대상임을 알 수 있다. 무역을 위해 조선에 와 있는 상인들, 즉 민간인은 치외 법권 대상이 아니라는 뜻이다. 또, 지학사의 영사 재판권은 '미국 영사관 혹은 미국에서 파견한 관원'이라 한 점으로 미루어 반드시 영사가 재판한다는 보장이 없을 뿐만 아니라 재판 담당자가 누구인가는 4관의 핵심이 아니다. 무엇보다 제4관은 조미 양국 범죄자를 누가 재판할 것인지를 정하고 있어 영사 재판권이나 치외 법권으로 규정할 경우 조선 인민도 그 대상이 되기 때문에 성립하지 않는다.

다음으로 '잠정적(暫定的)'이라는 표현이다. 먼저 교학사 교과서에는 본문 서술 없이 '제4조 **치외 법권은 잠정적**으로 한다.'고 사료 인용 형태를 취하여 소개하였다. 여기서 제4조는 제4관의 잘못이며 제4관에는 위에서 살펴본 바와 같이 '**치외 법권은 잠정적**으로 한다.'는 내용이 없다. 사료 인용을 했는데 해당 사료에 **치외 법권**이란 말도 **잠정적**이란 말도 없다. 잘못된 사료 인용이다.

'잠정적'이란 '임시로 정하는. 또는 그런 것.'이란 뜻이다. 여기서는 '조선이 이후 법률과 심판하는 법을 개정하여 미국에서 볼 때 본국의 법률 및 심판하는 법과 서로 부합하면'에 해당하는 것으로 '조선의 법률이 미국의 법률과 대등해질 때까지'를 잠정적으로 정의한 것으로 파악된다. 하지만, 치외 법권이란 전제부터 잘못이기 때문에 잠정적이란 표현도 당연히 올바른 서술이라 할 수 없다.

이상에서 살펴본 바와 같이 현행 검정 한국사 교과서에는 「조미조약」 제4관이라는 하나의 사안을 두고 '영사 재판권', '치외 법권', '치외 법권은 잠정적', '불평등'이라는 등 서술이 다양하다. 같은 또래 아이들은 공평하게 교육을 받을 권리가 있다. 누구는 제4관을 배우고 누구는 배우지 않는다. 누구는 영사재판권으로 배우고 누구는 치외 법권으로 배운다. 누구는 치외 법권으로 배우고 누구는 치외 법권은 잠정적이라 배운다. 그런데, 정작 제4관은 치외 법권을 규정한 조항이 아니다. 차라리 서술하지 않은 동아출판 교과서를 올바른 교과서라 할 수 있다. 이런 교과서로 우리 아이들이 공부를 하고 있다. 이래서는 안 된다.▩

3. 조·미 조약 제1관의 엉터리 번역

현행 교과서에서는 1882년 체결된 조미조약의 제1관을 들어 '타국이 분쟁을 일으킬 경우 중간에서 조정한다.'는 뜻의 '거중조정(居中調整)' 조항이 있다고 서술하고 있다. 아래는 이에 해당하는 제1관 번역문이다.

제1관 ......만약 타국이 어떤 불공평하고 경멸하는 일을 일으켰을 때는 **일단 확인하고** 서로 도와주며, 중간에서 잘 조정하여 두터운 우의를 보여준다.

〈천재교육, 185쪽〉

제1조 조선과 미국 인민은 각각 영원히 화평 우호를 지키되 만약 타국이 불경하는 일이 있게 되면 **1차 조사를 거친 뒤에** 서로 도와 잘 조처함으로써 그 우의를 표시한다.

〈리베르스쿨, 208쪽〉

이 인용 사료에 해당하는 한문본 원문은 "若他國有何不公輕藐之事, 一經照知, 必須相助, 從中善爲調處, 以示友誼關切."이다.

여기서 '一經照知(일경조지)'를 천재교육은 '**일단 확인하고**'라 번역하였으나 이는 『고종실록』의 잘못된 번역을 그대로 옮긴 것이다. 리베르스쿨의 '**1차 조사를 거친 뒤에**'라고 한 것은 원문을 무시한 기발한 창작이다. '一經(일경)'은 '거치다.'라는 뜻이며, '照知(조지)'는 '知照(지조)', '告知(고지)', '照會(조회)'와 같이 쓰이는 용어로 '통보', '통지', '고지' 등의 뜻을 담고 있다. 따라서, '一經照知(일경조지)'는 '통지를 거쳐', '통지 하면', '통지에 따라'와 같이 번역해야 한다. 이어지는 必須相助(필수상조)에서 相(상)은 대부분 대상이 있을 때 삽입되는 글자로 굳이 번역할 필요는 없다. '반드시 도와준다.'고 번역하면 된다. 이에 따라 위 조항을 다시 번역하면 아래와 같다.

'만약 다른 나라가 어떤 불공정하거나 경멸하는 일을 일으키면 통지를 거쳐 반드시 도와주고, 중간에서 잘 조처하여 우의'관계를 보여준다.'

이를 두고 천재교육 교과서에는 '도움말'이란 항목을 정해 아래와 같은 설명을 곁들였다.

조 · 미 수호 통상 조약의 내용 중 가장 큰 특징은 거중 조정(good office, 양국 중 한 나라가 제3국의 압박을 받을 경우 서로 돕고 조정한다는 것), 관세 자주권,

최혜국 대우 등이었다. 거중 조정에 대해서 미국은 의례적인 표현으로 생각하였으나, 조선은 미국과의 동맹으로까지 확대하여 받아들였다. 이후 조선은 청의 내정 간섭, 청·일 전쟁, 러·일 전쟁, 을사조약 등 어려움을 겪을 때마다 미국에 거중 조정을 요구하였지만 미국은 협조하지 않았다.

〈천재교육, 185쪽〉

요약하면, '거중조정은 관세 자주권 및 최혜국 대우와 함께「조미조약」의 가장 큰 특징 중의 하나이다. 조선은 이를 중요하게 받아들인 반면 미국은 의례적 표현으로 생각하여 이후 조선이 어려움에 처했을 때 거중 조정을 요구했으나 미국은 이에 응하지 않았다.'는 것이다. 여기에는 1905년 7월 '필리핀은 미국과 같은 나라가 통치하는 것이 일본에 유리하며 일본은 필리핀에 대해 어떠한 침략의 의도도 갖지 않는다. 미국은 일본이 한국의 보호권을 확립하는 것이 러일전쟁의 논리적 귀결이고, 극동의 평화에 공헌할 것으로 인정한다.'는 가쓰라·태프트 협약도 함께 거론된다. 을사조약 이후 조선이 도와줄 것을 요청했음에도 미국이 거중조정의 역할을 하지 않은 것은 이 협약 때문이라는 것이다.

하지만, 이 부분은 교과서의 도움말처럼 의례적인 표현이지 어떤 구속력이 있는 것은 아니다. 무엇보다 제1관은 조약 전체의 내용을 아우르는 총론적 성격을 지니고 있기에 대부분 다소 의례적이고 상투적 표현이 들어간다. 여기의 '중간에서 잘 조처한다.'는 문구도 의례적 표현으로 이후 영국, 독일, 이태리, 러시아, 프랑스와의 조약에도 똑같이 등장하며, 「한청통상조약(1899)」에는 위에 거론한 한문본과 한 두 글자의 차이만 있을 뿐 문장 전체가 동일하다. 특정 국가와의 조약에만 삽입된 의미 있는 내용이 아니라는 뜻이다.

그렇다면, 고종은 우리가 알고 있는 것처럼 '중간에서 잘 조처한다.'는 표현만 믿고 미국에 도움을 요청한 것일까? 이에 대한 답은 영문본 제1관인 'If other powers deal unjustly or oppressively with either Government, the other will exert their good offices, on being informed of the case, to bring about an amicable arrangement, thus showing their friendly feelings.'를 보면 알 수 있다. 한문본과 이 영문본을 비교해보

면 한문본에는 영문본에 없는 문구가 더 있다. 이는 '必須相助'로 '반드시 도와준다.'라는 문구다. 교과서에 서술한 대로 고종이 제1관을 근거로 미국에 도움을 요청했다면 아마도 '중간에서 잘 조처한다.'는 상투적 표현보다는 '필수상조'라는 문구에 더 의지했을 것으로 보인다. 그렇다면, 의례적 표현인 '중간에서 잘 조처한다.'는 문장을 두고 '거중 조정'이란 이름을 붙여 비중 있게 다루어 가르치는 것은 잘못이라는 판단이다.

우리 역사 연구는 한문 원전부터 정확하게 번역해야 한다. 한문 번역이 틀리면 그 다음부터는 점점 역사적 사실에서 멀어지게 된다. 우리 역사 연구에서 한문 소양이 중요한 이유이기도 하다.

4. 민영익은 보빙사(報聘使)가 아니다

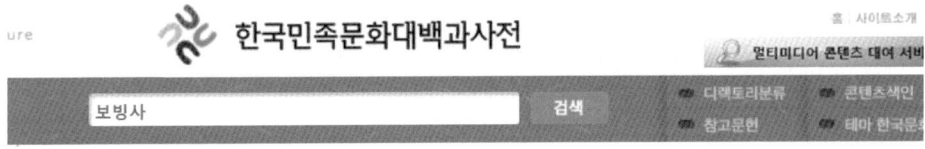

『한국민족문화대백과사전』에서 '보빙사'를 검색하면 위와 같이 최초로 미국에 파견된 사절단이며 구성원은 전권대신 민영익과 부대신 홍영식을 포함한 11명이라고 되어있다. 하지만 보빙사(報聘使)라는 용어는 사절단의 호칭이 아닐 뿐만 아니라

민영익(閔泳翊) 개인에게 부여한 호칭도 아니기에 이는 명백히 잘못된 서술이다.

전근대에 사(使)를 붙인 사신이 여럿 있으나 고종 시대의 사신으로는 「조일 수호 조규」 체결 이후 일본에 파견된 수신사(修信使) 김기수(金綺秀)가 익숙하다. 이에 대한 실록의 기록에는 전사(專使: 특사)라는 임무와 함께 호칭을 **수신사**(修信使)로 한다고 분명히 기록되어 있다. 수신사는 김기수 개인에게 부여한 직책이며, 그 외 김기수를 따라간 관리는 수대원(隨帶員) 즉 수행원이다. 2차(1880) 수신사는 김홍집(金弘集), 3차(1882) 수신사는 박영효(朴泳孝)이다.

또 다른 사신으로 1881년 청나라에 파견된 영선사(領選使) 김윤식(金允植)이 있다. 김윤식은 청나라의 선진 문물을 견학하기 위한 학도(學徒) 20명과 공장(工匠) 18명 외 수종(隨從)들을 포함하여 모두 69명을 인솔해 간 사신이다. '선발된[選] 인원을 인솔[領]하는 사신'이란 의미의 영선사는 김윤식 개인에게 부여한 직책이다. 수신사나 영선사와 마찬가지로 보빙사는 개인에게 부여되는 직책으로 사절단과 같은 단체의 호칭으로는 사용할 수 없다.

현행 교과서의 보빙사와 관련된 서술은 아래와 같다.

교학사	보빙사, 1883년 미국에 최초로 파견된 사절단이다. (178쪽)
금성출판사	민영익, 홍영식, 서광범은 보빙사로 미국에 다녀왔으며 (231쪽)
동아출판	미국에 파견된 사절로 민씨 정권의 핵심인 민영익, 홍영식과 서광범이 동행했다. (163쪽)
미래엔	그래서 수교를 맺은 후 8명의 젊은이들을 미국에 파견하였다. 그들이 바로 1883년 미국에 첫발을 내디딘 보빙사였다. (180쪽)
비상교육	한편, 정부는 미국과 수교한 이후 미국의 공사 파견에 대한 답례로 미국에 보빙사를 파견하였다. 보빙사 일행은 미국 대통령을 만나고 각종 근대 시설을 시찰하였다. (207쪽)
지학사	1883년 미국으로 파견된 보빙사는 24세의 민영익을 단장으로 하여 모두 11명으로 구성되었다. (218쪽)
천재교육	보빙사 일행(사진), 미국이 공사를 파견한 것에 대한 보답으로 1883년 민영익을 대표로 하여 미국에 파견한 사절단이다. (185쪽)

위와 같이 '사절단', '보빙사 일행'이라 한 서술에서 알 수 있듯이 단체의 명칭으로 사용되었다. 하지만, 수신사와 영선사의 예에서 보듯이 사호(使號)는 개인에게 주어지는 것으로 사절단을 보빙사라고 하는 것은 옳지 않다. 동아출판의 '민영익, 홍영식, 서광범이 동행했다.'는 서술은 민영익이 대표임을 감안한다면 앞뒤가 안 맞는 문장이다.

미래엔 교과서에는 '보빙사 일행'이라는 제목 아래 '그래서 수교를 맺은 후 8명의 젊은이들을 미국에 파견하였다. 그들이 바로 1883년 미국에 첫발을 내디딘 보빙사였다.'라 하여 8명 모두를 보빙사로 서술하였다.

▲ 미래엔 교과서, 180쪽

또, 이어지는 문장에서 '그들은 미국 대통령을 만나 고종의 신임장을 전달하였다. 이 신임장이 뉴욕 헤럴드 신문에 **한글로 번역되어** 게재됨으로써, 조선이 고유 문자를 가진 문화국이라는 사실이 널리 알려졌다.'고 하였다. 하지만 상식적으로 생각하더라도 고종이 보낸 신임장은 한글로 되어 있을 터이니 '한글로 번역되어'는 '영어로 번역되어'로 해야 맞다. 오른쪽 신임장 이미지에도 한글 아래에 'translation of the above'라고 되어 있다.

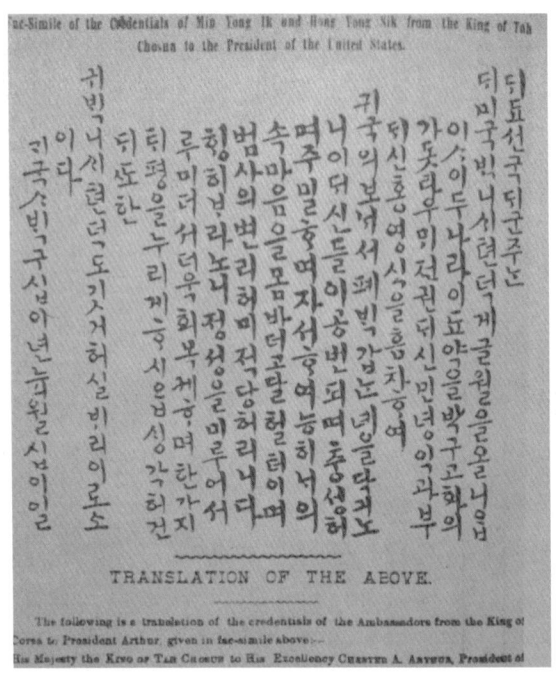

▲ 뉴욕 헤럴드지에 보도된 고종 신임장

1883년 미국에 파견된 사절단에 관하여 『고종실록』에는 아래와 같이 기록되어 있다.

> 미국 공사(公使)가 국서를 가져와 우호 관계가 돈독해졌으니 마땅히 보빙(報聘: 답방)이 있어야 할 것이다. 협판교섭통상사무 민영익은 전권 대신(全權大臣)으로, 협판교섭통상사무 홍영식은 부대신(副大臣)으로 임명하여 떠나게 하라.(美國公使賚來國書. 隣好旣敦, 宜有報聘. 協辦交涉通商事務閔泳翊爲全權大臣, 協辦交涉通商事務洪英植爲副大臣, 使之前往.)
>
> 〈『고종실록』 1883. 6. 5.〉

이 기록에서 고종은 미국 공사의 부임에 대한 답방으로 민영익을 전권 대신으로, 홍영식을 부대신으로 임명하였을 뿐 민영익에게 별도의 보빙사라는 직함을 부여하지 않았을 알 수 있다. 때문에 보빙사(報聘使)로 부르는 것은 잘못이며, 나아가 일행 모두를 보빙사라 하는 것은 더더욱 잘못이다. 지금까지 관행적으로 잘못 써온 보빙사는 '미국 방문 사절단' 또는 '방미 사절단'이라 하는 것이 올바른 표현이다. 필자는 논란이 많았던 국정 한국사 교과서 검토본에 대한 이의 제기 과정에서 '보빙사'라는 명칭이 적절하지 않다는 의견을 제시한 바가 있다. 이에 최종본 국정 교과서에서는 이를 모두 아래와 같이 '미국 방문 사절단'으로 수정하였다.

▲ 국정 교과서 방미 사절단 서술 수정 전(좌)와 수정 후(우)

제IX장 조·미 조약 서술에 대한 몇 가지 문제 · 273

그런데 리베르스쿨 교과서는 '조선은 조미 수호 통상 조약 이후 미국 공사의 파견에 대한 답례로 1883년에 **전권 대사** 민영익 등을 보빙사로 미국에 파견하였다.(리베르스쿨 210)'고 하여 민영익을 '전권 대신'이 아닌 '전권 대사'로 소개하였다. 대신(大臣)과 대사(大使)는 엄연히 다름에도 이를 구분하지 못한 것은 실수를 넘어서 교과서 집필자의 자격이 의심스러워진다.

이와 동일한 오류는 한국사능력검정시험에도 있었다. 국사편찬위원회에서 출제한 시험에서 이런 오류가 있다는 것은 이해할 수 없는 일이다.

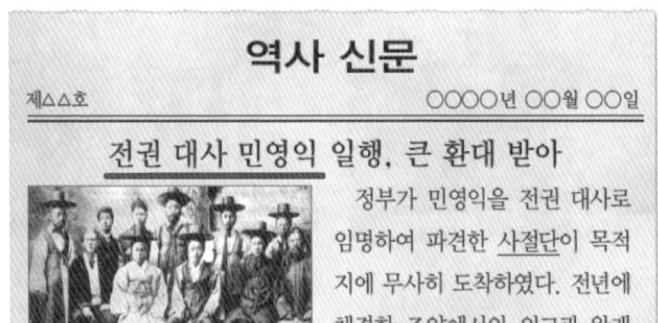

▲ 한국사능력검정시험(고급) 27회 30번

274 · 國史, 이대로 가르칠 것인가!

그런가 하면, 대한민국 정부 대표 블로그에는 '보빙사(報聘使)를 아십니까?'라는 카드뉴스를 실었는데, 여기서도 보빙사에 대한 설명은 교과서와 차이가 없다. 이 블로그에는 보빙사 용어의 오용 외에 더 황당한 사진 설명이 있다.

조선의 대표와 부대표를 모두 전권대사로 쓰고 슈펠트는 전권공사라고 하였다. 모두 잘못이다. 「조미조약」 마지막에는 '전권 대관(全權大官) 신헌(申櫶), 전권 부관(全權副官) 김홍집(金弘集), 전권 대신(全權大臣) 수사 총병(水師總兵) 슈펠트(薛裴爾: Shufeldt, R.W.)'라고 되어 있다. 전권 대사라고 한 것도 모자라 정(正)과 부(副)의 구분도 하지 않고 모두 전권 대사라고 하였으니 실수라 하기에는 지나치다.

▲ 대한민국 정부 대표 블로그 수록 자료

우리 역사 용어는 거의 모두가 한자어다. 한자어를 교과서에 쓰면서 한자는 버리고 한글로만 적으니 개념이 불분명하고 위와 같은 오용(誤用) 사례가 자꾸 발생하게 된다. 한자·한문을 모르고 우리 역사를 연구하는 것은 영어를 모르고 미국사를 연구하는 것과 같다. 한자·한문을 외면하면 할수록 우리 역사는 점점 흐릿해질 수밖에 없다. 한자·한문을 제대로 모르고 중국과의 역사 전쟁에서 이길 수 있을까? 어불성설(語不成說)이다. 지금부터라도 초·중·고에서는 최소한의 한자를 가르쳐 전문 연구를 위한 기초를 갖추도록 해야 한다.▨

제X장 갑오개혁과 동학 농민군에 대한 몇 가지 문제

1. 개국(開國)은 연호가 아니다

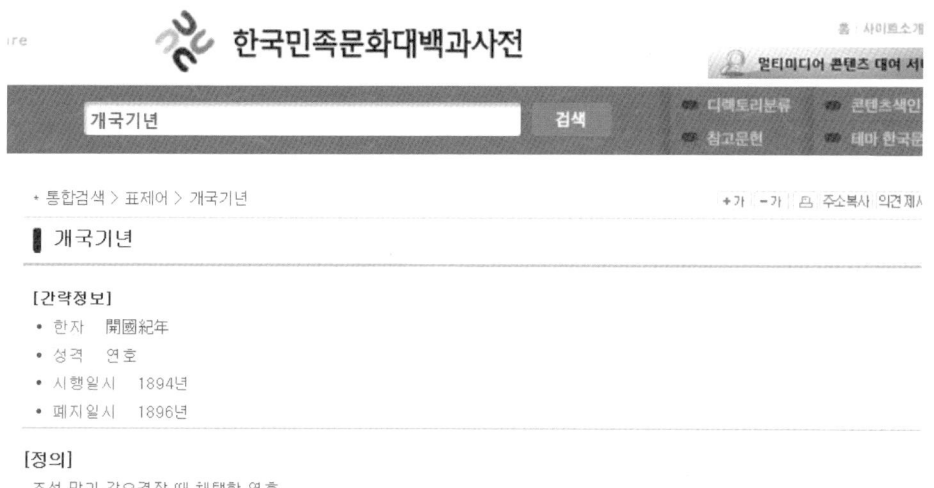

『한국민족문화대백과사전』에서 '개국기년'을 검색하면 위와 같은 내용이 나온다. 정의에서 '조선 말기 갑오경장 때 채택한 연호'라 하여 1894년 갑오경장 때 채택된 연호(年號)이며, 건양(建陽) 연호를 사용한 1896년 1월 1일을 기하여 폐지되었다는 내용이다. 하지만 이는 모두 사실과 다르다.

'개국기년'은 연호가 아닐 뿐만 아니라 '개국'도 연호가 아니다. 고종 때 사용한 연호는 건양(建陽: 1896~1897)과 광무(光武: 1897~1907) 둘 뿐이다. 개국기년은 조선이 개국한 1392년을 기원(紀元)으로 삼아 연도를 표시한 것으로 서기(西紀), 불기(佛紀), 단기(檀紀)로 연도를 적는 것과 같은 맥락이다.

사전에는 시행 시기를 1894년이라고 하였으나, 그보다 훨씬 앞선 1876년 「조일 수호 조규」를 체결할 무렵에 이미 사용하기 시작했다. 기록상으로는 수호 조규 협상이 한창 진행되던 강화도에서 일본국 대표 구로다 키요타카에게 보낸 「서술책자(敍述册子)」에 처음 등장한다. 이어 며칠 후 체결된 「조일 수호 조규」의 마지막 서명란에는 '大朝鮮國開國四百八十五年 丙子二月初二日(1876. 2. 2.)'로 명시하여 조선이 근대적 조약의 당사국으로서 주권 국가임을 공식적으로 선언하였다.

이후 1892년까지 체결된 스무 건이 넘는 외국과의 조약에는 모두 개국기년을 사용하였다. 이런 조약 중에는 1882년 「조미조약」의 '大朝鮮國開國491年 卽中國光緖八年 4月 6日'과 같이 개국기년 다음에 중국의 광서(光緖) 연호가 삽입된 경우가 종종 있는데, 이는 청이 조약을 주선한 경우에 해당된다.

사전에는 1896년 1월 1일부로 개국연호가 폐지되었다고 하였으나, 건양과 광무 연호를 사용할 때에도 개국기년은 계속 사용되었다. 심지어 1905년 을사조약 직후 미국에 특사로 파견된 헐버트의 임명장에는 '大朝鮮國開國'이 아니라 '大韓開國 515年'으로 기록되어 있다. 이 외에도 건양이나 광무 기간에 사용된 개국기년의 용례는 적지 않다.

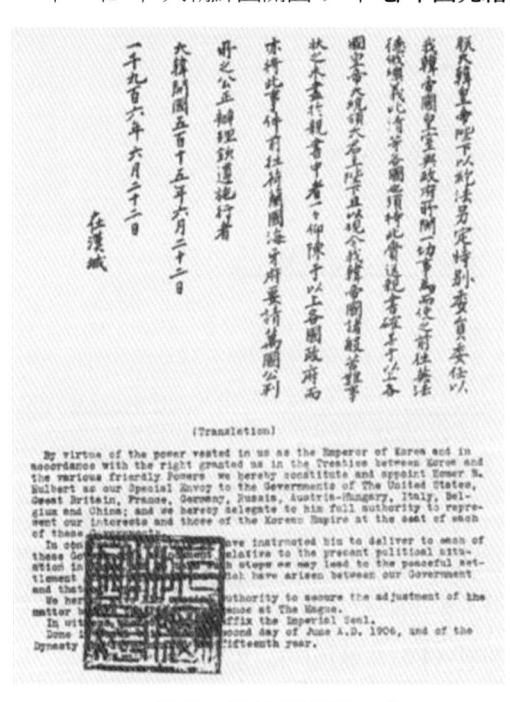

▲ 헐버트 특사 임명장(1906)

그런데, 1894년 제1차 갑오개혁 때 군국기무처(軍國機務處)에서는 '지금부터 국내외 공사 문서에는 개국기년을 쓸 것(從今以後, 國內外公私文牒, 書開國紀年事)'이라는 의안(議案)을 발표한다. 이는 종전까지 외교 문서에서만 사용하던 개국기년을 국내외 모든 공사(公私) 문서에 확대 적용한 것이다. 그런가 하면, 1895년 3월 10일 내무아문(內務衙門) 훈시 제86조에서는 '이미 개국기년을 사용하고 있으므로 더 이상 청의 연호를 사용하지 말 것'이라는 지시를 하달한다. 이때에 와서 청의 연호를 공식적으로 폐지한 것이다. 이러한 내용을 종합하면 서두에서 언급한 『한국민족문화대백과사전』의 서술은 사실 관계가 전혀 맞지 않는 것임을 알 수 있다.

개국기년 사용과 청의 연호 폐지와 관련된 사안을 정리하면 아래와 같다.

1. 1876년 대일본 외교 문서에 처음으로 청의 연호 대신 개국기년을 사용했으며, 이후 외교 문서에는 개국기년이 계속 사용되었다.
2. 1894년 제1차 갑오개혁 때는 그동안 외교 문서에만 사용하던 개국기년을 국내외 모든 공사 문서에 사용하도록 하였다.
3. 1895년 3월 10일, 청의 연호 사용을 공식적으로 폐지하였다.
4. 1896년 개국기년을 폐지하였다고 하나 이 후에도 계속 사용되었다.

이와 관련한 교과서의 서술을 살펴보면 『한국민족문화대백과사전』의 내용과 별 차이가 없다. 아래는 2014년 판 고등학교 한국사 교과서의 서술이다.

교학사	중국 연호는 폐지하고 개국기년을 사용하였으며 (189쪽)
금성출판사	중국 연호 사용을 폐지하고 **독자적인 연호**를 사용하였다. (242쪽)
리베르스쿨	먼저 외교적 측면에서는 청의 종주권을 거부하는 의미로 조선이 개국한 1392년을 기준으로 삼는 **개국을 새로운 연호로 채택**하였다. (223쪽)
미래엔	정치면에서는 먼저 중국 연호를 폐지하고 **개국 연호**를 사용하였다. (198쪽)
비상교육	정치면에서는 중국 연호를 폐지하고 **독자적 연호**를 사용하였다. (217쪽)
지학사	청의 연호를 쓰지 않고 개국기년을 사용하였다. (229쪽)
천재교육	청의 연호를 폐지하고 **개국 기원**을 사용하여 청과의 사대 관계를 끊었다. (201쪽)

이는 군국기무처가 주도한 1차 갑오개혁 때의 개혁 내용에 포함된 것으로 '독자적 연호', '개국 연호', '새로운 연호' 등의 서술은 모두 잘못이다. 또 개국기년은 1876년에 이미 사용되었으므로 갑오개혁 때 처음으로 사용한 것처럼 서술한 것도 잘못이다. 그리고 청의 연호를 공식적으로 폐지한 것은 2차 갑오개혁 때인 1895년 3월의 일이므로 이때 '청의 연호를 폐지했다'고 서술한 것도 옳지 않다. 이러한 사항에 대해 필자는 각 출판사마다 수차례에 걸쳐 문제 제기를 한 결과 2016년 판에는 아래와 같이 서술이 바뀌었다.

교학사	중국 연호는 폐지하고 **개국기년**을 사용하였으며 (변화 없음)
금성출판사	중국 연호를 사용하던 관행을 버리고 **개국기년**을 사용하였다.
리베르스쿨	먼저 외교적 측면에서는 청의 종주권을 거부하는 의미로 조선이 개국한 1392년을 기준으로 삼는 **개국을 기년으로 채택**하였다.
미래엔	정치면에서는 먼저 중국 연호를 사용하던 관행을 버리고 **개국 연호**를 사용하였다.
비상교육	정치면에서는 중국 연호를 폐지하고 **개국기년**을 사용하였다.
지학사	청의 연호를 쓰지 않고 **개국기년**을 사용하였다. (변화 없음)
천재교육	모든 문서에 **개국 기원**을 사용하게 하여 청의 연호 사용을 중지하였다.

표에서 보는 바와 같이 대부분 교과서의 서술이 바뀌기는 했으나 청의 연호 폐지와 관련해서는 별로 변한 것이 없다. 또, 이미 사용되어 오던 개국기년을 이 때 처음 사용한 것처럼 그대로 둔 것도 옳지 않다. 다만, 개국 연호를 개국기년으로 표시한 것은 그나마 다행이라 할 수 있다. 유일하게 개국 연호를 끝까지 유지한 미래엔 집필자는 여전히 개국 연호가 옳다고 생각하는지 궁금하다.

필자는 2014년『한국민족문화대백과사전』과 검정 한국사 교과서의 서술에 대한 국사편찬위원회의 입장을 듣고자 위의 내용을 정리하여 질의한 바가 있다. 아래는 필자의 질의에 대한 국편의 답변이다.

'갑오개혁 시기 개국기년은 연호와 동등한 위치를 차지하고 있었다. 그러므로 『한국민족문화대백과사전』 및 한국사 교과서의 개국기년 관련 서술은 크게 문제될 것은 없다고 본다.'

몇 차례 오간 질의와 답변에서 국편 답변자는 개국 연호가 잘못된 것이 아니라는 주장을 고수했다. 그리고 최종 결론에서는 개국기년은 연호와 동등한 위치를 차지하고 있었다는 모호한 답변으로 얼버무렸다. 국편의 답변은 대체로 이와 같이 우기거나 두루뭉수리다.

[추기]
『한국민족문화대백과사전』은 본 칼럼이 나간 후 '조선 말기 갑오경장 때 채택한 연호'라 한 정의를 '조선 말기 갑오개혁 때 채택한 기년법(紀年法, 특정 연도를 기원으로 하여 햇수를 세는 방법).'으로 수정하였다. 하지만, 1896년 폐지나 '6월 28일 신분·제도·관습의 개혁과 아울러 모든 국내외의 공문서에 개국기년을 사용할 것을 의결하였다. 이로써 당시 사용되던 청나라 덕종(德宗)의 연호인 광서(光緒)는 사용하지 않게 되었다.'는 서술도 사실과 맞지 않으며, '1392년을 원년으로 채택한 '건국기년'은 이듬해 11월 단발령과 함께 '건양(建陽) 연호와 양력채용이 공포, 양력 1896년 1월 1일을 기하여 폐지되었다.'는 서술도 전혀 사실과 맞지 않다.

2. 교과서의 사발통문은 통문이 아닌 잡기(雜記)다

최근 조선일보를 비롯한 주요 일간지에는 6월 27일 열린 문화재청 문화재위원회 세계유산분과 회의에서 동학농민혁명 기록물과 4·19혁명 기록물이 세계기록유산 신청 대상에 선정됐다는 기사가 보도되었다. 기사 중에는 위 문건을 동학농민혁명의 중요한 기록물로 언급하며 아래와 같은 설명을 덧붙였다.

'주모자가 드러나지 않도록 사발을 엎어 그린 원을 중심으로 참가자의 명단을 빙 둘러 적은 사발통문(沙鉢通文)과 농민군 해산을 권고하는 흥선대원군 효유문(興宣大院君 曉諭文) 등이 대표적이다. 동학자료들을 통해 동학농민혁명이 추구한 평등의 정신을 엿볼 수 있다.'

〈조선일보, 2017. 6. 28〉

 결론부터 말하자면 위에 말한 사발통문은 사발통문이기 전에 통문조차 될 수 없는 잡기로 분류해야 할 문건이다. 사발통문은 통문 중에서도 주모자를 숨기기 위해 참여자의 명단을 사발처럼 둥근 원을 따라가며 서명한 것을 이른다. 사발통문 이전에 통문이라는 자격부터 갖추어야 하기에 거기에는 일정한 서식이 있다. 개인 간에 오가는 편지에서도 서식이 있는 것과 마찬가지다.

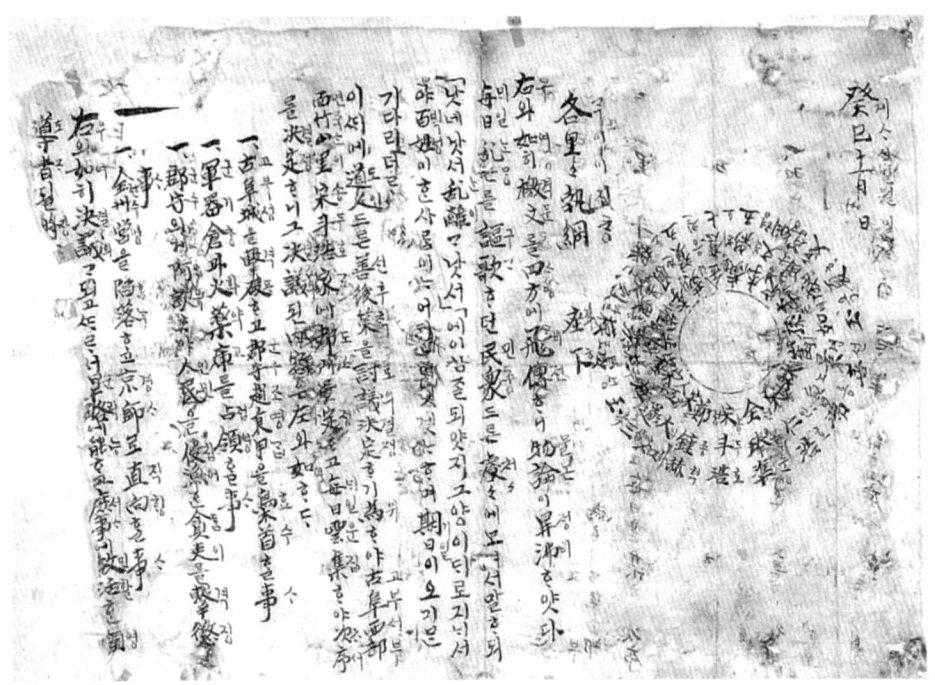

▲ 사발통문으로 잘못 알고 있는 문서

'통문의 서식은 서두에 通文이라고 제호처럼 쓰고, 줄을 바꾸어 右文爲通諭事段…(우문위통유사단…)이라는 문구로 시작하여 본론을 말한 다음, 모일 장소나 일시를 쓰고 … 千萬幸甚(… 천만행심)이라는 글귀로 끝을 맺으며, 수신처·발신연월일·발신처 및 발신자 명단을 차례로 열기(列記)하였다.'

〈통문(通文), 『한국민족문화대백과사전』〉

이를 표로 나타내면 아래와 같다.

③	②	①
수신자 / 발신처 및 발신자 명단 / 발신 년월일	……千萬幸甚 / 본론 / 右文爲通諭事段……	通文

대체적인 서식은 이와 같으나 '通文'이라는 제목을 주로 쓰는 가운데, 檄文(격문)이나 敬通(경통) 등 다른 제목을 쓴 경우도 있다. 마지막의 발신 일자, 참여자 명단, 수신처 등은 순서가 바뀌기도 한다. 그렇다면 상기 문건이 왜 통문이 될 수 없는지 살펴보도록 한다.

이 문건은 대략 내용에 따라 네 단락으로 구분된다. 이를 분석하면 아래와 같다.

癸巳年 十一月 日

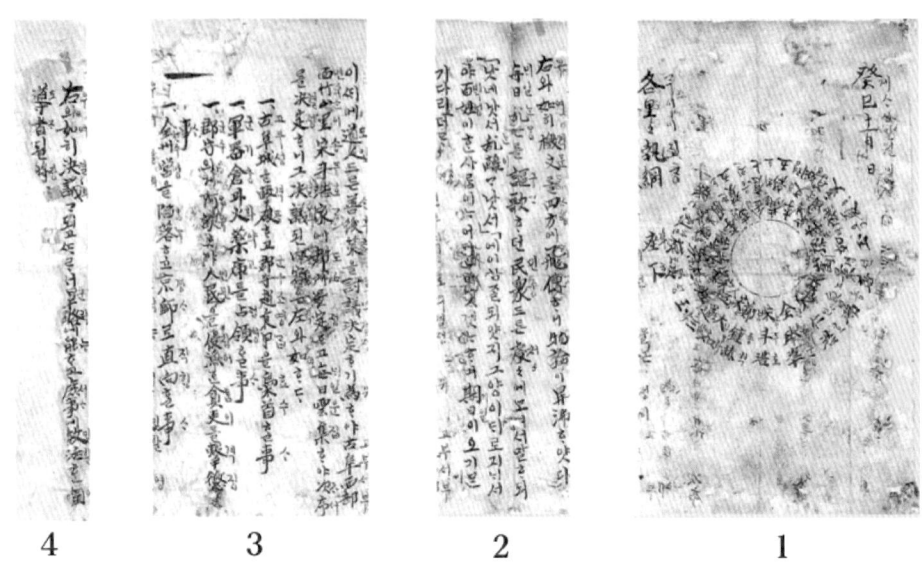

各里 里執綱 座下

1893년 11월 일
전봉준 송두호 정종혁 송대화 금도삼 송주옥 송주성 황홍모 최흥열 이봉근 황찬오 금응칠 황채오 이문형 송국섭 이성하 손여옥 최경선 임노홍 송인호
각리 이집강 좌하

제1단락은 1893년 11월, 20명의 동지가 서명하고 각 리의 이집강(里執綱)에게 통고한 문서로 여겨지나 ①제목과 ②본문에 해당하는 부분이 없이 ③발신 연월일 이하만 있다. 편지를 예로 든다면 마지막의 발신 날짜와 발신자만 있고 앞의 편지 내용이 없는 것과 같다. 둥글게 돌아가며 쓴 이름 안에는 직경 5cm의 원이 있고 그 원을 따라 쓴 20명의 이름 중에는 크기가 약간 큰 전봉준의 이름도 보인다. 제목과 본문을 갖추고 있었다면 여기까지를 통문이라 할 수 있다.

右와 如히 檄文을 四方에 飛傳하니 物論이 鼎沸하였다.
每日 亂亡을 謳歌하던 民衆드른 處處에 모여서 말ᄒ되
'낫네 낫서 亂離가 낫서' '에이 참 줄 되얏지. 그양 이대로 지내서야 百姓이 한 사람이ᄂ 어디 나머 잇겟ᄂ' 하며 期日이 오기만 기ᄃ리더라.

右[위]와 같이 격문을 사방에 날려 보내니 논의가 솥의 물이 끓듯 하였다.
매일 난리가 나서 망하기만을 노래하던 민중들은 곳곳에 모여 말하되
'났네, 났어. 난리가 났어.' '에이 참 잘 되었지. 그냥 이대로 지내서야 백성이 한 사람이라도 어디 남겠나.' 하면서 때가 오기만을 기다리더라.

제2단락은 '오른쪽과 같이 격문을 사방에 날려 보내니'라는 글에서 알 수 있듯이 격문, 즉 앞의 통문을 배포한 다음 일어난 민심의 동향을 적고 있다. 고부군수 조병갑의 학정(虐政)에 시달리던 백성들은 어찌할 도리 없이 속만 부글부글 끓이면서 난리라도 터져 나라가 망해야만 한다는 말을 늘 입에 달고 살던 자에, 동학교도들이 통문을 돌리고 봉기(蜂起)할 것이라는 소식이 돌자 기다렸다는 듯이 모두 호응하는 장면이다. 이 글에는 난리가 나서 나라가 망하든지 말든지 해야지 그렇지 않고 그냥 이대로는 살아남기 어렵다는 백성들의 원성이 그대로 드러나 있다.

> 이때에 道人들은 善後策을 討議決定ᄒ기 爲ᄒ야 古阜 西部面 竹山里 宋斗浩 家에 都所를 定ᄒ고 매일 雲集ᄒ야 次序를 결정ᄒ니 그 決議된 內容은 左와 如ᄒ다.
> ㅡ. 古阜城을 擊破ᄒ고 郡守趙秉甲을 梟首ᄒ을事
> ㅡ. 軍器倉과 火藥庫를 占領ᄒ을事
> ㅡ. 郡守의게 阿諛하야 人民을 侵魚ᄒ 貪吏를 擊懲ᄒ을事
> ㅡ. 全州營을 陷落ᄒ고 京師로 直向ᄒ을事
>
> 이때에 道人들은 善後할 대책을 토의 결정하기 위하여 고부 서부면 죽산리 송두호 집에 도소를 정하고 매일 운집하여 次序를 결정하니 그 결의된 내용은 左[아래]와 같다.
> ㅡ. 고부성을 격파하고 군수 조병갑을 효수할 것.
> ㅡ. 군기창과 화약고를 점령할 것.
> ㅡ. 군수에게 아첨하여 인민을 괴롭힌 탐리를 격징할 것.
> ㅡ. 전주영을 함락하고 경사로 직항할 것.

제3단락은 통문을 돌리고 난 다음 동요하는 민심 사이에서 동학교도로 이루어진 도인들이 송두호의 집에 모여 차후 진행해야 할 대책, 즉 선후책(善後策)을 논의하는 과정과 그 논의에서 결정된 4개 조항을 적고 있다. 그런데, 정읍시에서는 고부면 고부주산길 4(구 송두호의 집, 신중리 562-1)를 '사발통문을 작성한 집'이라 하여 향토문화유산으로 지정하였다. 이 문건을 통해 당시 통문이 배포되었다는 점과 통문 배포 후 송두호의 집에 모여 선후책을 논의했다는 점 외에 통문이 누구의 집에서 작성되었는지는 알 수 없다. 송두호의 집은 선후책을 논의한 곳이지 통문을 작성한 곳이 아니다.

> 右와 如히 決議ᄀ 되고 따라서 軍略에 能하고 庶事에 敏活한 領導者 될 將……
>
> 위[右와] 같이 결의가 되고 이어서 군략에 능하고 모든 일에 민활한 영도자가 될 將……

제4단락은 선후책 4개 조항을 결정한 후 이를 실행할 지도부를 구성하는 과정을 적은 것으로 판단되나 나머지 부분이 잘려나가 더 이상의 내용 파악은 불가하다.

이 문건은 통문 배포와 이후 송두호 집에 모여 4개 조항의 선후책을 의결하고 이를 실행에 옮길 집행부를 구성하는 등의 과정을 순차적으로 기록한 잡기다. 이 문건의 작성자는 아마도 이러한 과정에 직접 참여하거나 자세히 알고 있던 사람일 것으로 짐작된다. 만약, 발송 연월일 앞에 통문이라는 제목과 본문이 있었더라면 당시 배포된 진본은 아닐지라도 그것만 따로 떼어내 사발통문이라 할 수는 있겠다. 하지만 발신 날짜, 발신자, 수신자만 남아 있는데다가 나머지 통문을 배포한 후 벌어진 상황이 같은 면에 기록되어 있어 통문이라 할 수 없음은 분명하다.

이 문건은 2015년 12월, 전라북도에서 '사발통문은 동학농민혁명의 중요한 역사자료로, 1893년 11월, 전봉준을 비롯한 20명이 거사 계획을 세우고 그 내용을 사방에 알리기 위해 작성한 문서'라는 사유를 들어 문화재(전북도 고시 제2015-337호)로 지정하였다. 문화재로 지정되기 전 필자는 상기 분석 자료를 동학농민혁명기념재단으로 보내 통문이 될 수 없다는 취지로 이의를 제기한 바가 있다. 하지만 필자의 이의 제기에도 불구하고 문화재로 지정되었으며, 문화재로 지정된 후에는 기념재단을 직접 방문하여 전북도청과 기념재단 관계자를 만나 사발통문은커녕 통문 자체가 될 수 없다는 주장을 피력하였다. 이에 두 관계자는 필자의 주장에 동의하고 추후 문화재 심의위원과 논의하여 그 결과를 알려주겠노라고 했다. 하지만 이후 연락은 없었으며 지난달 세계기록유산 후보에 선정되었다는 사실을 보도를 통해 알게 되었다. 어이없는 일이다.

잡기에 지나지 않는 문건을 사발통문으로 둔갑시킨 황당한 일은 교과서에서도 벌어지고 있다. 현행 교과서 중 교학사와 금성출판사를 제외한 나머지 모든 교과서는 해당 문건 사진과 함께 자세한 설명을 곁들여 사발통문으로 소개하고 있다.

이에 대해 필자는 이 문건을 사발통문으로 소개해서는 안 된다는 취지로 이의를 제기하였으나 전혀 반영되지 않았다. 필자의 지적에 대한 출판사의 답변과 처리 결과는 아래 표와 같다.

동아출판	학계의 일반적인 논의에 따른 것임
리베르스쿨	집필자의 답변 거부
미래엔	필자의 주장이 타당하다고 보임 - 미수정
비상교육	검토 약속 - 미수정
지학사	집필자의 답변 거부
천재교육	사발통문 → 사발통문 필사본으로 수정

비슷한 질의에 대해 가장 황당한 답변을 한 곳은 국사편찬위원회다. 답변 중 일부를 소개한다.

'조선시대 생산된 통문에 일정한 양식이 있다는 것을 본인은 들어본 바 없다. 또한 통문에 일률적으로 右文爲通諭事라고 언급되었다는 것도 금시초문일 따름이다.'
'질의자는 통문이라면 전봉준의 글씨를 크게 쓰지 않았다고 단정하시고 있으나 그 근거는 매우 박약하다. 전봉준의 글씨가 크게 쓰여졌다고 하나 그것은 상당히 주관적 판단에 불과한 것이며 글씨의 크고 작음은 붓글씨를 쓸 때 각자의 버릇에 따라 결정되는 것이다.'
'집강(執綱) 좌하(座下) 이하의 문구는 난리를 일으키게 된 배경과 불특정 다수가 이에 참여해야 하는 이유, 그리고 어떻게 난리를 진행시킬 것인가가 기재되어 있는 셈이다. 대개 연구자들은 이 점에 주목하였기 때문에 당연하게 이 문건을 **고부 농민봉기를 촉발시킨 통문으로 보고 있는 것이다.**'

국편의 답변을 보노라면 답변자는 이 문건을 읽어보지 않았거나 읽었더라도 의미를 제대로 파악하지 못한 것으로 보인다. 또, 답변자는 고문서에 대한 신중한 접근 자세가 느껴지지 않는다. 고문서는 글씨의 크기뿐만 아니라 점 하나까지도 무시할 수 없기 때문이다. 더하여 『한국민족문화대백과사전』의 서술조차 확인하지 않고 '금시초문'이라는 말을 쉽게 쓰고 있다. 국편 질의 때마다 느끼는 실망감을 또 한 번 경험하였다.

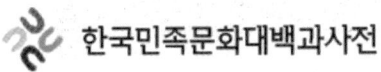

일반적으로 통문이란 여러 사람에게 알리는 고지문(告知文)을 말하는데, 특히 조선 말기인 고종조에 들어와서 민중저항이나 임오군란과 같은 대관항쟁(對官抗爭)에 이와 같은 형식의 선전 격문(檄文)이 성행하였다.

그 대표적인 예로 동학군의 통문 제1호라고 할 수 있는 사발통문을 들 수 있다. 이 사발통문은 1968년 12월 전라북도 정읍시 고부면 송준섭(宋俊燮)의 집 마루 밑에 70여년 동안 묻혀 있던 족보 속에서 발견되었다.

그 내용은 전봉준(全琫準)을 비롯한 동학 간부 20여명이 서부면 죽산리 송두호(宋斗浩)의 집에 모여 고부성을 격파하고 군수 이하 악리(惡吏)들을 제거하며, 이어 전주감영을 함락시키고 서울 [京師]로 직향(直向)할 것을 결의한 것이다.

    이 외에도 『한국민족문화대백과사전』에는 사발통문이라는 항목에서 '그 대표적인 예로 동학군의 통문 제1호라고 할 수 있는 사발통문을 들 수 있다.'고 하여 근거도 없이 통문 제1호라 하는가 하면, '그 내용은 전봉준(全琫準)을 비롯한 동학 간부 20여명이 서부면 죽산리 송두호(宋斗浩)의 집에 모여 고부성을 격파하고 군수 이하 악리(惡吏)들을 제거하며, 이어 전주감영을 함락시키고 서울[京師]로 직향(直向)할 것을 결의한 것이다.'라고 하여 사실 관계와 전혀 맞지 않은 서술을 하였다. 그런가 하면 **통문**이나 **언론** 등의 항목에서는 이 문건 사진을 사발통문이란 이름으로 소개하고 있다. 모두 수정해야 할 부분이다.

    필자의 주장은 위 문건이 본래의 사발통문인지 아닌지에 대한 문제가 아니라 사발통문이기 전에 통문조차 될 수 없다는 것이다. 사정이 이러함에도 모두들 사발통문이라고 억지를 부리며 백과사전에 싣고, 교과서에 실어 아이들에게 가르치고, 문화재로 등록하는가 하면 세계기록유산에 등재를 추진하고 있다. 이와 관련된 기념관 관련자, 심의위원, 교과서 집필자, 백과사전 집필자는 모두 해당 분야 전공자일 것이다. 전공자라면 위 문건을 한 번만 읽어봐도 금방 알 수 있는 일이다. 읽고도 판단이 안 된다면 전공자라 할 수 없다. 참으로 딱한 노릇이다.

3. 동학 농민군은 폐정 개혁안을 실천할 수 없다

동학농민군이 두 차례에 걸친 패전으로 막대한 피해를 입고 전의를 상실한 상황 아래서, 전봉준은 폐정개혁안을 제시하고 이를 받아들인다면 해산할 용의가 있음을 밝히는 강화안을 제시하였다. 여기에 초토사 홍계훈도 이를 받아들임으로써 6월 10일(음력 5월 7일) 전주화약이 성립되고, 동학농민군은 전주성을 점거한 지 10여일 만에 철수하고 모두 해산하여 각자 고향으로 돌아갔다.
〈동학운동,『한국민족문화대백과사전』〉

이 글은 『한국민족문화대백과사전』에 수록된 동학농민운동에 대한 서술 중 일부다. 1894년 2월 10일, 전라도 고부군수 조병갑의 학정(虐政)과 가렴주구(苛斂誅求)에 항거하며 농민들이 봉기한 이래 관군과의 전투에서 승리한 농민군이 전주성을 점령한 다음의 상황이다. 농민군 진압에 나선 초토사 홍계훈은 농민 봉기의 발단이 된 탐관오리의 횡포를 법으로 다스릴 것이니 각자 고향으로 돌아가 본업에 종사할 것을 종용한다. 관군과의 전투에서 두 차례에 걸친 패전으로 전의를 상실한 농민군은 자신들의 요구를 받아들인다면 해산할 용의가 있음을 밝히고 폐정 개혁안(弊政改革案)을 제시한다. 이에 초토사 홍계훈도 이들의 조건을 받아들임으로써 전주 화약(和約)이 체결되고 농민군들은 전주성을 점령한 지 10여 일 만에 해산한다.

현행 8종 한국사 교과서에는 아래 표와 같이 농민군이 제시한 폐정 개혁안 자료가 수록되어 있다.

1. 오지영, 『동학사』: 리베르스쿨, 미래엔, 금성출판사(본문에 요약)

① 동학교도는 정부와의 반감을 없애고 모든 행정에 협력한다.
② **탐관오리**는 죄목을 조사하여 모두 엄벌에 처한다.
③ 횡포한 부호들을 엄벌에 처한다.
④ 불량한 유림과 양반을 징계한다.
⑤ 노비 문서를 불태워 없앤다.
⑥ 모든 천인들의 대우를 개선하고 백정이 쓰는 평량갓을 없앤다.
⑦ 젊어서 과부가 된 여성의 재가를 허용한다.
⑧ 규정 이외의 모든 잡다한 세금은 일체 거두지 않는다.
⑨ 관리 채용에는 문벌을 타파하고 인재를 등용한다.
⑩ 왜와 내통한 자는 엄벌에 처한다.
⑪ 공사채를 불문하고 농민이 이전에 진 빚은 모두 무효로 한다.
⑫ 토지는 균등히 나누어 경작하게 한다.

2. 정교, 『대한계년사』: 비상교육, 교학사

① 전운사를 혁파하고 이전과 같이 각 읍에서 조세를 상납하게 할 것.
② 균전관을 혁파할 것.
③ **탐관오리**를 징계하고 쫓아낼 것.
④ 각 읍에 1천 냥 이상 조세금을 횡령하였으면 그 아전을 사형에 처하고 친족에게서 거두지 말 것.
⑤ 봄가을 두 번의 호역전은 이전과 같이 매 호 2냥씩으로 할 것.
⑥ 각종 항목의 결세액은 평균 분배하되 마구 걷지 말 것.
⑦ 포구에서 사사로이 미곡 무역하는 행위를 엄금할 것.
⑧ 각 읍 수령이 부임지에서 묘를 쓰고 전답을 사들이는 일을 금할 것.
⑨ 각국 상인은 항구에서만 매매하게 하되, 서울에 점포를 열거나 각지에서 임의로 행상하지 못하게 할 것.
⑩ 보부상의 작폐가 많으니 혁파할 것.
⑪ 각 읍에서 아전을 임용할 때 뇌물을 받지 말고 쓸 만한 사람을 골라 임용할 것.
⑫ 간신이 권력을 농간하여 국사가 나날이 잘못되니 매관매직을 처벌할 것.
⑬ 대원군이 국정에 간여하면 백성들의 마음이 돌아올 수 있을 것.

> 3. 전봉준 사형 판결문 : 천재교육, 동아출판(5개 선별), 지학사(6개 선별)
>
> ① 전운소를 혁파할 것
> ② 세금을 징수할 토지를 확대하지 않을 것
> ③ 보부상들이 일으키는 폐단을 금지할 것
> ④ 전 감사가 이미 거두어 간 환곡을 다시 내라고 하지 말 것
> ⑤ 대동미를 낼 기간에는 각 포구에서 미곡의 밀매를 금지할 것
> ⑥ 동포전은 매호마다 봄가을에 두 냥씩으로 정할 것
> ⑦ **탐관오리**는 파면하여 쫓아낼 것
> ⑧ 임금을 둘러싸고 매관매직하여 국권을 농간하는 자를 축출할 것
> ⑨ 지방관이 자신의 관할 지역에서 장례를 치르지 말고 논도 거래하지 말 것
> ⑩ 전세는 전례에 따를 것
> ⑪ 집집마다 부과하는 노역을 줄여줄 것
> ⑫ 포구 어염세를 폐지할 것
> ⑬ 보세는 걷지 말고 궁방전은 없앨 것
> ⑭ 지방관들이 백성의 땅에 표시를 하고 함부로 매장하지 말 것

 이름은 동일한 폐정 개혁안이나 출전이 서로 다른 세 종류의 개혁안이 8종 교과서에 나누어 수록되어 있다. 출전이 같은 개혁안이라 하더라도 전체를 수록한 교과서가 있는가 하면 일부만 선별 수록한 경우도 있다. 또, 탐관오리 처벌처럼 공통적인 내용이 있는가 하면 과부의 개가 허용이나 흥선대원군의 정치 참여를 촉구하는 등의 특이한 내용도 있다. 오지영의 『동학사』 자료에는 신분 제도와 관련된 내용이 다수인 반면 나머지 두 종류의 개혁안에는 부당한 징세 개혁 등 생계와 직접 연관된 경제적 내용이 주를 이루고 있다. 같은 또래의 아이들이 이름은 같으나 서로 다른 내용의 폐정 개혁안을 배우고 있는 것이다. 이것이 과연 역사인식의 다양성일까?

 문제는 여기서 그치지 않는다. 전주 화약 이후 동학농민군들이 휩쓸고 간 전라도 일대에는 치안과 행정이 거의 마비 상태에 있어 이를 정상으로 회복하는 것이

무엇보다 우선이었다. 이에 전라도 관찰사 김학진이 동도대장 전봉준을 불러 타개책을 강구한 결과 각 고을에 집강소(執綱所)를 설치하여 치안과 행정을 담당할 수 있도록 하였다. 아래는 이렇게 설치된 집강소에 대한 설명이다.

> 집강소가 전라도 각 고을에 설치될 때, 고을에 따라서는 수령이 반발해 설치를 허용하지 않은 경우도 있었는데, 나주·남원·운봉의 경우가 특히 그러하였다. 대도소에서는 이와 같은 고을에 대해 처음에는 격문을 보내 설득하다, 뒤에는 최경선·김개남·김봉득 등에게 동학농민군을 이끌고 각기 나주·남원·운봉으로 가서 수령을 무력으로 위협, 계획을 강행하도록 하였다. −중략− 남원에서는 김개남이 이끄는 3,000명의 동학농민군이 남원성을 공격, 함락시키고 부사 김용헌을 잡아 목을 매달았다. 운봉도 김봉득의 계략으로 쉽게 함락시킴으로써 각각 집강소를 설치하게 되었다. **집강소에서는 치안과 행정을 담당하였고, 동학농민군은 이곳을 통해 폐정 개혁을 추진하였다.**
>
> 〈집강소, 『한국민족문화대백과사전』〉

이 글에서 보는 바와 같이 집강소 설치 과정에서는 상당한 반발이 있었음을 알 수 있다. 집강소의 설치는 민간인이 직접 행정과 치안을 담당하겠다는 것으로 이는 곧 공권력에 대한 침해 행위이자 공권력의 무력화(無力化)를 의미하는 것이기에 수령을 비롯한 지방 관원들이 반발한 것은 당연하다. 무엇보다 우여곡절 끝에 설치된 집강소의 역할에 대한 서술이 의아스럽다. 집강소에서 치안과 행정을 담당하였다는 부분은 무리가 없는 서술이나 이어지는 문장에서 '동학농민군이 이곳을 통해 폐정 개혁을 추진하였다.'고 한 서술은 납득하기 어렵다. 농민군들이 봉기하여 관군과 싸우면서 자신들이 줄기차게 요구하고 마침내 전주화약으로 받아낸 약속이 바로 폐정을 개혁하겠다는 것인데, 여기서는 농민군들이 직접 추진하였다고 한다. 이러한 서술 기조는 현행 교과서에서도 마찬가지다.

교학사	집강소의 기본적인 성격은 치안을 담당하는 것으로, 전라도의 고을 관아에 설치되었다. 여기에 집강소를 담당하는 대도소를 전주와 남원에 설치하였고, 대도소 밑에는 도소를 두어 **폐정 개혁 활동을 실시**하였다. (185쪽)
금성출판사	집강소에서 실천하려 한 폐정 개혁안은 동학 교조와 정부는 원한을 씻고 행정에 협력할 것, 탐관오리는 엄하게 징계할 것, 노비 문서는 불태워버릴 것, 무명잡세는 모두 폐지할 것, 왜와 내통하는 자는 엄하게 징계할 것 등의 내용을 담고 있었다. (243쪽)
동아출판	동학 농민군은 전라도 일대에 독자적인 자치 기구인 집강소를 설치하고 각 지역에 임명된 **집강을 중심으로 개혁에 나섰다.** (170쪽)
리베르스쿨	농민군은 전라도 일대에 자치 개혁 기구인 집강소를 설치하고 행정과 치안을 담당하면서 **폐정 개혁안을 시행**하였다. (220쪽)
미래엔	그 후 농민군은 전라도 각 지역에 자치적 민정 기구인 집강소를 설치해 행정과 치안을 담당하면서, **자신들이 내세운 폐정 개혁안을 실천해 나갔다.** (196쪽)
비상교육	이후 농민군은 전라도 53개 군현에 집강소를 설치하여 지역의 치안을 유지하고 **부패한 행정을 개혁해 나갔다.** (214쪽)
지학사	정부도 농민군의 신변 보장을 약속하고 개혁안을 일부 수용하였다. 농민군은 전주 화약을 맺은 후 새로 부임한 전라 감사와 타협하여 전라도 각 지역에 집강소를 설치하고 행정과 치안을 담당하면서 **개혁을 추진해 갔다.** (226쪽)
천재교육	이후 농민군은 전라도 각지에 농민 자치 조직인 집강소를 설치하고, **폐정 개혁안을 실천에 옮겨** 탐관오리의 처벌, 조세 개혁, 신분 차별 철폐 등을 위해 노력하였다. (198쪽)

폐정(弊政)은 '폐단이 많은 정치', '잘못된 정치'라는 뜻으로 그 주체는 정부와 정부를 대신한 지방관이다. 폐정개혁은 '잘못된 정치를 바로 잡는다.'는 뜻으로 그 주체도 물론 정부와 지방관이다. 지방관의 학정(虐政)과 가렴주구(苛斂誅求)를 더 이상 견딜 수 없어 봉기한 농민군들이 이러한 폐단을 바로잡아달라고 요구한 것이 폐정 개혁안이고, 농민군의 요구대로 이를 개혁하겠다고 약속한 것이 바로 전주 화약(和約)이다. 농민군들이 제시한 폐정 개혁안의 내용은 탐관오리의 처벌과 부당한 징세의 철폐 등이 주류를 이루는 가운데 양반토호들의 탐학 배격, 토지 균분 경작, 노비문서 소각, 농민 채무 탕감, 매관매직자 축출, 보부상 혁파 등 반봉건적 폐단의 철폐와 일본 세력 배격 등의 요구가 담겨 있다. 이러한 것들은 정부에서만

할 수 있는 일이기에 농민군들은 목숨을 걸고 전쟁을 하면서 줄기차게 요구하였던 것이다.

그런데 뜬금없이 농민군이 집강소를 통해서 폐정 개혁을 추진하였다고 한다. 농민군이 직접 개혁할 수 있는 폐정이라면 애초에 정부를 대신한 지방관 홍계훈에게 요구할 일도 없고, 또 홍계훈은 이들의 요구를 들어주겠노라고 약속할 일도 없다. 『동학사』의 폐정개혁안 12개 조를 수록하고 '농민군이 폐정 개혁안을 실천에 옮겼다.'고 서술한 천재교육에 이러한 서술은 잘못이라는 취지로 이의를 제기했다. 아래는 필자의 지적에 대한 천재교육의 답변이다.

> '농민군은 정부(관군)에 폐정 개혁을 요구하였고, 이를 들어주는 조건으로 해산하였다. 하지만 정부에 개혁안을 요구한 것과는 별개로 농민군 역시 폐정을 개혁하기 위한 **노력**을 한 것으로 파악된다. 농민군이 폐정 개혁안의 모든 사항을 전적으로 실천에 옮겼다고 한다면 틀린 서술이 되겠지만, **노력**을 하였다는 서술 자체는 크게 문제가 되지 않는다고 보인다.'

필자는 '농민군이 폐정 개혁안을 직접 실천하였다'는 서술은 잘못이라는 취지로 이의를 제기했는데, 답변은 정작 '노력하였다'고 서술하였기 때문에 문제되지 않는다고 한다. 동문서답이다. 동학 농민 봉기 그 자체가 이미 폐정 개혁을 위한 노력인데 무슨 소리를 하는지 알 수 없다. 집강소에서 치안과 행정을 담당할 수는 있을지언정 정부가 해야 할 일인 폐정 개혁을 직접 추진할 수는 없다. 이에 따른다면 한국사능력검정시험(고급 26회)의 아래 문제에 대한 정답을 ④번이라 한 것도 잘못이다.

이에 덧붙여 현행 8종 한국사 교과서를 보노라면 동학 농민 봉기와 관련한 서술이 예상 외로 많은 지면을 차지하고 있다는데 놀라지 않을 수 없다. 필자가 파악한 바로는 단일 주제로 가장 많은 지면을 차지하고 있는 것이 바로 동학농민운동이다. 아래 표와 같이 6·25전쟁과 임진왜란의 서술 면과 비교해보더라도 그 양이 얼마나 많은지 짐작할 수 있다.

36. (가)에 들어갈 역사적 사실로 옳은 것은? [2점]

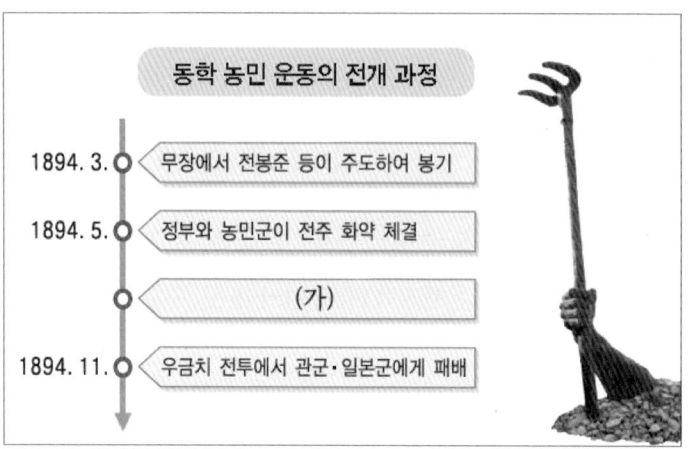

① 황룡촌 전투에서 농민군 승리
② 삼례에서 교조 신원 운동 전개
③ 백산에서 농민군 4대 강령 발표
④ 집강소를 설치하여 폐정 개혁안 추진
⑤ 조병갑의 학정에 분노하여 고부 관아 습격

	동학농민운동	6·25 전쟁	임진왜란
교학사	6	6	1
금성출판사	7	6	2
동아출판	6	6	1
리베르스쿨	6	6	3
미래엔	4	3	2
비상교육	5	4	3
지학사	4	5	2
천재교육	4	3	3

6·25전쟁은 동족상잔의 비극이자 지금까지 우리에게 분단의 상처를 안겨 준 뼈아픈 역사이며, 7년 동안이나 이어지면서 우리 땅을 초토화시키고, 죄 없는 백성을 유린한 전쟁이 바로 임진왜란이다. 반면 동학 농민운동은 전라도 일부 지역에서 일어난 농민 봉기로, 기간으로 보나 규모로 보나 위의 두 전쟁에 비길 바가 아니다. 그런데도 할애된 서술 면은 가장 많다. 과연 이 사건이 우리 아이들에게 이처럼 많은 지면을 할애하여 가르쳐야 할 만큼 대단한 역사적 의의가 있는 사건인지는 생각해 볼 일이다. 더불어 잡기 수준의 문건을 마치 당시에 배포한 사발통문(沙鉢通文)이었던 것처럼 소개하고, 정부에서나 할 수 있는 일을 농민군이 직접 추진했다고 하는 등의 서술은 분명 시정되어야 한다.

고등학교 교과서는 교사의 지도에 따라 고등학생 수준의 학생들이 읽고 이해할 수 있는 수준의 내용이어야 한다. 그런데, 전공자조차 이해할 수 없는 내용이 수록되어 있다면 이는 문제가 아닐 수 없다. 일선 교사들은 아이들에게 농민군들이 폐정 개혁을 어떻게 추진했다고 설명할지 정말 궁금해진다.

제XI장 산미 증식 계획, 다시 써야 한다

1. 길 잃은 조선쌀 누가 먹어주나?

> 일제는 증산량보다 훨씬 많은 쌀을 일본으로 **수탈**해 갔다. 쌀 **반출**로 지주의 경제력은 더욱 커졌으나, 농민들의 처지는 어려워졌다.
>
> 〈교학사, 244쪽〉

> 이에 일제는 조선에서 쌀의 생산을 늘려 일본으로 **가져가려는** 산미 증식 계획을 시행하였다. 그러나 일본으로 **반출**되는 쌀의 양이 계속 늘어났으며 조선의 인구도 날로 증가하여, 한국인 1인당 쌀 소비량은 갈수록 줄어들었다.
> 산미 증식계획은 추진 과정에서 토지 회사나 지주들은 일본으로 쌀을 수출하여 더 많은 부를 축적하였다.
>
> 〈천재교육, 253쪽〉

> 또 "쌀 수탈을 '수출'로 표시하는 표현도 있는데 국권이 없는 상태에서 어떻게 대등히게 수출을 할 수 있겠느냐."며 "사진자료도 호화로운 거리를 삽입하고, 우리 민중들의 어려웠던 삶에 대해서는 조금만 조명하는 등 그 당시가 상당히 살기 괜찮았던 것처럼 묘사하고 있다."고 비판했다. 민 교육감은 "이런 것들을 볼 때 국정교과서가 나올 수 있는 방향은 훤히 들여다보인다."면서 "집필진도 안 나온다고 했기 때문에 아마 교학사 교과서를 그대로 옮겨 놓은 것 같다."라고 예상했다.
>
> 〈민병희 강원도교육감, 연합뉴스 2015. 10. 19〉

> 특히 친일문제가 너무 지나칩니다. 일제 때 쌀을 수출했다고 가르친 교과서로, 일본에 쌀을 수출했고, 국민 소득이 향상됐었다고 말하는데, 일제강점기 때 다 빼앗기고 수탈당해서 굶어죽고 쓰러졌던 사람들이 지금 생존해 있습니다. 그분들께 '쌀도 수출할 정도로 좋았죠?', '소득도 보장되고 참 좋았죠?'라고 물으면 '좋았지!'라고 몇 분이나 답하겠어요? 이걸 식민지근대화론이라고 하는데, 대국민담화를 보고 경악했습니다. 그리고 너무 분했습니다. 국민들 앞에서 버젓이 거짓말을 해도 되는가?
>
> 〈도종환 의원, 월간 지방자치 인터뷰 2016. 1. 7〉

1920년부터 시작된 '산미 증식 계획'을 거론할 때마다 등장하는 이야기가 '對日 쌀 수출인가 수탈인가'이다. 언제부터 이런 논쟁이 시작되었는지는 모르나 위에 예시한 네 건의 글을 보더라도 해석이 분명하게 엇갈린다. 특히 역사 비전문가인 정치인들이나 국정 교과서 반대 세력들은 국권 상실기에 대일본 쌀 수출은 있을 수 없다고 잘라 말한다. 무슨 논리적 근거도 없이 그냥, '일제에 핍박받던 시대에 온전한 수출은 있을 수 없으며, 설령 값을 받았다 하더라도 제값을 받을 수 있었겠느냐? 그것이 바로 수탈이라는 증거다.'라고 목소리를 높인다. 과연 그럴까?

우리가 살지 않았던 시대를 이해하는 데 신문만큼 좋은 자료는 없을 것이다. 현재의 대한민국 국민 중에 1920년대를 증언해 줄 사람이 거의 남아있지 않은 상황에서 당시에 보도된 신문 기사야말로 당시의 생활상을 가장 정확하게 알려주는 자료다. 필자는 1920년대에 시작해서 1930년대 중반에서 끝난 산미증식계획 기간 동안의 동아일보 기사를 토대로 대일 쌀 수출에 대해 살펴보고자 한다.

1920년 4월 17일자 기사에는 물가 폭락을 다루는 기사와 함께 '미곡 수출 두절'이라는 제목의 최만섭씨 이야기를 소개하고 있다.

> 쌀값이 4~5일 이래로 백미 중등미 한 섬에 오십이삼 원 하는 것이 별안간 폭락이 되어 사십칠팔 원이 되고 이에 따라서 적은 상점의 소매가격도 그와 같이 떨어졌습니다. 쌀값이 그같이 떨어진 원인은 여러 가지가 있으나 무슨 이유인지 **일본으로 해마다 수십만 섬씩 수출되던 미곡**이 금년에는 수출되지 아니하는 것이 중대한 원인이라 하겠습니다. 쌀값이 떨어졌다고 일반 월급 생활하는 사람은 좋아할지 모르나 쌀값이 떨어지는 데에서 다른 물가가 떨어지지 아니하면 일반의 생활은 더욱 곤란할 줄로 믿습니다. 조선 사람의 의지하는 것은 오직 쌀 뿐이라 이 쌀 한 가지를 팔아가지고 모든 것을 사는 터이니까 매우 곤란할 줄로 아옵니다. -중략- 조선 사람의 바라는 것은 미곡뿐인데, 미곡이 이렇게 떨어지면 조선 사람의 생활이 어찌 되는지 매우 위험하겠습니다. 물론 금후라도 다시 일본으로 수출만 하게 되면 다시 오를 줄 아옵니다. 연전에 한 번에 별안간 삼원씩 사원씩 폭등하던 것도 전혀 일본 수술이 폭증한 까닭이었습니다.' (1920. 4. 17)

최씨는 매 섬당 3~4원씩 떨어지는 쌀값 폭락의 원인은 대일본 수출 부진에 있으며, 수출이 재개되기만 하면 다시 올라갈 수 있을 것으로 전망하고 있다. 최씨의 진단은 1921년도 '쌀 생산액과 **수이출** 누년 대조표'와 '쌀 수출국별 대조표'를 통해서 확인이 가능하다.

쌀 생산액과 수이출 누년 대조 (단위: 石)

- 1921. 4. 16 기사

연도	수확량	수이출	가격
大正2年(1913)	14,019,986	1,367,449	17,098,583
同 四年(1915)	12,741,092	2,559,263	24,516,622
同 五年(1916)	13,812,448	1,706,900	19,356,778
同 六年(1917)	13,562,888	1,750,033	27,416,508
同 七年(1918)	15,166,474	2,328,406	61,542,652
同 八年(1919)	12,626,750	2,899,351	110,030,878
同 九年(1920)	14,969,413	2,095,357	77,460,516

비고: 본 표 수이출 수량은 각종 쌀을 현미로 간주하야 타산한 것이다.

輸移出(수이출)은 수출과 같은 뜻의 용어다. 이 당시에는 수출이라는 용어보다 수이출이라는 용어를 많이 사용하였으며 그 다음이 移出(이출)과 수출이다. 국내에서 타 道로 보낼 때는 대부분 搬出(반출)이란 용어를 사용하였다. 1919년과 1920년도의 수출량을 비교해보더라도 대략 80만 섬이 줄어들어 약 30% 정도의 감소임을 알 수 있다.

쌀 수출국별 대조 (단위: 石)

- 1921. 4. 21 기사

연도	일본	중국	노령아시아	러시아	칠레
1917	1,067,130	225,344	182,612	133,685	—
1918	1,962,965	162,849	5,019	—	3,066
1919	2,675,471	65,772	9,108	—	—

이 표를 보면 한 때 러시아와 칠레에도 쌀을 수출한 적이 있으나 이는 일시적인 것으로 조선미의 수출은 일본이 단연 으뜸이다.

하지만, 1920년에는 일본의 쌀값 폭락으로 경기 미곡의 수출이 완전히 정지되는가 하면 당분간 수출조차 전혀 없을 것이라는 어두운 전망의 기사가 있었다(1920. 7. 10). 이와 함께 1919년 서쪽 지방의 대 旱害(한해)로 농작물의 수확이 대폭 줄어들자 조선은 그 해결책으로 만주로부터 약 20만 톤의 조를 수입하게 된다. 이는 전년도 수입량인 6만 4천 톤에 비하면 약 3배에 달하는 엄청난 양이다(1920. 6. 12 기사).

여기서 우리가 유의해야 할 점은 당시 우리 농민의 대다수는 소작인이며, 이들의 常食(상식)은 쌀이 아닌 조였다는 것이다. 조선 농민들에게 쌀은 일상으로 먹을 수 있는 식량이 아니라 돈이며 이를 팔아서 조를 비롯한 다른 생필품을 살 수 있었다. 조선에서는 농민들이 먹을 식량이 없어서 만주에서 조를 수입했다고 하나 이것도 잘못이다. 만주 지방의 상식은 수수[高粱]인데도 조를 재배한 것은 조를 상식으로 하는 조선에 수출을 하기 위함이었다. 조와 함께 수입된 쌀이 대만 蓬萊米(봉래미)로 품질이 떨어지고 조선 쌀보다 훨씬 저렴하였다. 조선 농민은 조와 봉래미의 값을 비교하여 어느 쪽이든 값이 싼 쪽을 선택해서 먹고 살았다. 지금처럼 쌀이 남아도는 시대에 살고 있는 우리들로서는 이해할 수 없는 부분이나 당시에는 그랬다.

旱害(한해)와 쌀값 폭락으로 어려움을 겪던 조선은 1921년 추수 때가 되면 '新米의 神戶行, 35원에 환영'이라는 제목의 반가운 기사를 만나게 된다.

> 경기도 여주 이천에서 산출하는 자채쌀은 자고로 일찍 익는 종자로 유명하야 해마다 유월 유두 때가 되면 의례히 진상하는 쌀이 나는 터인바 금년에도 금월 초생에 이천에서 산출한 햅쌀이 인천 시장에서 매매가 되었다 함은 이미 보도한 바이어니와 그동안 미곡 검사소에서 검사를 맛치고 지난 17일에는 일본으로 수출이 되어 오사카와 고베 시장에서 한 섬에 35원금으로 매매가 되얏는데 일본 시장에서도 이와 같이 일찍 되는 종자는 매우 드물다고 크게 환영을 받았다더라.(1921. 8. 26.)

자채쌀은 경기도 여주 이천에서 생산하는 올벼의 하나로 상품이 우수하기로 유명하다. 한동안 막혀있던 수출길이 드디어 열리기 시작한 것도 반가운 일이지만, 처음 시작한 쌀값이 상당히 높은 것은 더욱 반길 일이었다. 이 당시 기사에 의하면 8월 25일 오사카 期米(기미) 시장의 쌀값이 35원 대였으나 26일은 34원 대로 1원 정도 하락했다. 또 8월 29일 인천 일용 물가를 보면 石拔(석발: 돌을 골라냄) 백미는 한 섬에 33원인 것을 보더라도 35원은 최고가임을 알 수 있다. 1920년도에 200만 섬으로 대폭 감소된 수출량은 1921년도에는 350만 섬에 달하면서 무려 150만 섬이나 급격한 증가세를 보였다.

▲ 1921년 8월 29일자 인천 일용 물가

　하지만 아직은 일본 내지미에 비해 건조나 조제 등에서 결점이 있는 까닭에 제값을 못 받는 실정이었다. 특히 甘味(감미)와 殖飯(식반: 밥이 불어남)의 장점에도 불구하고 조선미이 대접을 받지 못한 결정적 이유는 混石(혼석)이었다. 이에 1922년 백미의 검사 규칙을 정하여 쌀 한 되[升]에 돌이 전혀 없는 경우는 특등으로 하고, 최대 3개까지는 1등, 7개까지는 2등으로 하며 그 이상의 경우 등외로 하여 수출을 할 수 없도록 하였다. 물론 등급이 전적으로 돌의 유무만으로 결정되는 것은 아니나 일본 소비자가 특히 돌에 대한 불만이 많은데다 가격 결정에 중요한 요인이 되기 때문이었다.

　1920년도에 시작한 산미 증식 계획으로 쌀 생산량이 급격히 증가하고 산미 개량으로 품질이 날로 좋아지면서 일본 내지에서의 조선미의 가격 경쟁력은 자연 상승하게 된다. 이러한 상황은 자연스럽게 일본 내지미의 가격을 압박하면서 일본 농민들의 불만 요인으로 작용하게 된다. 이에 일본에서는 일본 미곡법을 조선에 적용하여 조선미 이입을 제한하려는 정책 추진을 시도하게 되는데, 일본 농무성에서는 조선의 실정을 고려할 때 시기상조라는 이유로 이를 반대하였다. 하지만, 일본의 미곡법은 점차 조선미가 일본 내지미를 심각하게 위협하게 되자 수입 통제를 위한 수단으로 작용하게 된다.

> 조선의 미작은 매년 1천 5백만 섬을 평작으로 생각하는바 하천의 범람 때문에 가끔 흉작이 있음에도 불구하고 매년 일본으로 약 4백만 섬이 이입되는 것은 조선의 농가경제를 확립하는 점으로 도저히 피키 어려운 일이다. 풍흉에 따라 변동이 있지 아니하고 일방 조선 농민 중에는 稗(패)를 상식으로 삼음으로 소위 식량 수급 조절의 확립을 위하야 미곡 이외의 식량에도 영향이 있어 미곡법 적용은 아직 고려할 점이 있더라.(1924. 9. 16)

이러한 상황에서 '농업 전업의 위험'이라는 제하의 동아일보 사설은 눈여겨볼 만 하다.

> 이제 우리가 농업만으로는 살 수 없는 이유는 큰 것으로 두 가지가 있다. 첫째는 쌀의 수출이 점차로 줄어들 경향을 가진 것이니 지금 세계의 인구를 米食 인종과 麥食(맥식) 인종의 양종에 나누어 보면 그 태반이 맥식 인종이오 백미를 상식으로 하는 인종은 중국의 중남부, 조선, 일본, 동남아세아에 있는 사람들뿐인데 이 사람들도 각국이 자급자족의 수단을 취하는 관계로 자국에서 요구되는 식량은 모두 다 자국의 소산으로 충족한 모양이고 그뿐만 아니라 남부아세아의 일대는 米産이 풍족하여 해마다 외국으로 수출되는 것이 많고 또한 근래에는 백미를 주식으로 하지 않는 북미합중국에서도 쌀의 산출이 점차로 증가하는 때문에 조선의 백미는 아무리 풍작이 된다 할지라도 이것을 외국으로 수출케 하기에는 극히 어렵고 **다만 2~3백만 섬씩이라도 수출될 여지가 잇는 곳은 오직 일본뿐**이니 일본도 근래에는 산미증식의 정책을 취하야 점차로 자급자족의 계획을 실현하랴 하니 일본을 유일의 시장으로 하는 조선미의 수출도 그 장래가 대단히 위태하게 보인다. 그러면 백미 하나를 의지하야 가지고 먹고 입고 쓰며 활동하는 것을 얻으려하는 우리의 생업이 십분 안전하다고는 할 수 없는 것이다.(1924. 10. 6.)

사설은 장래의 국제적 쌀 생산의 흐름으로 볼 때 농업에 지나치게 의존하고 있는 조선의 산업 구조는 극히 위험하다는 취지로 일관하고 있다. 특히 조선 쌀 수출의 대부분을 일본에 의존하고 있는 현실에서 일본이 쌀의 자급자족을 이루는 날에는 조선 쌀 수출에 미치는 영향이 위태한 수준이 될 것이라는 우려를 담고 있다. 이는 실로 선견지명이 아닐 수 없다.

그러한 가운데 일본 시장에서 조선미 가격의 차별에 대한 불만을 호소한 기사도 있어 흥미롭다. '모 실업가의 이야기'로 게재된 아래 글은 일본 取引所(취인소: 期米 거래소)에서 일어나는 내지미와의 가격 차이에 대한 불만과 함께 그 대책을 강구할 것을 호소하고 있다.

> 일본 취인소의 조선미 격차와 別建(별건: 일본미와 따로 거래함) 등은 당 업자 사이에 매우 머리 아픈 문제로 대책을 강구할 필요가 있는 바 그 대책으로 차제에 일시적 姑息(고식) 수단을 취함은 도리어 화근을 맨들 염려가 있으니 곧 실제상 효과가 있는 대책은 오직 조선 내의 미곡상이 일치단결함에 있을 뿐이다. 현재에 취인소 각 시장이 임의로 取引上 사정에 의치 않고 공정시세를 정하야 이를 표준으로 일본의 쌀 상인과도 거래하기로 하고 혹은 堂島[どうじま] 취인소는 受渡米(수도미: 거래하는 쌀)의 7할까지는 조선미임에도 불구하고 아직도 별건을 주장하여 부당한 격차를 생기게 하는데 대한 대책으로 품질을 개량하는 동시에 대외적으로 향상 개선을 도모할 필요가 있을 것이며 지금 일본식량은 실로 조선미의 풍흉과 출회 여하에 좌우되는 상태이나 조선내의 시세는 항상 시세가 변동됨을 고려할 바이니 사탕, 인도의 고무 등은 항상 상인의 단결력에 좌우됨을 생각하면 조선미이 일본 시장에서 너무 냉대를 받는 것은 조선내 당 업자로 간과할 수 없는 문제이다. 조선미 한 섬에 2원의 시세 차는 곳 수출고 4백만 섬이라 할진대 8백만 원의 이해가 생기므로 충분히 단결하여 차 대책을 생각할 필요가 있다.(1925. 1. 27)

조선미가 일본 취인소에서 가격 차별을 받는 이유로 우선 쌀의 품질 면에서 떨어진다는 점을 들 수 있는데 이는 차츰 개선하면 될 것으로 보고 있다. 하지만 일본 취인소에서 일본 내지미와 함께 거래하지 않고 別建(별건) 즉 별도 거래로 인한 가격 차이는 인정할 수 없다는 입장이다. 이에 전 미곡상인이 일치단결하여 확고한 대책을 세워야 함을 주장하고 있다. 조선미가 차츰 일본 시장을 압박하면서 일본 미곡상들의 경계와 농민들의 불만이 대두되고 있는 상황에서 별건 문제는 쉽게 해결될 수 없는 일이다. 실업가가 '頭痛(두통)'이라고 한 이유가 여기에 있다.

이러한 가운데 일본은 1925년 2월에 쌀 수입을 제한할 수 있는 '미곡법 제2조'를 개정하여 4월 1일에 시행하게 되는데 당장은 대만에만 적용한다. 조선에 미곡법을 적용하지 못한 데는 일본이 산미 증식 사업을 추진하여 쌀을 증산해놓고 이를 수입하지 않는데 따른 조선의 반발을 의식했기 때문이다. 하지만, 대만에만 적용하던 미곡법은 1928년에 접어들면서 조선에도 적용하게 된다. 이어, 1930년도가 되면 조선미의 일본 이입 통제 문제가 본격적으로 제기된다.

> 현재 일본의 미곡 조사회에서 문제가 되어 있는 소위 "조선미 이입 통제안"에 대하여 간단히 그 내용의 개략을 말해보자. 일본을 주체로 보니까 移入통제안이지 조선을 주체로 보면 移出통제안이다. 고로 이입통제안이라 하나 이출통제안이라 하나 결국 같은 말이다. 그런데 일본서 현재 조선미에 대한 문제가 중대시 되는 이유는 전회의 본란에서도 잠깐 언급한 바와 같이 1) 조선미의 이입 수량이 年年이 격증할 뿐만 아니라 2) 거액의 조선미이 新穀期(신곡기)로부터 3~4개월간에 일시에 일본으로 유입하는 관계로 일본 내 미곡시장에서의 미가를 폭락시키어서 그러지 않아도 10여 년간을 두고 계속 불경기로 크게 곤궁한 처지에 빠져 헤매는 일본 농민에게 이중의 타격을 준다는데 있다. 최근에 일본에서 유행하는 "조선미이 일본미 시장을 교란한다." 또는 "조선미의 일시 유입이 일본미를 압박한다."는 등의 말은 다 이 뜻을 간단한 문구로 표한 말이다.(1930. 1. 21. 기획/연재)

여기서 **'조선미의 이입 수량이 年年이 격증'** 이라 한 것은 산미 증식 계획의 성과로 조선에서 미곡 생산이 급증한 것을 말하며, 더불어 산미 개량으로 쌀의 품질이 발전하면서 일본 내 시장을 급속도로 위협하였기 때문이다. 그리고, **'거액의 조선미가 신곡기로부터 3~4개월간에 일시에 일본으로 유입'** 이란 말은 두 가지 측면에서 살펴봐야 한다. 하나는 조선 농민의 거의 대부분이 소작인으로 이들은 추수 후에 소작료, 납세, 빚 청산, 동절기 준비 등의 급박한 사정에 몰려서 있는 대로 내다 팔지 않을 수 없다는 점이며, 또 하나는 이를 사들인 미곡상과 자산 농가는 이를 저장할 만한 창고가 없을 뿐만 아니라 미곡 자금도 없는 상황에서 사는 대로 일본으로 이출하지 않을 수 없었던 것이다. 이에 일본 정부나 조선총독부에서는 조선미의 순차적 이입을 유도하기 위하여 대단위 미곡 창고  를 설립을 계획하고 일부 실행기도 한다. 또, 미곡 상인들의 자금 부족 현상을 해결하기 위해 저리의 융자정책도 병행하게 되지만, 급격히 증산된 쌀을 처리할 수 있는 길은 일본으로의 수출밖에 없었다.

급기야, 1931년 6월에는 '조선미 이입 제한엔 절대 반대, 산미 증식을 중지하라!'라는 내용의 사설을 싣는다.

조선의 입장으로 앉아서는, 그 방법의 여하를 물론하고 어떠한 종류의 이입제한이든지 그것이 터럭만큼이라도 조선미의 일본 유출을 방해하는 성질의 것이면, 이를 절대로 반대할 수밖에 없다. 물론 현행 미곡법을 처음으로 실시하던 1921년 경과는 아주 달라서 그 후 10년을 경과한 금일에 와서는 일본 내의 쌀값을 압박하는 최대 원인이 조선미의 일본 유입에 있다는 사정쯤은 조선농민도 모르는 바는 아니다. 그러나 이 사정은 조선이 자진하야 그렇게 한 것이 아니라, 일본이 그 인구문제와 식량문제의 해결에 있어서 자급자족책을 목표도 조선에다가 조선자체가 필요로 하는 정도 이상의 방대한 산미증식 계획을 실시하였기 때문이다. 고로 금일에 와서 조선미의 이입을 제한하야 해당 산미증식계획의 실시의 결과로부터 오는 손해 전부를 다만 조선 농민에게만 전가하여야 될 하등의 이유가 없는 것쯤은 일본 농민도 차를 이해할 의무가 있을 것이다. 그런데도 불구하고 최근 2~3년간에 일본 농민을 대표한 제국농회가 수차에 걸쳐서 아모 기탄없이 이러한 결의를 하는 것을 본 우리는 그 실현 여부는 고사하고라도 그 너무나 甘食苦吐, 我利爲主의 태도에 다만 놀랄 따름이다. 여하간 조선농민의 입장으로 앉아서는 법률의 제정 실시

> 에 의한 이입 제한을 절대로 반대함은 물론이오, 그 소위 경제적 시설에 의한 이입 제한
> 일지라도 창고설치, 저리 융통의 주요 목적이 조선농민의 편의를 도모하는데 있지 아니
> 하고, 조선미의 유출 자유를 속박하는데 있는 이상 이에는 절대로 반대를 표명할 수밖에
> 없다.(1931. 6. 16. 사설)

이러한 반대에도 불구하고 일본에서의 조선미 통제책은 점점 그 강도가 더해져 조선미에 대한 移出(이출) 특허제를 확립하고 영구화를 준비하는가 하면, 외지미의 과세론이 고개를 들게 된다. 이는 시설이나 융자를 통한 통제만으로는 일본 내지미의 가격 유지가 불완전하기 때문에 이를 강화하기 위한 정책이라 할 수 있다. 조선미의 수출 장벽은 점점 높아만 가는 상황에서 9월 28일자에는 '東攻西征(동공서정) 받는 조선미는 누가 먹어주냐'라는 제하의 기사가 실렸다. 東攻은 일본의 통제책을 이르고, 西征은 값싼 대만미의 수입을 이르는 것으로 하나는 수출 길을 막고 하나는 쌀값 하락을 초래하여 오도 가도 못하는 진퇴유곡의 입장이 된 것이다.

이러한 하소연의 연장선에서 10월 1일 기사에는 당면 문제가 적나라하게 제시되어 있다. 조선에서 남는 쌀에 대한 해결책이 보이지 않는 상황에서 남아도는 2백만 섬의 쌀을 어떻게 해야 할 지를 묻고 있는 것이다.

> 이와 같이 쌀값 변동의 震源(진원)인 공급방면의 이상은 조선 쌀값의 장래에 큰 영향이
> 미치지 않을 수 없다. 쌀값 변동의 결과 다소 招致(초치)할 수 있는 소비 증진을 예상한다
> 할지라도 조선인 경제력으로서 감당하지 못할 처지이며 그렇다고 하면 이 남아노는 쌀
> 2백만 섬은 나갈 곳을 발견하여야 할 터인데, 조선미의 최대 수요지인 일본 내에서는 방
> 금 1천 만 섬 이상의 남아도는 쌀과 풍작 예상으로 조선미 이입 방지를 도모하고 있는
> 이때이니 그것도 거의 불가능하다. 그렇지 않아도 수난기에 있는 조선미에 이제 또 다시
> 먹어낼 수 없고 팔아낼 수 없는 쌀이 불었다는 것은 중대한 문제이다.(1933. 10. 1.)

드디어 1934년 산미 증식 계획은 중단되었다. 문제는 산미 증식 계획으로 생산된 쌀의 중요한 수출국인 일본이 이를 통제하면서 조선 쌀이 갈 길을 잃어버리자 이에 대한 조선 내 불만이 비등했기 때문이다.

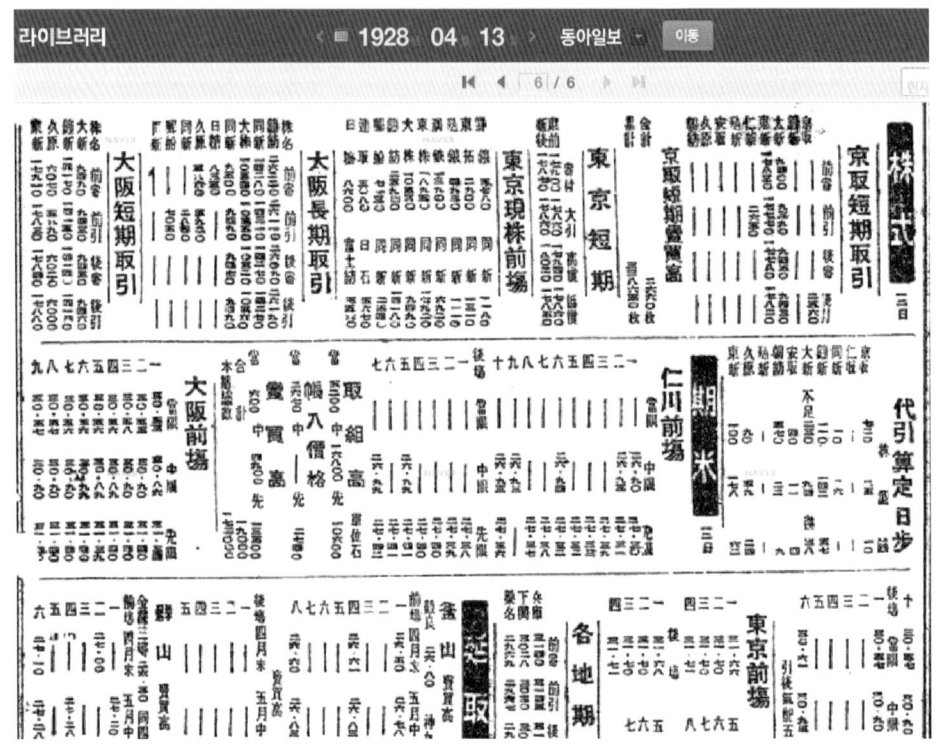

▲ 1928년 4월 13일 주식 및 期米 시세표

1920~30년대 조선 농촌 경제, 특히 쌀과 관련한 문제는 복잡다단하다. 생산자인 소작인, 소작인의 삶을 틀어쥐고 있는 지주, 생산된 쌀을 매개로 이익을 챙기는 미곡상인, 미곡상인의 활동 무대인 미곡시장과 미곡취인소 등 모든 것을 제한된 지면에 한꺼번에 정리하는 것은 불가능하다. 하지만, 분명한 것은 그때나 지금이나 농산물의 생산부터 수출에 이르기까지의 단계는 복잡하며 단계마다 이익을 좇아

뛰어든 수많은 부류의 사람들이 있었다. 주식 시세와 함께 기미 시세도 거의 매일 신문에 게재되어 서울이나 인천뿐만 아니라 오사카와 도쿄의 시세도 한 눈에 알 수 있는 시기였다. 철저하게 시장 원리에 의해 움직였다는 뜻이다.

수탈이나 착취는 지주와 소작인 사이에서 일어난 일이다. 당시 농민의 대다수는 소작인으로 이들은 피땀 흘려 한 해 농사를 짓지만 추수 때가 되면 80% 내외를 지주에게 뜯기고, 이후 그들을 기다리고 있는 것은 혹독한 보릿고개다. 소수의 부농이나 자산가들은 소작인을 착취하여 얻은 이익으로 농지를 늘리고 쌀을 수출하여 또다시 부를 축적하였다. 예나 지금이나 産地(산지) 농민들과 수입 국가의 무역상이 직접 접촉하여 거래하는 일은 없다. 일본이 조선 농민을 수탈했다는 말이 성립되지 않는 이유다. 사실이 그러함에도 관련 사료 한 줄 읽지 않고 너무나 쉽게 일본이 조선 농민을 수탈했다고 자신 있게 말한다. 정말 용기가 대단하다.

2. 사안은 하나인데 용어는 각양각색

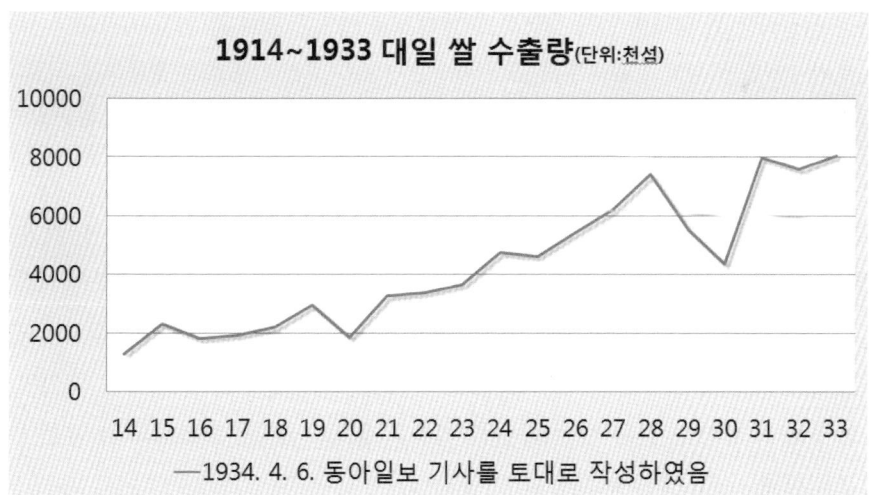

1920년대 우리나라 2천만 인구의 80%는 농민이며 조선 경제의 유일한 수입원은 이들이 생산한 쌀이었다. 표에서 보는 바와 같이 1920년 산미 증식 계획이 시작되기 이전부터 이어져오던 대일 쌀 수출은 산미 증식 계획 이후 그 증가세가 뚜렷해진다. 1920년대 후반에 이르러 조선미가 일본 쌀값을 위협하는 요인으로 작용하자 일본에서는 조선미 유입을 통제하는 다양한 정책들을 내놓게 된다. 이에 조선에서는 일본의 조선미 통제 정책에 반발하는 목소리와 함께 미곡상인들을 중심으로 적극적 대처에 나서게 되는데 아래는 그와 관련된 당시의 신문 기사다.

> 일본서는 조선 쌀 移入을 제한하기 위하야 조선 쌀에 관세를 과하든지 월별로 법률로 이입을 제한하든지 최고 이입 액을 제한하여야 되겠다는 설이 있었으므로 조선 측에서는 그 완화에 노력하는 동시에 농업 창고와 상업 창고를 설립하여 경제작용으로 대일 移出을 제한해 왔다. 그러했지마는 최근 일본 농촌의 窮弊(궁폐)가 더욱 심해가매 그 대책의 일종으로 조선미 이입을 단순한 경제문제로만 아니라 사회문제로 생각하게 되어 경제작용 외에 강대한 힘으로 조선미를 압박하자는 설이 농림성을 비롯하여 일본적 여론으로 대두하였으므로, 조선 미곡 관계 업자를 비롯하여 재계관계자며 총독부에서까지 여론과 같이 **극단의 조선미 이입 제한은 조선의 사활문제**라고 하야 13일 오후 3시부터 총독부에 정무총감 식산국장 외 유력한 인사 13명이 모여 대책을 협의한 결과 순 민간 기관으로 '선미옹호기성회'를 조직하고 총독부를 편달하는 한편으로 조선미 옹호에 활동하게 되었다.
> 〈1932. 7. 15. 동아일보〉

일본의 조선미 이입 통제정책은 일본으로 수입되는 조선미를 막아서 자국 내 농민과 상인들을 보호하기 위한 조치이다. 일부 교과서의 표현처럼 일본이 수탈이나 약탈이라는 방법을 동원하여 우리 쌀을 강제로 빼앗아갔다면 굳이 조선미 수입을 제한할 이유가 없다. 또, 조선은 일본의 수입 제한에 대응하여 연일 '조선미 통제 반대'를 주장하는 신문 사설을 실을 이유도 없고, '선미옹호기성회'와 같은 단체를 조직하여 수입 제한에 대응할 이유도 없다.

1920~30년대에 조선이 무역으로 외화를 획득할 수 있는 유일한 상품은 쌀로, 그

쌀을 수출할 수 있는 나라는 일본 밖에 없었다. 그러한 대일 쌀 수출은 철저히 시장 원리에 따라 이루어졌으며, 조선과 일본의 쌀 가격은 당시 신문에 거의 매일 게재되어 관심 있는 사람이면 누구나 확인할 수 있었다. 사정이 이러함에도 현행 교과서에는 일본이 우리 쌀을 수탈하기 위해 산미 증식 계획을 추진하였으며, 이러한 정책에 의해 생산된 쌀은 일본이 수탈해갔다고 서술하고 있다. 1920~30년대 신문을 잠시만 확인해도 생각할 수 없는 일이 교과서에 버젓이 실려서 아이들에게 가르쳐지고 있다.

아래는 산미 증식 계획에 대한 리베르스쿨 현행 검정 교과서의 서술이다.

> 일제는 부족한 쌀을 우리나라에서 **약탈**하기 위해 산미 증식 계획을 시행하였다.
> 이 기간에 많은 쌀이 군산항과 목포항 등을 통해 일본으로 **반출**되었다.
> 이 계획의 진행 과정에서 농민들은 고율의 소작료뿐 아니라 수리 조합비, 비료 대금, 토지 개량비 등 쌀 증산 비용까지 부담하는 이중적 **수탈**에 시달렸다.
> 산미증식계획은 1930년대 들어 일본의 쌀값이 하락하자 일본 지주들이 우리나라 쌀의 **수입**을 반대하여 1934년에 중단되었다.
>
> 〈리베르스쿨, 279쪽〉

이를 보면 한 가지 사안을 두고 **약탈, 반출, 수입, 수탈** 등 네 가지 용어를 사용했다. **반출**의 주체는 조선인 반면 **약탈·수입·수탈**의 주체는 일본으로, 조선에서 반출했으면 일본에서는 반입을 해야 하고, 일본이 수입을 했으면 조선에서는 수출했다고 하는 것이 올바른 표현이다. 그런데, 일본에서는 **수입**도 하고 **수탈**도 하고 **약탈**까지 했다고 쓰고 있다. 수탈은 '강제로 빼앗음'이란 뜻이고, 약탈은 '폭력을 써서 남의 것을 억지로 빼앗음'이란 뜻이다. 명색이 교과서인데 한 가지 사안을 두고 이렇듯 극명한 차이가 나는 단어를 쓰고 있다. 집필자는 단어의 뜻을 제대로 이해하고 서술했는지 의구심이 든다.

리베르스쿨 한국사 교과서의 집필자는 고교 교사 3명, 중학교 교사 1명, 그리고 영어과 출신 회사 대표 1명을 포함하여 모두 역사 비전문가 5명으로 구성되어 있다. 전문가가 한 명도 없이 교과서를 집필했다는 것도 의아스럽지만, 본 단원 '일제강점과 민족운동의 전개'는 영어과 출신의 회사 대표가 단독으로 집필했다. 애초에 제대로 된 교과서를 기대할 수 없는 집필진 구성이다. 아래의 나머지 교과서의 서술도 큰 차이가 없다.

교학사	그러나 일제는 증산량보다 훨씬 많은 쌀을 일본으로 **수탈**해 갔다. 쌀 **반출**로 지주의 경제력은 더욱 커졌으나, 농민들의 처지는 어려워졌다. (244쪽)
금성출판사	그러나 늘어난 쌀 생산량보다 더 많은 쌀이 군산항과 목포항 등지를 통해 일본으로 **반출**되었다. (297쪽)
동아출판	일제는 조선에서 쌀을 더 생산하여 일본으로 **가져갈** 계획을 세웠다. 그 결과 쌀 생산량은 크게 늘어났지만 늘어난 쌀 생산량보다 훨씬 많은 쌀이 일본으로 **빠져나갔다**. 반면 지주들은 쌀을 **판매**하여 큰 이익을 보았다. (217쪽)
미래엔	그럼에도 쌀 **반출**은 예정대로 진행되어 일본의 식량 사정은 개선되었지만 국내 식량 사정은 크게 나빠졌다. (246쪽)
비상교육	그리고 일본으로의 쌀 **수출**이 늘어나면서 지주의 경제력은 커졌지만, 지주가 쌀 증산에 드는 비용을 소작농에게 전가하여 농민의 처지는 더욱 악화되었다. (278쪽)
지학사	쌀 생산을 늘려 일본으로 **가져가려는** 정책이었다. 일제는 증산된 쌀보다 더 많은 쌀을 **가져갔다**. (286쪽)
천재교육	이에 일제는 조선에서 쌀의 생산을 늘려 일본으로 **가져가려는** 산미 증식 계획을 시행하였다. 그러나 일본으로 **반출**되는 쌀의 양이 계속 늘어났으며 조선의 인구도 날로 증가하여, 한국인 1인당 쌀 소비량은 갈수록 줄어들었다. 산미 증식계획은 추진 과정에서 토지 회사나 지주들은 일본으로 쌀을 **수출**하여 더 많은 부를 축적하였다. (253쪽)

상기 7개 교과서도 리베르스쿨 교과서와 마찬가지로 한 가지 사안에 대해 여러 단어를 사용했다. 이 정도면 역사 해석의 다양성이 아니라 용어 사용의 다양성이라 해야 할 것 같다. 한마디로 중구난방이다.

교학사 교과서의 대표 집필자는 권희영 교수(한국학중앙연구원)로 언론이나 신문 기사에서 '수출'이 올바른 표현이라고 늘 강조한 바가 있다. 그런데, 그의 주장과 달리 교과서에는 '수탈'로 되어 있다. 권희영 교수의 뜻인지 아니면 출판사에서 집필자의 뜻과 상관없이 임의로 쓴 것인지는 알 수 없다. 대표 집필자의 주장과 다르게 서술된 교학사 교과서와 비전문가가 쓴 리베르스쿨 교과서를 제외하면 수탈이라고 쓴 교과서는 미래엔 밖에 없다. 미래엔 교과서의 집필자가 산미 증식 계획에 대해 제대로 모르고 '수탈'이라는 표현을 썼을 것으로 생각되지는 않는다. 그런데, 왜 수탈로 되어 있는지 궁금하다. 동아출판의 판매라는 용어는 딱히 틀린 표현이라 할 수는 없으나, 국가 간의 무역에 사용할 단어는 아니다.

문제는 대부분의 교과서에서 사용한 '반출'이라는 단어다. 이는 말 그대로 '운반하여 보낸다.'는 뜻을 지니고 있다. 하지만, 반출을 위해서는 사전 조치인 대가 지불 등의 절차가 있어야 한다. 쌀 뿐만 아니라 모든 수출품에는 수많은 사람들의 금전적 이해관계가 얽혀있는데 아무 이유 없이 실어 보낼 수는 없기 때문이다. 당연히 반출이라는 단어에는 수출이란 전제가 붙는다. 이는 곧 표현만 달리 했을 뿐 수출이라는 용어와 동의어임은 부인할 수 없다. 그렇다면 왜 수출이 아닌 반출로 썼을까? 혹시라도 수출이란 용어 사용에 대한 사회적 비난의 부담감 때문은 아닐까? 만에 하나 그러한 이유로 수출이 아닌 반출이라는 단어를 썼다면 정말 부끄러운 일이다. 학자의 양심과 자존심의 문제이기 때문이다.

다음은 모든 교과서에 동일하게 서술된 내용이다.

> 산미 증식 계획으로 쌀 생산량은 늘어났지만 일제는 증산된 양보다 훨씬 더 많은 쌀을 일본으로 가져갔다. 이로 말미암아 국내 식량이 부족해지자 한국인들은 만주에서 생산되는 조, 수수, 콩 등 값싼 잡곡을 들여와 생계를 유지하였다.
> 〈리베르스쿨, 279쪽〉

앞부분에서 '증산된 양보다 훨씬 더 많은 쌀을 일본으로 가져갔다.'고 하여 마치 부당하게 빼앗긴 것처럼 서술하였으나, 일본은 산미 증식 계획으로 증산된 쌀을 시장 원리에 따라 수입한 것임은 앞에서 말한 바와 같다.

이어서, '국내 식량이 부족해지자 한국인들은 만주에서 값싼 잡곡을 들여와 생계를 유지하였다.'고 하였으나 이도 잘못된 서술이다. 조선인의 主食(주식)은 쌀이지만 80%에 이르는 대부분의 농민들은 조[粟]를 常食(상식)으로 하였다. 이는 쌀이 부족해서도 아니고 조밥이 맛이 있어서도 아니다. 조선의 농민들이 쌀밥 대신 조밥을 먹는 단 한 가지 이유는 '경제적 궁핍'이다.

조선 농민의 대부분을 차지하는 소작인은 추수 후 고율의 소작료를 납부하고 빚을 청산하고 나면 실제로 다른 물품을 구매할 수 있는 능력이 없다. 그런 어려운 처지에서 조보다 몇 배나 비싼 쌀을 먹는다는 것은 엄두도 낼 수 없는 일이다. 가령 쌀값이 대략 한 말에 3원이고 조가 1원일 경우에는 쌀을 팔아서 조를 3말이나 살 수 있다. 결국 쌀밥을 먹고 안 먹고는 구매력의 문제이지 일본 수출로 인한 쌀 부족 때문이 아니다. 실제로 1930년 조선과 일본의 대풍작으로 쌀값이 폭락하여 조값에 근접하게 되자 쌀 소비량이 50% 정도 증가한 경우가 있다. 아래의 신문 기사는 당시 우리 농민의 어려운 삶을 그대로 보여주고 있다.

> 조선 농민도 쌀밥을 먹고 싶어 하나 조밥을 먹게 되며, 조밥이나마 구하나 얻지 못하는 빈약한 구매력의 소지자이다. 과거 2~3년간 수재와 한재로 흉작의 비참함을 당하다가 금년엔 3백여만 섬이 증가되었으나 도리어 미증유의 미가 폭락으로 구매력의 증대는 고사하고 일반 농민은 생사의 기로에서 방황하며 일본시장은 **조선미의 배척을 결의하지 않았는가**. 불과 3백여만 섬 증가도 소비하기 불능한 일본시장을 상대로 한 8백 2십만 섬의 산미증식안의 前途(전도)는 이미 운명을 缺(결)한 것이 아니냐.
>
> 〈1930. 10. 25. 동아일보 사설〉

1920~30년대 일본은 조선에서 산미 증식 계획의 추진으로 상당한 양의 쌀을 증산하였으며 이렇게 증산된 쌀의 많은 부분이 일본으로 수출되었다. 이를 두고 일본이 우리 농민들을 수탈했다고 하는 것은 어불성설이다. 이 당시의 수탈과 착취는 지주와 소작인 사이에서 일어난 일이다. 물론 조선 소작인을 가혹하게 착취한

지주에 동척이 있었음은 주지의 사실이다. 그렇다 하더라도 지주와 소작인 사이의 수탈과 착취는 그것대로 연구하여 서술해야 할 일이다. 그렇지 않고 그들의 착취 행위를 시장 원리에 의해 진행된 수출에 전가하여 '수탈' 당했다고 하는 것은 올바를 역사 서술이라 할 수 없다.

3. 잘못된 통계 자료, 잘못된 서술

1) 쌀 생산량 통계 오류

모든 교과서에는 '산미 증식 계획'과 관련하여 아래와 같은 그래프가 수록되어 있다. 선그래프는 1920년부터 1930년까지의 쌀 생산량을 나타내며, 막대그래프는 같은 기간 한국인 1인당 연간 쌀 소비량을 나타낸다.

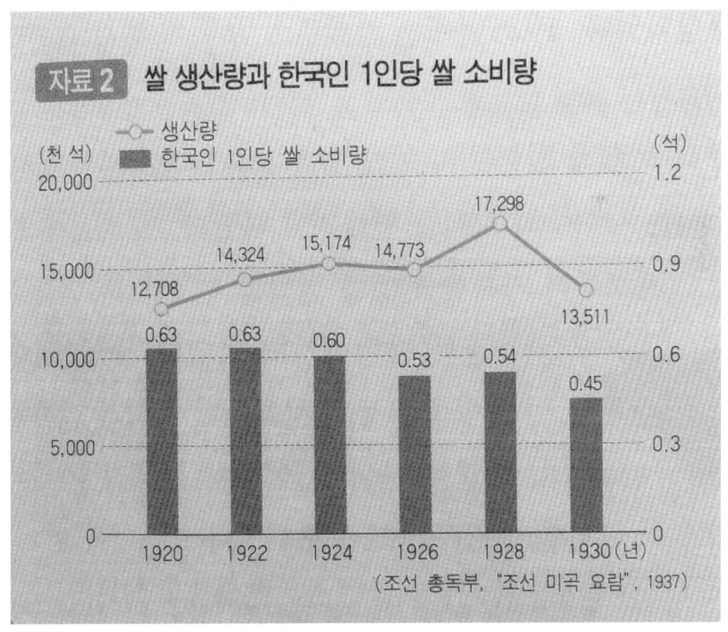

▲ 천재교육 한국사 교과서, 253쪽.

먼저, 쌀 생산량을 나타내는 노란색 그래프를 보면 1928년도까지 쌀 생산량은 점점 증가하는 것으로 나타나 있다. 이를 도표로 나타내면 짝수 연도로만 표시된 검정 한국사의 통계 자료(①)는 『한국근현대사사전』(②)의 자료와 일치하나, 홀수 연도의 수치를 생략했다. 그러면, 이들은 모두 출처를 「조선미곡요람」(③)이라 하였다. 과거 국정 국사 교과서에도 『근현대사사전』과 같은 자료가 수록되어 있었으나 여기서는 생략한다. 그런데 천 단위 이하까지 표시된 「조선미곡요람」의 자료는 앞의 ①②번의 자료와 모두 일치하나 1930년도의 수치가 다르다. 「조선미곡요람」에는 '13,701,146'인 반면 두 자료에는 모두 '13,511'로 되어 있다. 이를 보면 관련 연구자 또는 8종 교과서 집필자 모두 출전인 「조선미곡요람」을 확인하지 않았음이 분명하다.

	① 검정한국사 (단위: 천 섬)	② 근현대사사전 (단위: 천 섬)	③ 조선미곡요람 (1937, 단위: 섬)	④ 동아일보 (1931. 2. 11)	⑤ 미곡요람 (1934)
1920(大正9)	12,708	12,708	12,708,208		14,882,352
1921(同10)		14,882	14,882,352		14,325,326
1922(同11)	14,324	14,324	14,325,326		15,014,291
1923(同12)		15,014	15,014,291		15,174,645
1924(同13)	15,174	15,174	15,174,645		13,219,322
1925(同14)		13,219	13,219,322		14,773,102
1926(昭和1)	14,773	14,773	14,773,102	15,300,707	15,300,707
1927(同2)		15,300	15,300,707	17,298,887	17,298,887
1928(同3)	17,298	17,298	17,298,887	13,511,725	13,511,725
1929(同4)		13,511	13,511,725	13,701,746	13,701,746
1930(同5)	13,511	13,511	13,701,746	19,180,677	19,180,677

그렇다고 「조선미곡요람」의 1930년도 생산량인 '13,701,146'이 옳은 것도 아니다. 1930년도는 조선이나 일본 모두 유례없는 풍작으로 '풍년기근'이라는 말이 생길 정도로 쌀 생산량이 급증하면서 쌀값이 폭락한 해다. 그런데도 이해 수확량이 전 해인

1929년보다 겨우 20만 섬 정도 증가에 그치고 있다. 근현대사 연구자라면 당연히 의구심이 들지 않을 수 없는 부분이다. 아래 두 신문 기사가 이를 증명해주고 있다.

> 금년도 조선미의 제1회 수확 예상고는 1,635만여 섬이라 한다. 그럼으로 미증유의 대풍으로 일컫든 작년도의 미실수고 **1,918만여 섬**에 비하면 실로 280만여 섬, 즉 1할 4푼 7리의 감소를 보인다. 또 일본의 금년도 제1회 米수확 예상고를 보더라도 5,796만여 섬이어서 작년도 실수고 6,687만여 섬에 비하면 890만여 섬, 즉 1할 3푼 3리의 감소이다.
> 〈1931. 10. 5. 동아일보 사설〉

> 증수 백구십만 섬 – 조선미 위기 재현출
> 조선미의 금년도 제1회 수확 예상량은 18,254,898 섬으로 발표되었다. 작년도 實收量(실수량)에 비하야 1할 1푼의 증수이며 과거 7년간의 최풍, 최흉년을 제한 5개년 산술 평균 수확량 1,570만 섬에 비하면 실로 1할 6푼 强의 증수이어서 이 숫자를 그대로 믿는다고 하면 소화5년(1930)의 **1,918만 섬**을 내놓고는 다시없는 풍작이다.
> 〈1933. 10. 1. 동아일보〉

두 신문 기사에서는 1930년도의 조선 쌀 생산량을 '미증유의 풍작', '다시없는 풍작'이라는 표현과 함께 '**1,918만 섬**'으로 적고 있다. 또 1931년 2월 11자 신문을 확인해 보니 '昨年朝鮮米實收, 千九百十八萬石'이라는 제하의 기사에서 전년도인 1930년의 생산량을 '19,183,135섬'으로 보도하였다. 그러나 이 수치는 두 달 후인 4월 16일 총독부에서 '**19,180,677섬**'으로 정정 발표하였다. 결국, 1930년도 쌀 생산량은 '**19,180,677섬**'이 확정된 수치인 셈이다.

한편, 이 신문에는 1930년도 쌀 생산량을 보도하면서 1926년부터 1930년까지 5개년 간의 쌀 생산량도 함께 제시하였다. 이를 위의 표 「조선미곡요람」 옆에 '④ 동아일보' 항목으로 옮겨 적어 「조선미곡요람」과 비교해보니 같은 수치가 한 칸씩 밀려있다. 확인이 필요하여 관련 자료를 검색하던 중 1934년 일본 농림성 미곡국에서 간행한 『미곡요람(米穀要覽)』〈국립중앙도서관 소장〉에 1912년부터 1933년까지의 쌀 생산량 자료를 확인할 수 있었다. 아래가 바로 그 자료다.

이 자료에 제시된 수치와 앞의 동아일보(④)에 보도된 5개년의 수치를 비교해보니 정확하게 일치한다. 일단 『미곡요람』 자료에 신빙성을 두고 자료를 더 찾아본 결과 1934년 4월 3일자 동아일보에 「조선 累年 米收穫高表(누년미수확고표)」라는 자료가 있어 대조해보니 역시 『미곡요람』과 일치한다. 이어 조선총독부에서 매년 발표한 전년도 조선 쌀의 실제 수확고를 찾아 일일이 대조하고, 국가기록원에 소장된 조선총독부 관보(官報)를 확인한 결과 일본 농림성 미곡국의 『미곡요람』(⑤)이 정확한 통계 자료임을 확인하게 되었다.

결국 모든 교과서에 인용한 1937년 「조선미곡요람」 통계 자료는 한 칸씩 미뤄 적은 잘못된 통계 수치다. 마치 시험 보는 학생이 문제지에 표시한 답을 답안지로 옮겨 적으면서 한 칸씩 미뤄 쓴 것과 같다. 이렇게 잘못된 「조선미곡요람」의 통계 수치를 『한국근현대사사전』과 국정 국사는 천 단위 이하를 절사(切捨)하여 전재(轉載)하면서 또 1930년도 수치의 오류까지 추가하였다. 그리고 이들 잘못된 통계 자료를 토대로 생산량의 변동 추이를 아래와 같은 그래프로 작성하여 모든 교과서에서 수록하였다.

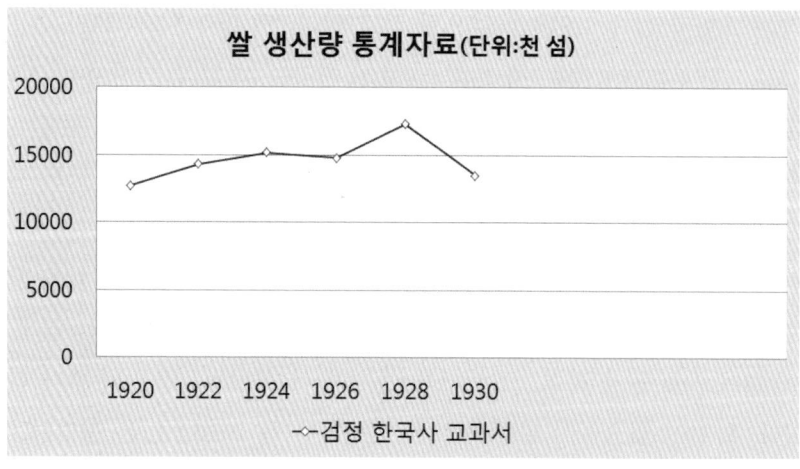

하지만, 이 그래프는 홀수 연도를 생략하고 짝수 연도의 통계 수치만 반영하여 표시하여 마치 지속적으로 증가하는 것처럼 보이도록 하였다. 제한된 지면 때문일 것으로 이해되기는 하나 중요한 통계 요소 일부가 생략된 상태에서 그것을 선으로 연결했을 경우 변동 추이는 왜곡될 수밖에 없다. 하지만, 이 그래프도 실상 의미가 없다. 『조선미곡요람』의 잘못된 통계 수치를 근거로 작성된 그래프이기 때문이다. 아래가 정확한 자료인 『미곡요람』을 근거로 작성한 통계 그래프다.

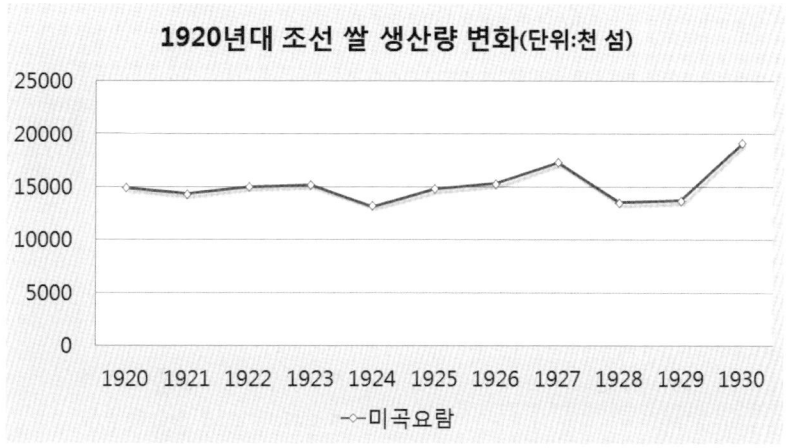

1920년에 1,500만 섬인 생산량은 1924년에 대폭 떨어졌다가 1927년 큰 폭으로 증가한다. 이후 1928년과 1929년에 다시 1,500만 섬 아래로 떨어졌다가 1930년대는 대폭으로 증가한다. 1929년은 한해(旱害)로 인한 흉년이었고, 1930은 조선이나 일본 모두 유례없는 풍년이 들어 쌀값이 폭락한 해였다. 이를 보고 과연 '산미증식계획으로 쌀 생산량이 꾸준히 증가하였다.'고 할 수 있을까?

현행 검정 교과서는 기본적으로 잘못된 「조선미곡요람」의 쌀 생산량 통계를 검증 없이 가져다 쓴 것도 문제지만, 통계 그래프를 작성하면서 중요한 요소인 홀수 연도는 생략하고 짝수 연도만 표시하여 선으로 연결함으로써 마치 생산량이 지속적으로 증가한 것처럼 보이도록 왜곡하였다. 당연히, 이 그래프에 따라 '산미 증식 계획으로 쌀 생산량이 지속적으로 증가하였다.'고 한 서술은 잘못이다.

교과서의 잘못된 통계 수치는 이미 2016학년도 수능 한국사에 출제된 바 있다. 이 문제의 수치가 잘못 되었다는 것은 2014년에 출제된 수능 한국사 17번 문제와 비교해도 알 수 있다.

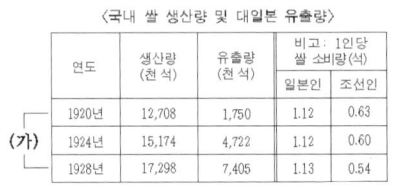

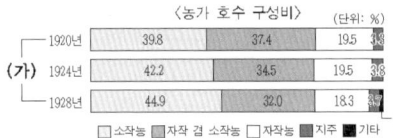

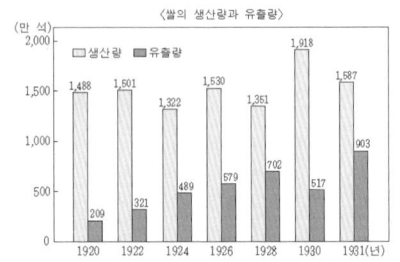

▲ 2014학년도 수능한국사

◀ 2016학년도 수능한국사

연도	1920	1922	1924	1926	1928	1930	1931
2014	1,488	1,501	1,322	1,530	1,351	1,918	1,587
2016	12,708		15,174		17,298		

둘 다 산미 증식 계획에 관한 문제이나, 제시한 같은 해의 통계 수치가 서로 다르다. 2014학년도 문제는 『미곡요람』의 정확한 수치인 반면, 2016학년도 문제는 『조선미곡요람』의 잘못된 자료인 것이다. 때문에 2016학년도 문제에서는 12,708(1920)

→ 15,174(1924) → 17,298(1928)이라는 생산량을 볼 때 점점 증가하는 것처럼 보이지만, 2014학년도 문제에서 동일한 3개 연도를 보면 1,488(1920) → 1,322(1924) → 1,351(1928)로 오히려 줄어드는 현상이 나타난다. 2년 차이를 두고 치러진 수능 시험에서 이렇게 잘못된 자료를 제시하고 학생들을 평가한 것이다.

이를 정리하면 현행 검정 한국사 교과서에는 조선총독부의 오류 자료를 사용하고 홀수 해를 생략한 채 그래프를 작성함으로써 사실과 전혀 다른 생산량 변동 추이를 만들어냈다. 그리고 모든 교과서에 이 그래프를 수록하고 이를 근거로 '산미 증식 계획으로 쌀 생산량이 꾸준히 증가하였다.'고 가르쳐 왔다. 잘못된 내용을 가르쳐 놓고 이를 수능에 출제하여 학생들을 평가하는 것은 상식적으로 납득할 수 없는 일이다.

2) 1인당 연간 쌀 소비량 통계 오류

앞서 제시한 그래프에서 녹색 막대그래프가 한국인 1인당 연간 쌀 소비량을 나타내고 있다. 이를 표로 나타내면 아래와 같다.

	검정 한국사	조선미곡요람	동아일보
1920(大正9)	0.63	0.6342	0.634
1921(同10)		0.6706	0.673
1922(同11)	0.63	0.6340	0.635
1923(同12)		0.6473	0.651
1924(同13)	0.60	0.6032	0.605
1925(同14)		0.5186	0.528
1926(昭和1)	0.53	0.5325	0.533
1927(同2)		0.5245	0.525
1928(同3)	0.54	0.5402	0.541
1929(同4)		0.4462	0.452
1930(同5)	0.45	0.4508	0.677

검정 교과서와 『근현대사사전』의 수치는 「조선미곡요람」 자료를 소수점 셋 째 자리 이하를 사사오입(四捨五入)하여 둘 째 자리 이하는 버린 것으로 판단된다. 그런데 여기서도 1930년도의 통계 수치가 이상하다. 1930년도는 미증유(未曾有)의 대풍이었다는 것은 앞에서 이미 언급하였다. 당시에는 조선뿐 아니라 일본도 대풍이어서 대일 수출량은 줄어들고 덩달아 쌀값이 폭락하여 농민들에게는 고통스러운 해였다. 특이한 것은 쌀값이 폭락하여 좁쌀 값에 근접하게 되자 잡곡을 상식(常食)으로 하던 계층 중의 일부와 밀가루를 주로 먹던 중국인들이 쌀을 소비하면서 쌀 소비량은 급격히 늘어나 그 전해인 1929년보다 대략 50% 정도 증가하였다. 그런데도 「조선미곡요람」도 『근현대사사전』도 모두 그 전 해와 똑같은 0.45의 최저 수치로 표시되어 있다.

이에 근거를 확인하기 위하여 자료를 찾던 중 1932년 1월 24일자 동아일보에 '조선농촌경제와 米價 추세의 전망(二)' 제하의 기사에서 조선인 1인당 연간 쌀 소비량 자료가 있음을 확인하였다. 이를 『근현대사사전』 자료와 비교해보면 대부분 비슷하나 1930년도 분만 0.677로 되어 있다. 결국, 「조선미곡요람」과 『근현대사사전』의 1930년도 수치는 오류였던 것이다. 여기에 쌀 생산량 그래프와 마찬가지로 홀수 연도를 제외하고 짝수 연도만으로 그래프를 작성하여 사실을 왜곡하였다. 교과서의 그래프와 동아일보 기사의 통계 자료를 그래프로 나타내면 아래와 같다.

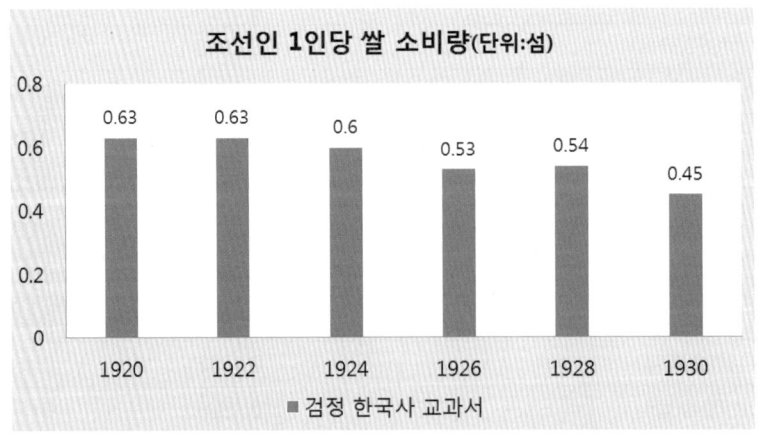

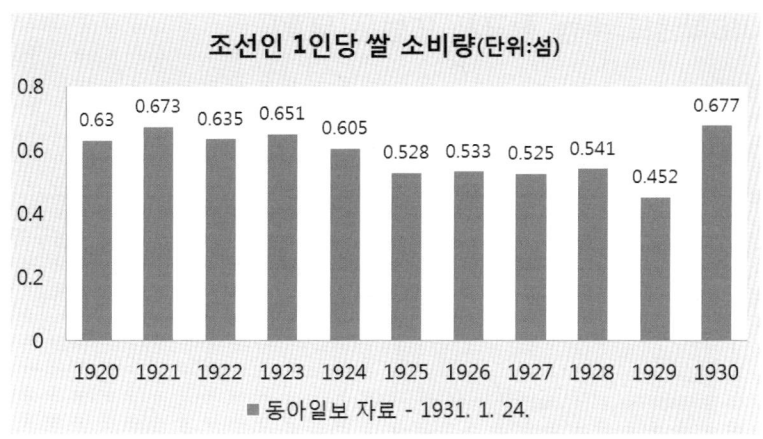

 동아일보의 자료를 보면 19247년까지 0.6섬 초과를 유지하다가 4년 동안 0.5섬 대를 유지한다. 그리고 극심한 흉년이 들었던 1929년에는 0.5섬 이하로 떨어졌다가 1930년 대 풍작 때는 최고치를 기록한다. 결국 한국인 1인당 연간 쌀 소비를 나타내는 그래프도 일부 오류 자료를 사용한데다 쌀 생산량과 마찬가지로 짝수 연도의 수치만으로 그래프를 그려 변동 추이를 나타냈다. 이런 자료로 일본으로의 수출로 국내 쌀 소비량이 줄었다고 서술하는 것은 실상을 정확하게 반영한 것이 아니라 사실 왜곡이다.

4. 2018학년도 수능 한국사 15번은 무효!

이 건물은 옛 익옥 수리 조합 사무소로 일제에 의한 수탈의 역사를 보여줍니다. 제1차 세계대전 이후 일제는 자국의 식량 부족 문제를 해결하기 위해, 식민지 조선에서 경지 정리와 개간, 벼 품종 개량, 대규모 수리 조합 창설 등을 추진하는 [산미 증식 계획]을 실시하였습니다. 익옥 수리 조합도 이 수탈 정책에 적극 참여하였습니다.
-2018 수능 한국사 15번 지문-

정답 : ④ 한국인의 식량 사정 악화로 다량의 만주산 잡곡이 수입되었다.

이는 2017년 11월 23일 시행된 2018학년도 수학능력시험 한국사 15번의 지문과 정답이다. 하지만 이 문항은 현행 7종 검정 한국사 교과서 중 일부에만 수록된 단어를 다루었다는 점과 교과서 서술, 학계의 통설, 당시 신문에 보도된 사실과 다를 뿐만 아니라 학술적 근거가 없다는 점에서 명백한 오류 문항이다.

1) 수탈과 수탈 정책

가) 일부 교과서에 수록된 용어

이번 수학능력시험을 출제하고 관리한 한국교육과정평가원에서는 '문항 유형으로 알아보는 2017학년도 대학수학능력시험 한국사 학습 안내'라는 자료를 평가원 홈페이지에 올려놓았다. 이 안내에 따르면 출제 방향에서 '**학교에서 학습한 지식과 사고력을 평가한다.**'고 하였으며, 문항 수준에서는 '**학교 수업을 통해 기른 한국사에 대한 소양만으로도 시험에 충분히 대비할 수 있다.**'고 하였다. 그렇다면 수능 한국사는 일선학교에서 학생들이 공부하고 있는 7종(교학사 교과서는 채택 없음) 교과서에 공통으로 서술된 내용에서 출제해야 한다. 하지만 15번 문항은 7종 교과서 중 일부 교과서에만 수록된 데다 학술적 근거도 없다. 아래는 현행 교과서에 수록된 대일 쌀 수출에 관한 표현이다.

출판사	산미증식 서술 내용	
	조선 입장	일본 입장
금성출판사	반출	
동아출판	판매 빠져나가다	가져가다
리베르스쿨	반출	**수탈 약탈 수입 가져가다**
미래엔	반출	**수탈**
비상교육	수출 빠져나가다	**수탈**
지학사		가져가다
천재교육	반출 수출	수입

이 표에서 보는 바와 같이 지문의 '수탈'이라는 용어는 3종 교과서에만 등장한다. '수탈(收奪)'이란 '강제로 빼앗아 가다'라는 뜻이며 그 상대어는 피탈(被奪)이다. 산미 증식 계획에 의해 생산된 쌀을 일본이 강제로 빼앗아갔다면 조선의 입장에서는 피탈(被奪)이다. 그렇다면 조선에서는 수출이라 할 수 없고 일본에서는 수입이라 할 수 없다. 그런데, 현행 모든 교과서에서는 정상적 시장 기능에 의해 이루어진 무역 행위인 수출과 수입으로 서술하고 있다. 또, '수탈'이라 한 경우에도 '수출' 또는 '수입'이라는 용어를 병용하고 있다. 이는 분명 모순이다.

또, 지문에서 산미 증식 계획을 수탈 정책이라 하였으나 아래 교과서 서술의 예에서 보는 바와 산미 증식 계획은 말 그대로 **쌀을 증산하기 위한 정책**이다. 수탈이란 단어는 강제로 빼앗아 가는 불법 행위이기에 '모의'나 '음모' 등의 단어와 함께 사용할 수는 있어도 '정책'이라고 할 수는 없다. 무엇보다 어떤 교과서에서도 산미 증식 계획을 수탈 정책이라 하지 않았다. 당연히 지문의 수탈과 수탈 정책은 명백한 오류다.

> 일제는 일본의 식량 문제를 해결할 목적으로 1920년 조선에서 산미 증식 계획을 실시하였다. 관개 시설 개선을 위해 수리 시설을 확충하고 토지 및 종자를 개량하여 쌀 생산량을 늘리려 하였다. 일제는 산미 증식 계획이 일본의 식량 문제를 해결할 뿐만 아니라 조선 농민의 생활을 안정시키는 사업이라고 선전하였다.
>
> 〈금성출판사, 297쪽〉

나) 교과서 서술과 학계의 통설

산미 증식 계획으로 생산된 쌀은 쌀 시장에서 거래를 마친 후 일본으로 수출된다. 조선에서는 수출이니 당연히 일본에서는 수입이다. 이는 현행 교과서 서술과 학계의 통설, 그리고 당시의 신문 보도가 증명한다. 이를 순서대로 살펴보기로 한다.

① 교과서 서술

반면 지주들은 쌀을 **판매**하여 큰 이익을 보았다.

〈동아출판, 217쪽〉

산미 증식 계획은 1930년대 들어 일본의 쌀값이 하락하자 **일본 지주들이 우리나라 쌀의 수입을 반대**하여 1934에 중단되었다.

〈리베르스쿨, 279쪽〉

그리고 **일본으로의 쌀 수출이 늘어나면서** 지주의 경제력은 커졌지만, 지주가 쌀 증산에 드는 비용을 소작농에게 전가하여 농민의 처지는 더욱 악화되었다.

〈비상교육, 278쪽〉

산미 증식 계획의 추진 과정에서 토지 회사나 지주들은 **일본으로 쌀을 수출하여** 더 많은 부를 축적하였다.

〈천재교육, 253쪽〉

산미 증식 계획을 통해 쌀 생산량은 증대되었다. 그러나 늘어난 쌀 생산량보다 더 많은 쌀이 군산항과 목포항 등지를 통해 **일본으로 반출되었다.**

〈금성출판사, 297쪽〉

그럼에도 **쌀 반출은 예정대로 진행되어** 일본의 식량 사정은 개선되었지만 국내 식량 사정은 크게 나빠졌다.

〈미래엔, 246쪽〉

산미 증식 계획으로 쌀 생산은 늘었으나 일제가 계획한 양에는 미치지 못하였다. 하지만 일제는 증산된 쌀보다 **더 많은 쌀을 가져갔다.**

〈지학사, 286쪽〉

현행 일부 교과서에 수출이나 수입 대신 '반출', '유출', '가져가다' 등의 용어를 사용하고 있으나, 모두 시장 기능에 의한 거래 후 일본으로 건너간 것으로 어떠한 경우에도 아무 대가 없이 빼앗아 가는 경우는 없다. 때문에 용어만 다를 뿐 모두 수출 행위에 해당된다.

② 학계의 통설

1930년 이후 대공황의 여파로 정부 알선 자금이 급격히 감소하고 쌀값하락으로 수리조합의 경영이 악화되었기 때문에 실적이 부진하였으며, 이러한 상황에서 **일본 농민들이 조선미 이입을 반대함에 따라** 조선토지개량주식회사도 해산하고 산미증식계획은 중단되었다.

〈『신편한국사』 48권, 국사편찬위원회〉

그런데 10개년 계획이 1934년에 중단된 것은 **조선미의 대일 수출 증대로** 일본 농업이 위기에 부딪쳤기 때문이다.

〈산미증식계획, 『한국민족문화대백과사전』〉

농업공황으로 쌀 가격이 폭락하여 **조선 쌀의 수출이** 일본의 농촌경제를 악화시키자 일본 내부의 반발에 부딪혀 1934년에 중단되었다.

〈산미증식계획, 『두산백과』〉

그러나 **쌀 수출이 급증하고** 30년 농업공황으로 쌀 가격이 하락하자 일본 국내의 반발에 부딪쳐, 33년을 마지막으로 산미증식계획은 중단되었다.

〈산미증식계획, 『한국근현대사사전』〉

이상에서 보는 바와 같이 국사편찬위원회에서 발행한 신편한국사나 기타 사전에서 모두 조선에서는 수출, 일본에서는 수입한 것으로 서술하였다. 빼앗아갔다면 우리 농민들이 그냥 순순히 내 줄 리가 없다. 조선 농민에게 쌀은 돈이고 가족들의 목숨이 달려있는 생명 줄이기 때문이다.

다) 신문 보도

① 미곡수출 두절 최만섭씨담 - 1920. 4. 17. 동아일보

쌀값이 4~5일 이래로 백미 중등미 한 섬에 오십이삼 원 하는 것이 별안간 폭락이 되어 사십칠팔 원이 되고 이에 따라서 적은 상점의 소매가격도 그와 같이 떨어졌습니다. 쌀값이 그같이 떨어진 원인은 여러 가지가 있으나 무슨 이유인지 일본으로 해마다 수십만 섬씩 수출되던 미곡이 금년에는 수출되지 아니하는 것이 중대한 원인이라 하겠습니다. -중략- 조선 사람의 바라는 것은 미곡뿐인데, 미곡이 이렇게 떨어지면 조선 사람의 생활이 어찌 되는지 매우 위험하겠습니다. 물론 금후라도 다시 일본으로 수출만 하게 되면 다시 오를 줄 아옵니다. 연전에 한 번에 별안간 삼원씩 사원씩 폭등하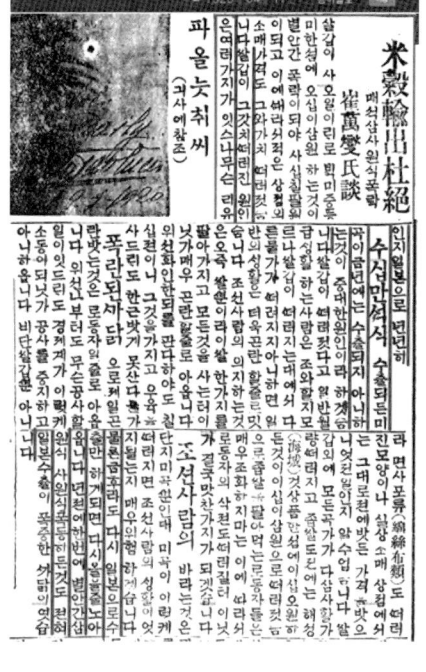던 것도 전혀 일본 수술이 폭증한 까닭이었습니다.

② 농업전업의 위험 - 1924. 10. 6. 동아일보

이제 우리가 농업만으로는 살 수 없는 이유는 큰 것으로 두 가지가 있다. 첫째는 쌀의 수출이 점차로 줄어들 경향을 가진 것이니 지금 세계의 인구를 米食 인종과 麥食(맥식) 인종의 양종에 나누어 보면 그 태반이 麥食 인종이오 白米를 常食으로 하는 인종은 중국의 중남부, 조선, 일본, 동남아세아에 있는 사람들뿐인데 이 사람들도 각국이 自給自足의 수단을 취하는 관계로 자국에서 요구되는 식량은 모두 다 자국의 소산으로 충족한 모양이고 그뿐만 아니라 남부아세아의 일대는 米産

이 풍족하야 年年히 외국으로 수출되는 것이 많고 또한 근래에는 백미를 주식으로 하지 않는 북미합중국에서도 쌀의 산출이 점차로 증가하는 때문에 조선의 백미는 아무리 풍작이 된다 할지라도 이것을 외국으로 수출케 하기에는 극히 어렵고 다만 2~3백만 섬씩이라도 수출될 여지가 잇는 곳은 오직 일본뿐이니 일본도 근래에는 산미증식의 정책을 취하야 점차로 자급자족의 계획을 실현하랴 하니 일본을 유일의 시장으로 하는 조선미의 수출도 그 장래가 대단히 위태하게 보인다. 그러면 백미 하나를 의지하야 가지고 먹고 입고 쓰며 활동하는 것을 얻으려 하는 우리의 생업이 십분 안전하다고는 할 수 없는 것이다.

③ 미가 조절상 조선미 移入을 증오 - 1927. 7. 30. 동아일보

때문에 조선의 백미는 아무리 풍작이 된다 할지라도 이것을 외국으로 수출케 하기에는 극히 어렵고 다만 2~3백만 섬씩이라도 수출될 여지가 잇는 곳은 오직 일본뿐이니 일본도 근래에는 산미증식의 정책을 취하야 점차로 자급자족의 계획을 실현하랴 하니 일본을 유일의 시장으로 하는 조선미의 수출도 그 장래가 대단히 위태하게 보인다. 그러면 백미 하나를 의지하야 가지고 먹고 입고 쓰며 활동하는 것을 얻으려 하는 우리의 생업이 십분 안전하다고는 할 수 없는 것이다.

④ 조선쌀을 못 오도록 통제 - 1930. 9. 20. 동아일보

제국농회는 26일의 전국평의회원에서 다가대책의 구체안을 확립하랴고 신곡투매를 방지키 위하야 산업조합중앙회와 제휴하야 전국농회창고대회를 여는 동시 정부에 금융의 원조를 청할 일과 외미(外米), 대만미, 조선미의 이입 통제와 당장 신미 2백만 섬 매상을 건의하기를 부의(附議)케 되었다.

⑤ 미이입을 막어 값을 유지하자 -1930. 9. 24. 동아일보

제국농회는 22일 오후 5시반 사무소에 평의원회(平議員會)를 열고 25~6 양일의 전국평위원회를 경유하야 내월 하순의 총회에 부의할 제안 (1) 6년도 예산 약 1할 감 (2) 미가유지 (3) 농가부담의 경감 (4) 견가유지 (5)농 가의 부채정리 등을 결하였는데 미가유지에 대하야도 외미의 수입관세를 증액하야 사실상 수입을 금지하고 만주에서 조선에 수입되는 미의 취체를 엄중히 하고 조선미의 일본이입

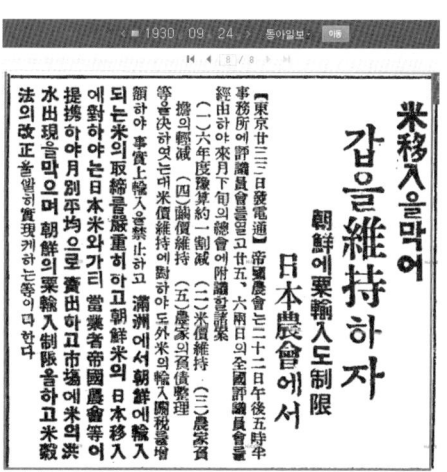

에 대하야는 일본미와 가티 당업자 제국농회 등이 제휴하야 월별 평균으로 매출하고 시장에 미의 홍수출현을 막으며 조선의 속수입 제한을 하고 미곡법의 개정을 빨리 실현케 하는 등이라 한다.

⑥ 累年米貿易高表 - 1934. 4. 5. 동아일보

이 자료는 1910년부터 1933년까지의 미곡 수출입 양과 금액을 표시한 도표로 여기에는 미곡의 수출량과 금액뿐만 아니라 수입량과 수입 금액도 함께 표시되어 있다. 이러한 통계 자료는 조선총독부에서 발행한 '조선미곡요람'이나 일본에서 발행한 '미곡요람' 등에도 쉽게 찾을 수 있다. 만약 일본이 조선의 쌀을 강제로 빼앗아 갔 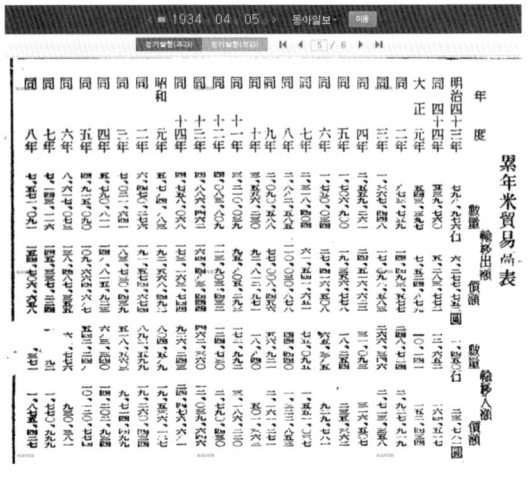 다면 이러한 통계 자료는 있을 수 없다.

당시 일본 농민 단체는 일본 쌀값을 위협하는 조선미의 이입을 지속적으로 반대하였으며, 조선은 일본의 조선미 이입 억제책에 대하여 반대했다. 이러한 입장은 결국 양국이 모두 산미증식계획의 중단 요구로 발전하게 된다. 일본 농민 단체는 일본 쌀값 하락의 원인이 조선의 산미증식계획에 있다는 판단에서, 조선은 증산된 쌀을 수입해가지 않음으로써 조선 쌀값 폭락의 원인이 된다는 이유에서 모두 반대한 것이다. 강제로 빼앗아 갔다면 이입을 반대할 이유 없이 빼앗아가지 않으면 되고, 조선에서는 수입해가지 않는다고 항의할 이유가 없다.

15번 문항의 수탈이 정당한 용어가 되기 위해서는 누가, 누구로부터, 어떤 방식으로 수탈해갔는지 답이 있어야 한다. 하지만, 어떤 교과서나 학술서에도 이에 대한 답이 없다. 뿐만 아니라 교육과정평가원에서는 수탈의 근거를 제시하라는 필자의 요구에 지금껏 답을 하지 못하고 있다.

2) 식량 사정 악화와 만주산 잡곡의 수입

'한국인의 식량 사정 악화로 다량의 만주산 잡곡이 수입되었다.'는 정답④는 아래와 같은 교과서 서술에 근거를 두고 있다.

> 증산량보다 훨씬 많은 쌀이 일본으로 빠져나가면서 국내 1인당 쌀 소비량은 갈수록 줄어들었다. 곡식이 부족해지자 일제는 만주에서 잡곡을 들여와 식량 부족 문제를 해결하려 하였다.
> 〈비상교육, 278쪽〉

이러한 서술은 여타의 교과서도 비슷하나 이는 두 가지 면에서 잘못이다. 첫 번째는 대일 쌀 수출이 늘어나는 것과 식량 사정 악화와는 상관이 없으며, 둘째는 먹을 쌀이 부족해서 잡곡을 수입하는 것이 아니다.

가) 대일 쌀 수출과 식량 사정 악화는 관계가 없다

교과서 서술과 정답 ④에 따르면 산미 증식 계획으로 증산된 쌀의 일본 수출이 증가하면서 국내 1인당 연간 쌀 소비량 감소하고 이로 인해 식량 부족으로 발전하고 나아가 식량 사 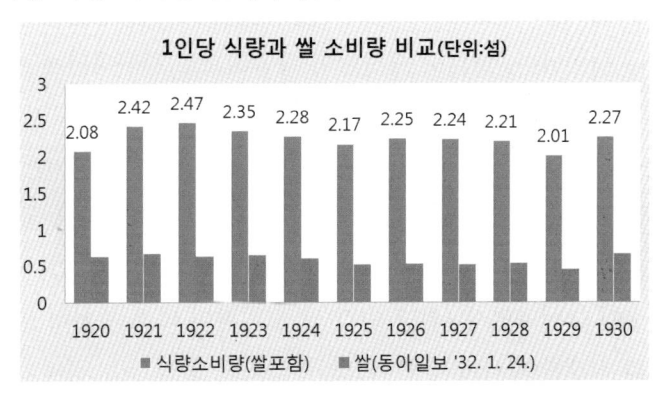 정 악화를 초래하였다는 논리다. 하지만 대일 쌀 수출과 식량 사정 악화와는 상관이 없다. 당시의 식량은 쌀과 잡곡을 모두 포함한 것으로 쌀이 차지하는 비중은 많지 않았다. 더구나 당시 약 80%에 해당하는 농민에게 상식(常食)은 쌀이 아닌 잡곡으로 그들에게 쌀은 식량이 아닌 돈이었다. 농민들은 쌀밥을 먹기 위해서가 아니라 쌀을 팔아서 돈을 장만하기 위해 벼농사를 지었다.

또, 식량 사정 악화라는 말은 수요(需要)는 있는데 공급(供給)이 안 될 때 해당되는 말이다. 식량에는 쌀 뿐만 아니라 먹을 수 있는 모든 곡식들이 포함된다. 즉, 식량 사정 악화는 한 마디로 먹을 것이 없는 상태를 말한다. 시장에서 사 먹을 수 있고 수입해서 해결할 수 있으면 그건 식량 사정 악화가 아니다. 사먹을 능력은 있는데 쌀이 없는 것과 사먹을 능력이 없어서 못 사먹는 것은 분명히 다르다. 이는 소비자의 구매력이 좌우한다. 예나 지금이나 구매력이 있으면 좋은 음식을 먹고 싶을 때 먹을 수 있고 구매력이 없으면 끼니조차 제대로 잇지 못하는 경우도 발생한다. 당시 농민들의 구매력은 곧 농가 소득이며, 농가 소득은 얼마나 많은 쌀을 생산하고 생산된 쌀을 또 얼마나 좋은 값에 판매하느냐에 달려 있다. 쌀값은 대일 쌀 수출과 직결되어 수출이 늘어나면 쌀값이 올라가고 수출이 줄어들면 쌀값이 떨어지는 것이 상식이다. 쌀 수출 증가는 농민들의 식생활을 개선시키는 효과가 있을지언정 식량 사정 악화라는 것은 전혀 이치에 맞지 않는 주장이다.

1930년도와 같이 유례없는 풍작인 해에는 쌀 생산량이 전년 대비 560만 섬 정도나 늘어났다. 일본도 생산량이 폭발적으로 증가하면서 자연스럽게 조선쌀 수입을 제한하면서 조선에서는 겨우 5백만 섬 수출하는데 그치면서 국내 쌀 소비량은 대폭 늘어나 1929년 790만 섬이던 것이 1930년에는 1,400만 섬으로 거의 배가 증가하였다.(1936. 조선미곡요람 63~65쪽) 수출 길이 막히고 국내 잉여미가 늘어나자 쌀값은 폭락했다. 그러자 쌀과 잡곡 소비의 경계선에 있던 일부 소비층에서 쌀 소비량이 늘어나면서 1인당 연간 쌀 소비량이 다소 증가하였다. 그렇다고 하여 농민들의 식생활이 나아지기는커녕 풍작공포, 풍작저주, 풍작기근이라는 말이 유행할 정도로 농민들은 극도로 비참한 지경에 처해졌다. 피땀 흘려 농사지은 쌀을 내다 팔아도 한두 달을 넘기기 어려운 농민들에게는 그야 말로 목숨을 위협하는 대재앙이었다. 쌀값 폭락으로 지주에게 줄 돈조차 모자란 농민들은 만주속보다 더 싼 식량을 찾아 먹거나 그것조차 구매할 능력이 없는 농민은 초근목피로 연명할 수밖에 없었다. 이것이 풍작에 의한 쌀생산량의 증가와 수출 부진에 따른 국내 잉여미 증가가 초래한 당시의 현상이다. 이러한 상황은 아래와 같은 당시 신문 보도에서도 확인이 된다.

① 조선의 미곡창고(2) - 1930. 2. 14. 동아일보

그것은 산미 증식 계획에 의하야 조선미는 연년이 그 산액(産額)이 증가하고 있는데 일본서는 그 연이입 총량을 제한한다고 하면 조선 내에서는 과잉미를 연년이 증가하야 그 때문으로 조선내의 미가가 연년이 저락의 일방을 계속하야 필경은 시가가 생산비 이하로 되는 결과 산미증식계획의 진행상 일대 고장(故障)을 生하는 데까지 이르겠는 까닭이다.

② 산미증식안을 중지하라. - 1930. 10. 25.

조선 농민도 쌀밥을 먹고 싶어 하나 조밥을 먹게 되며 조밥이나마 구하나 얻지 못하는 빈약한 구매력의 소지자이다. 과거 2~3년간 수재 한재로 흉작의 비참을 당하다가 금년엔 3백여만 섬이 증가되었으나 도리어 미증유의 미가 폭락으로 구매력의 증대는 고사하고 일반 농민은 생사의 기로에서 방황하며 일본시장은 조선미의 배척을 결의하지 않았는가. 불과 3백여만 섬 증가도 소비하기 불능한 일본시장을 상대로 한 8백2십만 섬의 산미증식안의 전도는 이미 운명을 결한 것이 아니냐.

③ 東攻西政받는 조선미, 조선미는 누가 먹어주나. - 1933. 9. 28 동아일보

그것도 만약 일본에 이출하는 조선미의 총액이 소액에 불과하거나 또는 조선미 총수이출 액 중 이출액이 소부분에 불과하거나 또는 다른 데에서 販路를 구할 수 있다고 하면 관세 부과로 일본에의 이출액이 다소 감소한다 할지라도 그 영향이 적을 것으로 되, 조선미 이출액의 절대수로 보든지 그 수이출액에 대한 이출액의 상대율로 보든지 실로 그 타격은 크지 않을 수 없다. 일본미는 설령 풍작이라 할지라도 오히려 부족하는 터이므로 관세 부과, 이입허가제를 쓴다면 부족한 적량만을 이입하야 상당한 미가를 유지할 수 있는 것이다. 그러나 조선미에 있어서는 아모리 소비를 증진 시키드라도 현재 이출하고 있는 쌀은 이출하지 않을 수 없는 쌀이매 연 7백만 섬 정도로 이출되든 쌀이 인위적으로 오백만 섬으로 제한된다고 하면 이출되지 못하는 이백만 섬은 조선 특수의 과잉현상을 현출하고 말 것이니 일본 내 미가는 오르면서도 조선미가는 떨어지지 않을 수 없을 것이다.

나) 먹을 쌀이 부족에서 잡곡을 수입한 것이 아니다.

정답④는 대일 쌀 수출로 국내 식량 사정이 악화하여 만주산 잡곡을 수입해서 먹었다는 것으로 만주산 잡곡 수입의 원인을 대일 쌀 수출에 두고 있다. 쌀 수출과 식량 사정 악화와는 상관이 없음은 앞서 말한 바이지만, 쌀이 부족해서 만주산 잡곡을 수입해서 먹었다는 서술도 전혀 사실과 다르다. 상식적으로 생각해도 쌀이 부족하면 쌀을 수출하지 않으면 되고, 그래도 부족하면 쌀을 수입하면 된다. 문제

는 당시 쌀을 음식으로 먹는 부류는 상위 약 20%에 해당하며 대부분 소작인인 농민은 속(粟)을 비롯한 잡곡을 상식(常食)으로 하였다. 국내 잡곡의 수급이 원활하지 못할 경우 주로 만주에서 잡곡을 수입한다. 현행 교과서에는 곡식이 부족해지자 일제는 만주에서 잡곡을 들여와 식량 부족 문제를 해결하려 하였다고 하여 마치 일제가 잡곡을 수입하여 조선의 식량 부족 문제를 해결한 것으로 서술하였으나 이는 명백한 서술 오류다. 만주 잡곡 수입에도 중간에서 이익을 취하는 곡물상과 철도 운송업자들이 있었다. 이들은 만주에서 잡곡을 수입하여 조선 시장에서 판매하여 이익을 취하는 업자들이다. 수출과 마찬가지로 수입도 시장 기능에 의하여 이루어지는 것이다. 일제가 개입했다면 그만한 비용이 지출되어야 하는데, 일제는 그렇게 해야 할 이유도 없고 그런 근거도 없다. 일제가 할 수 있는 일이라면 관세 정책을 써서 수급을 조절하는 것 정도에 한정된다.

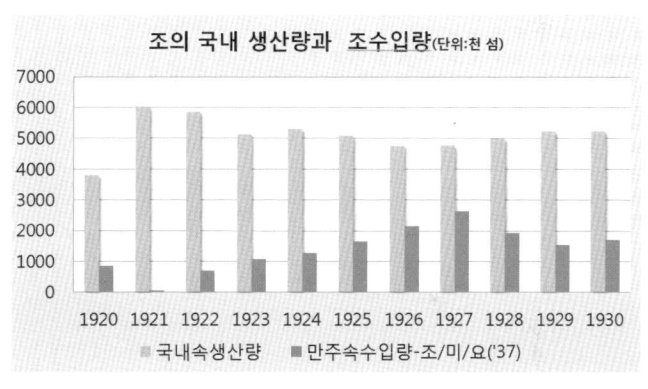

지금도 농산물 값이 폭등하거나 폭락할 경우 수급 조절을 위해 외국산 농산물을 다량 수입하거나 수입을 통제하기도 한다. 당시 만주산 조의 경우도 수요에 따라 수입이 늘어날 때가 있는가 하면, 국내 조 생산량의 증가에 따라 수입이 줄어들 때도 있었다.(표 참조) 그런데 현행 교과서에는 시기도 특정하지 않고 '부족한 식량을 보충하기 위하여 일제는 만주에서 잡곡을 대량으로 수입하였다.'고 서술하였다. 상식에 벗어난 서술이 버젓이 교과서에 실려서 학생들에게 가르쳐지고 있는 것이다.

이상에서 살펴 본 바와 같이 2018학년도 수능 한국사 15번 문항은 (1) 현행 7종 검정 한국사 중 3종에만 수록된 수탈과, 어느 교과서에서도 서술한 바가 없는 수

제XI장 산미 증식 계획, 다시 써야 한다 · 339

탈 정책이라는 표현을 지문에 제시하였다는 점 (2) 모든 교과서에는 수출과 수입으로 서술하고 있으며, 수탈에 대한 근거가 전혀 없다는 점에서 지문은 명백한 오류다. 또, 정답 ④는 산미 증식 계획으로 인한 대일 쌀 수출로 식량사정이 악화되었다는 서술은 전혀 사실 관계에 맞지 않으며, 먹을 쌀이 부족하여 만주산 잡곡을 수입하였다는 것도 인과관계가 성립하지 않는 명백한 오류다. 따라서, 15번 문항은 지문과 정답 모두가 오류이므로 반드시 무효처리 되어야 한다.

바른 국사 교육을 위한 고언(苦言)

1. 국사편찬위원회, 이름부터 바꿔야

학교에서 선생님이 '얘들아, 한국어 시간이다.'라고 하면 그 학생이나 선생님은 어느 나라 사람일까? 마찬가지로, '얘들아, 한국사 시간이다.'라고 하면 그 학생이나 선생님은 어느 나라 사람일까? 그렇다. 국어라고 했을 때는 우리의 말과 글을 지칭하지만, 한국어는 제3국인이 우리 언어를 부를 때의 호칭이다. 마찬가지로, 국사라고 했을 때는 우리의 역사를 지칭하지만, 한국사는 제3국인이 우리 역사를 부를 때의 호칭이다. 당연히 우리의 역사는 국사로 불러야 한다. 국기(國旗), 국악(國樂), 국가(國歌)가 같은 맥락의 용어다.

일제 통치 하에서 우리는 우리의 말과 글을 국어라 부르지 못하고 조선어라 한 적이 있다. 일본이 자국의 언어를 국어라 하면서 제3국인 조선의 언어를 조선어라 불렀기 때문이다. 마찬가지로, 일본이 자국의 역사를 국사라 하고 제3국인 조선의 역사를 조선사라 했기 때문에 우리는 우리의 역사임에도 국사라 하지 못하고 조선사라 하였다. 그 조선사가 바로 현재 우리가 부르고 있는 한국사다. 우리는 우리 역사의 주체가 아닌 제3국인의 입장에서 우리 역사를 부르고 있는 것이다. 우리 역사에 대한 주인 의식이 희박해질 수밖에 없다.

국사편찬위원회 홈페이지에는 한국사데이터베이스, 신편한국사, 한국사능력검정시험 등 한국사란 용어로 가득 차 있다. 문패에는 분명 '국사'로 되어 있는데 안에 들어가니 온통 한국사다.

또, 국사편찬위원회라고 하였으니 다들 국사를 편찬하는 곳으로 생각하겠지만, 지금껏 국사를 편찬한 적도 없고 편찬할 수도 없다. 국사 편찬은 전근대 시대에나 가능한 것으로 현대에는 있을 수 없는 일이다. 대통령 임기가 끝나면 모든 통치 자료가 국가기록원으로 이관되어 일정 기간 어느 누구도 볼 수 없기 때문이다. 사정이 이러함에도 '국사편찬'이란 이름을 단 기관에서 국정 교과서를 편찬하니 마치 대통령이 대한민국의 역사를 편찬하는 것으로 오해하고 벌떼처럼 일어나 역사에 손도 대지 말라고 했다. 대통령은 국정 책임자로서 교육 정책에 따라 검정 교과서를 국정으로 바꾸려 한 것밖에 없다. 기껏해야 아이들의 교과서 발행 체제를 바꾸는 것에 지나지 않는데도 이를 반대하는 사람들은 마치 대통령이 새로운 역사를 쓰기라도 하는 것처럼 호도한 것이다. 검정이든 국정이든 교과서 집필은 역사 전문가가 하는 것이지 대통령이 사관(史官)을 따로 두고 자신의 의도대로 편찬하는 것이 아니다. 이런 혼란에는 국사편찬위원회라는 이름도 일정부분 작용했음을 부인할 수 없다.

국사편찬위원회의 홈페이지에는 '한국사 연구의 심화와 체계적 발전 및 국민의 역사인식 고양에 기여함을 목적으로 한다.'고 설립 목적을 밝히고 있다. 홈페이지 어디에도 국사를 편찬한다는 말이 없다. 이름과 실상이 맞지 않는 것이다. 우리 역사의 최고 연구 기관이 이름과 실상이 맞지 않은 채로 있다는 것은 곤란하다.

우리의 언어와 우리의 역사는 우리가 세계 속의 한국인으로서 당당할 수 있는 자산이자 이유이다. 그 한 축인 언어는 국립국어원이 담당하고 있고, 또 다른 한 축은 국사편찬위원회가 담당하고 있다. 그런데, 국사편찬위원회는 그 이름이 실상을 대변하지 못하고 있다. 이제 국사편찬위원회를 국립국어원에 준하는 이름으로 바꾸고 아울러 한국사도 국사로 바꾸어 새롭게 출발해야 한다.

2. 교과서 집필 기준은 전문가 영역이다

　2017년 5월 12일, 문재인 대통령은 업무지시 2호로 박근혜 정부 때 편찬한 국정 국사 교과서를 공식적으로 폐기하였다. 대통령이 되기 전부터 이미 강력한 반대 의사를 표명하였고 폐기를 주장하였기에 새삼스러울 것은 없다. 문제는 역사학자가 아닌 대통령이 합리적 근거도 없이 검정 교과서는 선(善), 국정 교과서는 악(惡)이라는 그릇된 판단 아래 이루어진 업무 지시라는 점이다.
　국사 교과서는 시간의 흐름에 따라 자연 생산된 **역사 자료**와 이를 바탕으로 한 **역사 연구**, 그리고 **역사 교육**을 하기 위한 도구라 할 수 있다. 이를 표로 정리하여 설명하도록 한다.

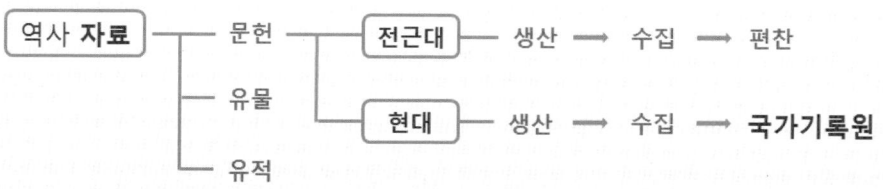

　일반적으로 사료(史料)라 불리는 **역사 자료**는 다시 문헌(文獻) 사료와 유물(遺物) 그리고 유적(遺蹟)으로 나눌 수 있다. 그 중에 가장 중요한 역사 자료인 문헌을 다시 전근대와 현대로 나누어 살펴보면 전근대에는 자료를 생산하고 수집한 다음 역사서 편찬까지 이어진다. 국가 주도로 진행되는 편찬 사업은 고려 인종 때의 『삼국사기(三國史記)』와 조선 문종 때 완성된 『고려사(高麗史)』를 이어 조선왕조의 실록(實錄)이 그 대표적인 결과물이다. 이러한 사료 외에도 『고려사절요(高麗史節要)』라든가 『동국통감(東國通鑑)』 등 관찬(官撰) 사료와 함께 각종 국가 기록물들이 수없이 전해지고 있다.
　반면 현대는 생산된 자료를 수집하기는 하나 편찬하는 단계까지 이어지지는 않는다. 청와대를 비롯한 국가 공공 기관에서 생산된 자료들은 주어진 법령에 따라 국가기록원으로 이관되어 일정 기간 열람이 금지된다. 당연히 이러한 자료를 토대로 한 역사서의 편찬은 이루어질 수 없다. 국사편찬위원회가 있어 마치 우리 역사를 편찬하는 것으로 오해할 수도 있으나 이름처럼 국사를 편찬하지는 않는다. 즉 국가 주도로 자국의 역사를 편찬하는 일은 조선왕조의 실록으로 끝이 났다고 보면 된다. 이러한 역사 자료를 토대로 연구자에 의해 이루어지는 것이 **역사 연구**다.

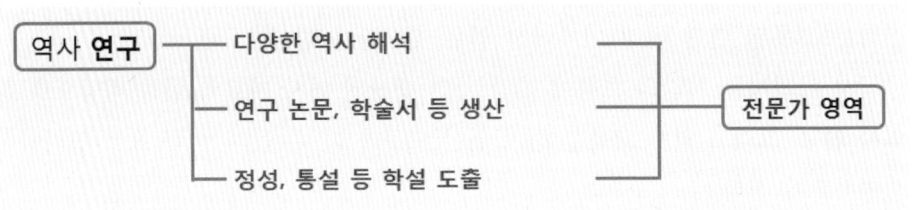

앞서 제시한 역사 자료를 대상으로 역사 전문가들이 저마다의 역사적 관점과 연구 목적에 따라 다양한 역사 해석을 제시하는 것이 역사 연구 단계로 이는 전문가 영역이다. 이들 전문 연구자들에 의해 축적된 연구 성과는 논문이나 학술서와 같은 결과물로 남게 된다. 그 중에는 동일한 사건에 대하여 쉽게 합의에 도달하는 경우가 있는가 하면 경우에 따라서는 연구자의 주장이 첨예하게 대립하여 합의에 이르지 못하는 경우도 적지 않다. 그래서 어떤 것은 정설로 정착되고 어떤 것은 계속하여 이설이 존재한다. 이러한 전문가 영역에서 가장 중요한 것은 연구자의 자유로운 연구 활동이 억제되거나 전문성이 침해당해서는 안 된다는 점이다. 교육의 자주성과 전문성 그리고 정치적 중립성은 헌법에 의해 보장되고 있기 때문이다.

그런데, 스스로 역사인식의 다양성과 자주성을 침해했다는 이유로 국정 국사 교과서를 폐기한 현 대통령이 이를 정면으로 위배한 기록을 남겼다. 대통령은 2018년 1월 2일 서울현충원을 방문하여 현충탑에 분향한 뒤 방명록에 적은 '국민이 주인인 나라. 건국 백 년을 준

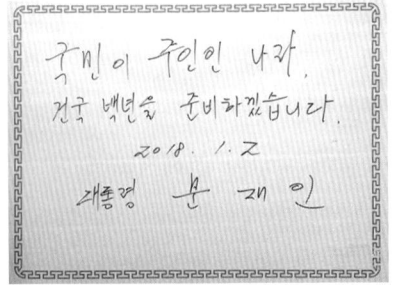

비하겠습니다.'라는 글이 바로 그것이다. 지난해 중국 충칭[重慶] 임시정부 청사 방문 때도 같은 뜻을 밝힌 바 있어 임시정부 수립 100주년인 2019년을 건국 100년으로 삼겠다는 뜻을 분명히 한 것이다.

대통령은 역사 분야의 전문가가 아니다. 설령 전문가라 하더라도 학계에서조차 이설이 있는 부분을 대통령이라는 힘을 빌려 단정해서는 안 된다. 대통령이 1919년 건국설을 주장하고 싶다면 1919년을 건국 시점으로 보는 근거와 이로 인하여 발생하는 여타 학설과의 논리적 모순을 충분히 설명할 수 있어야 한다.

먼저 1919년을 건국 시점으로 본다면 그 출발점이 상해 임시정부가 창립된 4월 13일인지, 한성 임시정부가 창립된 4월 23일인지, 아니면 각 임시정부가 상해 임시정부를 중심으로 통합된 9월 11일인지 그것부터 밝히고 그 이유를 설명해야 한다. 또, 건국을 했으면 왜 우리 대한민국 땅을 두고 수만 리 이국(異國)을 떠돌아다녔으며, 한반도에 있는 대한민국 국민들에게 법을 집행하지 못하였으며, 대한민국이 주권국가로서 외교권을 행사하지 못하였는지도 당연히 설명해야 한다.

뿐만 아니다. 1919년에 건국을 했으면 1941년 11월 대한민국 임시 정부가 발표한 대한민국 **건국**강령(大韓民國建國綱領)은 왜 나왔으며, 1944년 8월 여운형을 중심으로 한 조선건국동맹은 왜 결성되었으며, 1945년 해방과 함께 조선건국준비위원회(朝鮮建國準備委員會)는 또 왜 조직되었는지 설명해야 한다. 이에 대하여 논리적으로 설명하지 못한다면 이는 분명 연구자의 자주성과 전문성을 심각하게 훼손한 것이 된다. 대통령이 공개적으로 천명한 1919년 건국 설은 당장 국사 교과서 집필 기준에 영향을 끼칠 수밖에 없다. 1919년 설을 채택하려면 앞의 논리석 모순을 해명해야 하며, 1948년 8월 15일 설을 채택하려면 대통령의 뜻을 거슬러야만 한다. 대통령이 이미 건국에 대한 집필 기준을 제시하였기 때문이다.

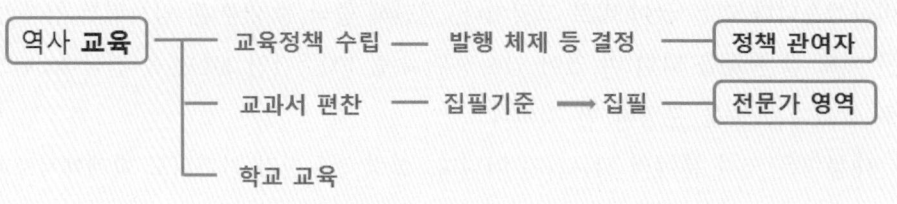

　연구 과정을 거쳐 합의에 이른 통설과 정설을 토대로 다음 단계인 **역사 교육**이 이루어진다. 역사 교육은 다시 정책 관여자의 교육 정책 수립과 역사 전문가의 교과서 편찬을 거쳐 일선학교에서 학생들을 대상으로 하는 교육이 이루어진다. 먼저 교육 정책은 정책 관여자의 몫으로 사안에 따라서는 국정 최고 책임자인 대통령의 결정이 필요할 때도 있다. 이들은 각 과목의 국민 여론이 있고 관련 전문가의 요구가 있을 경우 의견을 수렴하고 논의를 거쳐 교육 정책을 수립한다. 국사 교과서의 경우 필수과목으로 할 것인지 선택과목으로 할 것인지의 여부와 검정으로 할 것인지 국정으로 할 것인지 여부 등이 이러한 과정을 거쳐 결정되는 교육 정책이다.

　만약 국민의 여론이 있고 필요성이 제기되는데도 이를 수렴하여 검토하거나 정책에 반영하지 않는다면 이는 분명 직무유기라 할 수 있다. 그러한 이유에서 현 대통령이 취임 후 곧바로 국정교과서의 폐기를 지시한 것은 교육 정책의 일환으로서 정당한 지시였다고 본다. 마찬가지로 박근혜 대통령이 검정 교과서의 문제점을 쇄신하기 위하여 국정 교과서 체제를 택한 것도 교육정책 최고 책임자로서 당연한 결정이었다. 이는 모두 교육 정책 결정의 최종 책임자에게 부여된 임무이자 권한이기 때문이다.

　교육 정책이 수립되면 교과서 집필 기준을 마련하고 그에 따라 교과서를 집필하게 된다. 그런데 이 집필 기준을 어떤 사람이 어떻게 마련하는지 아직까지 제대로 알려진 바가 없다. 다행히 최근에 입수된 집필기준 시안 개발 공청회 순서를 보면 그 정체의 일부나마 짐작할 수 있다. 이 표를 보면 발표자는 고등학교 교사다. 그 이면에 얼마나 많은 인력이 참여하였는지는 알 수 없으나 발표자가 고등학교 교사라면 대학교수는 한 명도 없다는 의미일 것이다.

집필 기준은 건축물로 말하자면 설계도나 마찬가지다. 이 설계도에 따라 건축물이 완전히 달라지듯이 집필 기준에 따라 교과서는 완전히 달라질 수밖에 없다. 그런데 전문가 한 명 없이 일선학교 교사 몇 명이서 집필 기준을 마련한다는 것은 도무지 이해할 수 없는 일이다. 더 심각한 것은 교사가 마련한 집필기준을 토대로 이루어지는 교과서 집필에는 정작 대학 교수가 참여한다는 점이다.

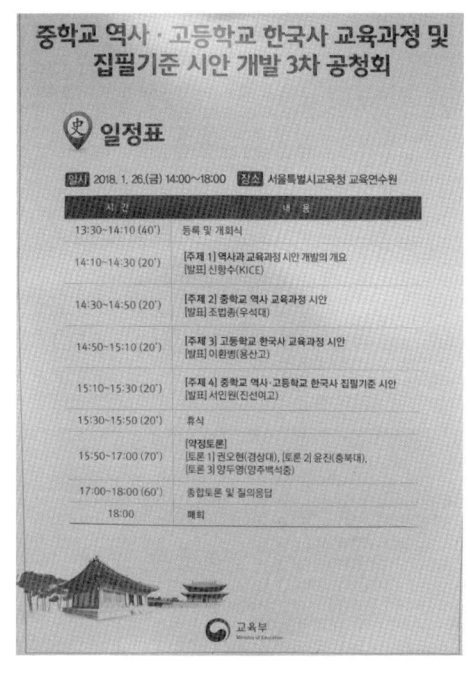

현행 검정 제도에서는 각 출판사가 교수를 비롯한 집필진을 구성하여 교과서 시안을 마련한 다음 교육부의 심의 과정을 거치게 된다. 이때 교수들의 전문지식이 반영된 서술이라 하더라도 교사가 마련한 집필기준에 맞지 않을 경우 가차 없이 퇴자를 맞는 경우가 발생할 수 있다. 이런 어처구니없는 일이 벌어지고 있는데도 교과서 논란에서 어느 누구도 집필 기준에 대해서는 한 마디 말을 하지 않는다. 더구나 집필 기준을 마련하면 교과서 집필은 이미 그 틀에 맞춰야 하기 때문에 역사 해석의 다양성 주장은 공허한 구호에 지나지 않음에도 교과서가 여러 종류이기만 하면 마치 역사 인식의 다양성이 실현될 수 있기라도 하는 것처럼 호도하였다.

국사 교과서의 집필 기준은 전문가 영역이다. 우리 역사에 대한 논란은 전문가에게 맡겨 그 답을 요구하는 것이 순리일 것이다. 비전문가인 정치인이 학술적 내용에까지 개입하는 것은 국론을 분열하고 갈등을 야기하는 것 외에 얻는 것이 없다.

『논어(論語)』에 '군군신신(君君臣臣) 부부자자(父父子子)'라는 말이 있다. '임금은 임금노릇하며, 신하는 신하노릇하며, 아버지는 아버지노릇하며, 자식은 자식노릇해야 한다.'는 뜻이다. 각자 자신에게 주어진 일에 충실해야 함을 일깨워주는 금언이다.

3. 교과서 한 줄 안 읽고 교과서를 비판하는 지식인들

문재인 대통령은 취임 후 3일 만에 자신이 적폐로 규정했던 국정 역사 교과서의 폐기를 전격(電擊) 지시했다. '획일적(劃一的) 역사관 강요'라는 것이 그 이유다. 역사 교과서가 하나면 획일화된 역사관을 강요하는 것이며, 여러 종류면 다양성이 보장된다는 의미일 것이다. 여기에 더하여 국정은 국가 권력이 역사 해석을 독점하는 것이며, 검정은 국가 권력의 개입 없이 역사학자들이 교육의 자주성·전문성·정치적 중립성을 보장 받는 가운데 편찬된 교과서라는 주장으로 받아들여진다. 이러한 논리가 성립하기 위해서는 현행 7종 검정 교과서가 국정 교과서와는 달리 집필자의 자주성과 전문성이 충분히 보장되었다는 것이 증명되어야 한다. 그리고 무엇보다 역사 해석의 다양성이라는 목적이 교육 수요자인 학생들에게 실현되어야 한다. 과연 그럴까?

삼국사기나 조선왕조실록과 같은 역사서를 비롯한 수많은 역사자료를 대상으로 역사 전문가들이 저마다의 역사적 관점과 연구 목적에 따라 다양한 역사 해석을 제시하여 축적된 학설 중에서 정설이나 통설 위주로 학생들 수준에 맞는 내용을 엄선하여 편찬한 것이 교과서다. 그러나 현실적으로 교과서 집필자가 이들 학설 중에서 자신의 학문적 소신과 양심에 따라 자율적으로 취사선택(取捨選擇)하여 집필할 수 있는 것은 아니다. 교과서 집필에는 교육부에서 제시한 교육과정과 집필기준이 있어 반드시 그에 따라 편찬한 후 교육부 장관의 검정을 통과해야만 한다.

현재 초·중등교육법 제29조(교과용 도서의 사용) ①항에는 '학교에서는 국가가 저작권을 가지고 있거나 교육과학기술부장관이 검정하거나 인정한 교과용 도서를 사용하여야 한다.'고 되어 있다. 검정 교과서와 관련된 모든 권한은 교육부장관이 보유하고 있다는 뜻이다. 한국교육과정평가원은 교육부장관의 위임을 받아 집필기준을 마련하고 출판사는 집필자를 구성하여 그 기준에 따라 교과서를 집필한 후 검정을 거치게 된다. 당연히 검정에 통과하기 위해서는 교육과정과 집필기준에 충실해야 하며 집필자의 소신에 따라 집필한다는 것은 상상할 수 없다.

교과서를 어떤 관점과 시각으로 쓸 것인지 또, 어떤 내용을 담을 것인지에 대해 안내한 것이 교육과정으로 교과서 집필의 근간이 된다. 이번에 한국교육과정평가원에서 발표한 교육과정 시안을 보면 지금까지 전근대사와 근현대사가 대략 5:5 수준이었던 것이 2.5:7.5 수준으로 수정되어 근현대사의 비중이 압도적으로 높아졌다. 만약 집필자가 전근대사의 비중이 높아야 한다는 소신에 따라 7.5:2.5로 바꾸어 편찬할 수 있을까? 어불성설(語不成說)이다.

교육과정 다음으로 따라야 하는 것이 집필 기준으로 이는 더 구체적이고 세세하다(〈표 참조〉). 집필자는 이 기준에 따라야 하며 이 모든 것이 검정 심사의 대상이 된다. 이윤을 창출해야 할 민간 출판사에서는 편찬 과정에 투자한 많은 자금을 회수해야 하고, 또 교과서를 출판하여 이윤을 창출해야 한다. 당연히 집필자에게 교육과정과 집필 기준을 지켜줄 것을 강력하게 요구할 수밖에 없다. 집필자도 마찬가지다. 무엇보다 자신이 집필한 교과서가 검정을 통과해야만 한다. 당연히 집필기준을 떠나 자신의 학문적 소신에 따라 집필한다는 것은 엄두도 낼 수 없다. 집필자는 더 이상 자율적 편찬자가 아니라 어떻게 하면 하나라도 덜 틀리고, 좀 더 보기 좋게 꾸밀 것인지 고민해야 하는 편집자에 지나지 않는다. 이는 이번 집필기준 시안 공청회에서 나온 아래 언급을 보더라도 알 수 있다.

역사 교과서 집필 기준에 표현 사용 여부

※박근혜 정부 때 2015 개정 교육과정 집필 기준에 따라 개발된 국정교과서는 현장 적용되지 않음.

	2007 개정 노무현 정부	2009 개정 이명박 정부	2015 개정 박근혜 정부	2020 적용 예정 시안 초안 문재인 정부
북한 인권	○	○	○	×

새 역사교과서 집필기준 시안 주요 변화(2015 개정 교육과정 대비)

바뀐 부분	• 6·25 관련: '북한 정권의 전면적 남침으로 발발한 6·25전쟁의 전개 과정, 전쟁으로 인한 피해를 살펴본다'	➡ '6·25전쟁의 배경과 전개 과정을 살펴보고 전후 남북 분단이 고착되는 과정을 파악한다'
	• 건국 관련: '대한민국 수립'	➡ '대한민국 정부 수립'
	• 민주주의 관련: '자유민주주의'	➡ '민주주의'
삭제한 내용	• 전쟁 관련: 인천상륙작전, 중국군 참전, 한미 상호방위조약 등	
	• 경제 관련: 수출제일주의, 외환위기 극복, 새마을운동 등	
	• 외교 관련: 동북공정	
새로 생긴 내용	• 경제 관련: 정경유착	

▲ 동아일보 2018. 2. 5.

교육과정과 집필기준은 교과서 집필자에게는 금과옥조로 여겨져 내용에 있는 한 글자 한 글자의 의미와 심지어 행간의 의미까지도 세세하게 살피게 되는 것이다. 따라서 교육과정과 집필기준에 따라 교과서의 방향, 내용, 분량들이 결정되고 이는 대다수 학교의 역사교육을 지배하게 된다.

〈2017. 12. 27. 중학교 역사·고등학교 한국사 교육과정 및 집필기준 시안 개발 2차 공청회 중에서〉

이 글은 현행 7종 한국사 교과서 중 채택률이 가장 높은 교과서의 대표 집필자가 현장에서 경험한 소회(所懷)를 솔직하게 언급한 것이다. 교육부의 집필 기준은 과거 군사정권에서 언론사에 내려진 보도지침과 같은 맥락이라고 생각하면 이해가 쉽다. 이러한 상황에서 집필자에게 자주성과 전문성 그리고 정치적 중립성이 보장된다고 장담할 수 있는 사람이 과연 얼마나 될까? 이는 곧 현행 검정 교과서도 아무리 여러 종류로 발행한다 하더라도 국정 교과서의 편찬 과정과 전혀 차이가 없다는 뜻이다. 자율성이 제한 받을 수밖에 없는 구조는 검정이나 국정이나 마찬가지다.

아무튼, 이러한 과정을 거쳐서 검정을 통과한 교과서가 발행된 하더라도 교육수요자인 학생들에게 역사 인식의 다양성 실현할 수 있는가는 또 다른 문제다. 설령 발행된 교과서 중에 다소의 미묘한 차이가 있다하더라도 학생들은 학교에서 정해주는 하나의 교과서로 공부한다. 역사 인식의 다양성 실현은 7종 교과서를 모두 읽고 비교 검토할 때나 가능하다. 하지만 학생들은 자신이 공부하는 교과서 외에는 어떤 교과서가 있는지조차도 모른다. 그렇다고 교사가 여러 종류의 교과서를 종합하여 친절하게 가르쳐주기를 기대할 수도 없다. 결국 국정 교과서나 검정 교과서나 학생들 입장에서 하나의 교과서로 공부한다는 점에서는 동일하며 검정의 차별성이나 우월성은 눈을 씻고 찾아봐도 없다.

이번 토론 과정에서 자주 등장하는 언급이 자유발행제다. 자유발행제라는 것은 집필 기준 없이 집필자의 뜻에 따라 자유롭게 편찬하여 학교에 보급한다는 제도다. 이는 검정제가 안고 있는 자율성 침해에 대한 반발에서 나온 솔직한 고백이라 할 수 있다. 하지만, 자유발행제가 가능하기 위해서는 수학능력시험을 비롯한 모든 국사 시험의 폐지가 전제되어야 한다. 출제의 기준으로 삼을 교과서를 특정할 수 없고 학설 문제가 제기될 경우 대응할 수 없기 때문이다. 그렇다면 어떤 시험에도 출제되지 않는 국사 교과서를 일선 학교에서 가르친다는 것은 불가능하다.

때문에 선사시대부터 현대까지의 방대한 우리의 역사를 학생들 수준에 맞도록 편찬하기 위해서나 교육정책의 일관성과 안정성을 위해서 집필 기준은 반드시 필요하다. 그렇다면 국정 교과서나 검정 교과서는 1종과 7종의 숫자 차이 외에 아무런 차별성이 없다. 결국 국정 국사 교과서를 반대한 수많은 지식인과 국민들이 국정은 획일적 역사관을 강요하는 것인 반면 검정 교과서는 역사 해석의 다양성을 실현할 수 있는 최선의 방법이라 한 주장은 진실을 호도한 선동 구호에 지나지 않았다.

교과서는 학술서가 아니다. 검정이든 국정이든 집필 기준에 의해 편찬되는 현실에서 교육의 자주성과 전문성을 보장하고 역사 인식의 다양성을 실현한다는 것은 애초에 불가능하다. 그럼에도 역사학자들과 교육감을 비롯한 수많은 지식인들이 성명서를 발표하여 국정교과서는 악(惡), 검정교과서는 선(善)으로 낙인(烙印)하여 마침내 국정 국사 교과서의 명줄을 끊어 놓았다. 그들은 과연 학술서와 교과서를 구분할 수나 있는지 궁금하다. 무엇보다 국정 국사 교과서를 반대한 지식인들 중에 교과서를 단 한 줄이라도 읽어본 사람이 있는지 물어보고 싶다. 지식인은 자신이 읽고 스스로 판단해야 한다. 8종 검정 교과서와 국정 교과서를 다 읽고 나서야 검정과 국정의 차별성이 눈에 들어온다. 교과서를 읽지 않고 교과서에 대해 왈가왈부하는 것은 춘향전을 읽지 않고 춘향전에 대해 떠드는 것과 무엇이 다른가? 그러니, 교과서 한 줄 안 읽고 교과서를 반대한 지식인들의 행동은 부화뇌동(附和雷同)이라는 말 외에 달리 설명할 길이 없다. 참으로 낯 뜨거운 일이다.

4. 다양성을 빙자한 검정 교과서는 폐기만이 답이다

교육부에서는 최근 2020학년도부터 사용할 국사 교과서 편찬을 위한 교육과정과 집필기준 시안을 마련하여 세 차례의 공청회를 마쳤다. 여기서 가장 두드러진 점은 전근대사와 근현대사 비율을 종전의 약 5:5에서 2.5:7.5로 조정하고 집필기준을 대폭 완화하여 3분의 1 수준으로 축소하였다. 아마도 집필자의 자율권을 보장하기 위한 조처로 보여 진다. 그러나 과거 교학사 교과서 파동 때나 국정교과서 파동 때도 그랬듯이 이번에도 교과서 수요자인 학생의 입장을 고려한 흔적이 전혀 보이지 않는다. 교과서의 주인은 학생이며 학생들의 입장을 도외시한 교과서는 무용지물(無用之物)이다.

교과서 집필에는 집필 기준이 있어 반드시 이를 따라야 한다. 그런데, 이 집필 기준이 양면성을 띠고 있다. 기준이 지나치게 세세하고 구체적이면 교과서별 차별이 없어져 굳이 여러 종으로 발행할 이유가 사라진다. 반면 집필 기준을 대폭 완화하여 집필자의 자율성을 보장하면 교과서마다의 차별성이 확연하여 역사 인식의 다양성을 실현할 수 있는 것처럼 여겨진다. 하지만 이는 교과서가 다르다는 것이지 역사 인식의 다양성을 실현한다는 것을 의미하지는 않는다. 오히려 이런 교과서별 차별이 늘어나면 늘어날수록 문제는 더 심각해질 수밖에 없다. 비교적 구체적이고 세세한 집필 기준에 의해 발행된 현행 7종 교과서를 보면 그것을 알 수 있다.

1) 빈약한 집필진 - 부실 교과서는 필연

2015년 국정 국사 교과서 문제가 불거졌을 때 문재인 대통령은 당시에 "민간이 발행하는 검인정교과서들은 모두 집필진 전원은 물론, 내용을 검토하는 연구위원과 검증위원들의 명단까지 공개한다. 그런데도 정부가 국정교과서 집필진을 공개하지 않겠다는 것은 공개에 자신이 없고 당당하지 못하다는 고백이다. 정부가 집필진의 명단을 숨긴다면 우리는 집필진이 부실하거나 편향됐기 때문이라고 판단하지 않을 수 없다."고 주장한 바가 있다. 당시 교육부에서는 집필진의 숫자뿐만 아니라 대부분 역사 전문가가 참여하고 있다는 점을 누차 강조하였음에도 각계의 반발과 공세는 누그러들지 않고 계속되었다.

그렇다면 국정교과서 집필진에 대해 비난을 퍼부은 측에서는 검정 교과서 집필진에 대해서도 한 번쯤은 언급했어야 공평하다. 하지만 대통령을 비롯하여 그 누구도 검정 교과서 집필진에 대해서는 일언반구도 꺼낸 바가 없다. 검정 교과서 집필진이 훨씬 많은 전문가가 참여하였거나 전문성이 뛰어났다면 할 말이 없겠으나 그렇지가 않다. 아래가 현행 7종 검정 교과서의 집필진이다.

출판사	교수·연구원		교사	기타	전체	대표집필자
	전근대	근현대				
금성출판사	2	2	4		8	근현대
동아출판	1	1	5		7	근현대
리베르스쿨	0	0	4	1(영어)	5	교사
미래엔	0	2	6		8	근현대
비상교육	1	1	6		8	근현대
지학사	2	2	4		8	근현대
천재교육	2	2	5		9	근현대
국정(2015)	11	10	6		27	

이를 보면 모든 검정 교과서의 필진 중에는 비전문가인 교사가 교수보다 훨씬 많다. 더구나 7종 교과서의 모든 교수 수를 합해도 국정교과서 교수 수에 미치지 못한다. 특히 검정 7종은 고대와 고려, 그리고 조선을 아우르는 긴 역사를 다루는 부분에 많아야 두 명의 전문가가 전부다. 리베르스쿨의 경우 교사 1명이 고대와 중세(고려)를 집필하는가 하면 국권상실기를 다룬 5단원은 영어과 출신 회사 대표가 전담하였다. 7종 교과서 전반에 걸쳐 오역(誤譯)과 오류(誤謬), 그리고 왜곡(歪曲) 서술이 만연(蔓延)한 이유가 바로 여기에 있다.

2) 역사 인식의 다양성 - 중구난방 서술의 다른 표현

검정 교과서 발행은 기본적으로 '다름'을 전제로 하고 있다. 다르지 않다면 굳이 여러 종의 교과서를 만들 이유가 없기 때문이다. 검정 제도를 주장하는 측의 논리대로라면 이 '다름'은 곧 '역사 인식의 다양성'이라는 뜻이다. 명분이야 그럴 듯하지만 교육 수요자인 학생 입장에서는 차별 교육이고 공정하지 못한 교육일 뿐이다.

옹관묘(甕棺墓) 서술을 보더라도 옹관(甕棺) 사진을 실어놓고 버젓이 '독무덤'이라 하는가 하면, 어떤 교과서는 신석기 시대, 어떤 교과서는 철기시대의 무덤 양식으로 서술하고 있다. 한국사 능력검정시험에서는 신석기시대 무덤 양식으로 알고 답을 쓰면 오답이라는 국편의 답변을 받은 바도 있다. 암각화(巖刻畵)에 대해 두 면을 할애하여 자세하게 설명한 교과서가 있는가 하면 일부 교과서에는 언급조차 하지 않았다. 또, 어떤 교과서에는 암각화라 하고 어떤 교과서에는 바위그림이라 했다. 학생들마다 서로 다르게 배우는 것이다.

1882년 조미 조약의 관세에 대해 비교적 높은 관세율을 적용했다는 교과서가 있는가 하면 낮은 비율의 관세를 부과했다는 교과서도 있다. 또, 관세를 부과한 사실만 서술한 교과서가 있는가 하면 아예 언급조차 하지 않은 교과서도 있다. 1894년 갑오개혁 때의 개국기년(開國紀年) 사용에 대해서도 다양한 서술은 이어진다. 처음으로 개국(開國)이라는 연호를 사용하였다고 한 교과서가 있는가 하면, 개국기년을 사용했다는 교과서, 개국기원을 사용했다는 교과서, 아예 서술이 없는 교과서도 있다. 이 경우는 아예 서술이 없는 경우가 차라리 낫다. 개국(開國)은 연호가 아닐 뿐만 아니라 개국기년은 1894년이 아닌 1876년부터 이미 사용되었기 때문이다. 교과서마다 다른 서술에다 엉터리라는 오명까지 덮어썼다.

건국(建國) 논란도 혼란스럽기는 마찬가지다. 단원 제목만 보더라도 건국 준비, 건국 노력, 독립 준비, 광복 준비 등 비슷한 듯 다른 용어를 쓰고 있다. 더구나 금성출판사는 건국이란 말이 거슬렸는지 '신국가 건설'이라는 이해 불가의 용어를 썼다. 신(新)이라는 글자가 '신세계', '신세대', '신여성'과 같이 추상적으로 사용되는 글자인데다 건설은 또 어떤 의미인지 알 수가 없다. 이렇듯 다양성은 곧 중구난방 (衆口難防)과 동의어다.

출판사	단원 제목 – 1945년 무렵
금성출판사	신국가 건설을 위한 노력과 국제 사회의 움직임
동아출판	한국의 독립을 준비하다.
지학사	광복을 준비하는 움직임
리베르스쿨	국내외의 건국 노력과 국제 사회의 움직임
비상교육	건국 노력과 국제 사회의 움직임
미래엔	무장 독립 전쟁의 전개와 건국 준비 활동
천재교육	민족 운동 세력의 결집과 건국 준비

3) 역사 왜곡 – 채택율에 숨겨진 비밀

교과서의 분량과 채택율도 문제다. 분량의 경우 가장 많은 금성출판사 교과서와 가장 적은 동아출판사 교과서와의 차이는 무려 100쪽이나 된다. 학생 입장에서 학습 부담 면에서는 동아출판 교과서가 유리할 수 있으나, 그만큼 배우는 내용이 적다는 점에서는 불리하다. 학생 입장에서는 공평하지 않다는 뜻이다.

출판사	면수(부록제외)	채택률(2014)
미래엔	364	33.2%
비상교육	404	29.4%
천재교육	363	16.0%
금성출판사	431	7.5%
지학사	407	6.1%
리베르스쿨	385	4.1%
동아출판	330	3.6%

문제는 채택율이다. 채택율이 높은 교과서는 내용이 충실하고 오류가 적을 것으로 생각하기 쉽지만 반드시 그렇지도 않다. 채택율의 차이에는 더 큰 역사 왜곡이 도사리고 있다. 가령 1948년 건국이 다수설이고 1919년 건국이 소수설이라 하더라도 채택률이 낮은 교과서에 다수설이 실리고 채택율이 높은 상위 3개 교과서에 소수설이 실릴 경우 소수설은 그 순간 다수설로 둔갑한다. 같은 또래 중 80%에 가까운 학생들이 상위 3개 출판사의 교과서로 공부하기 때문이다.

조일수호조규 무역규칙의 항세(港稅)에 관한 서술은 또 다른 왜곡을 보여준다. 채택률 하위 교과서에는 항세 부분이 아예 서술되지 않은 교과서가 있는가 하면 상위 3개 교과서에는 항세를 납부하지 않는다고 서술되었다. 대부분의 학생들은 무역규칙에서 무항세 허용으로 배우는 것이다. 하지만, 무역규칙 7칙에는 상선(商船)에 대해서는 배의 크기에 따라 항세를 차등 부과하였으며, 일본 정부 소속 선박 즉 관선(官船)에 대해서는 항세를 납부하지 않는다는 예외조항을 두었다. 당연히 서술하지 않은 교과서가 차라리 올바른 교과서이지만 80%에 가까운 학생들이 상위 3개 교과서로 공부하니 오류도 역사적 사실로 둔갑하게 된다.

4) 오류 수정 – 애초에 불가능

검정 교과서의 오류가 제기될 때마다 나오는 이야기는 오류가 있는 교과서는 검정 과정에서 거르면 되고, 나중에 문제가 있으면 그때마다 수정하면 된다고들 한다. 말은 쉽지만 현실은 그렇진 않다. 한때 교육부에서 오류 수정을 권고했을 때 집필자들은 '검정제도의 취지를 훼손하고, 역사교육을 정권의 입맛에 맞게 길들이는 시도"라며 수정 권고를 거부한 적이 있다. 그 성명 발표를 보는 순간 '저 사람들은 자신들이 집필한 교과서조차 제대로 안 읽는 모양이다.'고 혼자 중얼거린 적이 있다. 솔직히 현행 검정 교과서는 오류가 곳곳에 널려 있다. 그런데도 집필자들이 수정 권고를 거부한 것을 보면서 과연 학자적 양심이나 있는 건지 의구심이 든 적이 있다.

필자는 2014년부터 지금까지 교과서 출판사와 국사편찬위원회에 교과서 오류에 대해 수없이 많은 민원을 제기하였으며 상당 부분 수정되기도 하였다. 하지만, 어느 순간 문제 제기를 포기할 수밖에 없었다. 교과서마다 오류가 예상 외로 많은데다가 혼자 8종을 감당하기에는 너무나 벅찼기 때문이다. 무엇보다 개별 교과서의 단순 오류는 그나마 쉽게 수정하지만, 모든 교과서에 있는 학설 오류는 받아들이는 경우가 거의 없다. 그런 경우 출판사는 국편에 책임을 미루고, 국편은 개별 출판사에 대해 관여할 입장이 아니라고 또 미룬다.

신라의 국사(國史)와 백서의 서기(書記)는 역사서가 아닌데도 역사서로 가르치고 있다. 진경산수(眞景山水)는 존재할 수도 없는 용어임에도 실경산수(實景山水) 다음에 등장한 산수화로 가르치고 있다. 동국진체는 최초의 학설 제기자가 초보적인 한문을 오역하면서 제시한 황당한 용어임에도 교과서에 실어 가르치고 있다. 1894년 고부민란 때 전봉준이 집강(執綱)에게 돌렸다는 사발통문(沙鉢通文)은 통문도 아닌 잡기(雜記)라는 지적에도 여전히 교과서에 실려 있다.

모든 교과서에 1873년 흥선대원군이 하야하고 고종이 친정(親政) 시작을 선포했다고 서술하고 있지만, 승정원일기나 고종실록 등 정사(正史)에는 1866년 2월 13일 조대비가 철렴(撤簾)하고 고종의 친정을 선포했음이 명백하게 기록되어 있다. 국편에서는 1873년 흥선대원군 하야와 친정 선포에 대한 근거를 제시하라는 필자에 요구에 최익현의 상소 중 '종친의 반열에 속하는 사람들은 단지 지위를 높이고 녹봉을 후하게 주어 그 좋아하고 미워하는 것을 함께 하도록 하고 나라의 정사에는 간섭하지 못하도록 하라.'는 부분을 근거라고 제시하였다.

5) 평가 문제 – 다양성 강화는 평가 불가의 길

집필자의 자율성이 보장될수록 교과서별 서술의 출입(出入)은 점점 더 심해진다. 서술의 출입이란 어떤 책에는 있고 어떤 책에는 없는 것을 이른다. 교과서만 충실히 공부해도 어떤 시험에서도 문제가 없으려면 모든 교과서에 공통으로 서술된 내용을 출제해야 한다. 그렇지 않을 경우 불이익을 당한 학생의 반발이 예상되기 때문이다. 실제로 2018학년도 수능 한국사 15번 지문에는 현행 7종 중 3개 교과서에만 수록된 '수탈'이라는 단어와 어느 교과서에도 없는 '수탈 정책'이 출제되었다. 이에 대해 수차례의 문제를 제기하였으나 그때마다 '현행 교과서와 학계의 통성을 근거로 출제했다.'는 답변만 계속 하고 있다. 현행 7종 교과서는 시험 출제자에게는 지뢰밭이나 다름없다. 곳곳에 오류와 서술 출입의 문제가 도사리고 있기 때문이다.

이처럼 현행 검정 국사 교과서는 다방면에 심각한 문제를 안고 있다. 전문성이 떨어지는 몇 안 되는 집필진으로 인한 오역과 오류는 곳곳에 도사리고 있으며, 다양성을 빙자한 역사 왜곡과 중구난방식 서술은 눈과 머리를 어지럽게 한다. 서로 다른 학설을 서로 다른 교과서에 실어놓고 다양성이라 강변(強辯)하고 있는 것이다. 검정제로 발행되는 여타 과목에서 서로 다른 학설을 서로 다른 학생에게 가르치는 경우는 없다. 국어 과목에서 학생들마다 다른 문법을 가르친다는 것을 상상이나 할 수 있겠는가? 하지만 우리 국사학계에서는 이러한 것이 마치 당연한 듯이 받아들여지고 있다.

우리 역사는 하나다. 학생들이 공부하는 교과서도 하나다. 다양한 역사 인식을 추구하려면 하나의 교과서에 담아서 가르쳐야 한다. 서로 다른 교과서에 서로 다른 사실이나 대립된 학설을 실어 가르치는 것은 국론 분열과 갈등의 씨앗을 뿌리는 것이나 다름이 없다. 친한 친구끼리도 학교가 다르면 서로 다른 교과서로 서로 디는 내용을 배우는 현실은 반드시 고쳐져야 한다. 그런 이유에서 현행 검정 7종 교과서는 폐기만이 답이다.

5. 국사 교육 표준안을 만들어야 한다

언젠가 고등학교를 막 졸업한 사회 초년생으로부터 공무원 시험을 준비 중인데 국사는 어떤 책으로 공부하면 좋을지 추천해달라는 부탁을 받은 적이 있다. 고등학교에는 8종 검정 교과서가 있고 시중에는 수험서가 넘쳐나지만 선택하기가 쉽지 않다는 하소연이었다. 그런데 막상 추천하려고 하니 교과서든 수험서든 떠오르는 책이 없다.

우선 '한국사'라는 이름의 고등학교 검정 교과서는 분량으로 보나 서술 출입(出入)으로 보나 너무나 다양하다. 분량 면에서는 가장 많은 것과 적은 것의 차이가 무려 1백 쪽이나 된다. 내용으로 들어가면 어느 교과서에는 있고 어느 교과서에는 없는 서술, 모든 교과서에 실려 있으나 역사를 왜곡한 서술, 일부 교과서에 있으면서도 없는 것만 못한 엉터리 서술, 교과서마다 서로 다른 서술 등 한마디로 중구난방(衆口難防)이다. 이런 교과서를 두고 하나로 공부하자니 불안하고 8종을 다 보자니 엄두가 나지 않는다. 시중에 나와 있는 수험서는 더 말할 것도 없다. 8종 교과서와 앞서 출제된 내용들을 모두 담다 보니 대부분의 수험서가 1천 5백 쪽을 오르내린다. 의지할 곳 없는 수험생들은 결국 학원을 찾게 되고, 덩달아 국사 사교육 시장은 날로 커져만 가고 있다.

이 모든 문제는 고등학교 수준의 학생들이나 일반인들이 믿고 볼 수 있는 통일된 국사(國史)가 없기 때문이다. 국사 교과서 편찬을 위한 집필 기준이 있기는 하나 이는 집필의 방향을 정한 것이지 내용을 서술한 것은 아니다. 더구나 집필 기준 마련에 참여하는 인사는 누가 어떤 기준에 의해 선정하는지도 알 수 없다. 전문성은 갖추었는지, 좌우 균형은 이루었는지, 시대별 전문가가 골고루 참여하였는지 등 모두가 오리무중이다. 한국교육과정평가원 담당자가 몇몇 지인에게 전화로 참여를 요청하는 것인지, 아니면 공지를 통해 공개적으로 모집하는 것인지 알려진 게 아무것도 없다.

평가원에서 지난 12월에 시행한 3차 집필기준 시안 공청회 순서를 보면 평가원 소속 담당자와 현직 교사가 발제자 명단에 올라 있다. 교사는 지식 전달자이지 전문가가 아니다. 집필 기준은 비전문가인 교사가 마련하는데 교과서의 대표 집필자는 정작 대부분이 교수다. 교수가 집필한 교과서를 교사가 마련한 집필 기준을 근거로 평가하여 합격과 불합격을 판정한다. 주객전도(主客顚倒)의 어처구니없는 일이 벌어지고 있는 것이다.

집필 기준 마련 이후에 진행되는 교과서 편찬 과정은 또 다른 문제다. 집필 기준에 따라 교과서를 편찬할 때 어떤 자료를 근거로 편찬하는지 알 수 없다. 대체로 국사편찬위원회에서 운영하는 '우리역사넷'에 수록된 자료를 기본으로 편찬할 것이라는 추측만 할 뿐이다. 하지만 '우리역사넷'의 자료는 그 분량이 방대한데다 애초에 잘못된 서술, 새로운 연구 성과가 반영되지 않은 서술, 논문으로 써서 수정하기 곤란한 사소한 오류 등이 적지 않다. 무엇보다 '우리역사넷'의 내용은 수정할 수 없다.

예를 들어 모든 고등학교 교과서에 1873년 최익현의 흥선 대원군 탄핵 상소를 계기로 대원군이 하야하고 고종이 친정을 선포했다고 서술되어 있으나 이는 전혀 사실과 다르다. 최익현의 상소에는 흥선 대원군의 탄핵을 요구한 내용도, 고종의 친정을 요구한 내용도 없다. 흥선 대원군은 하야(下野)라는 말이 어울리는 자리에 있지도 않았으며, 승정원일기나 고종 행장(行狀)을 보더라도 고종의 친정은 1866년 2월 13일에 이미 시작되었다. 또, 대부분의 교과서에서 고부 민란이 일어나기 전인 1893년 말에 배포했다고 소개한 사발통문(沙鉢通文)도 실상은 통문이라고도 할 수 없는 잡기(雜記)에 지나지 않는다. 이처럼 모두가 역사적 사실로 믿고 있는 오류들이 수정되지 않은 채 교과서에 수록되어 학생들에게 제공되고 있는 것이다. 이런 오류가 한 둘이 아니라는 점과 현행 교과서 편찬 체제에서는 수정이 불가능하다는 점에서 문제는 심각하다.

그렇다면 어떻게 해야 할 것인가. 방법은 '국사 교육 표준안'을 마련하는 것이다. 국립국어원에서 우리 국민이면 어느 누구도 의심하지 않는 표준국어대사전을 편찬하듯이 현재 국사편찬위원회 '우리역사넷'에 등재된 자료를 비롯한 연구 성과를 토대로 고등학교 학생들 수준에서 알아야 할 내용을 선별하여 '국사 교육 표준안'을 하련하는 것이다.

이러한 작업을 위해서는 전담 부서를 설치하고 각 시대별 전문가들을 모아 안정적이고도 지속적인 연구와 편찬이 가능하도록 해야 한다. 표준안을 마련하기 위해 구성된 담당 연구자들은 학계의 통설과 정설을 위주로 현행 고등학교 교과서 분량의 2~3배에 이르는 대략 1천 쪽 내외의 표준안을 마련하도록 한다. 연구자들은 기존 자료를 수합하여 별 논란이 없는 부분은 바로 정리하고, 이설(異說)이나 소수설이 필요한 경우 부기(附記)하여 참고할 수 있도록 하며, 새로운 연구 성과를 반영하여 수정하거나 추가하되, 학설의 대립이 첨예한 부분은 해당 분야 학회나 연구자 등에게 연구를 의뢰하여 결과를 도출하도록 하면 된다.

이렇게 정리된 표준안을 별도의 홈페이지에 공개하여 누구나 열람하며 문제를 제기할 수 있도록 하여 지속적으로 수정하고 보완한다면 모두가 공감할 수 있는 표준안이 될 것이다. 현행 검정 교과서의 오류는 출판사마다 일일이 문제 제기하는 것도 어렵지만 출판사 입장에서 재량권을 넘어서는 부분도 적기 않기 때문에 잘못된 서술임에도 수정이 불가능한 경우가 대부분이다. 하지만 표준안이 마련될 경우 문제 제기와 수정이 모두 표준안으로 일원화되기 때문에 효율적인 수정과 관리가 가능해진다.

국사 교육 표준안이 마련된다면 초·중·고 국사 교과서 편찬의 토대가 되고, 각종 시험 출제의 근거로 삼을 수 있을 것이다. 검정 교과서를 발행하는 출판사에서는 굳이 대학 교수가 아니더라도 교과서를 제대로 아는 능력 있는 교사와 출판사 전문 인력만 투입해도 좋은 교과서를 만들 수 있을 것이며, 잘만 운용하면 수험생들의 고충을 덜어줄 뿐만 아니라 사교육비 절감의 효과도 있을 것으로 기대한다.

무엇보다 모든 내용이 역사 전문가에 의해 관리되기 때문에 비전문가인 특정 세력의 영향력으로부터 자유로울 것이다. 특히 국사 교과서 개정 때마다 반복되는 국론 분열과 갈등도 당연히 해소할 수 있을 것으로 기대된다. 더 욕심을 부린다면 이를 축약 또는 재편집하거나 영어 또는 일본어를 비롯한 외국어로 번역하여 우리의 자랑스러운 역사를 외국에 알릴 수 있는 기본적인 자료가 될 수도 있다. 이와 같은 여러 가지 이유에서 '국사 교육 표준안'은 반드시 마련되어야 한다.

출판사별 오류 일람

금성출판사

면	본문	정정	참조(본서)
31	남의 물건을 훔친 자는 **재산을 몰수하고** 그 집의 노비로 삼으며,	도둑질 한 자는 **남자는 몰수하여** 가노(家奴)로 삼고, 여자는 비(婢)로 삼는다. 재산을 몰수한다는 내용은 없음.	18
33	간음한 자와 투기한 부인은 사형에 처하였다.	남녀가 간음(姦淫)하거나 부인이 투기하면 모두 죽인다.	20
36	형옥을 **판결하고** 죄수를 풀어준다.	형옥을 **중단하고** 죄수를 풀어준다.	24
49	행인을 약탈한 자 등을 모두 사형에 처하였다.	살인하거나 약탈한 자는 목을 벴다.	
49	김춘추는 화백 회의에 의해 태종무열왕으로 추대되었다.	김춘추는 화백 회의에 의해 왕으로 추대되었으니 그가 태종무열왕이다.	
49	시체가 불에 타서 문드러지면 다시 목을 베었다.	온몸을 불로 태워 문드러진 후에 목을 베었다.	
58	[표] 신라의 중앙 행정 기구 왕 아래에 집사부 병부 조부 창부 예부 승부 사정부 예작부 선부 영객부 위화부 좌우 이방부 공장부로 표시	집사부(執事部), 창부(倉部), 병부(兵部)는 위화부(位和府) 이하 공상부(工商府)까지 12부(府)와는 구분하여 표시해야 함	
71	삼국의 역사서는 모두 중앙 집권 체제를 확립하고 역역을 확장하던 시기에 편찬되어 국왕 중심의 역사관에 입각하여 편찬되었다.	고구려 영양왕은 이에 해당되지 않으며, 신라의 '국사'와 백제의 '서기'는 역사서라 할 수 없음	
71	백제는 근초고왕 때에 고흥이 '서기'를, 신라는 진흥왕 때에 거칠부가 '국사'를 편찬하였다.	서기와 국사는 서명(書名)이 아님	49
93	아집도대련	아집도 대련(부분). 대련(對聯)은 두 폭이 있어야 하므로 한 폭만 있는 그림은 '부분'으로 표시해야 함	

면	본문	정정	참조(본서)
97	과거를 통해 문벌 귀족 대신 문학적 소양과 행정 실무 능력을 갖춘 관리를 적극 등용하였는데, 이규보가 그 대표적인 인물이었다.	이규보는 최충헌 때 이미 등용되었음	
100	양민을 노예로 삼고 있다. 각 지방 향리, 역리, 관노비, 백성으로 역을 도피한 자들이 모두 도망가니 이들을 숨겨 크게 농장을 만든다.	혹은 양민을 노예로 삼기도 하였으며, 주·현(州縣)의 역리(驛吏), 관노(官奴), 백성 가운데 역(役)을 회피한 자들을 모두 빼돌리고 숨겨서 크게 농장(農莊)을 설치하였다.	
100	명령이 나오자 호부(豪富)의 다수가 빼앗은 전민을 그 주인에게 돌리므로 안팎이 기뻐하였다.	명령이 발표되고 나서 권세가들이 대부분 점탈했던 전민(田民)을 그 주인에게 돌려주자 온 나라가 기뻐하였다.	
109	고려 귀족의 삶 공경들의 저택이 십리에 뻗치니 커다란 누각은 춤추는 듯/서늘한 마루, 따스한 방이 즐비하게 갖춰있어/그 벽이 휘황하고 단청이 늘어섰네./비단으로 기둥 사고 오색 양탄자로 땅을 깔고 온갖 진기한 나무와 이름난 화초들	공경들의 여러 집들이 10리에 이어져/화려하고 우뚝한 누각은 봉황이 춤추고 이무기가 일어나는 듯/서늘한 마루, 따스한 집들은 비늘처럼 섞이고, 빗처럼 줄지었네./금벽은 밝게 비치고 주취(朱翠)는 촘촘히 늘어섰네./붉은 비단으로 나무를 감싸고 오색 담요를 땅에 깔았네.	
147	처음에 왕은 의정부의 권한이 막중함을 염려하여 이를 혁파할 생각이 있었는데, 이에 이르러 신중히 행하였다.	처음에 임금이 의정부의 권한이 막중한 것을 염려하여 이를 개혁할 생각이 있었으나 신중하게 여겨 서둘지 않다가 이때에 이르러 단행하였다.	
181	**15세 이하 어린아이**에게 군포를 징수하는 것을 황구첨정이라고 하였다.	황구(黃口)는 3세 이하의 어린아이를 가리킨다.〈隋書, 食貨志〉	
182	북풍이 소슬하고 해는 **서산에 졌는데**, 외딴 마을 한 아낙네 하늘에 대고 통곡한다./나그네 듣고서 그냥 지나치지 못해, 말 멈추고 물어보니 그 아낙네 하는 말.	북풍은 윙윙거리고 **변방의 해는 지는데** 외딴 마을 여인이 하늘을 우러러 통곡한다./우산으로 돌아가던 나그네 차마 들을 수 없어 말을 멈추고 묻고자 하니 마음이 참담하다.	
182	포대기에 쌓인 갓난아기 장정으로 군적에 올려서	쌓인→싸인	

면	본문	정정	참조(본서)
186	도회지 주변의 파밭, 마늘밭, 배추밭, 오이밭 등에서는 4마기지 밭에서 많은 수입을 올린다.	서울 안팎과 번화한 큰 도시의 파밭, 마늘밭, 배추밭, 오이밭 등은 4마기지 땅이면 돈 수만을 얻는다.	
204	'금강전도'(정선) 대표적인 진경 산수화로, 18세기 화단을 크게 자극하였다.	진경 산수화→실경산수화	95
204	조선후기 그림에서 나타난 새 경향은 진경 산수화와 풍속화의 유행이다. 정선은 진경 산수화를 통해 우리나라의 자연을 그려내는 데 알맞은 구도와 화법을 창안해 냈다.	조선후기 그림에서 나타난 새 경향은 실경산수화와 풍속화의 유행이다. 정선은 실경산수화를 통해 우리나라의 자연을 그려내는 데 알맞은 구도와 화법을 창안해 냈다.	95
227	고종 친정과 대외 정책의 변화 1873년에 고종이 직접 정사를 돌보기 시작하면서 대외 정책에도 변화의 조짐이 나타나기 시작하였다.	고종의 친정 시작은 1873년이 아닌 1866년 2월 13일이다.	131
228	두 나라는 오랜 줄다리기 끝에 2월 3일 흔히 '강화도 조약'이라고 부르는 조·일 수호 조규에 서명하였다.	협상은 1달 정도 걸렸으며 서명이 아닌 날인(捺印)이므로 '2월 3일 조·일 수호 조규를 체결하였다.'는 표현이 적당	183
228	제10조 일본국 인민이 조선 항구에서 죄를 지었거나 조선국 인민에 관계되는 사건은 모두 일본국 관원이 심판한다.	제10관 일본국 인민이 조선국이 지정한 각 항구에 있으면서 만약 그가 범한 죄가 조선국 인민과 관계되더라도 모두 일본국에 귀속시켜 심의 판단하며, 만약 조선국 인민이 죄를 범한 것이 일본국 인민과 관계되더라도 모두 조선 관리에게 귀속시켜 사변(査辨)하되 각각 그 나라의 법률에 의거 신문(訊問)하고 판단하여 털끝만큼도 비호하는 일이 없이 공평하고 합당하기를 힘써야 한다.	201
228	일본 외교관의 여행 자유 인정	제1관은 '각 항구에 주류(駐留)하는 일본국 인민 관리관은 조선국 연해 지방에서 일본국 배가 파선되어 긴급할 경우, 지방관에게 알리고 해당 지역의 연로(沿路)를 지나갈 수 있다.'로 일본 외교관의 자유 여행과는 상관이 없음	208

면	본문	정정	참조(본서)
230	치외 법권을 잠정적인 것으로 하였으며 일용품 10%, 사치품 30%의 비교적 높은 관세율을 적용하였다.	제5관 ……각종 입항 화물로 민생의 일용과 관계있는 것은 상품 가격에 비추어 **100분의 10을 초과하여 징세할 수 없으**며, 사치품과 기호품인 양주·여송연(呂宋煙: 담배)·시계와 같은 것은 상품 가격에 비추어 **100분의 30을 초과하여 징세할 수 없다**. 출항하는 토산물은 모두 그 가격에 비추어 100분의 5를 초과하여 징세할 수 없다.	201
231	보빙사 일행 민영익, 홍영식, 서광범은 보빙사로 미국에 다녀왔으며,	보빙사는 방미사절단이 적당한 표현	269
242	군국기무처는 7월 28일부터 약 3개월 동안 21건의 개혁 입법을 처리하였다.	7월 → 6월	
242	중국 연호를 사용하던 관행을 버리고 **개국 기년**을 사용하였다.	중국연호 폐지는 1895년 3월 10일이며, 개국기년은 1876년부터 이미 사용하였음	277
243	집강소에서 실천하려 한 폐정 개혁안은	폐정 개혁의 주체는 정부이기 때문에 동학 농민군이 이를 실천하였다는 서술은 잘못	290
271	청 상인들이 개항장을 벗어나 서울을 비롯한 내륙에서 영업할 수 있는 길을 열어 주었기 때문이다. 일본 상인도 최혜국 대우를 내세워 중국 상인이 열어놓은 길을 따라 조선 시장 깊숙이 침투하기 시작하였다.	조·청 상민 수륙 무역 장정 제4조에는 양화진과 한성에서 개설이 허락된 영업소 외에 내지로 상품을 운입(運入)하여 가게를 열어 판매하는 것은 허락하지 않는다고 규정하였음	241
297	이 때문에 조선인의 1인당 쌀 소비량은 계속 하락하여 일본인의 절반 수준밖에 되지 않았다. 부족한 식량은 만주에서 수입한 조 등의 잡곡으로 충당하였다.	산미 증식 계획과 조선인 1인당 쌀 소비량 감소 및 식량 부족과는 상관이 없음	299
297	많은 농민들이 조합비와 비료 대금 등의 부담으로 토지를 상실하고 도시나 국외로 이주하였다.	조합비와 비료 대금 등이 농민들의 토지 상실 이유라 하였으나 직접적인 이유가 될 수 없음	

동아출판

면	본문	정정	참조(본서)
13	자료로 보는 역사 암각화로 신석기 시대 생활 모습을 보다	교과서에 자료는 암각화가 아닌 벽화	85
18	환웅이 잠시 변하여 결혼하여 아이를 낳았다.	환웅은 잠시 사람으로 변해 웅녀와 혼인하였고, 웅녀는 잉태하여 아들을 낳으니	13
22	이들은 죽어서도 커다란 무덤을 만들고 값비싼 부장품과 순장으로 자신의 지위를 과시하였다.	죽은 뒤에도 이들을 위해 커다란 무덤을 만들고 값비싼 부장품과 순장으로 지위를 과시하였다.	91
23	가뭄이나 장마가 계속되어 오곡이 영글지 않으면	홍수나 가뭄이 고르지 못하여 오곡이 익지 않으면	22
23	그들의 장가들고 시집가는 법은 여자가 10세만 되면 이미 혼인을 허락한다. 남편 될 사람이 여자를 자기 집으로 데려다가 길러서 아내를 삼는다.	시집가고 장가드는 법은 여자 아니 열 살에 혼인을 허락하면 사위집에서 데려다가 길러 며느리로 삼는다.	33
62	예전에 성종 때에 **국경** 방어 정책에 실수하여 요의 **침입을 신속하게 해 준 것은** 참으로 거울을 삼을 만한 일입니다. 신은 엎드려 바라옵건대 전하께서 장구한 계획과 원대한 대책으로 국가를 보전할 것을 생각하여 후회가 없도록 하십시오."라고 하였다. 재추들이 **비웃지 않는 사람이 없었고 또한 그를 배척하였다.**	옛날 성종 때에 **변경** 방어에 실책함으로써 요의 **침략을 초래하였으니** 진실로 거울로 삼을 만합니다. 신이 엎드려 바라건대 전하께서는 장구하고 원대한 대책을 생각하시어 국가를 보전하여 후회가 없도록 하십시오."라고 하자, 재추들이 **웃으면서 배척하지 않는 자가 없었다.**	
67	그래서 당시 사람들이 신돈을 늙은 여우의 **요정**이라고 하였다.	당시 사람들이 신돈을 일러 늙은 여우의 **요괴**라 하였다.	
68	그리고 그 표식이 없는 자는	표식→표지(標識)	
68	경성에서 물가가 폭등해 장사꾼들이 **털끝**만한 이해를 다투는 형편이었다.	개경의 물가가 급등하자 상인들이 **송곳이나 칼날만한** 이익을 두고도 다투었다.	

면	본문	정정	참조(본서)
69	옛 법에 의하면 이부는 문관의 선발을 담당하고, 병부는 무관의 선발을 맡았는데, 관리들의 근속 연월 수를 고려하며 그 근면과 태만을 구별하고 공로와 허물을 **표준하며** 재능의 유무를 평가하여 다 서면에 기록하여 두고 이것을 정안(政案)이라고 불렀다. 이것을 **가지고** 중서성에서 승진과 해직에 대해 논의하고 왕에게 보고하면, **문하부**에서 왕명을 받아 집행한다.	옛 제도에 이부(吏部)는 문관의 선발을 관장하고, 병부(兵部)는 무관의 선발을 관장하면서 근무 연월을 차례 짓고, 노일(勞逸)을 분별하고, 공과(功過)를 표시하고, 재부(才否)를 따져서 모두 서책에 싣고 이를 정안(政案)이라 하였다. 중서성에서 승진과 퇴출을 정하여 아뢰면 **문하성**에서는 왕명을 받들어 시행한다.	
70	[자료로 보는 역사] (충렬왕) 22년 5월에	5월→6월	
83	공사의 **노비**를 불러 높은 벼슬이 천한 **노비**에게서 많이 나왔으니	노비→노예	
88	[생각넓히기] 복희씨 때부터 하늘을 바라보고 땅을 관찰하였다.	복희가 위로 하늘을 보고 아래로 땅을 살핀 이래,	
88	공자가 노의 **역사서**에 따라 '춘추'를 만들 때	공자는 노나라 역사를 바탕으로 '춘추'를 편찬할 때	
84	문종 때 최충이 세운 문헌공도를 시작으로 사학 12도가 설립되었다.	문종 때 최충이 세운 구재(九齋)를 시작으로 사학 12도가 설립되었다. 문헌공도(文憲公徒)는 최충 사후 그의 시호를 붙여 제자들을 부르던 명칭	
84	상정고금례	87쪽에는 '상정고금예문'이라 하여 통일이 필요	
102	[서울 경복궁 근정전] 이곳에서 왕의 즉위식이나 과거 시험, 사신 접대와 같은 많은 의식과 행사가 열렸다.	조선조 국왕의 즉위는 근정전(勤政殿)과 같은 정전(正殿)이 아닌 문에서 간소하게 진행되었음	
109	올벼의 물갈이법은 추수 후 논물을 대기 쉬운 기름진 논을 골라 **겨울에 갈고** 거름을 넣는다.	올벼는 추수 후에 수원(水源)과 이어진 기름진 논을 골라 갈고, 겨울이면 거름을 넣는다.(早稻, 秋收後, 擇連水源高肥水田耕之, 冬月入糞.)	
109	자주 열어보아 뜨지 않도록 한다. 싹이 조금 나오면 논에 고루 뿌린다.	자주 열어보아 쭈그러들 때까지 두지 말고 싹이 두 푼 정도 자라면 논에 고루 뿌린다.	

면	본문	정정	참조(본서)
110	저들 도적이 생겨나는 것은 도적질하기를 좋아해서가 아니다. 굶주림과 추위에 몹시 시달리다가 부득이 **하루라도 더 먹고살기 위해** 도적이 되는 자가 많기 때문이다. 그렇다면 백성을 도적으로 만든 자가 과연 누구인가? 권세가의 집은 **공공연히 벼슬을 사려는** 자들로 시장을 이루고 무뢰배들이 백성을 약탈한다. 백성이 어찌 도적이 되지 않겠는가?	저 도둑이 생겨난 것은 좋아서 도둑이 되는 것이 아니라 배고픔과 추위에 내몰려서 어쩔 수 없이 하는 것이다. 진실로 하루라도 더 목숨을 연장하기 위한 자들이 대부분이니 그 백성들이 도둑이 되게 한 것은, 과연 누가 그렇게 한 것인가? 권세 있는 집은 저자거리 같아 공공연히 벼슬을 팔아서 무뢰한 자제들을 주군에 깔아 놓아 백성들의 가죽을 벗기고 살점을 베어내며, 재산을 강탈하니 백성들이 어디에 간들 도둑이 되지 않겠는가?	
132	동민들은 밭에서도 이랑이 아닌 고랑에 씨를 부리는 새로운 방법을 쓰기 시작하였다. 〈견종법〉	서유구의 『임원경제지』에 이론으로 존재할 뿐 실제 적용된 농법이 아님	
135	한양 근교와 각 지방 대도시 주변의 파, 마늘, 배추, 오이 밭에서는 네 마지기에서 많은 수입을 올린다.	서울 안팎과 번화한 큰 도시의 파밭, 마늘밭, 배추밭, 오이밭 등은 4마지기 땅이면 돈 수만을 얻는다.	
142	진경 산수화를 개척한 화가는 18세기에 활약한 정선이었다.	진경은 실경의 잘못이고 정선이 실경산수화를 개척했다는 서술은 잘못	95
160	앞으로 부산항에서 일본 국민이 통행할 수 있는 범위는 직경 10리로 한다.	'부산항 부두'라는 기산점이 없고 '직경 10리'는 '지름 10리'로 오해할 수 있는 부정확한 번역이다. 이어지는 문장에서 '기타의 산물'은 문맥상 조선의 토산물로 여겨지나 이는 오역이다.	219
	10. 일본국 국민이 조선에서 지정한 항구에서 죄를 저질렀을 경우 만일 조선과 관계가 되더라도 모두 일본국 관원이 심판한다.	세10관 일본국 인민이 조선국이 지정한 각 항구에 있으면서 만약 그가 범한 죄가 조선국 인민과 관계되더라도 모두 일본국에 귀속시켜 심의 판단하며, 만약 조선국 인민이 죄를 범한 것이 일본국 인민과 관계되더라도 모두 조선 관리에게 귀속시켜 사변(查辨)하되 각각 그 나라의 법률에 의거 신문(訊問)하고 판단하여 털끝만큼도 비호하는 일이 없이 공평하고 합당하기를 힘써야 한다.	201

면	본문	정정	참조(본서)
161	4. 앞으로 부산항에서 일본 국민이 통행할 수 있는 범위는 직경 10리로 한다.	제4관, 이후 부산항구에서 일본국 인민이 자유롭게 다닐 수 있는 도로의 거리는 부두로부터 기산하여 동서남북 각 직선 거리 10리[조선의 里法]로 정한다.	219
161	일본이 연안 자원과 항로를 파악하여 통상 처와 군사 작전을 마음대로 할 수 있다.	일본 외무성 자료인 '측량심득(測量心得)'을 보면 측량 과정이 엄격하였다. 일본이 군사작전을 마음대로 할 수 있다고 서술한 것은 지나친 해석이다.	196
163	보빙사	방미사절단이 적당한 표현	269
165	청 상인은 치외 법권, 내지 통상권, 상점 개설권(서울, 양화진) 등을 갖게 되었다.	조·청 상민 수륙 무역 장정 제4조에는 양화진과 한성에서 개설이 허락된 영업소 외에 내지로 상품을 운입(運入)하여 가게를 열어 판매하는 것은 허락하지 않는다고 규정하였음	241
167	신분제가 폐지되고 능력에 따라 출세함	신분제 폐지가 아님	
169	사발통문 고부 봉기의 준비 과정을 기록한 문서이다.	사발통문으로 표시된 사진 자료는 통문이 아닌 잡기(雜記)	281
170	동학 농민군은 전라도 일대에 독자적인 자치 기구인 집강소를 설치하고 각 지역에 임명된 집강을 중심으로 개혁에 나섰다. [자료로 보는 역사] 1894년 5월 동학 농민군은 각 지방에 집강소를 두고 사회 개혁을 실시하였다.	폐정 개혁의 주체는 정부이기 때문에 동학 농민군이 이를 실천하였다는 서술은 잘못이다.	290
177	이제부터는 국내외의 공문서 및 사문서에 개국 기원(開國紀元)을 쓴다.	개국기원→개국기년(開國紀年)	277
217	쌀 생산량과 일본으로의 유출량	[도표] 통계 및 서술 오류	317
217	쌀이 모자라자 만주에서 잡곡을 들여오기도 하였다.	쌀이 모자라는 것과 잡곡을 수입하는 것은 관계가 없음	311
217	게다가 소작료는 갈수록 높아지고 지주들의 횡포도 심해져 농민들은 더욱 살기가 어려웠다. 적지 않은 자작농들이 소작농으로 될 수밖에 없었다.	'소작료는 갈수록 높아지고'라는 서술이 이미 소작인을 대상으로 한 것인데, 다시 '적지 않은 자작농들이 소작농으로 될 수밖에 없었다.'고 한 서술은 잘못	299

리베르스쿨

면	본문	정정	참조(본서)
16	[사진자료] 가락바퀴의 회전력을 이용하여 실을 꼬아서 감는 모습	그림과 설명이 실을 뽑아내는 가락바퀴의 기능을 전혀 반영하지 못하고 있음	
21	하늘의 자손이라는 선민사상	하늘의 자손이라는 천손(天孫) 사상	
23	당시 풍속에 따라 부끄러움을 씻지 못하여	풍속에서는 여전히 부끄럽게 여겨	
25	[자료사진] 고조선 후기에 들어 돌로 만든 무덤은 줄어들고, 나무 널이나 항아리(독)로 만든 무덤이 유행하였다.	자료 사진은 '무덤'이 아닌 '관(棺)'이기 때문에 '독무덤'은 잘못된 용어로 '독으로 만든 관(棺)' 또는 '옹관(甕棺)'이라 하여야 하며, 독무덤도 '독을 묻은 무덤'이라는 뜻이 되기 때문에 '옹관묘'가 정확한 표현	83
25	심지어 간음한 자와 투기가 심한 부인까지도 사형에 처하였다.	남녀가 간음(姦淫)하거나 부인이 투기하면 모두 죽이며	19
26	영고는 '둥둥둥 북을 울리면서 신을 맞이한다.'는 의미를 지니고 있다.	영고(迎鼓)는 의미를 특정할 수 없음	23
26	12월에 온 나라 백성이 동네마다 한곳에 모여 하늘에 제사를 지낸다. 며칠 동안 계속 술을 마시고 노래하고 춤을 추고 놀았으며, 죄가 가벼운 죄수는 풀어주었다.	12월에 하늘에 제사 지내고 온 국민이 모여 연일 마시고 먹으며 춤을 추니 영고(迎鼓)라 한다. 이때 형옥을 중단하고 죄수들을 풀어준다. '동네마다 한곳에 모여'와 '가벼운 죄수'는 원전에 없는 번역	23
26	왕과 신하들은 국동대혈에 모여 함께 제사를 지냈다.	'국동에 큰 굴이 있어 수혈(隧穴)이라 한다. 10월이면 성(城) 안의 백성이 모여서 수신(隧神)을 맞이하고 성 동쪽 물가로 가서 제사를 지낸다.' 따라서, 제사 지내는 곳은 국동대혈이 아님	26
27	민며느리는 장래에 며느리로 삼으려고 민머리인 채로 데려와 키운 여자아이를 의미한다.	민며느리가 '민머리인 채로 데려와 키운 여자아이'라는 뜻으로 특정할 수 없음. '민'은 '없다'는 뜻이 있으므로, '아직 대가 없이 데려온 며느리'라는 풀이도 가능함	32

출판사별 오류 일람 · 377

면	본문	정정	참조(본서)
27	무천은 '하늘을 향해 춤춘다'는 의미를 지니고 있다.	'하늘을 향해 춤춘다'는 뜻을 특정할 수 없다. 天은 日의 뜻이므로 '춤추는 날'이라는 풀이도 가능함	
28	[자료 1] 그 풍속을 보면 혼인할 때 구두로 미리 정하고,	구두로 미리 정하고→혼삿말이 결정되면	28
28	[자료 2] 신부 집에서는 여자가 10살이 되기 전에 혼인할 것을 약속하고, 신랑 집에서는 여자를 맞이하여 성장할 때까지 데리고 있다가 아내로 삼는다.	그 나라의 시집가고 장가드는 법은 여자 아니 열 살에 혼인을 허락하면 사위집에서 데려다가 길러 며느리로 삼는다.	33
28	[자료 3] 사람들의 체격은 매우 크고, 성품이 강직하고 용맹하며, 근엄하고 후덕하여 **다른 나라**를 노략질하지 않았다.	원문에는 '다른 나라'에 해당하는 글이 없음	
28	[자료 4] 꺼리는 것이 많아서 **병을 앓거나 사람이 죽으면** 옛집을 버리고 곧 다시 새 집을 지어 산다.	꺼리는 것이 많아서 질병으로 사망하면 바로 옛집을 버리고 다시 새집을 짓는다.	32
28	[자료 5] 춤은 수십 명이 모두 일어나서 뒤를 따라간다. 땅을 밟고 몸을 구부렸다 펴면서 손과 발로 장단을 맞추며 춘다.	그들의 춤은 수십 명이 함께 일어나 뒤를 따라가며 땅을 밟고 솟구쳤다 내려왔다가 손과 발로 서로 장단을 맞추는데, 절주가 탁무(鐸舞)와 비슷한 점이 있다.	
64	[자료1] 이에 당 현종은 태복 원외랑 김사란을 신라에 보내 군사를 출동시켜 발해의 남경을 공격하게 하였다. 신라는 군사를 내어 발해의 남쪽 국경선 부근을 진격하였다. 이에 발해가 군사를 등주에서 철수하였다. -신당서-	'신라는 군사를 내어 발해의 남쪽 국경선 부근을 진격하였다.' 중복 문장. 신당서 → 구당서	
68	전진, 고구려에 불교 전래	고구려, 전진에서 불교 전래(傳來)	
88	양민을 노예로 삼고 있다. 각 지방 향리, 역리, 관노비, 백성으로 역을 도피한 자들이 모두 도망가니 이들을 숨겨 크게 농장을 만든다.	일부는 이미 판결이 났는데도 그대로 붙들고 있고 혹은 양민인 줄 알면서도 노예로 삼았으며, 주현의 역리(驛吏)·관노(官奴)와 백성 중에 역을 피하여 도망한 자들을 모두 숨겨 크게 농장(農莊)을 설치하니	
96	아집도 대련	아집도 대련(부분). 대련(對聯)은 두 폭이 있어야 하므로 한 폭만 있는 그림은 '부분'으로 표시해야 함	

면	본문	정정	참조(본서)
166	밭농사에서는 대형 쟁기가 사용되면서 깊이 판 밭고랑에 곡식을 심는 견종법이 보급되어 가뭄과 서리를 방지하고 노동력도 절감할 수 있었다.	서유구의 『임원경제지』에 이론으로 존재할 뿐 실제 적용된 농법이 아님	
176	청금록(靑衿錄) 서원이나 향교에 출입하는 양반들이 사용한 출석부의 일종으로 푸른색 비단으로 치장되어 있다.	청금(靑衿)은 유생(儒生)을 달리 이르는 말로 푸른색 비단으로 치장되어 있다는 설명은 잘못	
188	이광사는 우리나라만의 독특한 서체인 동국진체를 완성하였고	동국진체라는 서체는 존재하지 않으며, 이광사가 동국진체를 완성했다는 서술도 잘못	105
188	김정희는 고금의 필법을 두루 연구하여 파격적인 추사체를 창안하였다.	추사의 글씨를 파격적이라 한 것은 일부 작품에 대한 주관적 표현. 김정희는 추사체를 창안하지 않았음	124
200	1873년 최익현의 상소를 계기로 흥선 대원군은 권좌에서 물러나고 말았다.	흥선 대원군은 국왕의 사친으로 물러날 자리가 없었기 때문에 권좌(權座)라는 표현은 잘못	131
206	1873년 고종이 친정을 선포하면서	고종의 친정 선포는 1866년 2월 13일	131
201	흥선 대원군은 1866년 9명의 프랑스 선교사를 포함한 8,000여 명의 천주교도를 탄압하였다.	병인박해는 1866년(고종3)부터 1871년까지 계속된 천주교 박해를 이른다. 1866년 한 해에 모두 처형한 것으로 오해를 살 수 있는 서술이다.	
201	1978년 서지학자 박병선 박사가 297권을 발굴하여 공개하면서 그 존재가 알려졌다.	297권은 297책의 잘못	
206	일본은 운요호 사건을 구실 삼아 1876년 강화도 일대를 침입하여 무력시위를 벌였고, 굴욕적인 조약 체결을 강요하였다.	1875년 운요호 사건 이후 1876년에 다시 침입하여 무력시위를 벌인 적이 없음	183
206	[그림] 강화 해협에 불법 침입한 일본 군함 운요호	『고종실록』과 신헌이 쓴 『심행일기(沁行日記)』에 '운양함에 있는 세 개의 돛에는 모두 국기를 세워서 우리나라 배를 표시하였다.'고 한 기록에 따르면 돛이 두 개밖에 없는 교과서의 그림은 운요호가 아님	183

면	본문	정정	참조(본서)
207	조선에서 일본인 외교관이 자유롭게 여행할 수 있도록 하고	제1관은 '각 항구에 주류(駐留)하는 일본국 인민 관리관은 조선국 연해 지방에서 일본국 배가 파선되어 긴급할 경우, 지방관에게 알리고 해당 지역의 연로(沿路)를 지나갈 수 있다.'로 일본 외교관의 자유 여행과는 상관이 없음	208
207	개항장 사방 10리 안에 일본인이 거주할 수 있는 구역인 거류지를 설정하였다.	'사방 10리'는 '동서남북으로 각각 직선거리 10리'의 잘못. '개항장 사방 10리 안에 거류지를 설정하였다.'고 하였으나, 일본인 거류지는 개항 전 초량 왜관이 약간 변화한 것이다.	219
207	1883년에 조·일 통상 장정의 무관세 규정이 개정되어 일본으로부터 관세권을 인정받게 되었다.	1883년 조·일 통상 장정에서 관세를 설정하고 이어 세칙을 체결하여 관세를 부과할 수 있었다. 조일 수호 조규에는 관세에 관한 규정이 없었기 때문에 '무관세 규정이 개정되어'라는 서술은 잘못이다. 관세권은 '인정받는 것'이 아니라 조약에 규정하여 관세를 부과하는 것이다.	213
207	쌀과 잡곡을 수출할 수 있다.	제6칙에는 '이후 조선국 항구에 주류(住留)하는 일본 인민은 양미(糧米)와 잡곡을 수출입(輸出入)할 수 있다.'고 되어 있음	212
207	제7칙 일본 정부에 소속된 선박들은 항세를 내지 않는다.	제7칙 항세 조항에는 '상선의 크기에 따라 항세를 규정하였으며, 예외로 일본 정부 소속 선박은 항세를 납부하지 않는다.'고 되어 있음	214
208	[자료읽기] 제1조 조선과 미국 인민은 각각 영원히 화평 우호를 지키되 만약 타국이 불경하는 일이 있게 되면 1차 조사를 거친 뒤에 서로 도와 잘 조처함으로써 그 우의를 표시한다.	1차 조사를 거친 뒤에→통지를 거쳐. 조는 관의 잘못. 제1관 만약 다른 나라가 어떤 불공정하거나 경멸하는 일을 일으키면 통지를 거쳐 반드시 도와주고, 중간에서 잘 조처하여 우의 관계를 보여준다.	266

면	본문	정정	참조(본서)
208	[자료읽기] 제5조 일용품의 **수출입품**에 관한 관세율은 종가세 10%를 초과하지 않으며, 사치품 등에서는 30%를 넘지 못한다.	종가세→ 가격. 조는 관의 잘못.	259
208	간행이정	한행이정(閒行里程)이 올바른 독음	219
208	제물포 조약 부록	조·일 수호 조규 속약은 말 그대로 수호 조규의 속약으로 제물포 조약의 부록이 아님	
208	[정리해볼까요] 조·청 상민 수륙 무역 장정 : 청의 내지 통상 특권 인정	조·청 상민 수륙 무역 장정 제4조에는 '양화진과 한성에서 개설이 허락된 영업소 외에 내지로 상품을 운입(運入)하여 가게를 열어 판매하는 것은 허락하지 않는다.'고 되어 있음	213
210	보빙사 일행	보빙사는 방미사절단이 적당한 표현	269
213	묄렌도르프는 조·청 상민 수륙 무역 장정이라는 불평등 통상 조약을 체결하여 청 상인에게 통상의 특권을 제공하였고, 조선에 대한 청의 영향력을 강화하려 하였다.	조선 대표는 陳奏正使(진주정사) 趙寧夏 (조영하), 청의 대표는 津海關道(진해관도) 周馥(주복)으로 묄렌도르프는 상관이 없음.	233
219	[자료사진] 사발통문	사발통문으로 표시된 사진 자료는 통문이 아닌 잡기(雜記)	281
220	농민군은 전라도 일대에 자치 개혁 기구인 집강소를 설치하고 행정과 치안을 담당하면서 폐정 개혁안을 시행하였다.	폐정 개혁의 주체는 정부이기 때문에 동학 농민군이 이를 실천하였다는 서술은 잘못	290
223	1392년을 기준으로 삼는 **개국을 기년으로 채택**하였다.	개국기년은 1876년부터 이미 사용	277
225	[자료사진] 상투를 자르는 모습	사진은 상투 트는 장면	
227	[자료사진] 서양식 군복을 입은 고종 황제	사진의 좌우 방향이 바뀌었음. 뒤집어진 사진	
227	[자료사진] 영은문	현재는 독립문 앞에 영은문의 주초 기둥만 남아 있다.	주초 기둥→주초석	

면	본문	정정	참조(본서)
242	따라서 개항 초기의 무역은 일본 상인과 소비자 사이에 조선 상인이 매개하는 거류지 무역의 형태를 띠었다.	거류지 무역은 개항 이전의 초량 왜관에서 이루어진 무역을 말하며 개항 후에는 개항장 무역이 옳은 표현	219
242	간행이정	한행이정(閒行里程)이 올바른 독음	219
260	[사진]강화도 조약에 서명한 신헌	강화도 조약을 체결한 신헌. 서명(署名)이 아닌 날인(捺印)이었음	
261	우리나라는 1883년 미국에 보빙사를 파견하였다.	보빙사는 방미사절단이 적당한 표현	269

미래엔

면	본문	정정	참조(본서)
12	조개껍데기 가면	얼굴 모양 조개껍데기. 가면으로 하기에는 크기가 너무 작음	
14	(독무덤 사진 자료)	자료 사진은 '무덤'이 아닌 '관(棺)'이기 때문에 '독무덤'은 잘못된 용어로 '독으로 만든 관(棺)' 또는 '옹관(甕棺)'이 적당하며, 독무덤도 '독을 묻은 무덤'이라는 뜻이 되기 때문에 '옹관묘'가 정확한 표현	83
18	[사료] 간음한 자와 투기가 심한 부인은 모두 죽였다. 투기는 더욱 증오해서 죽인 후 시체를 나라의 남산 위에 버려서 썩게 한다. 친정집에서 시체를 가져가려면 소나 말을 바쳐야 한다.	남녀가 간음(姦淫)하거나 부인이 투기하면 모두 죽이는데, 투기를 더욱 증오하여 죽인 시체는 나라의 남쪽 산 위에 두었다가 썩어 문드러질 때가 되어 여자 집에서 가져가고자 할 때는 우마(牛馬)를 바쳐야 준다. 친정집 → 여자 집	19
19	[사료] (부여) 사람들 체격이 매우 크고 성품이 강직 용맹하며 근엄하고 후덕해 다른 나라를 노략질하지 않는다.	원문에는 '다른 나라'에 해당하는 내용이 없음	
20	그 나라(옥저)의 혼인 풍속은 여자 나이 10살이 되기 전에 혼인을 약속하는 것이다. 신랑 집에서는 여자를 맞이하여 성장하면 길러 아내로 삼는다.	그 나라의 시집가고 장가드는 법은 여자 나이 열 살에 혼인을 허락하면 사위집에서 데려다가 길러 며느리로 삼는다.	33
20	혼인은 말로 미리 정하고 여자 집에서 본채 뒤편에 작은 별채를 짓는데, 그 집을 서옥이라고 부른다.	혼인을 맺을 때 혼삿말이 정해지면 여가(女家)에서 대옥(大屋) 뒤에 소옥(小屋)을 짓는데 이를 서옥(壻屋)이라 한다.	27
23	동옥저를 정벌하여 그 땅을 취하고 성읍을 만들며 국경을 개척하였는데, 동으로는 창해(동해)에 이르고 남으로는 살수에 이르렀다.	동옥저(東沃沮)를 정벌하여 그 땅을 빼앗아 성읍으로 삼고, 국경을 넓혀 동쪽으로는 창해(滄海)에 이르고 남쪽으로는 살수에 이르렀다.	

면	본문	정정	참조(본서)
37	고려가 마침내 약소국이 된 것은 발해의 땅을 되찾지 못했기 때문이다. 이후 탄식할 수 있겠는가.	고려가 마침내 약한 나라가 된 것은 발해의 땅을 되찾지 못했기 때문이니, 탄식하지 않을 수 없다.	
73	왕후장상(王候將相)	왕후장상(王侯將相)	
74	비단으로 산더미같이 장막을 만들고 가운데 그네를 매었다.	채붕(彩棚)을 엮어 산처럼 만들고 비단 장막을 두른 후 가운데에 그네를 매달았다.	
165	그는 금석학에도 조예가 깊었으며, 여러 필법을 연구하여 독창적인 추사체를 창안하였다.	추사체는 김정희가 남긴 많은 작품을 훗날 그의 호를 붙여 부르는 것으로 창안하였다는 서술을 옳지 않다.	124
168	[사진자료] 사발통문	사발통문으로 표시된 사진 자료는 통문이 아닌 잡기(雜記).	281
169	[사진자료] 서울에 가설된 전차	서울에서 운행되던 전차	
178	1873년 흥선 대원군이 권력에서 물러나고 고종이 직접 정치에 나서면서	고종의 친정 시작은 1873년이 아닌 1866년 2월 13일	131
179	일본은 이 과정에서 조선 수비대가 일본 국기를 모독했다고 억지를 부리며, 군대를 영종도에 상륙시켜 살인과 약탈을 저질렀다.	'일본 국기를 모독했다고 억지를 부리며'라는 서술은 신헌의 『심행일기(沁行日記)』에 비쳐볼 때 사실과 다름	183
179	뒤이어 조·일 수호 조규 부록과 조·일 무역 규칙이 체결되었다. 이에 **양곡의 무제한 유출이 가능**해졌으며 일본의 수출 상품에 대해서도 관세가 부여되지 않았다.	'양곡의 무제한 유출'은 '양미와 잡곡을 수출입할 수 있다.'의 잘못	212
179	[자료2] 일본국 정부에 소속된 선박들은 항세를 내지 않는다.	제7칙 항세 조항에 상선의 크기에 따라 항세를 규정하였으며, 예외로 일본 정부 소속 선박은 항세를 납부하지 않는다고 하였다.	214

면	본문	정정	참조(본서)
179	제10관 일본국 국민이 조선국이 지정한 각 항구에 머무르는 동안 죄를 범한 것이 조선국 국민에게 관계되는 사건일 때는 모두 일본국 관원이 심판한다.	제10관 일본국 인민이 조선국이 지정한 각 항구에 있으면서 만약 그가 범한 죄가 조선국 인민과 관계되더라도 모두 일본국에 귀속시켜 심의 판단하며, 만약 조선국 인민이 죄를 범한 것이 일본국 인민과 관계되더라도 모두 조선 관리에게 귀속시켜 사변(查辨)하되 각각 그 나라의 법률에 의거 신문(訊問)하고 판단하여 털끝만큼도 비호하는 일이 없이 공평하고 합당하기를 힘써야 한다.	201
180	미국에 간 최초의 조선인, 보빙사(1883)	보빙사는 방미사절단이 적당한 표현	269
180	이 신임장이 뉴욕 헤럴드 신문에 한글로 번역되어 게재됨으로써, 조선이 고유 문자를 가진 문화국이라는 사실이 널리 알려졌다.	한글로 번역되어 → 영어로 번역되어	269
181	• 일본 상품에 항세를 부과하지 않는다.	상품에 부과하는 세금은 관세이며, 상선의 크기에 따라 항세를 부과하고, 관선(官船)은 항세를 납부하지 않도록 하였음	214
186	이에 분노한 구식 군인은 마침내 임오군란을 일으켰다.(1882)	이에 분노한 구식 군인은 마침내 난을 일으켰다. 임오군란은 사건 이후에 부르는 명칭	
187	제4조 베이징과 한성, 양화진에서 상점을 열어 무역을 허락하되, 양국 상민의 내지 행상을 금한다. 다만 내지 행상이 필요할 경우 지방관의 허가서를 받아야 한다.	제4조 ……조선 상인이 북경에서 규정에 따라 허락한 교역과, 중국 상인이 조선의 양화진과 한성에 들어가 개설이 허락된 영업소[行棧]를 제외하고 각종 화물을 내지로 운반하여 들어가 상점을 차리고 판매하는 것은 승인하지 않는다. 만약 양국 상인이 내지로 들어가 토산물을 구입하고자 할 때는 마땅히 피차의 상무위원[중국]과 지방관[조선]에게 청구하고 [이들이] 함께 서명한 증명서를 발급하되 구입할 처소를 분명히 적어 넣는다.	233

면	본문	정정	참조(본서)
187	제7조 청 선박의 항로 개설권, 청 병선의 조선 연해 내왕권 및 조선 국방 담당권을 허용한다.	제7조 양국의 역로(驛路)는 책문으로 통한다. 육로로 오가는데 공급이 매우 번거롭고 비용이 많이 든다. 현재 해금이 열렸으니 각자 편의에 따라 바닷길로 왕래하는 것을 승인한다. 다만 조선에는 현재 병상(兵商)의 윤선이 없다. 조선 국왕은 북양 대신과 협의하고 잠시 상국(商局)의 윤선을 매월 정기적으로 한 차례 내왕하도록 할 수 있으며, 조선 정부에서는 선비(船費) 약간을 덧붙인다. 이 밖에 중국의 병선이 조선의 바닷가에 유력하고 아울러 각 처의 항구에 정박하여 방어를 도울 때에 지방 관청에서 공급하던 것을 일체 면제한다. 식량을 사고 경비를 마련하는 것에 있어서는 모두 병선에서 자체 마련하며, 해당 병선의 함장 이하는 조선 지방관과 동등한 예로 상대하고, 선원들이 상륙하면 병선의 관원은 엄격히 단속하여 조금이라도 소란을 피우거나 사건을 일으키는 일이 없도록 한다.	
192	[니시키에] 경복궁을 침범하는 일본군	오토리 공사 대원군 옹호 입성도. 1894년 일본이 무력으로 경복궁을 침범한 사건을 흥선 대원군을 호위해 입궁하는 모습으로 왜곡한 니시키에 판화	
195	[한국사 백과] 사발통문	사발통문으로 표시된 사진 자료는 통문이 아닌 잡기(雜記).	281
196	그 후 농민군은 전라도 각 지역에 자치적 민정 기구인 집강소를 설치해 행정과 치안을 담당하면서, 자신들이 내세운 폐정 개혁안을 실천해 나갔다.	폐정 개혁의 주체는 정부이기 때문에 동학 농민군이 이를 실천하였다는 서술은 잘못	290
198	정치면에서는 먼저 중국 연호를 사용하던 관행을 버리고 **개국 연호**를 사용하였다.	개국은 연호가 아니다. 중국연호 폐지는 1895년 3월 10일이며, 개국기년은 1876년부터 이미 사용하였음	277

면	본문	정정	참조(본서)
208	청 상인이 서울에서 상점을 개설하고 내륙에서도 활동할 수 있도록 규정하였다.	내륙에서도 활동할 수 있도록 규정한 내용이 없음	277
220	또한, 치외 법권을 악용하여 **약탈적인 무역** 활동을 벌였다.(220)	약탈적인 무역은 근거가 없음	
220	개항 초기에 일본 상인은 **조계 내에서만 무역을 할 수 있었기 때문에** 조선의 객주, 여각, 보부상 등을 매개로 내륙 시장에 침투하였다.	개항 초기에는 부산항 부두로부터 한행도로이정(閑行道路里程) 10리 안에서만 무역이 가능했다. 조계 내 무역은 개항 전 초량 왜관에서 이루어지던 무역으로 서술 오류	219
246	그럼에도 쌀 반출은 예정대로 진행되어 일본의 식량 사정은 개선되었지만 국내 식량 사정은 크게 나빠졌다.	쌀 수출로 국내 식량 사정이 나빠졌다는 서술은 사실과 다름	299
246	산미 증식 계획으로 몰락하는 농민은 갈수록 많아졌다.	농민 몰락의 원인을 산미 증식 계획이라 하는 것은 왜곡 서술	299
246	[도표] 미곡 증산과 일제의 수탈	연간 쌀 소비량 수치 오류 및 그래프 왜곡	317

비상교육

면	본문	정정	참조(본서)
24	간음한 자와 투기가 심한 부인을 사형에 처하는 엄격한 법이 있었다.	남녀가 간음(姦淫)하거나 부인이 투기하면 모두 죽인다.	19
24	그 풍속은 혼인할 때 구두로 미리 정하고,	구두로 미리 정하고→혼삿말이 정해지면	28
25	꺼리는 것이 많아서 병을 앓거나 사람이 죽으면 옛집을 버리고 곧 다시 새집을 지어 산다.	꺼리는 것이 많아서 질병으로 사망하면, 바로 옛집을 버리고 새집을 짓는다.	32
35	처음으로 모든 관리의 공복과 붉은색, 자주색으로 위계를 정하였다.	처음으로 백관의 공복에 대한 주자(朱紫)의 차서(次序: 등급)를 제정하였다.	
35	집집마다 부처를 공경하면 대대로 영화를 얻고 사람마다 불도를 행하면 불법의 이익을 얻었다.	이에 집집마다 예를 올리면 반드시 대대로 영화를 얻고, 사람마다 불도를 행하면 곧 법리를 깨달았다.	
35	열 사흘째 날 아침에 다시 모여 상자를 열어 보니 여섯 알이 어린아이가 되어 있었다. 용모가 뛰어나고 바로 앉았다.	12시간이 지나 그 다음날 아침에 무리들이 다시 모여서 상자를 열어보니 여섯 알이 바뀌어 동자가 되었는데 용모가 매우 훤칠하였다. 이에 상(床)에 앉히고 여러 사람들이 절하고 하례(賀禮)하며 공경을 다하였다.	
35	아이들은 나날이 자라 십수 일이 지나니 키가 9척이나 되었다. 얼굴은 한고조, 눈썹은 당의 요임금, 눈동자는 우의 순임금과 같았다. 그달 보름에 맏이를 왕위에 추대하고 수로라 하였다.	나날이 자라 10여 일이 지나자 신장(身長)은 아홉 자나 되니 은(殷)의 천을(天乙)과 같고, 얼굴은 용처럼 생겼으니 한(漢)의 고조(高祖)와 같고, 눈썹에는 팔채(八彩: 여덟 가지 색채)가 있으니 당(唐)의 요(堯)와 같고, 눈에는 눈동자가 둘이니 우(虞)의 순(舜)과 같았다. 그달 보름에 즉위(卽位)하였다.	

면	본문	정정	참조(본서)
65	계필하력이 먼저 병력을 이끌고 평양 밖에 도착하고 이적의 군사가 뒤따라 와서 한 달이 넘도록 평양을 포위하였다. 보장왕장이 연남산으로 하여금 수령 98명을 거느리고 백기를 들고 항복하였다.	계필하력이 먼저 병력을 이끌고 평양성 아래 도착하니 이적의 군대가 뒤따랐다. 평양성을 포위한 지 한 달이 지나, 보장왕이 천남산으로 하여금 수령 98인을 거느리고 백기(白旗)를 가지고 이적에게 나아가 항복하도록 하자 이적이 이를 예로써 맞이하였다.	
77	저는 대화(大華)라는 말에는 참여하지도 않았고, 정지상과도 같이 않았음은 폐하께서 잘 아실 겁니다.	하물며 신은 대화궁(大華宮)을 건설하자는 말에 찬성하지 않아 정지상과 같지 않으며, 백수한(白壽翰)을 천거하는 일에도 참여하지 않았다는 것은 오직 폐하께서 명백하게 아시는 것입니다.	
78	[자료] 어느 날 왕이 보현원으로 가 술을 마시고 있다가 대장군 이송으로 하여금 수박희를 시켰다.	원문에서 '왕이 보현원에 행차하는 길에 오문(五門) 앞에 이르러 시신(侍臣)을 불러 술을 마셨다.'고 하였으므로 술 마신 곳은 보현원이 아닌 궁궐의 오문 앞	
79	장수와 재상이 어찌 씨가 따로 있으랴. 때가 오면 누구나 할 수 있다. 우리가 왜 육체를 괴롭히면서 채찍 밑에 곤욕을 당해야 하겠는가?	장상(將相)이 어찌 씨가 있겠는가? 때가 되면 할 수 있는 것이다. 우리들이라고 어찌 뼈 빠지게 일 하면서 채찍을 맞아가며 고통을 당해야만 하는가?	
92	아집도 대련	아집도 대련(부분). 대련(對聯)은 두 폭이 있어야 하므로 한 폭만 있는 그림은 '부분'으로 표시해야 함	
102	몽골 침입 때 소실되자 고종 때 합천 해인사 대장경판을 조판하였다.	몽골 침입 때 소실되자 고종 때 대장경판을 다시 조판하였다.	
159	이 책은 머리책, 몸책, 부록 등 총 10권으로 구성되어 있다.	권수(卷首) 1권, 본편(本編) 6권, 부편(附編) 3권의 10권 10책으로 구성되어 있다. 머리책과 몸책은 국어사전에도 없는 용어	
162	밭농사에서는 견종법이 널리 확대되었다. 농민들은 이랑(밭두둑)이 아닌 고랑에 보리와 콩 등을 심었는데, 이는 바람이 불 때나 가물 경우 농작물 보호에 유리하여 수확량이 크게 늘고, 김매기가 쉬워져 노동력을 줄일 수 있었다.	서유구의 『임원경제지』에 이론으로 존재할 뿐 실제 적용된 농법이 아님	

면	본문	정정	참조(본서)
184	우리나라의 산천을 사실적으로 표현한 진경산수화	실재하는 우리나라의 풍경을 그린 산수화는 실경산수화	95
185	서예에서는 중국의 서법을 모방하는 단계에서 벗어나 우리의 정서를 담은 독자적인 기풍이 일어났다.	서예는 예나 지금이나 중국의 서법을 수련하여 자신의 독창적인 글씨를 쓴다. 중국 서법의 모방 단계에서 벗어난다는 것도 맞지 않은 서술이지만, 글씨로 우리의 정서를 담는다는 서술은 더욱 옳지 않다.	105
185	김정희는 많은 서체를 연구하여 굳센 기운과 다양한 조형감을 가진 추사체를 만들었다.	추사체를 만들었다는 서술은 옳지 않다. 김정희가 남겨놓은 작품을 훗날 그의 호를 붙여 추사체라 부를 뿐이다.	124
187	진경산수화	실경산수화	95
199	[사진] 강화도 조약 체결 장소인 연무당의 옛 모습	사진 속 건물은 연무당이 아닌 진무영의 중영(中營) 모습	
203	고종은 22세가 되어 비로소 직접 국정을 운영하게 되었고	고종이 직접 국정을 운영하게 된 시기는 1866년 2월 13일	131
204	흥선 대원군이 권좌에서 물러나고 고종이 직접 정치를 하면서 민씨 세력이 정치의 주도권을 행사하였다.	권좌(權座)는 잘못된 표현이며 고종의 친정 시작은 1866년 2월 13일	131
204	제10조 일본 인민이 조선이 지정한 각 항구에서 죄를 범하고 조선 인민에게 관계되는 사건은 모두 일본 관원이 재판할 것이다.	제10관 일본국 인민이 조선국이 지정한 각 항구에 있으면서 만약 그가 범한 죄가 조선국 인민과 관계되더라도 모두 일본국에 귀속시켜 심의 판단하며, 만약 조선국 인민이 죄를 범한 것이 일본국 인민과 관계되더라도 모두 조선 관리에게 귀속시켜 사변(査辨)하되 각각 그 나라의 법률에 의거 신문(訊問)하고 판단하여 털끝만큼도 비호하는 일이 없이 공평하고 합당하기를 힘써야 한다.	201
204	[그림] 운요호	『고종실록』과 신헌이 쓴 『심행일기(沁行日記)』에 '운양함에 있는 세 개의 돛에는 다 국기를 세워서 우리나라 배를 표시하였다.'고 한 기록에 따르면 돛이 두 개밖에 없는 교과서의 그림은 운요호가 아님	183
207	보빙사 일행	보빙사는 방미사절단이 적당한 표현	269

390 · 國史, 이대로 가르칠 것인가!

면	본문	정정	참조(본서)
213	[자료] 사발통문	사발통문으로 표시된 사진 자료는 통문이 아닌 잡기(雜記).	281
217	정치면에서는 중국 연호를 폐지하고 **개국 기년**을 사용하였다.	중국연호 폐지는 1895년 3월 10일이며, 개국기년은 1876년부터 이미 사용하였다.	277
220	제1차 개혁 중국 연호 폐지	중국 연호 폐지는 2차 개혁 기간인 1895년 3월 10일이다.	277
240	이 시기 외국 상인들은 개항장 10리 이내의 거류지에서만 활동할 수 있었기 때문에 -중략- 조일 수호조규 부록을 체결하여 일본 상인들은 일본 화폐를 사용하고, 개항장을 중심으로 거류지 무역 활동을 전개하였다.	거류지 무역은 개항 이전 초량 왜관에서 있었던 무역을 이르며, 개항 후에는 개항장 한행이정(閒行里程) 내에서 상업이 이루어졌다. 서술 오류	219
240	항세 없이 선박을 항구에 정박할 수 있었다.	제7칙 항세 조항에는 상선의 크기에 따라 항세를 규정하였으며, 예외로 일본 정부 소속 선박은 항세를 납부하지 않는다고 하였다.	214
240	일본은 조선과 강화도 조약(조일 수호 조규)을 체결하여 영사 재판권을 얻었다. 이로써 일본은 일본인의 불법 행위에 대한 한국 관리의 처벌을 피할 수 있었다.	영사재판권을 얻은 적이 없으며, 불법 행위가 아니라 조선인에 대한 일본인의 범죄행위를 일본국에 귀속시킨다는 내용임	201
241	임오군란 이후 청 상인은 조·청 상민 수륙 무역 장정을 통해 내지 통상권을 얻었다.	조·청 상민 수륙 무역 장정 제4조에는 '양화진과 한성에서 개설이 허락된 영업소 외에 내지로 상품을 운입(運入)하여 가게를 열어 판매하는 것은 허락하지 않는다.' 고 규정하였음	233
244	임오군란 이후 외국 상인의 내지 통상이 허용되면서	외국 상인의 내지 통상 허용은 1883년 10월 27일 조·영 수호 조약에서 시작되었으므로 임오군란 이후라는 서술은 잘못	233
278	곡식이 부족해지자 일제는 만주에서 잡곡을 들여와 식량 부족 문제를 해결하려 하였다.	일제가 만주에서 잡곡을 들여와 식량 부족 문제를 해결한 적이 없음	299
278	[도표] 쌀 생산량과 일본으로의 유출량	쌀 생산량 통계 오류	317

지학사

면	본문	정정	참조(본서)
27	옥저에서는 여자가 열 살만 되면 이미 혼인을 허락한다. 남편 될 사람이 여자를 자기 집으로 데려다가 길러서 자기의 아내로 삼는다.	여자 나이 열 살에 혼인을 허락하면 사위 집에서 데려다가 길러 며느리로 삼는다.	33
28	이때에는 죄수를 풀어 주고 모든 사람이 잘 차려입고 나와 밤낮으로 먹고 마시며 노래하고 춤추며 놀았다.	'모든 사람이 잘 차려입고'는 원전에 없는 번역	23
31	신라의 무덤인 호우총에서는 '을묘년 국강상 광개토지호태왕 호우십'이란 명문이 새겨진 청동 그릇이 발견되었다.	'신라의 무덤인 호우총에서는 '乙卯年國岡上廣開土地好太王壺杆十'이란 명문이 새겨진 청동 그릇이 발견되었다.'고 한자를 표시해야 함	
32	또한 중국의 남조, 가야, 왜 등과 교류하였다.	남조는 동진의 잘못	
32	경상도 산간 지역에서는 지류 등을 이용하여 벼, 기장, 보리, 조, 밀, 콩, 팥 등을 재배하였다.	'지류 등을 이용하여'라고 하였으나 밭농사는 물길과 상관없음	
36	신라에서는 중앙의 품주에서 수취 업무를 총괄하다가	품(稟)은 '아뢰다'는 뜻이나 '늠'으로 읽을 경우 '쌀 창고를 관리하던 고대의 관명(官名)'이 된다. 따라서 '품주'는 '늠주'로 읽는 것이 타당	
37	가축을 이용한 우경을 장려하였다.	우경(牛耕)이 소를 이용한 밭갈이이므로 '가축을 이용한'이란 표현은 잘못	
45	아울러 재상 김숭빈 등 세 사람에게 문극(두 갈래 창)을 내려 주었다.	문극은 극의 잘못	

면	본문	정정	참조(본서)
91	내 촌집에 들러 늙은 농부에게 물으니 / 늙은 농부 나를 보고 자세히 얘기한다. 요사이 세력 있는 사람들 백성의 토지를 빼앗아 / 산이며 내로써 한계지어 공문서 만들었소. 혹은 토지에 주인이 많아서 /조세를 받는 뒤 또 받아 가기 쉴 새 없소. 혹은 홍수와 가뭄을 당하여 흉작일 때에는 /해묵은 타작마당엔 풀만 엉성하다. 살을 긁고 뼈를 쳐도 아무것도 없으니 / 국가의 조세는 어떻게 낼꼬. 몇천 명 장정은 흩어져 나가고 / 늙은이와 약한 사람만 남아서 거꾸로 달린 종처럼 빈집을 지키누나. 차마 몸을 시궁창에 박고 죽을 수 없어 / 마을을 비우고 산에 올라 도토리를 줍는다. -윤여형의 상률가, 동문선	밤이 깊자 온몸이 서리에 덮이고 이슬에 젖어(夜深霜露滿皎肌) 남자 여자 앓는 소리 너무나 구슬퍼라.(男呻女吟苦悽咽) 내 촌가에 들러 늙은 농부에게 물으니 (試向村家問老農) 늙은 농부 나에게 간곡히 이야기한다. (老農丁寧爲予說) 근래에 권세가들이 백성의 토지를 빼앗아(近來權勢奪民田) 산천을 경계로 표시하고 공안(公案)을 만들었소.(標以山川作公案) 혹은 밭 하나에 전주(田主)가 여럿이어서(或於一田田主多) 징수하고 다시 징수하기를 끊이지 않았다오.(徵後還徵無間斷) 혹은 수한(水旱)으로 한해 농사 흉작을 근심하는데(或惟水旱年不登) 장포(場圃)는 해가 깊어가도 잡초만 쓸쓸하다오.(場圃年深草蕭索) 살갗 벗겨지고 골수 터지도록 땅을 쓸어도 아무것도 없으니(剝膚槌髓掃地空) 관가에 낼 조세는 어디서 나오겠소?(官家租稅奚由出) 뿔뿔이 흩어진 장정은 몇 천이나 되는지(壯者散之知幾千) 노약자만 남아 홀로 텅 빈 집을 지킨다오.(老弱獨守懸磬室) 차마 몸을 구렁텅이에 굴러 떨어뜨릴 수는 없어(未忍將身轉溝壑) 마을을 비우고 산에 올라 도토리며 밤이며 줍는다고(空巷登山拾橡栗)	
100	경계(**무신 정변**) 이후 공경대부는 천예 속에서 많이 나왔다.	경계(庚癸)는 무신의 난이 일어난 경인(庚寅: 1170)과 반무신 성격의 김보당의 난이 일어난 계사(癸巳: 1173)를 아울러 일컫는 것으로 경계를 무신정변이라 하는 것은 잘못	

출판사별 오류 일람 · 393

면	본문	정정	참조(본서)
132	처음에 임금께서 의정부의 권한이 막중함을 염려하여 **이를 없앨** 생각이 있었고 신중히 급작스럽지 않게 이를 행하였다.	처음에 임금이 의정부의 권한이 막중한 것을 염려하여 **이를 개혁할** 생각이 있었으나 신중히 여겨 서둘지 않다가 이때에 이르러 단행하였다.	
180	자사의 뜻을 주자 스스로 혼자 알았는데, 내가 <u>스스로</u> 모르겠는가?	자사의 뜻을 주자 혼자만 알고 나 혼자만 모르겠는가?	
190	**18세기에 나타나기 시작한 진경산수화**는 우리 고유의 자연과 풍속을 대상으로 하면서	우리 고유의 자연을 대상으로 한 산수화는 '실경산수화'임	95
190	서예에서는 우리의 정서와 감성을 표현한 이광사의 필체가 동국진체라 불리었고…	동국진체라는 서체는 존재하지 않음	105
190	추사 김정희는 우리의 금석문과 중국의 다양한 필체를 종합적으로 연구하여 추사체라는 독특한 필법을 창안하였다.	추사체는 김정희가 남긴 많은 작품을 훗날 그의 호를 붙여 부르는 것으로 창안하였다는 서술을 옳지 않음	124
191	[사진] 동국진체(전남 해남). 우리 고유의 감정을 나타내는 동국진체와 독특한 세련미를 갖춘 추사체의 특징을 비교해 볼 수 있다.	동국진체라는 서체는 존재하지 않음	105
216	1873년에 흥선 대원군이 물러난 후 고종이 직접 정치에 나서고 민씨 세력이 정권을 주도하였다.	물러났다는 표현은 잘못이며 고종의 친정 시작은 1866년 2월 13일	131
216	이 무렵 일본은 운요호를 조선에 보내 무력시위를 하며 통상 수교할 것을 강요하였다.	운요호가 와서 통상 수교를 강요하며 무력시위를 한 적이 없음	183
216	이에 따라 **양곡의 무제한 유출**과 일본의 수출입 상품에 대한 **무관세** 원칙을 허용하였다.(216)	'양곡의 무제한 유출'은 '양미와 잡곡을 수출입 할 수 있다.'의 잘못	212

면	본문	정정	참조(본서)
217	[탐구활동] 제10관 일본 인민이 조선이 지정한 각 항구에서 죄를 범한 것이 조선 인민에게 관계되는 사건일 때에는 모두 일본 관원이 재판한다.	제10관 일본국 인민이 조선국이 지정한 각 항구에 있으면서 만약 그가 범한 죄가 조선국 인민과 관계되더라도 모두 일본국에 귀속시켜 심의 판단하며, 만약 조선국 인민이 죄를 범한 것이 일본국 인민과 관계되더라도 모두 조선 관리에게 귀속시켜 사변(査辨)하되 각각 그 나라의 법률에 의거 신문(訊問)하고 판단하여 털끝만큼도 비호하는 일이 없이 공평하고 합당하기를 힘써야 한다.	201
217	[탐구활동] ● 일본 정부 소속 선박은 항세를 납부하지 않는다.	제7칙 항세 조항에는 '상선의 크기에 따라 항세를 규정하였으며, 예외로 일본 정부 소속 선박은 항세를 납부하지 않는다.'고 하였다.	214
218	1883년 미국으로 파견된 보빙사는 24세의 민영익을 단장으로 하여 모두 11명으로 구성되었다.	보빙사는 방미사절단이 적당한 표현	269
225	[사진자료] 사발통문	사발통문으로 표시된 사진 자료는 통문이 아닌 잡기(雜記)	281
229	청의 연호를 쓰지 않고 개국기년을 사용하였다.	청의 연호를 폐지한 것은 1895년 3월 10일이며, 개국기년은 1876년부터 사용하였음	277
252	개항 초기에는 개항장을 중심으로 한 거류지 무역이 이루어졌다.	거류지 무역은 개항 이전 초량 왜관에서 있었던 무역을 이르며, 개항 후에는 개항장 내에서만 상업이 이루어졌다.	219
252	외국 상인들은 개항장 10리(약 4km) 안에서만 활동할 수 있었기 때문에	외국 상인들은 일본 상인의 잘못이며. 한 행이정은 부산항으로부터 동서남북 10리이기 때문에 직경으로 계산하면 20리(약 8km)가 된다.	219

면	본문	정정	참조(본서)
252	이들은 조선에서 치외 법권, 무관세, 일본 화폐 사용 등의 특권을 누리며 약탈 무역을 행하였다.	하단 왼쪽의 도표를 보면 1885년과 1894년도 상황을 서술한 것으로 이 때는 관세가 설정되어 무관세라 할 수 없으며, 상인들은 치외 법권의 대상이 아니다. '약탈'은 폭력을 써서 빼앗아 간다는 뜻으로 잘못된 표현	183
253	그 결과 1883년 조·일 통상 장정이 체결되어 관세 자주권을 일부 회복할 수 있었다.	1883년 조·일 통상 장정에서 관세를 설정하고 이어 세칙을 체결하여 관세를 부과할 수 있었음	213
253	청을 비롯한 외국 상인들이 **서울**에서 점포를 개설할 수 있게 되었으며, 개항장을 벗어나 내지 통상이 가능해졌다.	조·청 상민 수륙 무역 장정 제4조에는 양화진과 한성에서 개설이 허락된 영업소 외에 내지로 상품을 운입(運入)하여 가게를 열어 판매하는 것은 허락하지 않는다고 규정하였음	233
286	[도표] 쌀 생산량과 반출량	쌀 생산량 통계 수치 오류.	317
286	한국인은 식량이 부족해져 만주에서 수입한 잡곡을 먹어야 했으며,	대일 쌀 수출과 식량 부족과는 직접적인 관련이 없으며, 만주산 잡곡은 쌀 대용식으로 수입하였음	299

천재교육

면	본문	정정	참조(본서)
15	신단수(신성한 나무)	신단수(神壇樹)	13
15	호랑이는 그렇지 못하여 사람의 몸을 얻지 못하였다.	호랑이는 그렇지 못하여 사람이 될 수 없었다.	13
15	단군왕검(檀君王儉)	단군왕검(壇君王儉)	13
16	고조선으로 들어올 때 상투를 하고 **고조선인의 옷**을 입고 있었다고 기록되어 있어, 고조선과 같은 계통으로 짐작된다.	원전의 이복(夷服)을과 만이복(蠻夷服)을 '고조선인의 옷'이라 한 것은 오역. 고조선인의 옷이 어떤 것인지 알 수 없음	71
17	장사하러 **온** 자들이 밤에 도둑질하니 풍속이 점차 야박해졌다.	장사하러 **간** 자들이 밤에 도둑질하니 풍속이 점차 야박해졌다.	
19	옛 부여의 풍속에 장마와 가뭄이 연이어 오곡이 익지 않을 때, 그때마다 왕에게 허물을 돌려서 '왕을 마땅히 바꾸어야 한다.'라거나 혹은 '왕은 마땅히 죽여야 한다.'라고 하였다.	옛 부여 풍속에 홍수나 가뭄이 고르지 못하여 오곡이 익지 않으면 바로 왕에게 허물을 돌려 혹은 '바꿔야 한다.', 혹은 '죽여야 한다.'고 하였다.	
20	서옥제. 혼인한 뒤 **남자가 신부 집 뒤에 서옥(사위집)을 짓고 살다가**, 자식이 장성한 후에 아내와 함께 자신의 집으로 돌아가는 풍습이다.	서옥제. 혼삿말이 정해지면 여가(女家)에서 대옥(大屋) 뒤에 소옥(小屋)을 짓는데 혼인하여 여기서 살다가 자식이 장성한 후에 아내와 함께 자신의 집으로 돌아가는 풍습이다.	21
21	[사진] 국동대혈. 국내성 동쪽에 있는 동굴로, 고구려 사람들이 이곳에서 신을 맞이하고 제사를 지냈다고 선해신다.	도성 동쪽의 큰 굴에 모여 제사 지내는 것처럼 서술하였으나, 큰 굴에서는 수신(隧神)을 맞이하는 행사를 하며 제사 지내는 곳은 굴이 아닌 수상(水上) 즉 물가로 되어 있다.	26
23	**정월에 지내는 제천 행사는 국중 대회로** 날마다 마시고 먹고 노래하고 춤추는데 그 이름은 영고라 한다.	정월[12월]에 하늘에 제사 지내고 온 국민이 모여 연일 마시고 먹으며 춤을 추니 영고(迎鼓)라 한다.	23
23	**10월에 열리는 제천 행사는 동맹이라 한**다.	10월에 하늘에 제사 지내고 도성(都城) 안 사람들이 크게 모이니 동맹이라 한다.	26

면	본문	정정	참조(본서)
23	혼인할 때는 **말로 미리 정하고** 신부 집 뒤편에 작은 별채를 짓는데 이를 서옥(사위집)이라 한다. 신랑이 신부 부모에게 **무릎을 꿇고** 결혼을 청하면 이를 허락하고 돈과 폐백은 곁에 쌓아둔다. 아들을 낳아 장성하면 아내를 집으로 데리고 간다.	혼인할 때는 **혼삿말이 정해지면** 신부 집 뒤편에 작은 별채를 짓는데 이를 서옥(사위집)이라 한다. 신랑이 여가(女家) 문 밖에 이르러 스스로 이름을 대고 꿇어앉아 절을 하고 여자에게 가서 잠자게 해달라고 애걸하면 이를 허락하고 돈과 폐백은 곁에 쌓아둔다. 아들을 낳아 장성하면 아내를 집으로 데리고 간다.	27
23	여자 나이 10살이 되기 전에 혼인을 약속한다. 신랑 집에서는 여자를 맞이하여 다 클 때까지 길러 아내로 삼는다.	여자 나이 열 살에 혼인을 허락하면 사위 집에서 데려다가 길러 며느리로 삼는다.	33
28	중국의 정세가 혼란한 틈을 타 황해를 건너 요서 지방까지 진출하였으며, **남조의 동진**과 통교하고, 일본의 규슈 지역과도 교류하였다.	남조의 동진 → 동진	
38	승려 원광은 세속 5계를 지어 호국 사상과 새로운 사회 윤리를 젊은이들에게 가르쳤다.	원광법사는 세속에 이미 있었던 다섯 가지 계율을 제시했을 뿐 직접 지은 것이 아니다.	
38	종공이 삭주도독에 임명되어 삭주로 가는 도중 죽지령(고개)에서 길을 정성껏 닦고 있는 거사를 만났다. 공은 거사를 크게 칭찬하였고 거사 또한 공을 존대하였다. 그 일이 있은 뒤 어느 날 공은 거사가 자신의 방으로 들어오는 꿈을 꾸었는데, 그날 거사는 죽고 공은 아이를 얻었다. 공은 거사가 자신의 아이로 환생하였다고 확신하고 이름을 죽지라 하였다. 죽지랑은 장성하여 벼슬길에 올라 (김)유신공과 함께 삼한(삼국)을 통일하고 4대에 걸쳐 재상이 되었다. -삼국유사-	공이 주의 치소에 부임한 지 한 달이 되었을 때 꿈에 거사(居士)가 방에 들어오는 것을 보았는데, 부인도 같은 꿈을 꾸어서 놀라고 괴이함이 더욱 심했다. 이튿날 사람을 보내 그 거사의 안부를 물어보니 그 사람이 말하기를, '거사가 죽은 지 며칠 되었습니다.'라고 하였다. 사자가 돌아와 그가 죽었음을 아뢰었는데, 꿈을 꾼 날과 같은 날이었다. 공이 말하기를, '아마도 거사가 우리 집에 태어날 것이다.'라고 하였다. 다시 군사를 보내 고개 위 북쪽 봉우리에 장사지내고, 돌로 미륵불 한 구를 만들어 무덤 앞에 안치하였다. 부인은 꿈을 꾼 날로부터 임신하였는데 태어나자 이름을 죽지(竹旨)라고 하였다. -삼국유사-	
38	그녀는 진신으로 변하여 연화대에 큰 빛을 비추었고 풍악 소리가 그치지 않았다.	[그녀는] 진신(眞身)으로 변하여서 나타나 연화대(蓮花臺)에 앉았다가 커다란 빛을 발하면서 천천히 사라지는데, 공중에서는 음악소리가 그치지 않았다. -삼국유사-	

면	본문	정정	참조(본서)
68	고려 중기에 최충이 사학인 문헌공도를 세웠는데.....	고려 중기에 최충이 사학인 구재(九齋)를 세웠는데... 문헌공도(文憲公徒)는 최충 사후 그의 시호를 붙여 제자들을 부르던 명칭	
136	예송 논쟁	예송	
159	그런데 18세기에 들어와 우리나라 산천을 소재로 한 산수화가 **등장**하였는데, 이를 진경산수화라고 한다.	우리나라 산천을 소재로 한 산수화는 실경산수화	59
160	진경산수화 중국의 산수화를 모방하여 그렸던 당시의 화풍에서 벗어나 조선의 경치를 사실적으로 그렸다.	관념 산수에서 벗어나 조선의 경치를 그린 산수화는 실경산수	59
182	1873년 최익현의 상소를 계기로 흥선 대원군이 물러나고 고종의 친정 체제가 수립되었다.	'물러났다'는 표현은 잘못이며 고종의 친정 시작은 1866년 2월 13일	131
183	이러한 가운데 고종의 친정 이후 조선의 외교 정책에 변화의 기운이 나타나자, 일본은 조선에 문호 개방을 요구하기 위해 군함을 파견하였다.	고종의 친정은 이때가 아닌 1866년에 이미 시작되었음	131
183	일본은 운요호 사건 당시 조선이 국기를 게양한 군함에 포격을 가한 것은 주권 침해라고 주장하고, 이를 구실로 다시 군함을 보내 무력시위를 벌였다.	일본은 자국 선박에 국기를 달아서 일본 배임을 표시하였는데도 조선이 사격을 가한 것에 대하여 항의하였다는 기록이 있다. 다시 군함을 보내 무력시위를 벌인 사실이 없음	183
184	제10관 일본국 인민이 조선국이 지정한 각 항구에서 죄를 범하였을 경우 모두 **일본국에 돌려보내 심리하여 판결한다.**	제10관 일본국 인민이 조선국이 지정한 각 항구에 있으면서 만약 그가 임한 죄가 조선국 인민과 관계되더라도 모두 **일본국에 귀속시켜 심의 판단하며,** 만약 조선국 인민이 죄를 범한 것이 일본국 인민과 관계되더라도 모두 조선 관리에게 귀속시켜 사변(査辨)하되 각각 그 나라의 법률에 의거 신문(訊問)하고 판단하여 털끝만큼도 비호하는 일이 없이 공평하고 합당하기를 힘써야 한다.	201

면	본문	정정	참조(본서)
184	조·일 무역 규칙을 통해 수출입 상품에 대한 **무관세**와 **양곡의 무제한 유출** 등을 허용하였다.	관세는 아직 설정하지 않았으며, 양곡과 잡곡을 수출입할 수 있다고 규정하였음	211
184	[자료 3] 일본국 소속의 선박은 항세를 납부하지 않는다.	제7칙 항세 조항에는 상선의 크기에 따라 항세를 규정하였으며, 예외로 일본 정부 소속 선박은 항세를 납부하지 않는다고 하였다.	214
185	제1관 ……만약 타국이 어떤 불공평하고 경멸하는 일을 일으켰을 때는 **일단 확인**하고 서로 도와주며, 중간에서 잘 조정하여 두터운 우의를 보여 준다.	만약 다른 나라가 어떤 불공정하거나 경멸하는 일을 일으키면 통지를 거쳐 반드시 도와주고, 중간에서 잘 조처하여 우의 관계를 보여준다.	266
185	[사진] 보빙사 일행. 미국이 공사를 파견한 것에 대한 보답으로 1883년 민영익을 대표로 하여 미국에 파견한 사절단이다.	보빙사는 방미사절단이 적당한 표현	269
194	개항장에는 일정한 곳을 개방하여 외국인 거류지(조계)를 설정하고, 이들의 왕래와 무역을 허용하였다.	'일정한 곳을 개방하여'는 개항 전 초량 왜관을 일부 변경하여 일본인의 전관(專管) 거류지로 설정하였기 때문에 서술 오류이며, 개방이 아니라 일본인의 거류 지역으로 한정하였다. 개방이라는 표현은 잘못	219
194	개항 초기의 무역은 외국 상인이 개항장 10리 안에서만 활동할 수 있는 거류지 무역의 형태로 이루어졌다.	외국 상인들은 일본 상인의 잘못. 개항 초기 부산항에서는 부산항 부두로부터 동서남북으로 각각 직선거리 10리가 한행이정이다. '개항장 10리 안'이라고 했을 때는 기산점이 빠져 잘못이며, 이 한행이정 안에서의 무역은 거류지 무역이 아니라 개항장 무역	219
195	1882년 조청상민 수륙 무역 장정이 체결되면서 한성에서의 점포 개설과 내륙에서의 통상이 허용되자	한성과 양화진의 허락된 점포에서 허용된 교역 외에 내륙에서의 통상은 허용하지 않았음	233
195	한편 청 상인의 내륙 통상이 허용되자,	한성과 양화진의 허락된 점포에서 허용된 교역 외에 내륙에서의 통상은 허용되지 않았음	233

면	본문	정정	참조(본서)
195	제4조 중국 상인이 조선의 양화진과 서울에 들어가 영업소를 개설한 경우를 제외하고, …… 양국 상인이 내지로 들어가 토산물을 구입하려고 할 때에는 상무위원 및 지방관이 함께 허가증을 발급하되 구입할 처소를 명시하고, 수레와 배 등을 해당 상인이 고용하도록 하고, 세금은 규정대로 완납해야 한다.	'……'로 표시한 부분에는 '각종 화물을 **내지로 運入하여 상점을 차리고 售賣(수매: 판매)하는 것은 승인하지 않는다.**'는 내용이 생략되었다. 앞부분에서 승인된 개잔(開棧) 무역을 제외하고 내륙으로 물건을 가져가서 판매하는 내륙 무역을 승인하지 않는다는 것으로 이 조문의 핵심 내용이다.	233
197	[사진자료] 사발통문	사발통문으로 표시된 사진 자료는 통문이 아닌 잡기(雜記)	281
198	이후 농민군은 전라도 각지에 농민 자치 조직인 집강소를 설치하고, **폐정 개혁안을 실천에 옮겨** 탐관오리의 처벌, 조세 개혁, 신분 차별 철폐 등을 위해 노력하였다.	폐정 개혁의 주체는 정부이기 때문에 동학 농민군이 이를 실천하였다는 서술은 잘못	290
201	모든 문서에 **개국 기원**을 사용하게 하여 청의 연호 사용을 중지하였다.	청의 연호를 폐지한 것은 1895년 3월 10일	277
253	그러나 일본으로 반출되는 쌀의 양이 계속 늘어났으며 조선의 인구도 날로 증가하여, 한국인 1인당 쌀 소비량은 갈수록 줄어들었다. 이에 부족한 식량을 보충하기 위해 만주에서 잡곡을 대량으로 수입하였다.	일본으로의 쌀 수출과 조선인의 1인당 쌀 소비량 감소는 상관관계가 없으며, 만주산 잡곡 수입도 쌀 수출로 인한 부족한 식량을 보충하기 위한 것이 아니다.	299